Copacabana

SERVIÇO SOCIAL DO COMÉRCIO
Administração Regional no Estado de São Paulo

Presidente do Conselho Regional
Abram Szajman
Diretor Regional
Danilo Santos de Miranda

Conselho Editorial
Ivan Giannini
Joel Naimayer Padula
Luiz Deoclécio Massaro Galina
Sérgio José Battistelli

Edições Sesc São Paulo
Gerente Marcos Lepiscopo
Gerente adjunta Isabel M. M. Alexandre
Coordenação editorial Cristianne Lameirinha, Clívia Ramiro, Francis Manzoni
Produção editorial Antonio Carlos Vilela
Coordenação gráfica Katia Verissimo
Produção gráfica Fabio Pinotti
Coordenação de comunicação Bruna Zarnoviec Daniel

Zuza Homem de Mello

Copacabana

A trajetória do samba-canção (1929-1958)

editora 34

Editora 34 Ltda.
Rua Hungria, 592 Jardim Europa CEP 01455-000
São Paulo - SP Brasil Tel. 55 11 3811-6777
www.editora34.com.br

Edições Sesc São Paulo
Rua Cantagalo, 74 - 13º/14º andar CEP 03319-000
São Paulo SP Brasil Tel. 55 11 2227-6500
edicoes@edicoes.sescsp.org.br
sescsp.org.br/edicoes
❚❚❚❚❚/edicoessescsp

Copyright © Editora 34 Ltda./Edições Sesc São Paulo, 2017
Copacabana: a trajetória do samba-canção © Zuza Homem de Mello, 2017

A FOTOCÓPIA DE QUALQUER FOLHA DESTE LIVRO É ILEGAL E CONFIGURA UMA
APROPRIAÇÃO INDEVIDA DOS DIREITOS INTELECTUAIS E PATRIMONIAIS DO AUTOR.

Imagem da capa:
Photo by Genevieve Naylor/Corbis via Getty Images

Capa, projeto gráfico e editoração eletrônica:
Bracher & Malta Produção Gráfica

Digitalização e tratamento das imagens:
Cynthia Cruttenden

Preparação de texto:
Ercilia Lobo

Revisão:
Beatriz de Freitas Moreira

1ª Edição - 2017, 2ª Edição - 2018

CIP - Brasil. Catalogação-na-Fonte
(Sindicato Nacional dos Editores de Livros, RJ, Brasil)

	Mello, Zuza Homem de, 1933
M386c	Copacabana: a trajetória do samba-canção (1929-1958) / Zuza Homem de Mello. — São Paulo: Editora 34/Edições Sesc São Paulo, 2018 (2ª Edição). 512 p.
	ISBN 978-85-7326-683-2 (Editora 34) ISBN 978-85-9493-078-1 (Edições Sesc São Paulo)
	1. Samba-canção. 2. Música popular - Brasil - História e crítica. I. Título.

CDD - 780.9

Copacabana

A trajetória do samba-canção (1929-1958)

Recitativo (à guisa de prólogo) 9

1. Um paulistano no Rio 13
2. A praia 31
3. O teatro de revista... 47
4. As vozes das rádios 69
5. Os cassinos.. 103
6. O tema, o disco, o cantor 127
7. Os cafajestes.. 157
8. Os presidentes 169
9. O sambolero 187
10. O café society... 215
11. O mineiro carioca, o baiano carioca,
    o paraense carioca, os pernambucanos cariocas
    e os cariocas da gema 251
12. As damas e as divas.. 297
13. O refúgio barato dos fracassados no amor 347
14. Os modernistas 411

Agradecimentos.. 467
Índice das músicas citadas.. 470
Índice onomástico 484
Bibliografia e fontes consultadas 501
Créditos das imagens.. 508
Sobre o autor 510

Jairo Severiano, meu querido amigo e parceiro leal,
este livro é dedicado a você.
Não somente por compartilharmos reflexões sem conta,
como por ter você abastecido o texto com sugestões
e informações preciosas ao longo de sua feitura nesses treze anos.
Por sua generosidade, reconhecida pelos que lidam
com nossa música no país, sobretudo os mais jovens,
sempre atendidos com seus ensinamentos enriquecedores.
Por sua vida, exemplo de dignidade.
Pela música e pelo futebol, nossas paixões em comum.
Saudações tricolores,

Zuza Homem de Mello

O samba-canção "Fósforo queimado" na gravação de Angela Maria em disco de 78 rotações lançada em setembro de 1953.

Recitativo
(à guisa de prólogo)

A ideia deste livro surgiu em 2002, quando fui convidado a montar o repertório de um CD com canções dos anos 1950. À medida que me embrenhava ouvindo minha coleção de discos, fui revivendo com inebriante prazer os sambas-canção que faziam parte da minha memória desde a juventude.

Ali estava o tema para um estudo que constituía uma grande lacuna da nossa literatura especializada, um livro sobre o samba-canção. Seu título já piscava flagrante na minha frente como uma manchete de jornal: *Copacabana*. Em 2004 ataquei o projeto.

Iniciando-se em 1929, o período mais importante do samba-canção vai de 1946 até meados de 1958, antecipando a bossa nova, que o sucedeu. Sua importância se deve à transição ocorrida na canção brasileira em direção à modernidade, que tem um interessante paralelo na história da música clássica.

Nos séculos XVI e XVII, o cremonense de nome imponente Claudio Monteverdi é considerado o representante máximo de uma revolução que abalou os princípios da tradição musical de seu tempo, ao introduzir em suas óperas harmonias dissonantes, cromatismos, novos intervalos, o recitativo e os trêmulos para cordas. Sua modernidade pode ser definida como o avanço que se deu em relação à sua época. Como em outras ocasiões no universo da arte, o samba-canção foi isso, fez a música brasileira avançar.

Registrado em discos de 78 rotações e nos primeiros LPs brasileiros de dez polegadas, era executado ao vivo nas boates de Copacabana com uma singular cumplicidade da sociedade carioca, dos colunistas sociais e dos cronistas da imprensa que, neste caso, acabaram se vinculando com a música popular como nunca se vira antes. Vinha tudo desse bairro da Zona Sul do Rio de Janeiro. Ao longo de doze anos, o gênero musical mais cultivado na cidade transformou-se em mania nacional.

Dominada pelo samba-canção, a vida noturna do Rio era a sedutora vitrine que o restante do Brasil contemplava e invejava nos derradeiros anos da metrópole como capital federal. Uma vez no Rio de Janeiro, Copacabana é que era bacana.

Reproduzo o último parágrafo do encarte daquele CD, do grupo vocal Trovadores Urbanos:

"Esse período foi como um preparatório para a revolucionária bossa nova, que explodiria logo a seguir. Foi ainda uma fase inusitada, já que conviveram em harmonia duas gerações diferentes: alguns dos maiores compositores dos anos 1930, como Ary Barroso de um lado, e os novos que surgiam, como Dolores Duran, de outro. Unidos pelo *glamour*. As melodias dessa época formam um significativo capítulo da memória musical brasileira: 'Copacabana', 'Se queres saber', 'Zum-zum', 'Bar da noite', 'Encontro com a saudade', 'Nossos momentos', 'Sábado em Copacabana' e 'Kalu' são preciosidades de uma época de boemia pura, que a neblina do tempo tenderia a desvanecer, não tivessem tais canções o brilho ofuscante das gemas de uma mina da música popular."

Não é que tenha dedicado integralmente treze anos para escrever o livro. Feitos os primeiros capítulos em 2004, quando também colhi alguns depoimentos, acabei sendo impelido a fazer outros três livros, *Música nas veias* (2007), *Eis aqui os bossa-nova* (2008) e *Música com Z* (2014), além de revisar e ampliar com meu querido amigo Jairo Severiano os dois volumes do nosso *A canção no tempo* (2015). Isso para falar só de livros.

Não é a primeira vez. O projeto fica engavetado, aguardando o estalo que nem sempre tem a ver com a oportunidade. De repente o tema reaparece como uma necessidade imperiosa, sem explicação, como não tem explicação por que cargas d'água surgem ideias e soluções nas minhas caminhadas matinais ou no meio da noite, quando desperto com uma frase pronta, acendo a luz, anoto e volto a dormir sossegado. Processos semelhantes, que fazem parte da vida de jornalistas, escritores e compositores, nunca são esclarecidos satisfatoriamente. Neste *Copacabana* foram vezes sem conta.

Peço licença aos leitores para sugerir que tentem entoar a melodia das letras das canções mencionadas no texto. Além de cooperar para o melhor proveito do livro, asseguro que terão grande prazer. Aos que desconhecem uma ou outra, ou querem escutá-las novamente, os apêndices ao final do volume podem oferecer ajuda para acessar as gravações através da internet, ilustrando as canções deste livro. Foram preparadas playlists das melhores gravações de sambas-canção, que podem ser acessadas no Spotify, na Apple Music e no YouTube, procurando pelo mesmo título deste livro.

Quero agora deixar vocês na companhia do bairro e das canções. O bairro projetou o Rio de Janeiro nos anos 1950 para o mundo, e a música foi a mais ouvida no Brasil durante boa parte desses anos. Copacabana e o samba-canção.

Zuza Homem de Mello

Frota de ônibus da Viação Cometa na Via Dutra, estrada que liga São Paulo e Rio de Janeiro, inaugurada em 19 de janeiro de 1951.

Capítulo 1

Um paulistano no Rio

Mesmo depois de perder o status político, a antiga capital do Brasil continuou sendo uma metrópole incomparavelmente mais charmosa, consideravelmente mais atraente e visivelmente mais chique que sua sucessora do planalto central. A cidade mais cosmopolita do país enredava o visitante em menos de três tempos. Emitia luz faiscante que o atiçava a querer viver como carioca nem que fosse por alguns dias, ou mesmo umas tantas horas. Férias no Rio era uma extravagância cobiçada por todos. As aventuras começavam no dia da partida para a capital brasileira dos sonhos.

Nos anos 1950, os reluzentes ônibus prateados com detalhes em azul e bege partiam de São Paulo para o Rio de Janeiro da acanhada agência da Viação Cometa, no térreo do edifício Guanabara, na esquina das avenidas Ipiranga e Rio Branco. Numerados de 501 a 530, os ônibus GM Coach, de sua frota recém-importada, os mais macios do Brasil, eram equipados com ar-condicionado, espaçosas poltronas e quatro grandes janelas panorâmicas de vidro fumê.

Pela pista simples da Via Dutra, com uma primeira parada em Roseira e a segunda próxima a Resende, na divisa entre os dois estados, a viagem tinha lá seu estilo.

No que se descia para o lanche da terceira parada, ao pé da serra das Araras, já se antecipava em cada degrau as emoções que a brisa quente da baixada fluminense desprendia como um sinal de boas-vindas. Nada se avistava, mas o Rio tropical, quase sempre quatro a cinco graus acima da média costumeira no planalto de Piratininga, estava lá. No horizonte. Além do olhar.

Uma tortura, a interminável avenida Brasil, sem a menor afinidade com a ajardinada homônima paulista, era percorrida impacientemente até a chegada ao destino final, a rodoviária carioca, em pleno centro da cidade.

A viagem no lotação "E. Ferro-Leblon" era prova de fogo para o paulista provinciano. Ele deveria saber que "E. Ferro" era o ponto final da concorrida linha de lotações e ônibus defronte à estação ferroviária Dom Pedro II.

Sem ligar a mínima para uns poucos forasteiros amedrontados a bordo, os motoristas tresloucados dirigiam micro-ônibus multicoloridos, fabricados sobre carrocerias Mercedes, voando baixo pela avenida Rio Branco até atingir a praia do Flamengo. Girando habilidosamente o enorme volante no sentido horário ou anti-horário, abriam caminho entre os automóveis e os ônibus para ocupar sempre a primeira posição diante do semáforo, o sinal luminoso conhecido em São Paulo como farol de trânsito. Não estavam nem aí para as guinadas que por pouco não despachavam os passageiros dos bancos para o corredor do ônibus. Conduziam o veículo de transporte público como se estivessem a bordo de um lotação vazio, dirigindo de calças arregaçadas com as canelas peludas de fora. Trocavam as marchas com tapões na alavanca do câmbio, que era encabeçada por uma esfera de galalite transparente com cadáveres de insetos de pernas para o ar em seu interior. O delicioso vento que invadia a cabine ganhava fácil daquele pavor incontrolável que só se extinguia quando o micro-ônibus atingia a entrada oficial para o mundo de aventuras das férias, o túnel da Zona Sul. A curvatura elíptica do teto cinza de granito polido do túnel lhe conferia mais elegância que o da avenida Nove de Julho, seu único concorrente na capital paulista. Um tio meu dizia que o prefeito paulistano Prestes Maia, seu colega, aproveitou a fôrma estreita e usada de um túnel ferroviário para economizar na sua construção.

No final do túnel carioca, o sol invadia novamente o interior do lotação, deixando os temores para trás. Zunindo, o motorista contornava a curva bem aberta para deixar a Princesa Isabel antes de enveredar pela direita e continuar ziguezagueando desembestado no trânsito infernal da Barata Ribeiro. Aí sim, a vida era outra. Bastava se livrar do lotação, caminhar pela calçada de mala na mão e aspirar à glória em cor azul e de gosto salgado. Copacabana.

A praia original de Copacabana, a da areia que era uma farinha deslizante cantando em suspiros a cada passada, é agora o cenário diante dos nossos olhos. É a praia das ondas colossais a dar carona aos banhistas que deslizam à flor d'água deitados sobre a tábua de jacaré, a vovó da prancha de surfe. Deliciosas condutoras de um prazer silencioso, as ondas que devem ser abordadas no instante preciso, antes da rebentação, alteiam-se a mais de um metro de altura, vão emagrecendo, perdendo o ímpeto para se espumar como a clara de ovos nevados na beira da praia onde o vozerio impera solto.

A praia de Copacabana no início dos anos 1940.

Na praia de Copacabana a berraria vai de fora para dentro e vem de dentro para fora, com a proteção acústica da parede de edifícios aglutinados. O burburinho sem par de seus interiores e exteriores é bem uma melodia sem nexo que ainda soa anos depois no subconsciente auditivo, como lembrança de inesquecíveis momentos de plenitude. Simboliza a liberdade sonora a que os visitantes sentem ter direito igual à dos residentes, fixos ou provisórios.

Nos anos 1950, Copacabana é a capital das novidades. Não se entra em casa pelo portão, como em São Paulo. Sobe-se pelo elevador, cujo painel em reluzente latão dourado assinala que o andar térreo é indicado pelo algarismo 1 em vez da letra T, e chega-se ao apartamento iluminado pelo reflexo da luz que vem do mar e da areia. A recepção é uma festa de boas-vindas.

No almoço tardio, verdurinhas sem-vergonha, carne desfiada, purê de aipim, arroz e a segunda grande novidade: feijão-preto. Tão negro como a pele da empregada doméstica que aqui acumula todas as funções exercidas distintamente por três pessoas em São Paulo. Enfiada num short apertadinho, a copeira/arrumadeira/cozinheira respeita a dona da casa ao tratá-la de "madame", e possui passaporte válido para participar ativamente da conversa à mesa. Diariamente desce pela manhã carregando um galãozinho de alumínio para enchê-lo com o leite da "vaca leiteira", uma carrocinha mambembe que circula pelas ruas internas do bairro. Do ubre de alumínio sai um leitezinho aguado, nada a ver com o gorduroso leite tipo A da Granja Itahyê, envasado em garrafas com tampa de cartolina bege cerrada com arame fino, que eram entregues antes do amanhecer ao pé dos portões das residências paulistanas. Deixados do lado de fora sem que alguém os tocasse.

É de lembrar que em São Paulo os padeiros tinham permissão de entrar pelo portão até a porta dos fundos das casas, para oferecer seus produtos em cestas de vime equilibradas sobre suas cabeças pela mão do braço direito estendido para o alto: uma variedade de pãezinhos e filões, mãe-bentas, bisnagas e cavacos mantidos quentes e cheirosos na carroceria traseira de suas carrocinhas puxadas a cavalo, que podia ser acessada ao se abrir a tampa lateral.

Sem a menor cerimônia, a mais requisitada mocinha do apartamento carioca, sapeca, enxerida e adoravelmente alegre, era ainda uma indispensável fonte de saber musical. Além de participar dos diz que diz que entre vizinhos, trocados em gritarias com colegas nos fundos dos edifícios, além de saber prontamente o resultado do jogo do bicho, de estar a par das últimas sobre o tenente Bandeira, além de entrar em detalhes sobre atropelamentos do bairro e crimes mais recentes, ela tinha a virtude de saber de cor melodias e letras completas das marchinhas do Carnaval do ano, que entoava sem erro algum. Despachada e sabida, dava a dica certa com um cativante sorriso que emitia luz, alegrando a sala de jantar. Bastava conferir depois no *Jornal do Brasil* e decorá-las para se considerar preparado com o que já estava na boca do povo.

Faltava era coragem para convidá-la como guia musical num dos bailes onde confete, serpentina, lança-perfume e mulheres de perna de fora eram o mínimo que se podia encontrar no salão. A gente só se arrepende mesmo é do que deixa de fazer.

A maior atração nos carnavais do Rio não eram os atuais desfiles de escolas de samba. Ao contrário, a espontânea participação popular acontecia nas ruas e avenidas dos bairros cariocas, nos desfiles das grandes sociedades, nas folganças dos cordões, nos corsos de Cadillacs conversíveis e nos desfiles dos blocos e dos ranchos, criadores da marcha-rancho.

Num outro patamar, o do ambiente fechado de clubes e hotéis de luxo, a grande atração turística eram os bailes à fantasia que, desde o mais antigo, o Baile de Gala do Teatro Municipal de 1932, eram animados por duas ou três orquestras executando marchinhas em profusão, que qualquer um reconhecia imediatamente desde os primeiros acordes. O salão do Municipal era ricamente decorado, com motivos diferentes a cada ano, como "O reino de Netuno" em 1951 ou "Carnaval do Rio antigo" em 1953. Sua principal atração eram os desfiles de fantasias, com concurso e premiação, que conferiam projeção pública nas reportagens e ilustrações dos jornais e das revistas *O Cruzeiro* e *Manchete*, capazes de transformar vencedores e vencidos em celebridades nacionais.

O maior rival do baile de domingo no Municipal era o do sábado no Copacabana Palace, inicialmente uma exclusividade da elite carioca. À medida que se democratizou, foi adquirindo o status de mais desejado, provocando automaticamente dificuldades sem fim para a posse de um ingresso. A ponto do convite para o Baile do Copa representar um verdadeiro certificado de prestígio social.

Nos anos 1950, era indispensável frequentar o espetacular baile do Hotel Quitandinha em Petrópolis, que, por se realizar fora do Rio, não concorria com os do Iate Clube no Botafogo ou o do Clube Monte Líbano na lagoa Rodrigo de Freitas. Cada um desses bailes reproduzia um novo capítulo nas mil e uma noites da vida do carioca ou do *habitué* do Carnaval daqueles anos.

O suprassumo, o *top* digno da letra de Cole Porter, não era nenhum deles, e sim o do Caju Amigo, promovido desde 1951 pelo grupo dos maiores farristas cariocas, o legendário Clube dos Cafajestes. Quem conseguisse um ingresso, gratuito ainda por cima, podia se considerar um felizardo em meio à luxúria que imperava abertamente à vista de todos ou debaixo das mesas, sem o mais leve sinal de represensão.

A um visitante de qualquer outro estado bastava prestar ligeira atenção ao que ouvia na rua para se sintonizar com o cantado da fala dos cariocas. Seu sotaque tinha uma diferença cavalar com o dos paulistas, especialmente em duas consoantes que diferiam da linguagem falada. Oficialmente a fala paulista foi adotada pelos locutores do rádio brasileiro por uma iniciativa de Mário de Andrade em 1937. Pelo menos três dos grandes *speakers* que se destacaram no Rio de Janeiro emigraram de São Paulo: César Ladeira (nascido em Campinas), Celso Guimarães (em Jundiaí) e Oduvaldo Cozzi (em São Paulo). Entre os grandes radioatores, Rodolfo Mayer era outro paulista. Para atender à norma do padrão brasileiro que vigorava nas emissoras, locutores e radioatores cariocas de nível A deviam alterar seus *rr*, pronunciados como o *r* "roulée" dos franceses, quase um *h* aspirado, para os *rr* vibrantes múltiplos dos paulistas. Também seus *ss* chiados, do fonema consonantal *este*, deveriam ser pronunciados sibilados.

Mas no dia a dia quem estava de passagem pelo Rio de Janeiro não conseguia esconder sua atração pelo sotaque cantado dos cariocas, a ponto de tentar imitá-lo conscientemente dias depois de ter chegado à cidade. Inútil. Sem a vivência natural que os anos fornecem, não havia o que fazer. O molejo da fala carioca se reflete no andar, no *non chalance*, no descompromisso.

Agendar um compromisso era meio caminho para marcar o desencontro. Em Copacabana eram marcados pelas frações dos cinco postos de salvamento já que a praia termina no de número 6. O "3 e meio", correspondente à rua Figueiredo Magalhães, era dito com a presunção de quem se julgava no epicentro das atividades do ponto mais desejado do Brasil. O combinado "amanhã na praia" significava que na areia branca e fofa, em algum momento do dia seguinte, compreendido entre oito da manhã e uma da tarde, poderia acontecer por casualidade o cruzamento entre duas pessoas na área delimitada pelos postos 3 e 4. Evidentemente sob sol esplêndido, sem a mínima preocupação com protetor solar, mas, ao contrário, com bronzeador, sem chapéu e sem boné. Antes ou depois de cair n'água, deitado sob um guarda-sol colorido, que os cariocas cha-

Baile de Carnaval no Casablanca, no Rio de Janeiro, boate inaugurada em 1953. Sentado à direita, Benjamim Vargas, irmão do presidente Getúlio Vargas.

mam de barraca, rosto apoiado nos braços cruzados, o bate-papo não tinha hora para acabar. Tampouco o assunto era combinado, apesar de que algum comentário sobre Flamengo, Fluminense, Vasco ou Botafogo seria inevitável em algum momento. São Paulo, Palmeiras ou Corinthians, nem pensar. Quando muito o Santos, ainda sem Pelé, considerado clube vizinho por ser praiano. Outro assunto, esse obrigatório, eram as garotas do Rio.

Seus colos morenos e principalmente suas pernas, que a canção de Sérgio Ricardo tão bem retrataria, tinham vida própria. Quase nada a ver com o que se estava acostumado a admirar em São Paulo nas piscinas dos seletos clubes dos Jardins ou nas mais bem frequentadas praias da orla paulista, Pitangueiras em Guarujá e Itararé em São Vicente.

O desembaraço espontâneo e um razoável consentimento das cariocas alimentavam a imaginação dos paulistanos frequentadores do Rio, sob a forma de fantasias tão audaciosas que era literalmente impossível conjecturar sonhos do mesmo naipe com moças da sociedade paulistana. Mesmo que resumidos a aspirações menos ousadas.

Uma mãozinha envolvendo a outra, na sala escura do Cine Majestic ou do Paulista ou durante o chá da tarde na Casa Yara, na rua Augusta, era um prometedor sinal de triunfo a ser alcançado. Quem sabe, mais tarde, um leve beijinho nos lábios, caso estivessem bem escondidinhos numa mesa de fundo do bar Escócia, também na Augusta, mas entre a avenida Paulista e o centro. Se afinal cometido e desfrutado, a providência na primeira oportunidade de isolamento era cuidar de limpar com lenço as marcas de batom reveladoras do gesto ardente.

Dançar um bolero mais excitante, de rostinho colado por alguns minutos, numa festinha em casa de família — desde que devidamente fora do alcance da vigilância severa das mamães, postadas ao redor da sala para tagarelar, muito embora estivessem de fato interessadas em cada passo de seus respectivos rebentos —, era a consagração de um namoro em São Paulo. E dá-lhe "Palabras de mujer" com Pedro Vargas ou "Mona Lisa" na acariciante voz de Nat King Cole.

No Rio? Com as cariocas um paulista conhecia o mundo novo do beijo em toda a sua extensão. É ele o passo fundamental para se cruzar a fronteira entre o platônico e o sexual. Nos anos 1950 um paulistano se dava conta que, com uma carioca, o beijo não era avanço de sinal, muito menos abalava a beleza do namoro. Era sim de um enlevo saudável e necessário, instigava uma intimidade desejada, criava um caráter de cumplicidade entre ambos, proporcionando prazer. No Rio não se roubava um beijo aproveitando um momento de distração, não se atingia aquela agoniante situação de indecisão tão frequente em momentos cruciais nos filmes de Hollywood, tão comuns na despedida à porta da residência da mocinha. Na tela nada acontecia durante um beijo, até mesmo os mais prolongados com a maravilhosa deusa Esther Williams. O que de fato contava como beijo era quando os lábios carnudos de Martine Carol abocanhavam com sofreguidão os do parceiro já compreensivelmente enlouquecido. Com uma carioca o beijo tinha ganas de evidenciar bem querer misturado com desejo de ir além. Haverá lembrança mais saborosa que

Banhistas em Copacabana, no início dos anos 1940.

o momento inicial de um romance, o do primeiro beijo, bem chupado, com a língua metida na boca do outro, lambendo-se mútua e gostosamente no gozo do encontro? O significado verdadeiro do beijo estava no Rio, lição inicial de um curso de amor.

Ir a pé a qualquer dos mais de dez cinemas de Copacabana era outra novidade não habitual em São Paulo, exceto para quem morasse no centro da cidade. Um cineminha à tarde era o programa ideal para qualquer dia das férias em Copacabana. Bastava abrir o jornal e apontar o dedo para o filme desejado. Caminhava-se uns poucos minutos para estar diante do palácio de magia vivida na escuridão.

Era inacreditável a fachada do Cine Rian, anagrama de sua primeira proprietária, Nair de Teffé: frente para o mar, uma situação não comparável a qualquer cinema de outro balneário do resto do mundo. Seria penoso, como foi, não o ver nunca mais. Pela avenida Nossa Senhora de Copacabana chegava-se a quase todos os demais: Roxy, Caruso, Ricamar, Copacabana (o mais antigo, inaugurado em 1919 como Americano), Condor, Art-Palacio e Paris Palace. Escolhia-se um filme e qualquer sessão começava rigorosamente nos mesmos horários: duas, quatro, seis, oito e dez.

Independentemente do que estivesse em cartaz, o *top* dos cinemas do bairro era o Metro Copacabana, com sua fachada *art déco* que caracterizava a cadeia Metro onde quer que fosse. Por duas horas ficávamos na adorável temperatura de seu interior, que tinha perfume e até sabor proveniente da sensação de brisa que penetrava docemente nos poros, aliviando o calor sufocante da avenida e valendo bem mais que os poucos cruzeiros entregues na bilheteria. A sonora voz máscula e anasalada do locutor Ramos Calhelha — que gozava a suprema felicidade de viver nos Estados Unidos para narrar o Metro Jornal que precedia trailers e filmes e cujo rosto ninguém sabia como era — ainda tomava conta do som da sala. Quando finalmente o leão rugia, o grande momento estava prestes a acontecer. Com o colírio do tecnicolor.

Seria impossível compará-los aos de São Paulo, pois férias no Rio de Janeiro significava férias em Copacabana, sem por os pés no centro da cidade. As exceções eram os excepcionais espetáculos musicais, *No País dos Cadillacs* de Silveira Sampaio na boate do Hotel Glória ou o deslumbrante *Feitiço da Vila* com Grande Otelo e Silvio Caldas no Casablanca da Praia Vermelha, a mais espetacular boate carioca daqueles anos 1950. Um nightclub incomparável.

Fora disso os bares de Copacabana preenchiam regiamente o divertimento noturno. Verdade seja dita, a grana de que se dispunha não dava para frequentar um Vogue, um Drink ou um Sacha's onde a possibilidade de ver de perto personalidades da boemia e da *intelligentsia* carioca era enorme. Seria quase certo dar de cara com um dos cronistas lidos avi-

O calçadão de Copacabana com o Cine Rian ao fundo, em 1949.

damente na revista *Manchete*, Rubem Braga, Paulo Mendes Campos, Fernando Sabino ou Fernando Lobo; talvez um colunista da *Última Hora*, como Sérgio Porto ou Antonio Maria; por acaso, podia lá estar um crítico da *Revista da Música Popular*, Lúcio Rangel ou José Sanz. A leitura do que escreviam dava água na boca, aumentava o desejo de poder viver mais tempo em Copacabana. Ainda assim um estudante em férias tinha opções condizentes com seu bolso. O Tudo Azul na rua Domingos Ferreira, onde havia um piano armário quase afinado encostado na parede, era uma delas. Mal se imaginava que o pianista da casa seria um dia Tom Jobim.

Não era preciso nenhum traje formal para atravessar o batente da porta de um bar em Copacabana. Desde que fosse adequadamente tropical, em cores claras e tecidos leves. Com os cariocas aprendia-se que sapatos tipo Packard, de sola grossa em látex bege, com meias brancas, eram o fim da picada, a prova dos nove do caipirismo. A elegância de um traje esporte exigia sapato mocassim sem meia em alguma tonalidade entre marrom e cor de vinho e, de preferência, sob medida da Casa Moreira, na travessa do Ouvidor. Calça rancheira, nem pensar. Indispensável era uma calça clara para combinar com a camisa Jean Sablon ou uma camiseta polo bem justinha que destacasse a musculatura e a tez orgulhosamente trigueira; óculos Ray-Ban ostentando o respectivo estojo de couro preso no cinto completavam o figurino obrigatório. Esse modelo básico tinha uma exceção, quando se ia à tribuna social do Jockey Club do Brasil assistir às corridas de cavalos.

No Hipódromo da Gávea o traje clássico masculino era um bem talhado terno branco de albene, ou bege, feito sob medida na Alfaiataria Alberto com duas aberturas atrás, um bonito lenço de seda no bolso superior, impecável camisa azul-royal da Camisaria Otto, na banda traseira do hotel Copacabana, gravata avermelhada ou cor de vinho com riscas em diagonal e finos sapatos de couro marrom claro com meias azul marinho de puro algodão. Sempre com a ferramenta indispensável de um turfista, a caixa de binóculos a tiracolo.

Disputada religiosamente no primeiro domingo de agosto, a data magna do turfe brasileiro era aguardada com alegria pelos turfistas paulistanos, que se bandeavam em peso para o Rio. A corrida acontecia num hipódromo mais charmoso que o de Cidade Jardim em São Paulo. Muito embora este fosse emoldurado por um bem cuidado jardim florido no gramado central cercado pelas pistas de grama e areia, o pano de fundo da pista era um muro tapando a margem do rio Pinheiros e deixando à

Anúncio do Grande Prêmio Brasil a ser disputado no Hipódromo da Gávea, no Rio de Janeiro, em 1956.

vista os primeiros edifícios erguidos na área vizinha ao Clube Pinheiros, antigo Germânia. Um muro de tijolos de concreto cinzento era bem menos atraente que a paisagem do hipódromo da Gávea. De qualquer uma das suas quatro tribunas em estilo Luís XV que abrigam os turfistas, a vista que se tem é um deslumbramento. No primeiro plano, os binóculos focavam a pista dos cavalos puro sangue inglês conduzidos pelos jockeys calçando levíssimas botas marrom com uma larga barra preta no final do cano, impecáveis culotes brancos, fardas e bonés de seda ou cetim com as cores dos haras e *studs* que defendem. Além, atrás do gramado denominado peão do prado, o inigualável panorama da lagoa Rodrigo de Freitas compondo um cenário espetacular, possivelmente único no mundo.

Um paulistano no Rio

Turfistas e a nata da sociedade paulistana tinham forte motivo para passar vários dias no Rio participando dos eventos sociais que envolviam a grande atração, o Grande Prêmio Brasil, principal corrida de cavalos do país. Disputada desde 1933, quando o tordilho pernambucano Mossoró foi o vitorioso, distribuía o mais polpudo prêmio do turfe brasileiro, que no Rio era conhecido simplesmente como "Sweepstake".

Essa palavra inglesa define uma aposta cujo prêmio é o bolo atingido com a soma de todas as apostas. Em turfe, porém, Sweepstake é a aposta num dos cavalos que participam de uma carreira no percurso de duas milhas, ou 3.218 metros. No hipódromo da Gávea, o Sweepstake é aplicado somente ao Grande Prêmio Brasil, disputado anualmente no primeiro domingo de agosto em torno das cinco da tarde. Atraía criadores de cavalos puro-sangue inglês, anos depois rebaixados pela vulgar abreviatura PSI, proprietários de *studs*, apostadores inveterados, *entraineurs*, jóqueis, enfim o mundo turfístico em peso que, apenas nessa data, se mesclava em igualdade como o *grand monde* carioca.

Nos anos 1950, passar a tarde desse domingo no prado era imprescindível no seio da *jeunesse dorée* carioca. Engalanada e razoavelmente abastecida para enfrentar o guichê de apostas, a fina flor da sociedade brasileira se fazia presente. Entre um páreo e outro, corridos na pista de areia ou de grama, sucediam-se os encontros em que o assunto não era obrigatoriamente considerações sobre as chances dos favoritos e azarões, nem o *pedigree* ou as performances recentes dos competidores ou ainda de suas montarias, como o genial chileno Francisco "Don Pancho" Irigoyen, que era consideravelmente mais idolatrado no Rio que o carrancudo argentino Luiz Gonzalez, o mais respeitado no hipódromo paulistano. Na Gávea, os encontros nem visavam obrigatoriamente arrancar um palpite dos apostadores acostumados a faturar frequentemente, que aliás faziam questão cerrada de esconder de quem quer que fosse o motivo secreto de sua escolha. O mais frequente era abordar temas fúteis ou banais, embora, caso o interlocutor fosse uma autoridade em algum assunto, valesse a pena levar a conversa adiante. De toda maneira, mesmo perdendo nas apostas, pelo menos se saía recompensado com um bom bate-papo.

O hipódromo da Gávea era a sala de visitas do Brasil, segundo o cronista Ibrahim Sued, e o Sweepstake, obrigatório no *carnet* da alta sociedade. A *pelouse*, gramado plano entre a arquibancada social e a pista de corridas, representava a mais natural das passarelas, onde moças e senhoras elegantes da sociedade carioca podiam ser vistas de perto ou à

Vista da arquibancada do Jockey Clube do Rio de Janeiro, em 1949.

distância por quem estivesse aboletado na arquibancada. De chapéus elegantíssimos, trajando saias de cetim ou de organza, drapeadas ou plissadas, blusas de organdi com gola em Y e corpetes ou boleros em fustão ou gorgorão, lindos vestidos de tule armado, chapéus de aba com lenço de musseline, as mais lindas mulheres do Brasil desfilavam airosas como se ignorassem estar sendo espreitadas através dos binóculos de caçadores ou visadas pelas teleobjetivas dos atentos fotógrafos de revistas semanais que iriam dar ao país o mais fiel retrato do *dernier cri* da moda no Brasil. Elas sim eram modelos de estirpe.

Nenhum dos presentes ao hipódromo da Gávea deixou de prestar atenção redobrada quando, na tarde do domingo 1º de agosto, pouco antes da disputa do Grande Prêmio Brasil de 1954, ouviram bem claramente o locutor do Jockey Club, Ernani Pires Ferreira, anunciar com ênfase a presença do presidente da nação, Excelentíssimo Senhor Doutor Getúlio Vargas. O caudilho dos pampas, frequentador regular das corridas de cavalos, resolvera enfrentar o povo, quem sabe para testar sua popularidade em momento tão delicado de sua gestão. Um perigo diante da grave situação daqueles dias. Com o mesmo entusiasmo de suas aparições públicas, surgiu no alto da tribuna levantando o braço direito no tradicional aceno cuja expectativa era a de ser correspondido. Onde quer que estivessem, os frequentadores deram as costas para a pista a fim de ver o homem que ocupava o centro da tribuna social do Jockey. Instantaneamente, e para espanto geral, o público como que comandado por um maestro invisível prorrompeu em massa numa ruidosa e impiedosa vaia a plenos pulmões, como se aquela fosse a mais indesejável presença de algum ser humano na engalanada tarde do Sweepstake. O ensurdecedor coro de *buuuuuus* vinha do fundo da garganta para varar o espaço e chegar à tribuna em volume ensurdecedor. Getúlio aguentou o quanto pôde, a vaia não cessava e afinal ele desistiu. Foi sua penúltima aparição em público.

Não muito tempo depois, o clima agressivo daquela tarde se transformou numa festa. O principal páreo foi disputado e vencido pelo cavalo argentino El Aragonés, do Stud Seabra, marcando a primeira vitória de Luiz Rigoni no Grande Prêmio Brasil numa corrida eletrizante. Rigoni entrou na reta de chegada em último lugar e atropelou todos os contendores para cruzar o disco final sensacionalmente em primeiro lugar.

Estabelecido e idolatrado no Rio de Janeiro, o freio paranaense Luiz Rigoni ganharia o apelido de "O homem do violino" pela forma como conduzia sua montaria na reta final, quando partia com ímpeto, determinado a vencer a prova. Executava um movimento de vai e vem com a mão que segurava o chicote, raspando-o nas rédeas. Como um violinista tangenciando as cordas do instrumento. Assim também foi naquela tarde de agosto.

O som da vaia a Getúlio ainda ecoava em nossas cabeças como um inimaginável prenúncio do sombrio agosto de 1954, que selaria a história do Brasil com o trágico desfecho do suicídio do presidente.

À noite a classe turfística do Rio de Janeiro comemorou a vitória do melhor jóquei brasileiro de todos os tempos.

Nessas ocasiões tomava-se o rumo de Copacabana em busca de qualquer um dos pontos de reunião, hábito sagrado a ser cumprido depois das carreiras. Fosse em Cidade Jardim, em São Paulo, o destino seria fatalmente o Pandoro, onde a grana dos burrinhos era despejada com gosto em troca de copos e mais copos de "Caju Amigo" ou do "Kiss Me Quick", um drink que desapareceu de circulação. No Rio, os efervescentes bares e restaurantes de Copacabana ficavam lotados de turfistas cariocas e paulistas sempre encontrando uma justificativa para festejar juntos, independentemente do que tivessem ganhado ou perdido nas apostas. A compensação do prejuízo vinha sob a forma da melhor música do Brasil ouvida nos bares de Copacabana, uma cidade dentro de outra cidade.

De fato, Copacabana bastava-se a si mesma. No Rio de Janeiro — sede do samba e da marchinha, de onde eram emitidos os sons musicais que os ouvintes do país inteiro desejavam escutar por meio das rádios Mayrink Veiga, Tupi e da todo-poderosa Nacional — Copacabana tinha vida própria.

Mais que um bairro, mais que uma praia, era uma agregação de seres que se entendiam, num lugar autônomo onde se vivia regiamente sem atravessar o túnel, sem ver a cor do Leblon nem de Ipanema. Copacabana era uma verdadeira república dentro do Rio de Janeiro, orgulhosa de seu estilo de vida, libertária e sem concorrentes. Copacabana tinha música própria, o samba-canção.

A praia de Copacabana por volta de 1920.

Capítulo 2

A praia

Estranha, essa palavra "Copacabana". Estranha, atraente e sinco-pada. Foi ela a segunda designação de uma praia que, em forma de um arco de quatro quilômetros diante do oceano Atlântico, integrava um grande areal na região sul da cidade do Rio de Janeiro. Inóspita no sé-culo XVIII, apesar das muitas pitangueiras nativas, a região, a que pra-ticamente não se tinha acesso por terra, abrangia duas praias e as adja-cências de uma grande lagoa. Tinha o nome de Sacopenapã. Também uma expressão de cinco sílabas com vários "a"s que, lida em voz alta, cria um som sincopado se imaginada num compasso de dois tempos. An-tes mesmo de ganhar seu nome definitivo, o destino da praia de Copaca-bana estava traçado: o do samba.

O vocábulo "Copacabana" não provém da língua tupi e não é bra-sileiro nato. Consta que a palavra tem dois significados: entre os nativos da nação quíchua na Bolívia significa "mirante azul", e na linguagem ar-caica do povo peruano aymara é "lugar luminoso", sendo pronunciada como *copakawana*. Há também os que afirmam provir de *copawana*, ca-minho das estrelas. Por que os nativos da Bolívia e o povo peruano?

É fato que existe a imagem de uma milagrosa Virgem Maria, Nossa Senhora da Candelária, na capela erigida na península de Copacabana, ao sul do lago Titicaca, entre o Peru e a Bolívia. Uma réplica da imagem foi enviada no século XVIII pelos "peruleiros", que comerciavam com prata, para a Igreja da Misericórdia no Rio de Janeiro e depois transfe-rida para uma ermida de pescadores no local que seria conhecido como Posto 6. Quando, em 1770, a essa imagem foi atribuída a salvação do português Frei Antonio do Desterro, ao alcançar terra firme depois de ter naufragado na costa, foi construída uma capela que daria nome à praia, Nossa Senhora de Copacabana, já que a imagem viera da península com esse nome.

A praia ainda era acessada por mar ou por uma ladeira, a do Bar-roso, quando um engenheiro visionário da Companhia Ferro-Carril do

Jardim Botânico, José de Copertino Coelho Cintra, convenceu sua diretoria que deveria ser aberto um túnel para a passagem de uma linha de bondes destinada àquele local ermo.

Seu descortino foi coroado de êxito no dia em que chegou à redação do *Diário de Notícias* o convite para o primeiro passeio ao longínquo arrabalde. Partindo da rua do Ouvidor às 13h do dia 6 de julho de 1892, os carros especiais lá chegariam por trilho às 14h, após atravessar o túnel recém-perfurado que ligava a rua Real Grandeza à do Barroso e batizado túnel Alaor Prata. Nascia oficialmente o bairro de Copacabana, que iria modificar completamente a vida e os hábitos de quem morava no Rio de Janeiro. Era dado o primeiro passo para a construção de moradias no que seria o balneário mais notável das Américas.

A mutação se consubstanciou quando as chácaras existentes deram lugar a terrenos postos à venda. A antiga chácara de Alexandre Wagner, adquirida em 1872, tornou-se propriedade da Empresa de Construções Civis, dele próprio em parceria com alguns sócios, como Theodoro Duvivier e Paula Freitas. Iniciava-se, a partir do Leme, o arruamento do bairro de Copacabana, cujos terrenos eram oferecidos a 400 réis o metro de frente para a praia. Quem não se deixou levar pela incredulidade, que ainda persistia entre os pessimistas ao criticarem inclusive a abertura do túnel, veria mais tarde quanto o investimento se tornaria lucrativo. A extravagante Copacabana do século XIX seria o primeiro dos bairros que formariam a futura Zona Sul do Rio.

O espírito carioca de criar apelidos desprezando a etiqueta vem de longa data. No início do século XX, quando, no plano de reurbanização do prefeito Pereira Passos, o engenheiro Paulo de Frontin procedeu à demolição de mais de seiscentas casas e cortiços no centro da cidade, forçando os habitantes dos imóveis desapropriados a morar nos morros, os cariocas trataram de inventar um apelido: Bota Abaixo. Tão logo foi inaugurado em 1906 um segundo túnel para Copacabana, sob o morro da Babilônia, nasceu mais um apelido, o Túnel Novo, enquanto o anterior, da Real Grandeza, ficou sendo logicamente o Túnel Velho. Desse modo os homenageados em ambos, Alaor Prata e Coelho Cintra, foram esquecidos, e a alegada lonjura do bairro de Copacabana foi superada por dois caminhos diferentes, os túneis Velho e Novo. Além do segundo túnel, o prefeito Pereira Passos iniciou em 1906 a construção de uma avenida à beira-mar, a então desprezada avenida Atlântica, pois alinhava os fundos das residências, isto é, de costas para o mar e de frente para a avenida Nossa Senhora de Copacabana.

O Túnel do Leme, inaugurado em 1906, que ligava a avenida Lauro Sodré, em Botafogo, à avenida Princesa Isabel, em Copacabana.

O bairro crescia, a população beirava 20 mil moradores em 1910, época em que, a exemplo do que ocorreria na praia Grande de Santos, a praia de Copacabana era tão deserta que suas areias serviam até como campo de pouso para aviões de acrobacia aérea de asa dupla.

Com seus quatro quilômetros de praia, 45 ruas e dois túneis, Copacabana determinava em 1917 a moda dos banhos de mar de caráter terapêutico, sob regras disciplinares inconcebíveis nos dias de hoje, em que o fio dental é tão corriqueiro que nem as polpozas nádegas que o embuçam são notadas. Imagine-se que, para guardar decência e compostura, os banhistas deviam trajar-se com vestuário apropriado que só se faria ver quando atingissem a praia e desabotoassem os aventais ou longos paletós de uso obrigatório. E mais: a permissão obedecia a horários restritos: de manhã, a partir das 5h da madrugada por três horas, e, à tarde, por duas, das 17h em diante. Outras imposições: nada de vozerios e gritos, a não ser em caso de socorro. A severidade das regras levava a diversas punições, inclusive proibindo os banhos terapêuticos aos casais que se portassem de modo ofensivo. Quem poderia imaginar tamanha vigi-

A praia

lância a banhistas trajados com pudibundos *maillots* de lã que, além do incômodo, pelo acúmulo de areia nos fundilhos que assavam as virilhas, cobriam o que era mais excitante? Quem poderia supor que os medicinais banhos de mar seriam acrescidos ou até trocados por banhos de sol para bronzear os corpos aformoseados das futuras donas boas? Que a praia seria o território democrático para conciliar estratos sociais de todas as origens? Que ela ofereceria o impensável deleite da contemplação gratuita da seminudez?

A longínqua Copacabana parecia querer se acercar mais e mais do centro. A distância foi encurtando à medida que o bairro encorpava, a ponto de necessitar, em 1919, que se alargasse a agora prestigiosa avenida Atlântica, pois lá se destacavam então fachadas das residências das mais distintas famílias cariocas, os Guinle, os Dias Garcia, os Paula Machado, os Duvivier, símbolos da mais fina sociedade do Rio. Estabeleceu-se também em Copacabana um primeiro hotel, o Londres, dois cinemas, o Atlântico e o Americano, e o primeiro edifício, o Olinda, no Posto 6.

Como nenhuma outra praia carioca, Copacabana sempre se destacou por sua forma de ferradura, que a protege dos ventos. Numa extremidade, a pedra gigantesca que ditou nome próprio àquele trecho por lembrar a forma de um leme de barco. Na outra, no sítio da fortaleza da ponta da Igrejinha de Copacabana, erigiu-se em 1908 um forte cuja construção estendeu-se por seis anos. Vindos da Alemanha, foram desembarcados num cais, especialmente destinado à operação, 5 mil caixotes contendo peças de concreto pré-moldado para a estrutura do que se converteu num propalado marco da engenharia militar, o Forte de Copacabana.

Impressionado com o que viu na Europa, o prefeito Pereira Passos ordenou a importação de pedras para forrar a calçada que separava a areia da via pública.

Usadas para pavimentação em Lisboa, datam de 1842, quando, por iniciativa do engenheiro militar português Eusébio Furtado, foram instaladas as primeiras calçadas com pequenas pedras brancas e pretas formando um zigue-zague em volta da fortaleza do Castelo de São Jorge e seus arredores. Apesar de considerada irreverente, a ideia foi tão bem-aceita que se propagou para outras ruas da capital portuguesa especialmente na praça do Rossio em 1848, onde o desenho ondulado, alcunhado Mar do Lago, representava o encontro das águas do rio Tejo com as do oceano Atlântico, numa homenagem aos Descobrimentos portugueses. Os originais calçamentos espalharam-se por outros locais lisboetas, como o Cais do Sodré em 1877 e o Chiado em 1894, e mais tarde por

Ressaca no Leme, em 1921, vendo-se as pedras portuguesas da calçada.

ruas e praças em Coimbra, no Alentejo, alastrando-se aos Açores, à ilha da Madeira e a Moçambique. Dessa maneira surgiram e proliferaram as calçadas portuguesas em mosaicos cujo assentamento exigia uma técnica especial da qual os lusitanos eram os únicos detentores. Para que não se perdessem aqueles conhecimentos sobre o artesanato de calcetar foi criada em 1986, na capital portuguesa, a Escola de Calceteiros.

Como foi dito, por iniciativa do prefeito Pereira Passos é que nasceu, em 1906, a primeira calçada de Copacabana em curvas pretas e brancas que, mais até que as do Rossio, iriam projetar sua referência visual. Dispostas perpendicularmente ao sentido da praia, tiveram que ser refeitas após uma grande ressaca ao final da década de 1920, mas já com pedras extraídas de uma jazida descoberta no Rio de Janeiro. Além de mais sinuosas que as anteriores, evocando o movimento contínuo das ondas do mar, o novo desenho das curvas sofreu mais tarde uma rotação de noventa graus: a direção das ondas foi mudada no sentido longitudinal, a fim de acompanhar a orientação da praia. Daí resultaria o marcante símbolo da praia de Copacabana, o logotipo curvilíneo em preto e branco que a identifica em todo o mundo e que, obviamente, também receberia um apelido indispensável, naquela arte em que os cariocas são insuperáveis: o calçadão.

Muito embora ainda semideserta e distante do centro da cidade, Copacabana foi alavancada de vez como atração turística com o advento dos anos 1920. Em termos de destaque na cidade, no país e mesmo no mundo, nada seria mais glamoroso para a fama da fascinante praia carioca do que a construção do Copacabana Palace Hotel, ocupando quase uma quadra inteira à beira-mar, no terreno vizinho a uma grande pedreira. Sua construção foi decidida pelo presidente da República, Epitácio Pessoa, com o objetivo de dar projeção internacional ao país durante as comemorações do Centenário da Independência do Brasil, em 1922. Convidou o fidalgo empresário Octavio Guinle, pertencente à família mais rica do país, apaixonado por hotelaria e arrendatário do Hotel Esplanada em São Paulo, para o sonhado empreendimento: um hotel na praia que deixasse de queixo caído quem viesse ao Brasil. Fosse quem fosse, viesse de onde viesse. Um hotel brasileiro para rivalizar com o Carlton de Cannes, na Riviera Francesa. No mínimo.

Também um mecenas como seu irmão Arnaldo Guinle, o patrocinador da viagem de Pixinguinha à França em 1921, Octavio exigiu a inclusão de um cassino para garantir a frequência de hóspedes. Isso acabou não sendo cumprido mas, mesmo assim, não impediu que a construção do empreendimento seguisse adiante. Ajudado financeiramente por sua mãe, Dona Guilhermina Guinle, convidou o mesmo arquiteto do Carlton da Côte d'Azur, o francês Joseph Gire, para projetar o majestoso edifício de oito andares e 250 aposentos com salas de banho nos quais a suntuosidade da decoração dominada por ouro e branco, incluindo mosaicos de Rodolfo Chambelland, seria largamente superior à de qualquer outro hotel do país. Para conter refluxos marítimos desproporcionais, sua construção exigiu uma técnica inusitada no país, que provocou o atraso de onze meses na obra, ultrapassando os festejos do centenário. A inauguração aconteceu finalmente em 1º de setembro de 1923, sendo celebrada com um retumbante baile ao qual entretanto faltou a cereja do bolo: o espetáculo anunciado no convite original com a vedete francesa Mistinguett, o dançarino Earl Leslie e a Jazz Band Ba-Ta-Clan. Debalde os esforços oficiais, os empresários da revista de Madame Rasimi bateram o pé negando-se a liberar a estrela de seu espetáculo no Theatro Lyrico, em

Duas vistas da praia de Copacabana a partir do terraço
do Copacabana Palace, inaugurado em 1923.

cartaz no centro do Rio. Os convivas comeram, beberam e dançaram, mas tiveram de se contentar com a companhia da vedete francesa na plateia, sem poder apreciar a beleza de suas pernas seguradas em um milhão de francos.

Dessa data em diante a fachada frontal e a lateral norte do "sumptuoso" Copacabana Palace Hotel passaram a se constituir na referência visual mais frequente dos cartões-postais do bairro, da cidade e até do país, cumprindo o destino desejado pelo presidente brasileiro. Mais uma vez, como é do feitio dos cariocas, o nome do hotel foi abreviado e apelidado simplesmente "o Copa".

Os cuidados do arquiteto francês na proteção do edifício impediram que uma ressaca que destruiu boa parte da avenida Atlântica atingisse sequer sua imponente entrada. Também impediu que o desânimo se apoderasse dos que pretendiam construir em Copacabana novas residências e "palacetes", denominação aristocrática em voga para enobrecer os primeiros edifícios de apartamentos. Inicialmente estes foram localizados próximos do hotel, na praça do Lido, distantes portanto do que já fora erigido no Posto 6: o Palacete Duvivier, do milionário Eduardo Duvivier.

Confortáveis, com ampla entrada social, separada da de serviço, salas de visitas e de jantar, varandas ou balcões com vista para o mar, quartos amplos e área de serviço distante da social, os apartamentos de tais palacetes eram residências elegantes ocupadas por endinheirados que não ligavam a mínima às críticas negativas que comparavam suas residências a casas de cômodos amontoadas verticalmente. De sorte que esses primeiros palacetes, tanto quanto os arranha-céus em estilo *art déco* que surgiriam mais tarde, se constituíram no que seria a alva moldura contínua que daria identidade à praia de Copacabana.

De um ponto de fuga no oceano Atlântico o panorama em grande--angular exibia o mar em primeiro plano, num *dégradé* de tons esverdeados, até a faixa branca correspondente à areia, em toda a extensão, e, acima desta, num contorno em semicírculo, residências e edifícios de alturas variadas, que os anos tenderiam a uniformizar à medida que estes fossem substituindo aquelas. A par do visual ímpar, uma distinção sobre as demais praias brasileiras, uma apetitosa atração para o veraneio.

De fato, nos meses de dezembro a março já era comum turistas estrangeiros virem passar temporadas em apartamentos alugados com alfaias, baixelas, vista para o mar e acesso direto à praia, usufruindo o verão do hemisfério sul sob o sol tropical com uma programação intensa e variada. Os corpos das moças em forma de violão, a esbelteza dos ra-

Vista aérea da praia de Copacabana na década de 1950, com o Copacabana Palace ao centro.

pazes praticando esportes na praia e a música brasileira, da qual tinham uma vaga ideia através da *bombshell* Carmen Miranda, estavam entre os motivos para a escolha de Copacabana no estio. Razões irresistíveis para gozar a *joie de vivre* como em raros balneários do mundo.

A população se esticava para mais de 70 mil habitantes nos anos 1940 quando Copacabana foi pioneira do modelo do miniapartamento: uma só peça que atendia perfeitamente às atividades tanto de dia como de noite. Mais que rapidamente foi apelidado pelos cariocas de apartamento tipo JK, isto é Janela e Kitchenette. Nenhuma alusão aqui ao nome do futuro presidente da República.

O bairro, até então marcadamente residencial, oferecia variadas atrações para habitantes e turistas, destacando-se os dois cassinos: o do Hotel Copacabana e, igualmente em ambiente de esplendor, o Cassino Atlântico, inaugurado por Alberto Bianchi em 1935 no Posto 6 sob o slogan "Paris na praia de Copacabana". Além do pano verde e da roleta, ambos atraíam frequentadores com funções diárias de espetáculos do tipo *music hall*, gênero que, embora surgido em Londres no século XIX, com *girls* se desincumbindo do *aplomb* erótico, desenvolveu-se em Paris. Não é pois sem razão que Mistinguett e Josephine Baker tenham se consagrado como as grandes estrelas nos palcos franceses do gênero.

Entre as boates, a que mais se aproximava dos cenários dos musicais em tecnicolor da Metro fazia parte do Copa. Era o Golden Room do Cassino Copacabana, inaugurado em 26 de dezembro de 1940 com um espetáculo que incluiu, além de números da cantora Laura Suarez e da dançarina Eros Volúsia, a apresentação da atriz e cantora de cabaré austríaca Greta Keller, acompanhada da orquestra do violinista Guy de Nogrady. Além do serviço de bar e jantar impecavelmente condizente com a exigência da clientela internacional, o jubiloso Golden Room oferecia música para dançar com duas orquestras fixas, *crooners* e coristas.

A tudo isso o incansável senhor Octavio Guinle comandava com pulso firme e exigência absoluta, a fim de manter como impecável o tratamento causador de saudades entre os hóspedes que partiam. Igualmente, o Golden Room tornou-se palco das mais lembradas atrações e personalidades que pisariam o solo brasileiro nos anos subsequentes.

Caso preferissem, os que exigissem mais privacidade podiam hospedar-se no Anexo do Copa, um edifício de onze andares com 78 apartamentos construído em 1948 no local das antigas quadras de tênis e onde um dos mais célebres residentes seria o cantor Mario Reis. De estilo contemporâneo, tinha em média quatro apartamentos na face dos fundos

A piscina do Copacabana Palace.

com quarto e sala separados e, nos da frente, uma sacada para a espetacular piscina aquém da pérgula separada da avenida Atlântica por cinco janelões de vidro fixo. A piscina do Copa era constantemente embelezada por beldades estendidas nas espreguiçadeiras, que moldavam o voluptuoso cenário para quem estivesse saboreando as iguarias na varanda do restaurante que em nada devia ao que de melhor houvesse na então capital brasileira, o elegante Bife de Ouro.

Na década de 1940, o bairro que seduzia quem ao Rio viesse tinha salas de cinema, pequenos teatros, livrarias, cassinos, restaurantes, bares,

A praia 41

boates e o mais democrático modo de diversão, a praia, dos banhos de sol e mar e das inventivas modalidades esportivas que aí se desenvolveram para depois serem exportadas à maioria das congêneres brasileiras: pelada ou futebol de areia, vôlei de praia e peteca. A raquetinha, depois apelidada carioquissimamente de "frescobol", ainda não tinha sido descoberta por, segundo dizem, Millôr Fernandes. Tampouco o futevôlei, engendrado para driblar a polícia da proibição do futebol de praia no trecho defronte à rua Constante Ramos.

Nos anos 1940, o futebol de praia era levado a sério, com times uniformizados, campeonatos regulares e a presença de alguns profissionais que não resistiam a uma boa pelada, que, se jogada na areia e não na grama, é de arrebentar qualquer um, tirando o fôlego e acabando com a resistência dos incautos sem preparo físico. Personalidades do esporte e das colunas sociais como Heleno de Freitas, João Saldanha e Sérgio Porto vestiam a camiseta do Praia Clube, e o grande frasista do esporte bretão, o mulato Neném Prancha, defendia o Americano. "Se macumba ganhasse jogo, o campeonato baiano terminava empatado" e "Bola tem que ser rasteira, porque o couro vem da vaca e a vaca gosta de grama" são duas de suas impagáveis tiradas.

Lojas do centro como a Casa Sloper também abriram filiais na Zona Sul, facilitando a vida das madames e das jovens pretendentes ao airoso círculo das que à tarde perambulavam pela artéria mais movimentada do bairro, a avenida Nossa Senhora de Copacabana. Para escapar do calor que marca o verão carioca até hoje, nada mais confortável que a novidade das recém-abertas Galerias Menescal e Duvivier. Enquanto os maridinhos, namorados e afins davam duro no trabalho ou fingiam estar no batente, as cariocas de pele tostada pelo sol vestiam-se com uma liberdade perfeitamente natural para o ambiente, como não se via nem em outros bairros cariocas.

"Os homens ficavam de tronco à mostra e as damas cruzavam as pernas despidas, pendente um cigarro nos lábios avivados de vermelho", descreveu um cronista da imprensa carioca atordoado com o que assistiu nas ruas de Copacabana em 1940. Usando sandálias e vestidinhos bem leves, elas encerravam as atividades vespertinas pegando um cineminha deliciosamente climatizado com ar refrigerado. Copacabana consagrou o cinema de bairro no Rio e, pode-se dizer, no Brasil. Não indo ao cinema, a preferência natural era lamber um sorvete Chicabon da primeira carrocinha amarela de esquina ou traçar um sanduíche de queijo com banana no Bob's, ou ainda, entre as mais desocupadas, sentar-se à mesa

Jogo de peteca na praia, com o Copacabana Palace ao fundo.

para um chá das cinco com bolo, torta, irresistíveis casadinhos de camarão, croquetes e *pâtisseries* de dar água na boca na única filial da tradicional Confeitaria Colombo do Centro, inaugurada em 1945 na esquina da Nossa Senhora de Copacabana com a Barão de Ipanema. Por falta de distração sadia é que não se podia queixar. O moço bronzeado era um pão e a moça com maiô de duas peças, uma uva.

O *boom* do bairro de Copacabana se justifica na detalhada descrição do historiador de nossa música Jairo Severiano, feita especialmente para este livro:

"Como o resto do Brasil, o Rio de Janeiro dos anos 1930 até o final da ditadura Vargas em 1945 era muito provinciano. Tinha herdado boa parte do provincianismo que vinha do século XIX, uma vida noturna de muito baixo nível, aqueles cabarés da Lapa, boemia na base do vermute e da cachaça. Em 1945, ao terminarem a guerra e a ditadura do Estado Novo, o Rio de Janeiro entra num período de euforia excepcional, com muito dinheiro correndo, muitos aplicando principalmente na construção civil devido aos capitais estacionados durante a guerra. Tinham economizado divisas porque na guerra não se tinha as fontes de onde importar. As indústrias dos Estados Unidos, Alemanha e Inglaterra estavam produzindo para a guerra. O Brasil importava o mínimo imprescindível e um exemplo disso, no caso da música, é o da gravadora Columbia, que era representada no Brasil pela Byington & Cia., de São Paulo. A gravadora sofreu em novembro de 1940 um incêndio em seu estúdio e em outras dependências e não pôde importar uma nova máquina de gravação, pois não havia nenhuma em disponibilidade. Passou então a gravar numa máquina velha, ultrapassada, usada desde o começo dos anos 1930. A Columbia acabou se desinteressando de gravar no Brasil e daí surgiu a Continental. E as divisas brasileiras ficaram acumuladas. Ao terminar a guerra, com o início da grande euforia não só de empreendimentos como também de gastos supérfluos, até pente de plástico foi importado, pois os Estados Unidos procuravam vender de tudo, quase obrigando os países aliados a comprarem seus produtos para poder equilibrar suas próprias finanças. O principal disso tudo é que, paralelamente a essa farra de importações, aconteceu um forte investimento na construção civil, e Copacabana, que tinha poucos edifícios, se torna entre 1946 e 1957 uma verdadeira selva de pedra. Surge o sistema de incorporação, do cliente comprar o apartamento na planta. Copacabana passou a ser o bairro chique do Rio de Janeiro. A vida noturna se transfere do Centro para Copacabana, e o fim dos cassinos no começo do governo Dutra determinou o nascimento das boates. E a maioria funcionava em Copacabana."

O bairro se bastava. Vivia-se perfeitamente em Copacabana sem se ter de ir ao centro da cidade, o mesmo hábito de certos moradores do Brooklyn, em Nova York, que jamais atravessaram o East River para ir a Manhattan. Em lugar da Brooklyn Bridge, a ligação natural entre o Centro e o bairro carioca era um túnel, onde os bondes trafegaram na contramão dos automóveis até 1963. Algo perfeitamente normal para os motoristas da cidade, era um perigo inconcebível para os turistas, e motivo para que os cariocas aproveitassem a excentricidade para apelidar o túnel de Mata Paulista. Tanta variedade de atrativos diurnos em Copacabana era pouco diante do que acontecia depois que o sol se punha.

Copacabana à noite, nos anos 1930.

Desenvolvendo e apurando um tipo de boemia mais sofisticada que a do centro do Rio, em especial a da Lapa, os invejados moradores de Copacabana deram uma guinada nos costumes ao inovar o conceito de quase tudo que dizia respeito à vida noturna da cidade. Os *habitués* de restaurantes, bares e boates se confundiam com os artistas nas mesas ao lado, os leitores de jornais e revistas se metiam nas conversas dos cronistas, quem frequentava a noite era público e atração ao mesmo tempo. Assim, se deu em Copacabana a mudança dos cabarés em boates, das grandes orquestras em pequenos conjuntos, da cachaça em uísque, do saracoteio dançante em deslizantes corpos colados, das interpretações retumbantes em suaves vozes intimistas.

O teatro de revista *Eu quero é me badalar*, de Walter Pinto, que foi levado ao palco do Teatro Recreio, no Rio de Janeiro, em 1955.

Capítulo 3

O teatro de revista

No centro de uma baralhada de vários títulos para letras distintas de autores diferentes e gravadas por cantores também diferentes interpretando a mesma melodia é que surgiu um novo gênero na música popular brasileira, o samba-canção.

Intitulada "Linda flor", a canção de Henrique Vogeler era destinada a ser cantada pela atriz Dulce de Almeida na segunda parte da comédia musicada *A verdade do meio-dia*, que estrearia no Teatro Carlos Gomes do Rio de Janeiro no dia 17 de agosto de 1928. Com letra de Candido Costa — "*Linda flor!/ Tu não sabes, talvez,/ Quanto é puro o amor/ Que me inspiras; não crês...*" —, a música foi levada à cena sem obter a repercussão aguardada pelo autor da melodia, que nem por isso entregou os pontos.

O teatro de revista, destino concebido para sua música, havia adquirido cunho marcadamente brasileiro no final do século XIX como possível equivalente nacional às operetas, às companhias espanholas de zarzuelas, aos espetáculos de magia, ao teatro burlesco e às trupes francesas de *vaudeville* que preenchiam a programação do divertimento oferecido nos palcos cariocas. Advindo do Théâtre des Variétés de Paris no início do século XIX,[1] o figurino de diversão da burguesia se consolidou por combinar humor e sátira com música ligeira, material básico de que se valiam também os espetáculos dos café-cantantes ou cafés-concerto existentes no Rio de Janeiro. À comicidade intercalavam-se músicas de um "gênero leve e espirituoso, geralmente satírico", como é definido pelo historiador Jairo Severiano, o modelo adotado inicialmente pelos com-

---

[1] Segundo o crítico Salvyano Cavalcanti de Paiva, o teatro de revista tomou forma "após estagiar, em sua adolescência, no *vaudeville*, no *music hall* e no espetáculo de *variétés*. São três formas afins, três espetáculos intimamente relacionados de entretenimento popular, quase superposições... a combinação do *vaudeville* com o burlesco constitui o último elemento formado da revista de teatro".

positores para preencher de canções buliçosas o recheio musical do teatro de revista: as cançonetas.

Tendo se expandido a ponto de ocupar cinco casas só na praça Tiradentes, o teatro de revista se constituía no veículo fundamental para a divulgação das novas criações musicais, propiciando ainda o surgimento de uma original atividade no meio teatral carioca, a de revisteiros ou revistógrafos, termo atribuído a Artur de Azevedo, quem primeiro se destacou nessa função. Basicamente eram eles os autores e produtores das revistas, espetáculos sem pretensão dramatúrgica que simplesmente entremeavam música com cenas cômicas. Em alguns casos os revistógrafos também compunham música para seus próprios espetáculos. As cançonetas, e posteriormente as marchinhas, contribuíram sobremaneira para o desenvolvimento da música popular brasileira no período áureo do teatro de revista, de aproximadamente dez anos a partir de 1923.

Nessa atividade de entretenimento teatral, que sobreviveu com relativo sucesso até meados dos anos 1950, destacaram-se desde logo Freire Júnior e Luís Peixoto como revistógrafos, Paulino Sacramento e Eduardo Souto como maestros/compositores, Henrique Vogeler e Augusto Vasseur entre os compositores/pianistas, e a figura feminina que se consagraria como a primeira estrela de primeira grandeza dos palcos do teatro de revista, a vedete Aracy Cortes.

No dizer de José Ramos Tinhorão, "o teatro de revista ia acabar atraindo também músicos que, por sua formação teórica mais apurada, ficariam como pioneiros das modernas gerações de compositores populares de nível universitário". Precisamente o perfil do pianista que compusera "Linda flor".

Ao ser procurado por Luís Peixoto em busca de alguma composição nova para a revista *Miss Brasil*, na qual Aracy Cortes faria uma *rentrée* no Teatro Recreio, Henrique Vogeler, ainda inconformado com o insucesso de sua "Linda flor", arriscou sugerir a mesma melodia propondo no entanto nova letra. Seguindo a narrativa detalhada de Tinhorão,[2] durante um intervalo dos ensaios da peça, enquanto se apoiava na tampa do piano de cauda ouvindo a execução do compositor, Luís Peixoto rabiscava e corrigia versos da nova letra para a melodia que seria levada à cena pela segunda vez. Trabalhava rapidamente, a fim de que a estrela tivesse tempo de aprendê-la o quanto antes.

---

[2] José Ramos Tinhorão, *Pequena história da música popular*, São Paulo, Editora 34, 7ª ed., 2013.

Partitura do samba-canção "Iaiá (Linda flor)" registrando duas de suas três letras: a primeira, de Candido Costa, e a terceira, de Luís Peixoto e Marques Porto, realizada para a revista *Miss Brasil* estrelada por Aracy Cortes.

Já na estreia em 20 de dezembro, quatro meses depois, portanto, Aracy Cortes soube valorizá-la tão bem que a canção teve que ser bisada, tornando-se o grande êxito não só da revista, como ainda do Carnaval de 1929. Após um número de dança, entrava como a apoteose da revista em que "se patenteava irresistível a força de Aracy Cortes cantando o imortal 'Linda flor'".[3]

Em consequência duas gravações foram lançadas: a de Vicente Celestino com a primeira letra, de Candido Costa, e a de Francisco Alves, cujo título para a mesma melodia era o primeiro verso da letra de Freire Júnior: "*Meiga flor/ Não te lembras, talvez/ Das promessas de amor/ Que te fiz, já não crês*". Ou seja, uma nova letra, um novo título.

Todavia foi Aracy, com uma interpretação enternecida e insinuante em disco da Parlophon lançado em março de 1929, quem definiu a vitoriosa trajetória da música de Henrique Vogeler e a letra definitiva de Luís Peixoto, de aspecto acaboclado: "*Ai, Ioiô/ Eu nasci pra sofrê/ Fui oiá pra você/ Meus oinho fechô*". Nesse disco o título da mesma composição era "Iaiá". E "Linda flor" ficaria também conhecida como "Ai, Ioiô".[4]

Assim, tomam parte na história do primeiro samba-canção quatro títulos, três letras, três gravações com três cantores, quatro autores e a mesma melodia. Como se não bastasse, um tema de harmonia refinada era cantado com sotaque caboclo por uma vedete carioca num espetáculo burlesco. Que tal para começo da história?

O curioso na trajetória de "Linda flor" é que o gênero indicado abaixo do título para a gravação definitiva, a de Aracy, é "canção", enquanto, por ironia, nos discos de Francisco Alves e de Vicente Celestino, a expressão "samba-canção" foi corretamente estampada, embora executada no andamento certo só na de Vicente. Enfim, o gênero samba-canção foi impresso em dois dos três discos.

---

[3] Segundo Salvyano Cavalcanti de Paiva. A peça *Miss Brasil*, de Marques Porto e Luís Peixoto, teve carreira triunfal, registrando 172 apresentações consecutivas até março de 1929.

[4] A primeira referência que se pode localizar sobre o gênero samba-canção aplicado a uma composição expressiva ocorre em fevereiro de 1928, data do lançamento do disco de Francisco Alves com uma composição de Sinhô gravada no ano anterior. É como é designado também na parte para piano o samba-canção "Amar a uma só mulher". De fato, o jornal *O País* traz na seção "Discos e máquinas falantes" da edição de 3 de junho desse ano a propaganda dos discos Odeon lançados com Francisco Alves. Dos doze títulos, o sétimo é "'Amar a uma só mulher' — samba canção".

Aracy Cortes, a grande estrela do teatro de revista brasileiro dos anos 1920 aos anos 1940.

Canção ou samba-canção? O termo para identificar o gênero da música, no selo dos discos de 78 rotações, nem sempre era escolhido com o rigor devido. Até porque não se sabe exatamente quem o decidia. Para a gênese do samba-canção no entanto há um fator que põe fim a qualquer discussão: a nota publicada na revista *Phonoarte* de 30 de março de 1929 informando que "'Iaiá (Linda flor)', o samba-canção que todos conhecem e que, no último Carnaval, foi um dos seus mais ruidosos sucessos, acha-se impresso pela Casa Vieira Machado".

Quando posposto a um gênero musical estabelecido, o termo "canção" passa a definir o substantivo composto que sugere música em andamento mais lento. Assim valsa-canção, tango-canção e choro-canção pressupõem valsas, tangos e choros mais arrastados ou dolentes. O mesmo entendimento deveria se aplicar para o samba-canção: um samba romântico mais lento. Bastaria então retardar o andamento para um samba vir a ser samba-canção?

O teatro de revista 51

O laborioso historiador José Ramos Tinhorão afirma que ele é uma adaptação do samba daquela época levada a efeito por compositores semieruditos (caso de Vogeler) que, ao passarem a ser convocados como arranjadores das gravadoras, tentaram adaptar o ritmo do samba para o tipo de orquestração que elaboravam. E faziam-no simplesmente retardando o andamento. Ou seja, bastaria trocar o ritmo mais vivo e buliçoso por um mais lento e suave, gerando em consequência um toque mais romântico.

Há mais, porém: a se julgar pela segunda parte de "Linda flor", que se inicia com uma modulação de lá maior para mi bemol menor, percebe-se um requinte harmônico que não se encontra em sambas bem representativos desse ano, como "Gosto que me enrosco" e "Jura", de Sinhô.[5] Esse requinte pode assinalar o diferencial do samba-canção no campo da harmonia. Uma composição mais elaborada admite alterações rítmicas e progressões harmônicas que conduzem a tonalidades inesperadas. A melodia se desenvolve numa tonalidade bem evidenciada que, ao sofrer uma guinada harmônica desse tipo, traz a sensação de um novo e estimulante caminho.

De fato, Henrique Vogeler tinha algo mais que a maioria dos compositores de samba de seu tempo: tinha formação musical. Por isso pertencia ao restrito grupo de compositores e orquestradores que, por dominarem a técnica de ler e escrever música, eram solicitados para a febril atividade de compor e preparar músicas para o teatro de revista. Como também ocorria com seus contemporâneos Heckel Tavares, Eduardo Souto, José Francisco de Freitas e Marcelo Tupinambá, que além de compositores eram maestros, uma distinção a mais.

Não foi pois sem razão que as fábricas de discos que se estabeleciam no Brasil convidaram alguns deles para ocuparem o cargo de diretor artístico, caso de Vogeler na Brunswick em 1929, de Souto na Odeon e sua subsidiária Parlophon, e de Gaó (Odmar Amaral Gurgel) na Columbia de São Paulo, também em 1929. Bons tempos aqueles em que gente da música ocupava posições de destaque nas gravadoras.

A atividade musical no teatro de revista não era mesmo para qualquer um. Numa demanda incessante por canções novas e arranjos para

---

[5] "Gosto que me enrosco" foi cantada no Teatro Fênix por Luísa Fonseca na peça *Seminua*, e "Jura", no Teatro Recreio por Aracy Cortes na peça *Cachorro quente*. A autoria da primeira música foi contestada por Heitor do Prazeres, que acusou Sinhô de tê-la plagiado.

O Teatro João Caetano e a praça Tiradentes, no centro do Rio de Janeiro, que concentrava a maioria dos teatros de revista da cidade.

orquestra, as solicitações eram frequentes pois, além de tudo, os espetáculos ficavam por pouco tempo em cartaz. Em 1928 o notável revistógrafo Freire Júnior, compositor e pianista que lucraria bastante no teatro de revista, estreou no mês de janeiro *Língua de sogra* no Teatro Recreio e *Teia de aranha* no Cinema São José, *A malandrinha* em março, *O meu suquinho* em abril, *Os malandrões* em maio, as três também no São José, *As manhãs do Galeão* em agosto no Recreio e ainda *Eu sou de circo* em setembro e *O Rio agacha-se* em dezembro. Oito revistas no mesmo ano, com esquetes, quadros e músicas diferentes. Essa produtividade se multiplicava entre os demais, podendo-se assim ter uma ideia da fartura de músicas que foram criadas nessas décadas de 1920 e 1930 para serem levadas à cena por algumas semanas e das quais apenas umas poucas eram eventualmente registradas em disco. É nessa vasta produção de canções brasileiras criadas por autores que conheciam o *métier*, a exemplo do que ocorria nos musicais da Broadway, que o samba-canção desabrocha.

Dois anos depois de "Linda flor" outro samba-canção se destaca fora do período carnavalesco no mercado de música de então, praticamente limitado ao Rio de Janeiro: "No rancho fundo", de Ary Barroso e Lamartine Babo. A letra original, escrita pelo carioca J. Carlos, que se desenrolava num cenário caboclo, não funcionou: *"Na grota funda/ Na virada da montanha/ Só se conta uma façanha/ Do mulato da Raimunda"*. O sucesso de J. Carlos como personagem da vida carioca já era incontestável, mas em outra esfera artística, nas páginas de *O Malho* e *Careta* como notável caricaturista. Com o título de "Na grota funda" e o infeliz subtítulo "Este mulato vai ser bamba", o samba-canção era destinado à revista *É do outro mundo*, estreada em 13 de junho de 1930 no Teatro Recreio com cenários e figurinos de J. Carlos.[6] Foi cantado pela mesma Aracy Cortes, que dessa vez não acertou a mão. Percebendo que a letra não combinava com a melodia de Ary, o intuitivo Lamartine pediu-lhe permissão para mudar o título e tentar nova letra, apesar dos protestos de J. Carlos, que rompeu com Ary: *"No rancho fundo/ Bem pra lá do fim do mundo/ Onde a dor e a saudade/ Contam coisas da cidade"*. Com a célebre introdução do pianista Ary Barroso, o melancólico samba-canção foi gravado no ano seguinte em emocionante interpretação por Elisinha Coelho, uma distinta cantora profissional pertencente à sociedade carioca. Emplacou como destaque do ano tornando-se também um clássico na história do samba-canção.[7]

Em 1933 Ary Barroso obtém sucesso com "Maria", em dupla com um de seus frequentes parceiros, Luís Peixoto. E mais uma vez o viés ocorre na trajetória de um samba-canção. A melodia original de Ary chamava-se "Bahia": *"Bahia, cheguei hoje da Bahia/ Trouxe uma figa de Guiné/ Eu com ela faço fé/ Eu com ela faço fé/ Bahia"*. No afã de aprontar uma música para a revista *Me deixa, Ioiô* que, encenada no Teatro República desde 10 de agosto de 1932, sairia de cartaz por falta de público, Luís Peixoto recorreu a Ary pedindo-lhe uma composição inédita para tentar salvar a peça. A melodia de "Bahia" agradou em cheio, mas

---

[6] Apesar da crítica favorável de Mário Nunes, a revista saiu de cartaz no mesmo mês, no dia 29 de junho de 1930.

[7] O disco de Elisa Coelho para a RCA Victor foi gravado em 15 de junho de 1931 e lançado em agosto.

"No rancho fundo", de Ary Barroso e Lamartine Babo, na gravação de Elisa Coelho lançada em agosto de 1931. A melodia de Ary fora composta originalmente para a revista *É do outro mundo*, com letra do cartunista J. Carlos.

Luís não gostou nem um pouco da insípida letra do próprio Ary. Criou então os inspirados versos que seriam consagrados: "*Maria, o teu nome principal/ Na palma da minha mão/ E cabe bem direitinho/ Dentro do meu coração/ Maria*". Estranhamente essa letra que deveria ser, é óbvio, entregue a um homem, foi interpretada no palco por uma mulher, Maria Sampaio, pelo menos disfarçada, pois vestia uma casaca. A peça foi salva e "Maria" tornou-se um clássico depois que o cantor Silvio Caldas gravou-a esplendidamente no disco cuja etiqueta indicava seu gênero: "samba-canção".[8]

O conhecimento de harmonia dos compositores dedicados ao teatro de revista permitia abrir a melodia na segunda parte para uma nova tonalidade e, ao final desta, retornar à primeira através dos procedimentos que dominavam. É o que se constata em composições de Ary Barroso.

Possivelmente animado com a receptividade de seus dois sambas-canção, "No rancho fundo" e "Maria", o incansável Ary concluiu mais

---

[8] "Maria" foi gravada por Silvio Caldas em 3 de novembro de 1932.

três no ano seguinte. O primeiro é o plangente "Caco velho", gravado pela mesma Elisinha Coelho, com o acompanhamento já consagrado, piano de Ary e mais dois violões (Rogério Guimarães e Nogueira). O segundo, exaltado no meio musical, é "Tu", gravado por Silvio Caldas, de quem Ary era fã incondicional.[9]

A terceira composição de Ary em 1934 corrobora a acolhida ao novo gênero através da designação "samba-canção" estampada no selo abaixo do título. Numa certa madrugada, Ary e o parceiro Luís Peixoto, sentados num banco da Cinelândia, tiveram uma inspiração e, necessitando de um instrumento, foram ao Teatro Alhambra à cata de um piano para prosseguir compondo. Na condição de diretor do teatro, Ary conseguiu convencer o vigia a quebrar o protocolo para que terminassem nessa madrugada um dos mais bem elaborados sambas-canção de ambos, "Na batucada da vida": "*No dia em que apareci no mundo/ Juntou uma porção de vagabundo/ Da orgia/ De noite teve show e batucada/ Que acabou de madrugada/ Em grossa pancadaria*". Seria cantado por Aracy Cortes na revista carnavalesca *Há uma forte corrente*.[10] Recém-chegada de Portugal, Aracy foi aplaudida antes mesmo de cantar as três canções de sua participação, ao declamar versos de ardor cívico, na descrição de Salvyano Cavalcanti de Paiva. Na segunda entrada Aracy cantava uma "canção da enjeitada", subtítulo do programa para a música de Ary que não combinava com o repertório de uma revista carnavalesca, onde a alegria deveria imperar. "*Agora que eu sou mesmo da virada/ Que não tenho nada, nada/ E por Deus fui esquecida/ Irei cada vez mais me esmulambando/ Seguirei sempre cantando/ Na batucada da vida*", eram os amargos versos finais.

Segundo Sérgio Cabral, teria sido Ary quem interferiu na escolha da cantora que o gravaria em 20 de março, sua amiga querida Carmen Miranda. É de supor que, ao escrever o arranjo, Pixinguinha possa ter se deixado influenciar pela palavra "batucada" no título pois, pelo que se ouve, nem a cantora nem mesmo ele próprio parecem ter entendido o espírito implícito do samba-canção. Sua interpretação, espevitada como um samba batucado e acelerado, em nada condiz com o conteúdo da letra.

Presente à gravação, Ary testemunhou a dificuldade de Carmen com o cromatismo no início da melodia, os intervalos de meio-tom no trecho

---

[9] "Tu" foi exaltado por sua modulação da primeira para a segunda parte de lá maior para si bemol menor. Foi gravado em 6 de março de 1933 por Silvio Caldas.

[10] Estreada no Teatro Recreio em 11 de janeiro de 1934.

"*No dia em que eu apareci no mundo...*". Desnorteada, ela alegou ser "um samba que ocupa da primeira à última nota do piano... isso nem é samba, é uma escala". Tanto que, ainda segundo Sérgio Cabral em sua biografia sobre Ary, as duas primeiras tentativas no estúdio foram infrutíferas. Somente na terceira, quando se procedeu a uma mudança de tom, a cantora conseguiu gravar até o fim. Não é de espantar. Carmen Miranda não era muito chegada ao samba-canção. Em seu período de RCA Victor gravou sessenta sambas, sessenta marchas e apenas cinco sambas-canção. Seria preciso um bom tempo para que a verdadeira vocação dessa obra-prima viesse à tona. Foi dada a conhecer muitos anos depois por um grande admirador de Ary Barroso, Antonio Carlos Jobim.

Em 1950 a cantora Dircinha Batista, de ouvido apurado e afinação irrepreensível, gravou-o num andamento mais adequado, mas ainda distante do que o gênero pressupunha. Com várias notas incorretas na linha melódica e acompanhada por um nada mais que razoável trio de piano, baixo e bateria, Dircinha gravou pela segunda vez o mais emocionante e mais bem construído samba-canção dos anos 1930, "Na batucada da vida".

Mas só em 1974 é que ele viria a ser magistralmente interpretado, em uma gravação definitiva, por Elis Regina, com arranjo e acompanhamento de César Camargo Mariano ao piano. Ambos se deram conta da modernidade da composição de Ary e da letra dilacerante de Luís Peixoto quando Tom Jobim, em Los Angeles, numa feijoada após a gravação do disco *Elis & Tom*, mostrou-lhes os detalhes harmônicos no andamento correto dessa música que tanto admirava. Tanto que pretendia gravá-la num disco em homenagem a Ary Barroso. Assim que retornou, Elis gravou-o num dos melhores LPs de sua carreira, antecipando-se a Tom e frustrando-o de tal maneira que o tributo a Ary ficou no tinteiro. Mas foi assim, com Elis, que "Na batucada da vida" se consagrou como um clássico do samba-canção, quarenta anos depois de ter sido composto.

No seu depoimento para o programa radiofônico quinzenal com cinco horas de duração que produzi, *O Fino da Música 79*, Elis revelou-me que ouviu Carmen em "Na batucada da vida" pela primeira vez no *Programa do Zuza*, "para quem tem música nas veias", irradiado diariamente. "Carmen", declarou Elis, bem a seu estilo, "é uma pessoa muito importante dentro do lance todo pela perspicácia, o sacar em cima de uma música que ia dar certo, pela própria personalidade dela, a figura da Carmen, muito mais como pessoa, é o que realmente marcou e arrasou. Ditou moda que segue até hoje, os sapatos tipo Carmen Miranda que ainda se usam, os turbantes, as flores, os colares, os babados, foi muito importante. Agora a Carmen era uma pessoa de cintura dura, não é? Eu vi uma sessão de filme dela tipo domingo de tarde, quer dizer, era uma sambista que não sabia sambar, não dizia no pé. Quer dizer, o lance da formação musical é muito diferente."

A despeito de sua assustadora fertilidade, em seus sete anos de produção até o falecimento aos 26 anos de idade, Noel Rosa não tomava parte com assiduidade no circuito do teatro de revista, exceto no início, quando compôs músicas levadas ao palco em revistas encenadas entre 1931 e 1934. O primeiro samba que lhe deu projeção, "Com que roupa", foi cantado por Aracy Cortes na revista carnavalesca *Deixa essa mulher chorar*, com sucesso instantâneo. De tal forma que apenas treze dias depois da estreia o título de Noel foi aproveitado em outra revista: *Com que roupa*, montado pela Companhia Negra de Revista, cuja estrela era Rosa Negra, a "Mistinguett brasileira".[11]

As revistas montadas nos primeiros meses do ano visavam lançar as músicas para o Carnaval, ao passo que, após o reinado de Momo, os espetáculos se voltavam para um repertório menos preocupado com a empolgação. Eis por que outras composições de Noel, de espírito menos carnavalesco, também foram ouvidas nos teatros de revista cariocas. É o caso de "Gago apaixonado" e de "Cordiais saudações", cantadas em palco respectivamente pelo comediante Mesquitinha e pelo cantor Silvio Caldas nos espetáculos *Café com música* e *Mar de rosas*.[12]

Noel não era nem pianista, nem maestro, nem arranjador, não tendo pois o perfil dos revistógrafos/compositores. Sua vida boêmia, dividida com sambistas do morro, transcorre em meio a noitadas nos cabarés de onde tira inspiração para a superlativa coleção de sambas e marchas de Carnaval e de meio de ano, divulgada sobretudo pelos meios radiofônicos. E é nestas, nas composições de meio de ano, que o samba-canção adquire peso no conjunto de sua obra.

Angu de caroço, uma revista moderna com o declarado propósito de *épater le bourgeois*, tinha "Mulato bamba", um samba pungente, in-

---

[11] *Deixa essa mulher chorar* foi encenada no Teatro Recreio em 9 de janeiro de 1931, com partitura do ativo orquestrador do teatro de revista Ary Barroso. *Com que roupa* estreou no Teatro República. Existem parcas informações biográficas e nenhuma imagem de Rosa Negra, conforme registra Luís Nassif em seu portal na internet.

[12] *Café com música* estreou em 24 de abril de 1931, e *Mar de rosas*, em 24 de julho do mesmo ano.

O samba-canção "Maria", de Ary Barroso e Luís Peixoto,
composto para a revista *Me deixa, Ioiô*, de 1932,
na gravação de Silvio Caldas.

terpretado no palco por um Silvio Caldas no auge da popularidade, revelando como Noel se ambientava à vontade na atmosfera do samba-canção, ao reproduzir um "retrato idílico da vida na favela como a burguesia, em sua inconsciência, gostava de sonhar". Gravado por Mario Reis, foi o primeiro samba-canção marcante de Noel.[13]

---

[13] Salvyano Cavalcanti de Paiva sobre *Angu de caroço*, de Jardel Jercolis, revista estreada em 11 de agosto de 1932 no Teatro Carlos Gomes. "Mulato bamba" foi gravado por Mario Reis em julho de 1932.

Com Vadico (Oswaldo de Almeida Gogliano), ele estabeleceu uma estupenda parceria de onze composições iniciadas com a letra para a refinada melodia de "Feitio de oração".[14] A terceira composição dos dois foi "Feitiço da Vila", um samba com o cantor João Petra de Barros, cujo timbre lembrava demais o de Francisco Alves. Antes do fim desse ano, Orlando Silva também gravou "Feitiço da Vila", numa gravação particular que chama a atenção por um detalhe significativo: o andamento foi adequadamente retardado, possivelmente por sugestão do sensível Orlando, e, com isso, ficou patente que tinha o caráter de samba-canção, como aliás foi identificado no selo desse disco. A gravação de Orlando não fazia parte do circuito comercial, permanecendo no mais completo ostracismo, sendo ignorada até por biógrafos seus. Porém, desde então "Feitiço da Vila", composição das mais admiráveis da dupla, passou a ser executada no andamento correto, o de samba-canção.

Somente em setembro de 1950 é que o gênero samba-canção é reconhecido e consagrado na obra de Noel Rosa. Dá-se nas célebres gravações de Aracy de Almeida com orquestração de Radamés Gnattali num álbum da gravadora Continental (dirigida pelo compositor João de Barro, o Braguinha), um dos mais notáveis rasgos comerciais da história do disco no Brasil. Em capa expressiva de cartolina com a imagem colorida em preto, amarelo e vermelho de um seresteiro empunhando seu violão, de autoria de Di Cavalcanti, o álbum com três discos de 78 rotações e textos internos de Lúcio Rangel e Fernando Lobo foi determinante no resgate da obra de Noel e a constatação do quanto ela estava repleta de monumentais sambas-canção, ainda que não identificados como tal nas etiquetas. Na mesma linha foram gravados em maio de 1951 mais seis composições de Noel, das quais apenas uma ("Silêncio de um minuto") foi ali apontada como samba-canção. Na verdade, vários sambas de Noel eram intrinsecamente sambas-canção desde o nascimento da melodia, da harmonia e da letra, faltando a desaceleração de andamento que afinal foi admitida nas gravações posteriores aos anos 1950.

O terceiro membro do triunvirato que marcou com Ary e Noel a Época de Ouro da música brasileira foi Lamartine Babo, mais conhecido por estabelecer o parâmetro que elevou as marchinhas de Carnaval à con-

---

[14] A parte A em dó maior modula para ré menor, no início da parte B, que termina com o acorde de sétima de sol maior, dominante que pede a volta ao tom em dó maior da parte A — o procedimento de um perito. Tecnicamente, A é a denominação da primeira parte e B, a da segunda.

dição de crônicas sociais de um longo período. Com uma inventividade sem limites, Lamartine começava a deixar sua marca no teatro de revista em 1931, com uma das mais extravagantes composições da música brasileira, "Canção para inglês ver", também o título da peça que estreou no Teatro Rialto em 10 de julho. A falsa canção era um fox-trot amalucado que satirizava o uso de palavras e expressões em inglês numa "obra-prima do *nonsense*", conforme definiu Suetônio Soares Valença, biógrafo de Lalá. Provocando gargalhadas na plateia, era vivida no palco por Pinto Filho e Aracy Cortes, tendo sido gravada pelo próprio Lamartine com sua antivoz de cantor.

No ano seguinte, Lamartine praticamente dominou a grande revista carnavalesca do ano *Com a letra A* no Teatro Recreio, ao contribuir com "Babo... zeira", outra *nonsense*, com o samba "Só dando com uma pedra nela", com a "Marchinha do amor" (*"Com a letra A começa o amor que a gente tem"*) e com a retumbante "O teu cabelo não nega". "Aí, hein!" e "Linda morena", ambas sucessos nos bailes carnavalescos de 1933, provenientes de diferentes revistas com os mesmos títulos das marchinhas, traziam a assinatura do mais gaiato, imprevisível e intuitivo autor da música popular brasileira.

Sua contribuição para o samba-canção não se deu apenas com a letra de "No rancho fundo". Em 1937 Lalá envolveu-se num relacionamento que terminou em decepção ao descobrir que Nair (significativamente um nome comum aos dois sexos), com quem se correspondia, não era uma admiradora mas sim um dentista, seu fã e morador de Dores da Boa Esperança, em Minas Gerais, onde o samba-canção "Serra da Boa Esperança" foi criado. Em tonalidade menor e progressões harmônicas renovadoras, tornou-se com o tempo um clássico na voz de vários cantores, entre eles Noite Ilustrada, que fez uma magistral interpretação da composição gravada pela primeira vez por Francisco Alves. Como poucos ele soube valorizar o trecho mais tocante da letra: *"Sei que Jesus não castiga um poeta que erra/ Nós, os poetas, erramos porque rimamos, também/ Os nossos olhos nos olhos de alguém que não vem"*.

A fama de Ary Barroso como compositor de sambas e de sambas-exaltação amortece sua significativa coleção de composições pioneiras que deram rumo ao samba-canção. O samba "Inquietação", interpretado por Silvio Caldas e incluído em 1935 no filme depois extraviado *Favela dos meus amores*, valoriza o aspecto mais frequente nas letras de samba-canção, o de amores não correspondidos. A primorosa melodia, em modo menor na sua primeira parte, acentua os versos de Ary tecidos sobre a amargura da paixão: "*Quem se deixou escravizar e, no abismo, despencar de um amor qualquer/ Quem, no aceso da paixão entregou o coração a uma mulher/ Não soube o mundo compreender, nem a arte de viver, nem chegou, mesmo de leve, a perceber/ Que o mundo é sonho, fantasia, desengano, alegria, sofrimento, ironia*". No andamento adequado, "Inquietação" pode ser considerado um samba-canção, ao invés de samba, como foi rotulado.

O ano de 1935 assinala o princípio de uma longa curva descendente no domínio quase absoluto do teatro de revista como principal porta-voz da produção do cancioneiro popular brasileiro. Embora se mantivesse como um concorrido tipo de espetáculo leve nos palcos cariocas, a interferência da censura em revistas com quadros de cunho político[15] e a crescente atração pelo cinema, que levou salas de revistas, como o Teatro Rialto, a fechar as portas para se transformar no Cine Metrópole, acenderam a primeira luz amarela no cenário do mais popular gênero de divertimento no Rio de Janeiro na alta e média burguesia, além de também alcançar as classes menos abastadas.

É certo que nos últimos anos da década de 1930, sucessos como "Marchinha do grande galo" ("*Co-co-co-co-co-ró/ O galo tem saudade da galinha carijó*") de Lamartine, "No tabuleiro da baiana" de Ary (cantada pela mulata Déo Maia com Grande Otelo na revista *Maravilhosa!*), "Seu condutor" de Alvarenga e Ranchinho, "Pastorinhas" e "Touradas em Madri" tenham, antes da ganharem a consagração popular, sido alguns dos números musicais mais intensamente aplaudidos pelas plateias dos teatros na praça Tiradentes. Todavia era perceptível que a curva desceria inexoravelmente.

O fim desse ciclo deu lugar a inovações que sustentaram vigorosamente o gênero de espetáculo por mais duas décadas. No aspecto estrutural privilegiavam montagens feéricas, guarda-roupas cada vez mais ricos e cenários fabulosos. Os elencos foram remodelados com excitantes desfiles de garotas deslumbrantes em trajes cada vez mais sumários; à brejeirice das vedetes foi agregada a liberalidade de atuar em divertidas intervenções picantes, dialogando maliciosamente com a plateia masculina a ponto de embaraçar os carecas das filas do gargarejo quando chegavam a se sentar em seus colos, destacando-se nesse mister a *mignon*

---

[15] Além de ter vários quadros mutilados, *Viagem presidencial* foi obrigada a trocar seu título para *Viagem maravilhosa* quando estreou no Teatro Recreio em 1935. Não é pois *Cidade maravilhosa*, do mesmo ano, na qual foi lançada a famosa marchinha.

A vedete Virginia Lane.

Virginia Lane, que inaugurou a moda, a excepcional Dercy Gonçalves e a loiraça Mara Rúbia.

Os esquetes vividos por eméritos caricaturistas como Pedro Dias e Manuel Vieira foram mantidos com um toque de bajulação aos políticos, e os letreiros das marquises abriram espaço aos nomes de uma safra de novos humoristas, nas pegadas do primeiro e único Oscarito, entre eles Walter D'Ávila, Ankito, Colé, Silva Filho e Badú, que, como autênticos bufões, injetavam o caráter histriônico nos quadros que fizeram rolar de rir o público adulto frequentador do teatro de revista até meados dos anos 1950.

Por outro lado, o achatamento ao privilégio de lançar novas canções nos palcos das revistas foi também acompanhado pela transferência do estilo de interpretação para o modelo dos cantores de rádio, como foi ilustrado em um episódio que me foi narrado por Orlando Silva:

O teatro de revista

"Bom, 'Nada além', de Custódio Mesquita e Mário Lago. Mário Lago poeta, poeta com P muito do grande e o Custódio aquele habilidoso musicista, um cara melódico, sentimental, uma beleza. Aí o Custódio chegou para mim e disse assim:

— Orlando, eu queria que você fosse assistir à peça que está no Recreio, no teatro. Tem duas músicas lá minhas e eu queria que você ouvisse. Tenho certeza que você vai gostar.

Eu digo:

— Então vou hoje.

Eram umas seis horas da tarde, fui logo na primeira sessão. Quem cantava era o Armando Nascimento, tenor. Quando ele cantou 'Nada além' naquela gritaria, *'Nada além, nada além de uma ilusão'*, eu fechei os olhos e fiquei sozinho. Digo: 'Não é nada disso, Armando. A música não é nada disso do que você está fazendo'.

Quando eu saí do teatro, voltei novamente ao Nice e disse assim:

— Custódio, me dá a parte do piano já, que eu vou levar isso para a gravadora amanhã.

Ele disse:

— Só se eu for em casa. Ela está escrita lá em casa.

— Vale a pena, Custódio. Amanhã eu levo para a RCA, lá dou para o Radamés orquestrar.

Ele foi. Ele morava ali pertinho do centro, em Laranjeiras. Saía da Lapa, já estava em Laranjeiras. Aí, como eu disse, no dia seguinte eu levei para a Victor, telefonamos para o Radamés, Radamés foi lá, eu disse como queria, vi o tom e o 'Nada além' foi aquele estouro, né? Aqui em São Paulo era coqueluche. Depois de gravar 'Nada além', era um deus nos acuda."[16]

* * *

No período da Segunda Guerra Mundial as famílias norte-americanas se reuniam à noite em torno do utensílio doméstico mais paparicado da casa, o aparelho de rádio. Dele vinham as notícias e o divertimento supremo, a música ao vivo de espetaculares programas transmitidos ao vivo com as orquestra da Era do Swing, que tomou conta do país inteiro e projetou como verdadeiros heróis os líderes das big bands e seus *croo-*

---

[16] Relato incluído no álbum duplo *Orlando Silva*, que produzi para a RCA em 1978, contendo 32 gravações de suas interpretações originais intercaladas com o emocionante e detalhado depoimento sobre sua vida e seus sucessos.

A revista *Deixa que eu chuto*, estrelada por Marlene e pelo humorista Lauro Borges (do *PRK 30*), no Teatro João Caetano, em 1950.

ners. Em torno daquele móvel de madeira, que podia ter até um metro de altura e emitia música, os casais dançavam na sala como se estivessem num salão de baile. Aproveitavam alegremente o mais barato meio de divertimento numa época em que a economia era uma meta a ser exercida a qualquer preço.

O Brasil não enfrentou tais problemas, embora tivesse participado da guerra ao lado dos Aliados e contra o Eixo. Mesmo assim foi durante esse período que o teatro de revista sentiu o enfrentamento de seu primeiro concorrente mais sério. Era um meio de divulgação cada vez mais profissionalizado para que o povo conhecesse a sua música popular, o rádio.

Em 1940, com a morte de seu irmão mais velho, Álvaro, num desastre aéreo, o filho caçula de Manoel Pinto assumiu a direção da Companhia de Teatro Pinto, que produzira até então alguns dos mais bem-sucedidos espetáculos dos teatros da praça Tiradentes. Com menos de 30 anos, o dinâmico Walter Pinto, embora formado em contabilidade, gozava de intimidade com os bastidores, as montagens, os textos, os artistas e as modelos que fizeram do teatro de revista a mais pulsante diversão dos cariocas durante mais de dez anos.

Boa-pinta, talentoso e ousado, providenciou de cara a troca do nome da empresa para Companhia Walter Pinto, e estampou a imagem de seu rosto com uma estranha iluminação de baixo para cima, um *portrait* mais aterrorizante do que propriamente simpático para o material de divulgação das peças que montaria. Inclusive na fachada do teatro, como se fosse ele a atração principal. Sem pisar no palco, foi como conseguiu fixar sua imagem perante o público. Nos quase vinte anos seguintes, Walter Pinto impôs um estilo em que renovou o conceito do teatro de revistas com espetáculos suntuosos, beleza ofuscante, ritmo e humor, brilho e sensualidade, excitação e alegria.

A Companhia Walter Pinto estreou em 27 de dezembro de 1940 no Teatro Recreio com *Disso é que eu gosto!*, uma revista de deslumbrante montagem que faturou milhões e onde a parte musical incluía "Onde o céu azul é mais azul"[17] e, surpreendentemente, uma nova versão de "Na batucada da vida", na interpretação da estrela Zaíra Cavalcanti. Tendo gravado em 1930 "Sem querer..." (também de Ary Barroso e Luís Peixoto) em andamento explícito de samba-canção, Zaíra soube então mostrar a expressividade melancólica que havia no âmago desta obra-prima do gênero, aquilo que seria de fato detectado com maestria por Antonio Carlos Jobim.

Com muito menos competidores na praça, exceção ao português Chianca de Garcia, Walter Pinto montou religiosamente, ao longo de quinze anos seguidos, espetáculos ansiosamente aguardados e considerados *top* no gênero. Alguns dos seus títulos, *Os quindins de Iaiá*, *Você já*

---

[17] Interpretado por Aracy Cortes ao final do primeiro ato e gravado por Francisco Alves, é um típico samba-exaltação, de autoria de Braguinha, Alberto Ribeiro e Alcir Pires Vermelho.

foi à Bahia?, *Canta Brasil*, *Tem gato na tuba*, *Muié macho, sim sinhô*, induzem os sambas, a marchinha e o baião cantados em cena e antes das gravações em estúdio, eventualmente com outros intérpretes. Uma praxe mantida quase sempre.

Também valiam títulos de duplo sentido, em especial o polêmico *Quê que há com teu pirú* para uma revista repleta de mulheres lindas, as "Pituca Girls", voluptuosamente despidas, levada no Teatro Recreio totalmente remodelado em 1947 pelo próprio Walter Pinto.

No finalzinho da década de 1940 se fixam dois modelos diferentes no teatro de revista, o tipo *féerie*, calcado em suntuosidade,[18] e a revista de bolso, ou pocket show, para teatros pequenos que apostavam mais na criatividade que no ofuscante.[19] As duas modalidades que, ao contrário dos anos anteriores, privilegiavam mais o que se via do que se ouvia, vão prevalecer por toda a primeira metade da década de 1950, na qual a revista mais marcante foi encenada por Walter Pinto. A peça deveria ser chamada de *Jabaculê de penacho*, mas ao ouvir a marchinha "Sassaricando", encomendada para sua estrela Virginia Lane e destinada ao quadro "A dança do sassarico", Walter trocou o título de sua produção para *Eu quero sassaricar*. Essa gloriosa montagem foi talvez o derradeiro êxito da Companhia Walter Pinto na praça Tiradentes, marcando o fim de uma época. Depois disso o teatro de revista praticamente submerge para sempre.

Inúmeras músicas criadas e orquestradas para serem ouvidas naqueles teatros jamais foram gravadas. Contudo, no imenso legado das centenas de canções lançadas nos palcos do teatro de revista que imperou no Rio de Janeiro dos anos 1930 até meados dos 1950, figuram com destaque as obras de Henrique Vogeler, Ary Barroso, Luís Peixoto, Lamartine Babo, Noel Rosa, Vadico e Custódio Mesquita, os que primeiro cimentaram a sólida base estrutural da melodia, harmonia e letra de um novo gênero calcado no ritmo do samba: o samba-canção, que faria crescer a canção brasileira determinando sua modernidade.

---

[18] Nos três teatros da praça Tiradentes — Carlos Gomes, João Caetano e Recreio — e mais Municipal, Fênix, Ginástico, República, Serrador e Rival.

[19] Teatro Follies na avenida Nossa Senhora de Copacabana, Teatrinho Jardel na rua Bolívar, e Teatro de Bolso na praça General Osório.

Anúncio da Rádio Mayrink Veiga na sua revista oficial *Pranóve*, em 1938, com seu elenco de programas e artistas.

Capítulo 4

As vozes das rádios

O que foi o rádio para tantas gerações? Comecemos pela letra A: o que foi o rádio para o autor Abel Silva?

"Eu, e quase a totalidade de minha geração, somos filhos do rádio. E como se pode notar nas mais variadas formas de atuação cultural, essa herança é altamente positiva. No meu caso, o rádio era um verdadeiro vício. Na adolescência cheguei a ser reprovado na escola e recebi do meu pai o veredito correto da causa do meu fracasso estudantil: 'Se você estudasse uma fração do tempo que perde ouvindo rádio, isso não aconteceria'. Mal sabia meu pai, e nem mesmo eu poderia imaginar, que era exatamente aquela a informação de que eu precisava e a que eu deveria cada vez mais me dedicar, pois daí viria a base de minha futura profissão: letrista de música popular. O rádio explicitava meus sentimentos juvenis, estimulava meus arroubos e fantasias, me aprimorava a paixão pela palavra cantada, a extraordinária poesia musical brasileira. O rádio era música! Instrumental (dos grandes gênios como Jacob do Bandolim e Dilermando Reis, de dezenas de acordeonistas, orquestras e conjuntos regionais), além dos próprios locutores de futebol que 'cantavam as partidas', com direito ao dó de peito na hora do gol, e os cantores das canções brasileiras e internacionais que moldaram minha sensibilidade para sempre. Naquela época, pouco me importava o gênero musical, provavelmente nem saberia distingui-los, para mim era tudo canção popular, e o contrário dela era a clássica, que eu também amava, mas de uma forma quase religiosa; já a popular era a festa dos sentidos."

Pulemos as outras letras do alfabeto e vamos direto à letra Z:

"No meu tempo de menino, o divertimento inigualável durante os quatro meses de férias na fazenda de meu pai eram as horas passadas diante de um rádio Zenith. No interior de São Paulo sintonizava-se sem a menor dificuldade as ondas médias das três emissoras cariocas que formavam um arquipélago dos meus sonhos, Mayrink Veiga PRA 9, Tupi PRG 3 e Nacional PRE 8, a maior das três ilhas.

Minha formação na música brasileira deu-se ouvindo aqueles programas, quase todos de auditório, com cantores e músicos. Meus ídolos. Ouvia e via, levado pelo tapete mágico do rádio. Imaginava a roupa de cangaceiro e a sanfona madrepérola de Luiz Gonzaga, a espetacular entrada teatral de Bob Nelson trajado de caubói, a precisão dos *toc-toc-toc* no sapateio dos idênticos Trigêmeos Vocalistas, as umbigadas de Jackson do Pandeiro e Almira, os olhos puxados do Orlando Silva, os cabelos glostorados e milimetricamente repartidos de Chico Alves, o bigodinho fino como um risco de lápis preto de Carlos Galhardo, a peruca do Ivon Curi, o negrume da pele e a alvura dos dentes do elegante Blecaute, a bocarra de Jorge Goulart, o olhar malicioso de Ranchinho, a maneira dos Cariocas se agruparem em torno do microfone, as saias rodadas e as anáguas da Adelaide Chiozzo, os lábios rubros de Linda Batista, a graça de Emilinha, a franjinha de Heleninha Costa, a sensualidade de Marlene, verdadeiros delírios de imagens que saíam do alto-falante negro e se perdiam nas paredes da sala escura ou clareada pela lâmpada de um abajur de coluna de madeira. Não percebia nada em volta, não me dava conta das horas, não sentia nem fome nem sede, imerso no meu mundo imaginário que assumia vida na origem daquelas vozes.

A variedade do divertimento sadio que emanava 'de grátis' da caixa de galalite com o logo Zenith não tinha limites. Era difícil segurar uma gargalhada escancarada, esconder o riso desenfreado que acabava no abdômen por efeito de piadas e tiradas rápidas. Esperava com sofreguidão os programas de humor, os caipiras nordestinos Jararaca e Ratinho e os do interior de São Paulo Alvarenga e Ranchinho, a italiana Pimpinela do paulista cantor e compositor Silvino Neto, as divertidas sacadas no *Piadas do Manduca* que saíam da cabeça de Renato Murce, o conformismo do primo pobre Brandão Filho e a arrogância do primo rico Paulo Gracindo no edifício que balança... balança... mas não cai! E a mais que notável, a insuperável e hilariante *PRK 30* de Lauro Borges e Castro Barbosa. Com idêntica expectativa aguardava apavorado a voz cavernosa de O Sombra, vivida por Saint-Clair Lopes, que a altas horas da noite se iniciava com o bordão 'O Sombra sabe!', seguida de uma risada de deboche que ecoava no espaço.

Se durante o período de aulas em São Paulo assistia esporadicamente a programas de radioteatro — pela Rádio Tupi nas vozes de Ribeiro Filho, Homero Silva e Lia Borges de Aguiar, ou pela Record, na de Manoel Durães com sotaque de português —, horas depois de chegar na fazenda ia correndo acompanhar capítulos de novelas das rádios cariocas.

Anúncio da Zenith, de 1943, que aludia ao uso de seus rádios pelas tropas aliadas na Segunda Guerra Mundial.

Porém na casa do administrador e com segundas intenções: agradar a mim mesmo sentando-me entre duas bonitonas já moças, suas filhas adotadas. De vez em quando, ao cruzar as pernas, sobrava-me um vislumbre relâmpago das coxas de uma delas. Mais que suficiente porém para almejar um romance platônico que valia até mesmo fingir gostar daquela choradeira dos dramas radiofônicos derramando soluços intermináveis.

Minha inveja porém não era a que podem pensar. Era outra. Era dos que tinham o poder de estar diante de um microfone. O objeto inalcançável que aguçava minha ambição, poder vê-lo bem de perto como via meu automovelzinho de brinquedo. Um dia, quem sabe, estar no meio daquela gente toda, ser igual, ser um deles. Ser do rádio."

* * *

Nenhuma emissora brasileira teve o privilégio de ostentar o nome de alguém na sua identificação. A oitava rádio brasileira, que entrou no ar em 20 de janeiro de 1926 e recebeu o prefixo PRA 9, era a única exceção. Chamava-se Rádio Sociedade Mayrink Veiga, sobrenome da família de seu proprietário.[1]

A denominação completa das emissoras de então era antecedida por um dos três prenomes possíveis — Rádio Sociedade, Rádio Clube ou Rádio Educadora —, indicativos da forma de sua subsistência, donativos de contribuintes associados. Como possuidores de aparelhos de rádio, esses mensalistas inconstantes eram logicamente os maiores interessados em ter o que ouvir em seus receptores. Assim se entende porque, a exemplo dos Byington em São Paulo, a Casa Mayrink Veiga, importadora de rádios, eletrolas e fonógrafos, tivesse interesse em abrir paralelamente uma emissora para reforçar a argumentação quando precisava convencer o freguês para adquirir um daqueles equipamentos sonoros. Nada mais natural que num dos andares do prédio da importadora, uma construção estreita de seis andares à rua Municipal, 15, no centro do Rio (depois nomeada rua Mayrink Veiga, em homenagem ao pai de Antenor), fosse instalado o estúdio da Rádio Mayrink Veiga.

De outra parte compreende-se o idêntico interesse da indústria fonográfica em também entrar para o ramo do rádio.[2] Fechava-se assim um vínculo entre fábricas de disco ou importadoras/emissoras/contribuintes que, nessa fase de pioneirismo do rádio brasileiro nos anos 1920, funcionava de maneira rudimentar em termos de *broadcasting*. A programação era incipiente, as emissoras não irradiavam na parte da manhã e nem diariamente, e as transmissões eram baseadas em informações e músicas ao sabor de algum artista amador que, "em visita aos estúdios", era convidado para cantar quando e o que bem entendesse.

---

[1] Antenor Mayrink Veiga herdou a emissora em 1928 quando faleceu seu pai, Alfredo, o fundador. Entregou a superintendência ao cunhado Edmar Machado.

[2] A fabricante de discos RCA Victor (da Radio Corporation of America) abriu em janeiro de 1936 a Rádio Transmissora, instalada no quarto andar do mesmo edifício do estúdio de gravação, e foi dirigida por Mr. Evans, americano que já estava à testa da produção dos discos. Em 1944 a Transmissora deu origem à Rádio Globo.

Não tendo vivência com produção radiofônica, uma vez que o negócio da família era a importação fortemente vinculada com o governo brasileiro — tradição que vinha desde o século XIX, quando trouxe armamentos e munições para as Forças Armadas na Guerra do Paraguai —, o empresário Antenor Mayrink Veiga precisava preencher a programação de sua PRA 9, que ocupava no dial a posição de 1.440 kilociclos.[3] Foi contratado um profissional para essa função, o italiano Felicio Mastrangelo, que acumulava a função de *speaker* mercê de sua voz inconfundível. Sua gestão de seis anos foi interrompida quando se transferiu para a PRA 3, Rádio Clube do Brasil, a sucessora da Rádio Sociedade.

Nos seus primeiros anos a Mayrink se mantinha como as demais, até que em 1º de março de 1932 entrou em vigor um decreto federal fundamental na história do rádio brasileiro, o que permitia a publicidade nas emissoras. Daí em diante, não só se dispensavam as contribuições espontâneas e os termos "sociedade" e "clube" na nomenclatura, como principalmente mudava-se a origem dos recursos, que poderiam ser substancialmente mais elevados. Foi permitido negociar legalmente espaços de tempo para quem desejasse fazer propaganda comercial em rádio, o que possibilitou o passo seguinte, a profissionalização nas rádios. Nasceram então programas veiculando reclames conseguidos por agenciadores de anúncios, que granjearam uma posição de destaque junto às emissoras em função de sua habilidade em conseguir clientes.

Foi como se projetaram no rádio brasileiro Valdo Abreu, compositor e criador do *Esplêndido Programa* na Rádio Philips, e Ademar Casé, o criador do *Programa Casé*, também na Philips, estreado em 14 de fevereiro de 1932 e irradiado aos domingos. Ambos alugavam longos horários nas rádios para anunciar os produtos de seus clientes e pagavam cachês aos artistas que escolhiam para cantar nos seus programas. É

---

[3] A primeira emissora brasileira, a Rádio Sociedade do Rio de Janeiro, fundada por Edgard Roquette Pinto em 20 de abril de 1923, teve que alterar seu prefixo original de SQU (depois SQIA) para se adaptar ao que foi atribuído ao Brasil na Convenção Internacional de Radiodifusão de 1923, as letras PR e, por competência do Ministério de Viação e Obras Públicas, dar a cada emissora uma terceira letra como identificação, ficando como PRA. Na Convenção de 1933 os prefixos deveriam agregar às letras algarismos de 2 a 9, conforme a cronologia. Por conseguinte, a primeira, a Rádio Sociedade, recebeu o prefixo PRA 2, e as emissoras subsequentes foram: PRA 3 Rádio Club do Brasil, PRA 4 Rádio Sociedade da Bahia, PRA 5 Rádio São Paulo, PRA 6 Rádio Educadora Paulista, PRA 7 Rádio Club de Ribeirão Preto, PRA 8 Rádio Clube de Pernambuco e PRA 9 Rádio Sociedade Mayrink Veiga, seguindo-se as PRB 2, e assim por diante.

As vozes das rádios

quando uma das mais antigas agências norte-americanas de propaganda, a N. W. Ayer, se estabelece no Rio de Janeiro, armada de novos argumentos para convencer seus clientes como a Ford, a General Electric e a Gessy Lever a investir na nascente forma de se anunciar no Brasil, diferente da mídia impressa: a forma sonora. Assim começaram a ter importância os *speakers* dotados do poder de convencimento através da voz.

Quando a Mayrink precisou de alguém para substituir Mastrangelo, importou de São Paulo o dono de uma voz que já gozava de grande fama no Rio de Janeiro. Era o campineiro César Ladeira, o *speaker* da Rádio Record de São Paulo, PRB 9.[4]

César foi a voz mais marcante do rádio brasileiro. Na Record, suas crônicas de caráter inflamado em defesa do Movimento Constitucionalista de 1932 fizeram dele "A Voz da Revolução". Engrandecia seu timbre encantador com uma vibração empolgante, na qual a ênfase às palavras certas, os erres carregados, as pausas adequadas, a sonoridade musical e o ritmo davam ao texto por ele interpretado um poder de convencimento inédito e imediato, realçado por sua sinceridade. César redigia o que lia, exortando a defesa da Constituição, levantando o moral dos paulistas e conclamando pela adesão de outros estados à causa constitucionalista. Ainda na Record, César elaborava outros programas e convidava personalidades políticas como o gaúcho João Neves da Fontoura e o arcebispo de São Paulo para manifestarem seu apoio à causa. Os boletins e crônicas da Record eram captados no Rio durante a noite, quando as transmissões por ondas médias são alcançadas a maior distância. Assim se entende por que, ao ser contratado como *speaker* e diretor da emissora carioca, já era figura conhecida.

No Rio de Janeiro, César foi igualmente o grande renovador da programação radiofônica mercê do dinamismo que o consagrou em definitivo no Brasil. Em sua atuação na PRA 9, foi fazendo sua própria revolução, atuando como locutor, nova denominação da atividade de *speaker*, e como diretor artístico, no que foi o responsável por inovações substanciais no rádio brasileiro. Aboliu os cachês dos cantores, músicos, redatores, locutores, técnicos e contrarregras instituindo contratos de trabalho com direito a férias e benefícios da lei. Em 1934 estabeleceu a ligação entre a Mayrink e a Rádio Belgrano de Buenos Aires, para onde viajou no ano seguinte a fim de cobrir a viagem de Getúlio Vargas à Argentina.

---

[4] César Ladeira foi contratado pela Mayrink Veiga em 1º de setembro de 1933.

O *speaker* César Ladeira e sua esposa Renata Fronzi, estrela do teatro de revista, em 1952.

César abriu espaço para o radioteatro no Brasil com a peça *As ideias do homem*, de Gomes Filho, no pioneiro programa *Teatro pelos Ares*, dirigido pelo ator Plácido Ferreira com a participação de sua mulher, a atriz Cordélia Ferreira. Além dos atores, havia no estúdio uma orquestra executando música nos intervalos entre os três atos de quinze minutos e ele próprio fazia a sonoplastia ao vivo.[5] César também inovou com um programa matinal voltado para a atividade física, a *Hora da Ginástica*,

---

[5] Mais tarde a sonoplastia em radioteatro passou a ser feita a partir de discos. O primeiro programa de radioteatro estreou em 12 de abril de 1937, com 60 minutos de duração e um elenco de quatro vozes femininas e cinco masculinas. Semanalmente ia ao ar às quintas-feiras e levou peças de autores como Luiz Iglesias e Oduvaldo Vianna (*Canção da felicidade* e *Manhã de sol*).

As vozes das rádios

apresentado por Oswaldo Diniz Magalhães, e montou uma programação modelar com o *cast* da Mayrink, por ele escolhido.

Uma de suas primeiras contratações foi a da maior cantora brasileira da época, Carmen Miranda. Reuniu em menos de um ano um elenco respeitável de trinta cantores e maestros, além de vinte músicos de orquestra que conferiram à Mayrink Veiga liderança no cenário radiofônico carioca desde a década de 1930. Entre suas grandes atrações já atuavam em 1934, como cantores contratados, o Bando da Lua, Carmen e Aurora Miranda, Elisa Coelho, Gastão Formenti, Castro Barbosa, João Petra de Barros, Mario Reis e Silvio Caldas; como músicos ou diretores de orquestra, Custódio Mesquita, Heriberto Muraro, Isaías Savio, Napoleão Tavares e Patrício Teixeira, uma verdadeira constelação.

Para os cantores criou slogans que funcionavam como manchetes, tornando-os familiares aos ouvintes e os consagrando em definitivo: "a pequena notável" para Carmen Miranda, "o rei da voz" para Francisco Alves, "o caboclinho querido" para Silvio Caldas, "o cantor que dispensa adjetivos" para Carlos Galhardo, "o tal" para Moreira da Silva.

Foi o apresentador do programa literário *Biblioteca do Ar* e consolidou seu prestígio na capital da República lendo diariamente uma crônica literária redigida por Genolino Amado, cujo título se fixou como o apelido do Rio de Janeiro e inspirou o verdadeiro hino da cidade, "Cidade maravilhosa". César Ladeira foi o grande responsável pela posição de liderança da emissora até meados da década de 1940, e é considerado, não sem razão, como o maior nome do rádio brasileiro.

Como a Mayrink ainda não tinha auditório, os interessados em ver como era um programa de rádio assistiam aos radialistas em ação no estúdio, através de uma escotilha que mais tarde foi convertida numa vitrine, e que depois deu lugar à enorme janela de vidro que ganhou o apelido de "aquário". O imponente primeiro auditório da Mayrink é de 1940, quando outras emissoras já tinham os seus.

Até esse ano nenhum cantor da Mayrink tinha um programa exclusivo. Cada contratado participava de duas ou três audições por semana no horário noturno, de um elenco que foi enriquecido com novos astros do rádio: Francisco Alves em 1934 por dois anos,[6] Ciro Monteiro, que imediatamente ganhou a alcunha de "o cantor das mil e uma fãs", Aracy de Almeida, Noel Rosa, que atuou também como contrarregra, e Dalva

---

[6] Chico teve antes um programa na Rádio Cajuti PRE 2, cujos estúdios ficavam na rua Conde de Bonfim, 457, no bairro da Tijuca, o que deu origem ao nome "Cajuti".

de Oliveira, entre outros. Contratado para cantar canções norte-americanas, o primeiro artista com programa exclusivo na Mayrink Veiga foi o cantor e pianista Dick Farney, em 1940.

A Mayrink Veiga abrigou por certo período um radialista notável que atuou com impressionante energia e criatividade nos programas que desenvolveu. Era Almirante (Henrique Foréis Domingues), criador de programas originais como *Caixinha de Perguntas* e o *Programa do Almoço*, cujos quadros humorísticos contavam com a participação de duas duplas que depois se consagrariam: Alvarenga e Ranchinho e Jararaca e Ratinho.

A área esportiva da Mayrink teve início em 1934 com a transmissão de uma célebre corrida de automóvel no Rio de Janeiro, o Circuito da Gávea, apelidado de Trampolim do Diabo, que foi feita por outro locutor paulista, Nicolau Tuma, cuja habilidade na rapidez da narração lhe valeu o apelido de "*speaker* metralhadora".[7] A ele é atribuída a criação da expressão que identificava quem militava em rádio, o radialista, segundo ele a contração de rádio com idealista. Ao lado de César Ladeira e Renato Macedo, Nicolau Tuma fazia parte do trio de locutores da Rádio Record nas transmissões dos boletins em favor da Revolução de 32, cujo estilo estabeleceu um padrão clássico na locução radiofônica brasileira. Foi a escola seguida por outros marcantes locutores daquele período áureo em que a ambição de cantores, comediantes e músicos, e quem mais almejasse usar a voz como profissão, era poder tomar parte numa das mais invejadas atividades do país, a de artista de rádio.

Os da Mayrink gozavam o privilégio de serem o centro das reportagens, comentários e curiosidades da revista *Pranóve*, criada em 1938 e vendida em bancas, antecipando as duas mais conhecidas publicações no gênero, a *Revista do Rádio* e a *Radiolândia*.

Por quase dez anos a abrangente programação da Rádio Mayrink Veiga contava com os melhores artistas do rádio brasileiro, o que lhe deu uma maciça primeira posição de preferência indiscutível até o início da década de 1940, quando a concorrência com a Rádio Nacional começa a se fazer sentir. Aos domingos, entre 1946 e 1948, o *Programa Casé* dominava a programação da Mayrink por mais de vinte horas seguidas,

---

[7] Nascido em Jundiaí, SP, Nicolau Tuma foi o primeiro narrador do futebol brasileiro, transmitindo em 1931, do campo da Floresta em São Paulo, uma partida entre paulistas e paranaenses. Depois de anos no rádio fez carreira política, tendo sido um dos criadores da Embratel e do Conselho Nacional de Telecomunicações.

com diversos programetes de quinze minutos ao lado dos programas de uma hora, cada qual com um patrocinador diferente.

A estrutura de *broadcasting* do rádio brasileiro foi baseada no modelo da Rádio Mayrink Veiga, que se tornou assim a pioneira de praticamente tudo o que por anos seguidos imperou nas demais emissoras brasileiras até a chegada da televisão.

Integrada no seu período inicial por artistas que vinham do rádio, a chegada da televisão, ao invés de matar a radiofonia, provocou um novo tipo de programação, diferente do que vinha sendo seguido por quase vinte anos.

* * *

O primeiro jornal falado brasileiro de que se tem notícia foi idealizado por Assis Chateaubriand na Rádio Record. O jornalista fez um acordo com o proprietário, Paulo Machado de Carvalho, mediante o qual ocupava o microfone para ler e analisar as principais notícias do dia publicadas em seu próprio jornal, o *Diário de São Paulo*.

Em 1935, Chatô fundou no Rio de Janeiro a primeira emissora de uma futura cadeia, a Rádio Tupi, com prefixo PRG 3 e estúdios na rua Santo Cristo, 152, no bairro de mesmo nome. Para a sua inauguração Chateaubriand fez questão de mostrar que não estava brincando em serviço. Entrou de sola no ambiente radiofônico brasileiro ao convidar para paraninfo o italiano que inventara as máquinas que falavam, aquelas geringonças chamadas rádio. O italiano Guglielmo Marconi veio da Europa para prestigiar o nascimento da primeira das Emissoras Associadas. Apelidada "O Cacique do Ar", a Rádio Tupi, segunda emissora mais potente do país, entrou no ar em 25 de setembro de 1935.[8]

Se o elenco de cantores brasileiros seria constituído a duras penas, pois as grandes estrelas estavam na Mayrink, pelo menos dois dos principais locutores eram de primeira linha, os gaúchos Carlos Frias e Manoel Barcelos. Para suprir o *cast* musical, cujo único trunfo nacional expressivo era Gilberto Alves, o diretor Teófilo de Barros Filho conseguiu negociar uma permuta com o Cassino da Urca, o que possibilitava que as atrações internacionais que ali se apresentavam pudessem participar da programação da Tupi. Em termos internacionais era um time respeitável, astros do bolero como Pedro Vargas, Elvira Ríos, Tito Guizar,

---

[8] Chateaubriand entregou a direção-geral ao jornalista Carlos Rizzini, a direção de radioteatro a Olavo de Barros e a direção artística a Teófilo de Barros Filho.

O grande compositor Ary Barroso também era estrela do rádio.

Agustín Lara, José Mojica, o italiano Carlo Buti, que tinha grande público no Brasil, e a estrela da canção francesa, Lucienne Boyer.

Em compensação, um dos maiores nomes da música nacional foi um esteio na programação: Ary Barroso. Na Tupi, para onde foi em 1939 ganhando mais que o dobro do que então ganhava,[9] recebeu um tratamento régio, projetando-se em duas vertentes inimagináveis para um compositor já respeitado. Ary trouxe para a Tupi o programa que herdara em sua breve atuação na Rádio Cruzeiro do Sul, *Calouros em Desfile*, que em suas mãos se transformou num importante trampolim para cantores brasileiros que haviam se profissionalizado recentemente, depois de superarem o nervosismo natural das primeiras exibições em público, que

---

[9] Ganhando o maior salário do rádio na época, o passe de sua transferência da Rádio Cruzeiro do Sul custou uma multa de 70 contos de réis, paga pela Tupi.

ele transformava numa verdadeira prova de fogo. Diante de inexperientes calouros que mal sabiam pronunciar o título, o gênero ou a autoria do que iam tentar interpretar, o ranheta Ary não perdoava, descarregando sua impaciência em destampatórios chistosos ao corrigir o candidato. A serviço da música popular brasileira, é bom frisar. Foi Ary que instituiu o gongo que, soando como uma pancada na moleira de calouros que desafinassem, obrigava-os a parar de estalo.

Quase por acaso Ary abraçou sua segunda atividade na Rádio Tupi, a de narrador de futebol. Seu conhecido mau humor vinha novamente à tona se, ao irradiar uma partida com sua voz estridente, um adversário do Flamengo, seu time do coração, marcasse um tento, que ele comemorava com nítido pouco-caso. Em compensação, festejava os gols do rubro-negro tocando animadamente de lá para cá, de cá para lá, uma gaitinha de amolador de facas de rua, "marca registrada" que fazia de Ary uma personalidade única e polivalente.

É intrigante constatar como Ary Barroso, com sua voz esganiçada e suas colocações polêmicas, tenha conquistado a idolatria do público nas duas principais atividades radiofônicas que abraçou. Dotado do avesso do padrão das belas vozes da época, foi ainda assim o símbolo mais significativo da Rádio Tupi do Rio, dando à sua programação um caráter diferente durante os dezessete anos em que lá permaneceu.

A atividade incessante de Ary Barroso não conhecia limites: participava de programas humorísticos, escrevia textos de radioteatro, encontrava os amigos da música na Casa Nice[10] e os do futebol no Café Rio Branco, meteu-se na defesa de direitos autorais em que teve vitoriosa participação, entrou na política e por anos a fio fez ponto no Fiorentina, no bairro do Leme, onde morava. Sem nunca deixar de compor, Ary foi um dos mais célebres e divertidos frequentadores da noite carioca no período em que o samba-canção dominava o cenário musical brasileiro.

A Rádio Tupi foi a pioneira em programas de auditório, no ano de sua abertura. Seu primeiro auditório tinha originalmente cerca de cem lugares, o segundo ao redor de duzentos e, quando a emissora foi transferida nos anos 1940 para outro endereço, chegou ao tamanho de uma sala de cinema, com capacidade para mais de mil assistentes. Esse endereço, na avenida Venezuela, 43, abrigava instalações bem superiores às do armazém do Santo Cristo, de precárias condições de conforto.

---

[10] Nome original do célebre Café Nice.

Em fevereiro de 1949, o quinto e o sexto andares da Rádio Tupi foram praticamente destruídos por um incêndio devastador. Lá se foram, entre instalações e equipamentos, perto de 6 mil partituras de seu arquivo musical. Até que fossem reconstruídos os estúdios, as transmissões procediam da Rádio Guanabara. Após a reconstrução, a emissora voltou em grande estilo: quatro novos estúdios, duas orquestras, a Tupi e a do maestro Carioca, e o mais confortável auditório da cidade, inaugurado em novembro de 1951 com 1.600 poltronas estofadas e painéis de Portinari nas paredes. Sem intimidade com as artes plásticas, Chateaubriand havia encarregado Pietro Maria Bardi para orientá-lo na coleção do Museu de Arte de São Paulo em 1946.

No horário do almoço a Tupi oferecia um programa de variedades, o *Rádio Sequência G3*, com quadros diversos e uma novidade no rádio, instituída desde 1937: os seriados, que deixavam o ouvinte da faixa infantojuvenil em suspense na última cena de cada episódio, aguentando a ansiedade até o capítulo seguinte. Os seriados diferenciavam-se das novelas pela ausência do romantismo lacrimogêneo ao focar as façanhas de heróis de capa e espada (o Zorro) ou caubóis (o Vingador), seres voadores (o Homem-Pássaro) ou Tarzan, o rei das selvas, personagens das histórias em quadrinhos nos gibis que tanto empolgavam a juventude antes da televisão. Idealizado pelo produtor especializado na temática da área juvenil, o português Hélio de Soveral, o pioneiro dos programas em série no rádio foi o policial *As Aventuras de Lewis Durban*, o espião do Havaí, considerado a mais famosa criação desse produtivo radialista que, como escritor, se especializou em livros de mistério.

O elenco de cantores brasileiros começou a se fortalecer com Aracy de Almeida, Linda Batista e Dircinha Batista, convidadas a integrar o *cast* depois que outro grande nome do rádio foi contratado pela Tupi em 1942. Era Henrique Foréis Domingues, o já mencionado Almirante, obcecado pelo rádio e por preservar a memória nacional. Havia uma razão soberana para que ele se transferisse da Rádio Nacional, onde já gozava de sucesso com seu programa *Curiosidades Musicais*: um salário mensal superior aos das rádios Nacional e Record somados, além de uma porcentagem do patrocínio de seus programas. Seu compromisso incluía duas apresentações semanais de meia hora, a primeira estreada em 9 de abril com o programa *Caixa de Perguntas*, em que respondia aos missivistas curiosos. Em 5 de junho lançou o *Tribunal de Melodias*, que girava em torno de curiosidades sobre canções, chamando a atenção do rádio-ouvinte para coincidências de trechos que poderiam ser supostos casos de plágio, uma fixação permanente de Almirante. No final do ano lançou *História do Rio pela Música*, com cantores, coral e orquestra dirigida pelo maestro Fon-Fon e arranjos de Guerra Peixe. Reconhecido oficialmente como "a maior patente do rádio", Almirante, que fora cantor de sucesso, manteve na Rádio Tupi dois programas semanais até seu retorno à Nacional, no início de 1944. Mas retornaria por longo tempo à emissora de Chateaubriand, tendo produzido em 1951 a série de programas semanais *No Tempo de Noel Rosa*, recheado de histórias e músicas, algumas inéditas, que só seriam possíveis pelas mãos de quem tinha vasto conhecimento pessoal da vida e obra do poeta da Vila.

Outros radialistas que passaram pela Rádio Tupi por algum tempo, antes de se fixarem na Rádio Nacional, foram Renato Murce, por dois anos, e os compositores Fernando Lobo e Haroldo Barbosa, todos produtores de inúmeros programas marcantes no rádio carioca, e que ao lado de um locutor pernambucano, Abelardo Barbosa, iriam dar uma contribuição inestimável ao rádio brasileiro em sua fase áurea, as décadas de 1940 e 1950.

Em maio de 1946 Assis Chateaubriand convidou para assumir a direção das rádios Tupi e Tamoio, as Emissoras Associadas do Rio de Janeiro, o ex-diretor recém-saído da Rádio Nacional, Gilberto de Andrade, após seis anos de vitoriosa gestão.[11] A mudança provocou uma verdadeira dança das cadeiras no rádio carioca, pois ele conseguiu levar consigo os produtores Almirante, José Mauro e Paulo Tapajós, além de outros cartazes da Rádio Nacional, como Paulo Gracindo.[12]

A área musical da Rádio Tupi sofreria um desfalque quando o admirável Fon-Fon, líder da Orquestra Marajoara, foi contratado para uma longa temporada no Cassino de Poços de Caldas. A brecha permitiu uma das mais singulares contratações do rádio brasileiro, a de Severino Araújo e sua Orquestra Tabajara. Numa decisão inusitada, que tem evidentemente o peso de sua origem, Chateaubriand "importou" da Paraíba os músicos com um salário fixo muito maior que o recebido em João Pessoa, ainda que os solteiros ganhassem metade do que recebiam os casados. Com exceção de Severino, que já atuava no Rio como clarinetista e arranjador, chegaram de navio e de uma só vez, em janeiro de 1945, os

---

[11] Sua saída ocorreu devido à nomeação de um novo superintendente para o grupo de empresas incorporadas ao patrimônio da União do qual a Nacional fazia parte.

[12] Antes da Rádio Nacional, Paulo Gracindo já fora da Tupi, onde ingressara pelas mãos de Ary Barroso. Depois retornou à Nacional.

A Orquestra Tabajara, de Severino Araújo (à direita). Na big band tocavam quatro irmãos do líder e clarinetista: nos saxofones, Jaime Araújo, primeiro alto (terceiro à esquerda), e Zé Bodega, segundo tenor (quarto à esquerda). No trombone, Manoel Araújo (primeiro à esquerda), e na bateria, Plínio Araújo (encoberto, atrás dos trompetes).

quinze elementos da mais renomada orquestra de baile brasileira, passando a atuar num programa semanal de frevo às quintas-feiras e no *Rádio Sequência G3* na hora do almoço. Em paralelo e além das atividades em rádio, a Tabajara animava festas de formatura e recepções, chegando a ser contratada para 32 bailes mensais, proeza só possível por conseguir se apresentar na mesma noite em horários diferentes. Dos bailes do interior de São Paulo não foram poucas as vezes em que a mais requisitada orquestra do Brasil retornasse de avião a fim de chegar a tempo no Rio para os compromissos na Rádio Tupi.

Seu feito de maior repercussão aconteceu em 1º de dezembro de 1950 no novo e luxuoso auditório da Tupi, durante um *Rádio Sequência G3* especial. Produzido por Almirante, o programa desse dia reuniu no mesmo palco a Orquestra Tabajara, de um lado, e a de Tommy Dorsey, em excursão pelo Brasil, de outro. As músicas se sucediam entre uma e outra big band como uma espécie de duelo, sem que fosse essa a intenção. No último número da Tabajara, a execução do arranjo de "Rhapsody in blue" em tempo de samba, que Severino Araújo havia gravado em 1946, valeu-lhe um elogio do maior trombonista norte-americano de todos os tempos, Tommy Dorsey: "Severino, you're terrible as arranger or musician!" ("Severino, você é demais como arranjador ou músico!").

Nos anos 1950 a Tupi fazia parte da rede de Emissoras Associadas, uma poderosa cadeia de 36 rádios espalhadas pelas principais capitais brasileiras, incluindo a Rádio Tamoio no Rio de Janeiro, que se concentrou numa programação baseada em gravações.

* * *

A história não registra sequer uma outra rádio brasileira com uma folha de pagamento de 670 funcionários, como a Nacional nos anos 1950. São números impensáveis nos dias de hoje, quando uma emissora regular pode funcionar perfeitamente com duas ou três pessoas num pequeno estúdio de apenas uma salinha. Distribuídos por sete estúdios e um auditório, só o núcleo musical do *cast* da Rádio Nacional mantinha sob contrato dez maestros/arranjadores, 124 músicos e 96 cantores.

Fora encampada pelo governo de Getúlio Vargas em 1940, portanto em pleno Estado Novo, tornando-se, como a BBC de Londres, uma rádio estatal, conquanto jamais tenha sido aproveitada como veículo de propaganda política, nem mesmo no período da ditadura getulista.

A Rádio Nacional nascera em 1933 como um braço na expansão do jornal *A Noite*, vespertino líder no Rio de Janeiro, sendo instalada no prédio onde funcionava a redação. Com o prefixo PRE 8, entrou no ar em 12 de setembro de 1936, transmitindo o programa inaugural a partir de seu auditório, que ocupava parte do último piso do espetacular edifício de 22 andares da praça Mauá, nº 7.[13] Ostentando no cimo o luminoso "A Noite", o prédio mirava o porto do Rio de Janeiro a poucos metros da região coalhada de inferninhos e bares de baixa reputação, foco natural da marinhagem à cata de divertimento rápido pela noite adentro.

---

[13] O decreto de 8 de março de 1940 assinado pelo presidente da República Getúlio Vargas incorporou ao patrimônio da União a rede ferroviária da Companhia Estrada de Ferro São Paulo-Rio Grande e seu acervo, do qual faziam parte a Sociedade "A Noite", que editava o jornal *A Noite*, a Rio Editora e a Rádio Nacional. Foi criada uma nova denominação, Empresas Incorporadas ao Patrimônio da União, e a Rádio Nacional tornou-se estatal.

O edifício A Noite, na praça Mauá, sede da Rádio Nacional.
O prédio de mais de vinte andares foi projetado por Joseph Gire,
o mesmo arquiteto do Copacabana Palace e do Hotel Glória.

O primeiro diretor da fase estatal da Nacional foi o jornalista alagoano Gilberto de Andrade que, mesmo não tendo ainda intimidade com o ramo, conseguiu em seis anos elevar a emissora à categoria de uma potente usina de versatilidade radiofônica, de elevada criatividade e, além do mais, de imensa popularidade. Os níveis atingidos são impressionantes na audiência e na qualidade de *broadcasting*, o binômio ideal que geralmente tende para um lado em prejuízo do outro. A Rádio Nacional conseguiu ambos.

Com carta branca desde que assumiu a direção, Gilberto de Andrade foi praticamente quem construiu a sólida programação da Nacional, com ousadia na área artística aliada a inovações no setor comercial, por meio de um original sistema de relacionamento com anunciantes, da expansão internacional implantada em 1943 com emissões em espanhol e em inglês,[14] do cuidado dedicado ao departamento técnico evidenciado pelo aumento de potência dos transmissores, e da construção de um palco sinfônico sobre piso flutuante no novo auditório do 21º andar, com 486 assentos.

Na parte musical conseguiu reunir a um só tempo uma equipe de expoentes da música brasileira cuja base, sob a direção segura do mineiro José Mauro, contava com Almirante e Lamartine Babo como diretores de programas, Radamés Gnattali, Lyrio Panicali e Leo Peracchi como maestros, Paulo Tapajós como produtor na música brasileira, Haroldo Barbosa na internacional e sinfônica, além de um time de músicos de primeira linha espalhados por orquestras e conjuntos regionais,[15] sustentando um *supercast* dos maiores ídolos da música popular.

Em outra ponta, uma das razões do êxito da Nacional principia com a novidade lançada em 1941 por iniciativa da agência Standard Propaganda para seu cliente Colgate-Palmolive, a primeira novela de sucesso massacrante no rádio brasileiro. *Em busca da felicidade* inaugurou uma nova etapa no radioteatro, pois os personagens não eram vividos por atores do teatro, como antes, mas por intérpretes oriundos de outras emissoras. Não contando com o gestual, nem a movimentação ou os recursos da presença no palco, dispunham somente da inflexão vocal para preencher os matizes da dramaturgia com expressividade. Assim surgiram os primeiros profissionais de um novo tipo de carreira no meio radiofônico, os radioatores, que tinham no microfone o veículo para sua comunicação artística. A extensão dessa novela assegurou uma audiência cativa por dois anos à Nacional num horário ingrato, às dez e meia da manhã. Os papéis principais eram vividos por Rodolfo Mayer, que viera da Rádio Record, Zezé Fonseca, que começara na Rádio Philips, e Floriano Faissal, que adaptava peças para o rádio antes de virar radioator.[16]

---

[14] Eram emitidas em duas frequências de ondas curtas.

[15] Garoto, Bola Sete, José Menezes, Luciano Perrone, Chiquinho do Acordeon, Bide, Iberê Gomes Grosso, Celio Nogueira, Romeu Ghipsman, Dilermando Reis, Moacir Santos e Ivan Paulo da Silva (Carioca), entre outros.

[16] *Em busca da felicidade*, novela original do cubano Leandro Blanco adaptada por Gilberto Martins, estreou em 5 de junho de 1941, indo ao ar às 10h30. Permaneceu dois anos em cartaz, tendo Rodolfo Mayer no papel do cínico Alfredo Medina, a ex-cantora e radioatriz Zezé Fonseca vivendo sua mulher Anita, Floriano Faissal como o Doutor

O maestro Radamés Gnattali, um dos grandes responsáveis pela modernização da música popular brasileira.

Durante mais de dez anos um verdadeiro mar de novelas se espalhou pela programação, desenvolvendo um departamento altamente lucrativo para a emissora, chefiado por Vitor Costa, e que conquistou um público majoritariamente feminino de proporção fora do comum. Numa sexta-feira em setembro de 1946, às 18h15 entrava no ar mais um capítulo de *Esmeralda do vale das sombras*, às 18h30 de *Ana Maria*, às 18h45 do seriado *Arsène Lupin*, às 19h de *A ilha do tesouro*, às 20h de *Primavera e outono*, e às 21h mais um capítulo de *Caminho do céu*. Cinco novelas

---

Mendonça, médico da família, e Yara Salles como Carlota Morais, caso amoroso de Alfredo e mãe verdadeira de Alice, vivida por Isis de Oliveira. No início de cada capítulo a locutora e narradora Maria Helena resumia o enredo dos anteriores, deixando o ouvinte a par do que poderia ter perdido.

diferentes em três horas do horário nobre. "Entre 1943 e 1946, 116 novelas foram transmitidas pela Rádio Nacional",[17] culminando em 1951 com a transmissão da novela mais célebre do rádio brasileiro, *O direito de nascer*, também de procedência cubana e com elenco bem semelhante ao da primeira novela.[18]

Enquanto os textos das primeiras novelas tinham significativamente origem em países de uma língua mais arrebatadora, o espanhol, a inspiração dos programas de aventuras, também seriados, era nitidamente norte-americana. *O Cavaleiro da Noite* era uma combinação de Robin Hood com Zorro, e nas *Aventuras do Anjo*, igualmente baseada num original norte-americano, o herói combatia o crime auxiliado por dois empregados. O mais célebre programa na área de policiais era *O Sombra*, o sinistro personagem misterioso que arrepiou uma audiência juvenil por seis anos, às terças-feiras, ao final do horário nobre. Com um fundo musical apavorante, o programa entrava no ar com um bordão clássico, idêntico ao original norte-americano. O próprio Sombra falava como alguém nas profundezas do inferno: "Quem sabe o mal que se esconde nos corações humanos? O Sombra sabe! Ha-ha-ha-ha-ha!", o que na voz aterrorizante de Saint-Clair Lopes revelava sua arma de desvendar os mistérios da mente humana, o poder hipnótico.[19]

É inegável a percepção que tiveram as agências de propaganda norte-americanas instaladas no Brasil, McCann Erickson, J. Walter Thompson e Sidney Ross, entre outras, ao exercer sua influência na criação de programas radiofônicos que, patrocinados por seus clientes, vão pouco a pouco substituindo padarias, camisarias e perfumarias locais, cujas verbas publicitárias eram infinitamente mais modestas. Foram montados departamentos de rádio nas agências que chegaram a produzir em 1951

---

[17] Segundo o livro *Rádio Nacional: o Brasil em sintonia*, de Luiz Carlos Saroldi e Sonia Virginia Moreira (Rio de Janeiro, Funarte, 1984).

[18] Com o mesmo patrocinador, *O direito de nascer* original, de Felix Caignet, entrou no ar em 8 de janeiro de 1951 com episódios às segundas, quartas e sextas-feiras às 20h, até setembro do ano seguinte. Dessa vez o principal papel masculino era de Paulo Gracindo, encarnando Alberto Limonta, na companhia de Yara Salles, Isis de Oliveira e Saint-Clair Lopes. Chegou a alcançar 73% de audiência quando Vitor Costa era o diretor da emissora. O êxito das novelas de rádio foi de tal ordem que a Rádio São Paulo passou a se dedicar exclusivamente às novelas, uma atrás da outra, do começo ao fim de sua programação.

[19] Importada por Gilberto Martins, a série foi criada por Orson Welles com o nome *The Shadow*.

mais da metade da programação de sua clientela para as emissoras.[20] Era um reflexo do crescimento do interesse na propaganda pelo rádio, que atingia em cheio o público de diferentes classes sociais.

Além de lágrimas desesperadas de quem acompanhava as novelas, o rádio oferecia humor para quem preferisse as risadas. Na Rádio Nacional o departamento do riso tinha os três mais benquistos programas humorísticos do seu período áureo.

Piadas do Manduca era uma escolinha bagunçada com crianças e adultos que dominavam a pobre da professora com suas imprevisíveis e hilariantes tiradas. Pontificavam as vozes de Lauro Borges como o menino traquinas, Brandão Filho como Coronel Fagundes, um matuto, e Castro Barbosa com o português Seu Ferramenta.[21]

O *Balança Mas Não Cai* partia de uma ideia bem simples de seu criador e primeiro produtor, Max Nunes: como um observador armado de binóculo, o narrador ia percorrendo o interior dos apartamentos do edifício abrindo o cenário dos personagens para as situações cômicas, de um inquilino agonizante, um flamenguista fanático ou uma mulher descompondo o marido. A cena mais aguardada era precedida da descrição: "E aquele primo muito pobre torna a visitar aquele primo muito rico". Era a deixa para o diálogo do primo pobre, interpretado por Brandão Filho, com o primo rico, na voz de Paulo Gracindo, que finge se compadecer do parente menos abastado.

O terceiro programa foi o mais hilariante humorístico de todos os tempos na história do rádio, o *PRK 30*, que ia ao ar no palco do auditório da Nacional às 20h30 de toda sexta-feira desde 1946.[22] No ano seguinte era ouvido por um milhão de ouvintes, metade da população do Rio de Janeiro, atingindo 50,5% de audiência em dezembro. O último programa foi ao ar em 29 de setembro de 1950, completando quatro anos de audições semanais.[23]

---

[20] Segundo registra a matéria "Como as agências de publicidade resolvem seus problemas de rádio", em *Publicidade: Anuário do Rádio 1951*.

[21] Escrito por Renato Murce, que depois interpretou um professor, o programa ficou 25 anos no ar, transmitido aos domingos, às oito e meia da noite. Walter D'Ávila, Apolo Correia e Ema D'Ávila também participaram em outras ocasiões.

[22] Após ter sido a grande atração da Mayrink Veiga entre outubro de 1944 e 1º de setembro de 1946, o *PRK 30* estreou na Nacional dias depois, em 27 de setembro.

[23] Dados do livro *No ar: PRK 30!*, de Paulo Perdigão (Rio de Janeiro, Casa da Palavra, 2003).

O estalo de Lauro Borges foi criar uma atração de humor baseada na metalinguagem, uma rádio dentro de um programa de rádio. Nela tudo de absurdo e caótico era permitido e validado pela multiplicidade de vozes da dupla Lauro Borges e Castro Barbosa. Seus principais personagens eram o português Megatério Nababo d'Alicerce, na voz de Castro Barbosa, que comandava a programação, e Otelo Trigueiro, uma criação de Lauro Borges. É o registro do humor surreal de uma época em que, segundo o jornalista Paulo Perdigão, "O galhofeiro *nonsense* rompe a disciplina gramatical, afronta as normas vocabulares, pulveriza a ordem semântica [...]. Em suma, toda sorte de desconstruções léxicas, fônicas e gramaticais adequadas para servir ao motivo central do programa em sua imersão no absoluto delírio: incultura e retardo mental".[24] Ao todo o *PRK 30* esteve no ar de emissoras brasileiras por vinte anos.

O pluralismo de atrações da Rádio Nacional não descuidava do esporte nas vozes agradáveis e sóbrias de dois marcantes narradores de futebol, Antonio Cordeiro e Jorge Curi. Este também comandava um dos dois programas de calouros, a *Hora do Pato*, que dividia com *Papel Carbono*, produzido por Renato Murce, a condição de duas eventuais portas de entrada de um amador no mundo do rádio.

Também o jornalismo teve lugar de destaque na Rádio Nacional. Em 28 de agosto de 1941 foi ao ar pela primeira vez o mais afamado boletim noticioso da história do rádio, o *Repórter Esso*. Com cinco minutos de duração e patrocínio da Standard Oil Company of Brazil, era calcado na versão original norte-americana *Your Esso Reporter*. Ia ao ar pela Nacional precisamente às 12h55, tendo inicialmente como apresentador Celso Guimarães e depois Saint-Clair Lopes, até que foi decidido ter um locutor fixo. Foi como surgiu a mais celebrada voz dos noticiários radiofônicos, a do gaúcho Heron Domingues, segundo colocado no concurso que escolheu a voz-padrão. Estreando em 3 de novembro de 1944, Heron permaneceu dezoito anos noticiando, com sua voz máscula e interpretação vibrante, um novo modelo de radiojornalismo. Não perdia tempo ao atacar, ainda sobre as clarinadas do prefixo de autoria do maestro Carioca, a frase: "Amigo ouvinte, aqui fala o Repórter Esso, testemunha ocular da história!".[25] Outro slogan, de efeito publicitário, era "O primeiro a dar as últimas".

---

[24] Cf. *No ar: PRK 30!*, de Paulo Perdigão.

[25] O prefixo foi gravado com Luciano Perrone na bateria, Francisco Sergei e Marino Pissiali nos trompetes, e Carioca no trombone.

Anúncio do *Repórter Esso* em 1944, programa radiofônico de notícias transmitido diariamente em vários horários.

Como nas demais emissoras, a voz-padrão dos locutores da Rádio Nacional parecia ter sido moldada na mesma fôrma, tal a homogeneidade de suas atuações. De fato, se espelhavam no modelo de César Ladeira, que se transferiu para a emissora em 1948. Com pose de galã de cinema nas fotos das revistas especializadas, dotados de dicção clara e interpretação pausada, os locutores da Nacional formavam uma verdadeira seleção, com Celso Guimarães, Saint-Clair Lopes, Aurélio Batista, Reinaldo Dias Leme, Alberto Curi e Reinaldo Costa, que se identificavam uns com os outros quando informavam imponentemente: "PRE 8, Rádio Nacional, Rio de Janeiro".

Já a voz feminina mais marcante do rádio era a da locutora Lucia Helena, que, além de anunciar as novelas, ficou famosa pela solenidade com que apresentava os programas de Francisco Alves: "Ao soar o carrilhão dando as doze badaladas, ao se encontrarem os ponteiros na metade do dia, também os ouvintes da Rádio Nacional do Rio de Janeiro, numa gentileza da Casa Garson, se encontram com Francisco Alves, o Rei da Voz". Cantava seu prefixo *"Na carícia de um beijo, que ficou no desejo/ Boa noite, meu grande amor"* até ser recebido com aplausos do auditório. Era a primeira atração do *Programa Luiz Vassalo*, o mais longo da emissora, aos domingos. Como Casé, Luiz Vassalo era o corretor dos patrocinadores dos vários programas domingueiros entre o meio-dia e as nove horas da noite. Alguns deles eram *A Felicidade Bate à Sua Porta*, irradiado de algum bairro da cidade, e *Nada Além de Dois Minutos*, de Paulo Roberto.

O ruído de maior repercussão, que permanece inabalável como o símbolo de supremacia da Rádio Nacional em seu período áureo, é o dos programas de auditório. Com sua proliferação, a Nacional consolida a consistência de sua audiência, superando a então líder Mayrink Veiga. Em 1943, o horário nobre, após a *Hora do Brasil*, já era dominado pela Rádio Nacional, com 53,6% da audiência, enquanto a Rádio Mayrink Veiga alcançava 11,1%, embora em outros horários tivesse números superiores à rival.[26]

As circunstâncias que deram fama aos programas de auditório da Nacional começam pela sua localização, no edifício A Noite, no centro do Rio, próximo à zona portuária, o que facilitava o acesso das camadas populares. Outro pormenor era a condição *sui generis* em que o público e os artistas compartilhavam os mesmos elevadores para atingir o 21º andar, possibilitando ao fã cruzar face a face com seu ídolo, sem empecilho algum, ainda que por alguns segundos. Quem frequentava o auditório da Nacional, independentemente de sua classe social, sabia que o divertimento era gratuito por longas horas em qualquer dia da semana. Seus aplausos transmitiam uma informação sonora estimulante para milhares de ouvintes distantes. Em consequência, os programas de auditório se constituíam em um aliciante para quem desejasse ver seus ídolos de perto e conhecer gratuitamente o mundo de entretenimento mais popular de então. Participando indiretamente dos programas, talvez sem

---

[26] O domínio da Rádio Nacional também era maciço entre 13 e 14 horas, mas a Tupi dominava o período das 17 às 19 horas.

O programa *Trem da Alegria*, apresentado por Heber de Bôscoli, Yara Salles e Lamartine Babo.

plena consciência, essa nova classe dos frequentadores de auditório acrescentava um colorido que não existia no estúdio. Para os rádio-ouvintes em seus lares representava o elemento anônimo que os excitava e sugeria uma tentação: algum dia, conhecer o auditório da Nacional.

A importância do público frequentador dos auditórios, dominado por mocinhas de baixa classe social, em sua maioria negras, que foram depreciativamente apelidadas de "macacas de auditório", determinou o surgimento de uma nova classe de radialistas, os animadores de programas de auditório cuja idolatria competia com a dos cantores. Utilizando-se apenas de sua voz, da simpatia e capacidade de improvisar, entraram para a galeria de artistas da Rádio Nacional Heber de Bôscoli, Yara Salles, Manoel Barcelos, Paulo Gracindo e César de Alencar, seguindo a moda lançada por Almirante, o primeiro dos animadores de auditório que tinham no contato direto com o público sua grande fortidão.

A despeito de sua agilidade mental e facilidade em manter um fluxo contínuo de aparente conversação com o ouvinte, dotes tão elogiados em César de Alencar, sua principal virtude era o timbre da voz. O cearense César era capaz de ficar falando quatro, cinco, seis horas sem parar e sem desgaste evidente, num tom que penetrava nos ouvidos do público do auditório e do ouvinte em casa com a maciez de uma deliciosa lambida em um sorvete. A leveza de sua voz permitia ser o apresentador ideal da sequência que permanecia no ar pelas tardes de sábado, desencadeando prazer nos ouvintes. Foi o rei dos animadores de programas de auditório.

Na área musical, o grande trunfo da Rádio Nacional foi ter mantido ininterruptamente, de 1936 a 1969, como seu principal maestro, o gaúcho Radamés Gnattali, o que resultou na mais abundante produtividade de um orquestrador e regente do rádio brasileiro. Milhares de páginas de papel pautado com bolinhas saíram da sua cabeça para os programas musicais da Nacional.

Quando começou a fazer arranjos de samba-canção para Orlando Silva, incluindo uma seção de cordas na orquestra, Radamés foi se familiarizando com o seu próprio pioneirismo, embora criticado por jazzificar a música brasileira. Sua inovação foi malvista e ele acabou carregando para o resto da vida essa injusta pecha. Na verdade, Radamés estava abrindo um novo conceito de arranjo e formação instrumental, que seria, pouco a pouco, adotado pelas orquestras das demais emissoras. Sua consagração se sedimentou em um programa específico da Rádio Nacional.

Em 1942, executivos da agência de propaganda da Coca-Cola, a McCann-Erickson, haviam proposto ao maestro Gnattali a criação de um programa musical do tipo *hit parade* que combinasse com o novo refrigerante, isto é, com o perfil dos consumidores inclinados a uma postura de vida mais sofisticada. Traduzido em música, esse requinte poderia ser representado por um programa com uma grande orquestra de dezesseis sopros, violinos, violas, violoncelos, harpa, acordeom e cinco elementos na seção rítmica em grandiosos arranjos de quatro músicas brasileiras e três estrangeiras por audição. Na Rádio Nacional, originalmente às 21h30 das quartas-feiras desde 6 de janeiro de 1943, o dispendioso programa *Um Milhão de Melodias* permaneceu treze anos no ar, atingiu o objetivo mercadológico do patrocinador e deu à música brasileira um ingrediente de modernidade, como destaca Bryan McCann no livro *Hello, hello Brazil*: "Ele (Radamés) constituiu sua reputação apresentando or-

Anúncio da Rádio Nacional, de 1954, divulgando, entre outros, o programa *Um Milhão de Melodias* com a orquestra de Radamés Gnattali e o humorístico *PRK 30*.

questrações de samba bem-acabadas e sofisticadas, considerando como sua missão dar à música popular brasileira, levar sua forma mais nobre a uma vasta audiência de rádio — não vendo nenhuma contradição em ter incorporado a essa missão influências do jazz norte-americano".[27]

A Orquestra Brasileira, sua denominação oficial no programa *Um Milhão de Melodias*, foi um sucesso na programação da emissora, a mais ouvida do rádio brasileiro e que tinha um cunho essencialmente popular.

---

[27] Bryan McCann, *Hello, hello Brazil: popular music in the making of modern Brazil*, Durham, Duke University Press, 2004, tradução do autor.

Também deu oportunidade aos melhores músicos de mostrar sua competência, determinando um novo padrão de orquestrações aceito e seguido nas gravações de centenas de discos de música brasileira dos vinte anos seguintes. Desse modo, o conceito veio a se converter num padrão de arranjos orquestrais de quase toda a música popular brasileira gravada nas décadas de 1950 a 1990. O modelo só foi sendo desprezado pela inviabilidade do custo de se manter uma grande orquestra num estúdio por várias horas.

No programa de 7 de fevereiro de 1949, em seu novo horário das 20h30 às segundas-feiras, Radamés apresentou o que foi anunciado pelo locutor César de Alencar como "um número que merece a maior atenção, porque constitui uma sugestiva experiência de Radamés no terreno do samba-canção. Ele organizou um quarteto de ritmo com Menezes na guitarra, Vidal no contrabaixo, Hugo na bateria e o próprio Radamés no piano para interpretar este admirável 'Fim de tarde'".[28] A sonoridade de um pequeno conjunto de formação habitual nas boates de Copacabana, nessa composição com modulações avançadas, mostrava a incessante busca de Radamés na abertura rítmica, melódica e harmônica da música brasileira também no terreno onde o samba-canção se destacava.

Afável e reservado, Radamés era de uma generosidade inexcedível com os colegas, sobretudo quando percebia sua inclinação musical latente. Trabalhava incessantemente e com dedicação transcrevendo melodias novas, orquestrando e mostrando a outros arranjadores da emissora caminhos que poderiam e foram percorridos nos anos seguintes.

Em seus 33 anos de atuação brilhante regendo orquestras da Rádio Nacional ou escrevendo as grades, Radamés fez a cama para cantores de todos os estilos, num total acima de 4 mil orquestrações.[29] O maestro

---

[28] Em 5 de maio de 1949, "Fim de tarde" foi gravado pelo quarteto em disco Continental, com a substituição de Luciano Perrone no lugar de Hugo.

[29] Entre elas: músicas de Carnaval para Emilinha Borba ("Escandalosa"), Quatro Ases e Um Coringa ("Daqui não saio", "Balancê"), Nuno Roland ("Pirata de perna de pau") e Blecaute ("General da banda"); baiões para Luiz Gonzaga ("Asa branca", "Vem morena"); boleros e rumbas para Ruy Rey ("Besame mucho", "El Cumbanchero") e o Trio Irakitan ("Contigo en la distancia"); sambas para Os Cariocas ("Cadê a Jane"); tangos para Nelson Gonçalves ("Hoje quem paga sou eu"); canções norte-americanas para Dolores Duran ("Answer me"); canções francesas para Ivon Curi ("Ciel de Paris"); fados para Esther de Abreu ("Foi Deus"); sambas-canção para Dick Farney ("Ela foi embora"), Nora Ney ("Não diga não", "Só louco"), Lucio Alves ("Canção da volta", "Amargura"), Angela Maria ("Vida de bailarina"), Roberto Paiva ("Nervos de aço") e Albertinho For-

O quinteto de Radamés Gnattali (à direita, ao lado da irmã Aida), com Vidal no contrabaixo, Zé Menezes no violão, Chiquinho no acordeom e Luciano Perrone na bateria.

sabia se colocar naquilo em que acreditava piamente, a serviço da modernidade. Por mais que o elogiemos, não será o suficiente. Aquele cuja voz não se ouvia no rádio foi a voz preponderante na música popular brasileira. Cercava-se de violonistas mais avançados como Garoto, Valzinho, Zé Menezes, Bola Sete, do baterista Luciano Perrone, que manobrava escovinhas com perfeição e delicadeza, de Pedro Vidal, modelo de contrabaixista, constituindo uma sólida seção rítmica para assegurar o nível das várias formações instrumentais da emissora.

tuna ("Quem há de dizer"); e dezenas de arranjos para solo de instrumentistas, como Garoto ("Rhapsody in blue em tempo de choro", "Pintinhos no terreiro").

Nesse ambiente de fertilidade musical abundante, nasceu em 1951 um dos grupos mais peculiares da música instrumental brasileira, o Trio Surdina.

Surgiu para preencher um novo programa, *Música em Surdina*,[30] em que o objetivo do produtor Paulo Tapajós era caracterizá-lo com uma sonoridade mais contida, próxima do volume de um trompete quando se lhe é acoplada a surdina, acessório que abafa a proeminência do instrumento, modificando seu volume e seu timbre (como foi tocado frequentemente por Miles Davis). Era precisamente o estilo de música intimista que se ouvia nas boates de Copacabana.

Paulo convidou o excepcional violonista paulista Garoto, que por sua vez chamou um colega com quem já vinha formando um duo, o violinista carioca Fafá Lemos, e mais o gaúcho Chiquinho do Acordeon, completando um trio de formação inédita na música brasileira — violino, violão e acordeom — que rapidamente se destacou no cenário radiofônico em vista de sua originalidade. Atuando de abril a agosto, enquanto o programa esteve no ar, depois em outros programas, como *Um Milhão de Melodias*, até ter seu programa exclusivo no ano seguinte, *Trio em Surdina*, o grupo projetou uma sonoridade diferenciada na programação da Rádio Nacional.

Foi praticamente inevitável que o produtor Nilo Sérgio, diretor de uma nova gravadora que se lançava no mercado — justamente quando surgiam no Brasil os LPs, inicialmente de dez polegadas —, contratasse o Trio Surdina para a Musidisc. Ao acreditar na singularidade da formação instrumental, bem como atestar a excepcionalidade de seus três componentes, Nilo Sérgio pressentiu que a pouco conhecida Musidisc se destacaria ao contar com o trio Surdina em seu catálogo. Tratou de agendar o mais rápido possível uma série de sessões em estúdio, antes que Fafá Lemos viajasse para os Estados Unidos, onde pretendia se estabelecer.[31]

Os três músicos gravaram entre dezembro de 1952 e janeiro de 1953, sem grande dificuldade, um farto material que faria parte dos quatro únicos LPs de dez polegadas com o Trio Surdina em sua formação original. Com o reforço de um contrabaixo, e uma discretíssima percussão aqui e acolá envolvendo a atmosfera sonora que gira em torno do

---

[30] O Trio Surdina estreou em 20 de abril de 1951, participando do programa até 20 de agosto. Permaneceu atuando em outros programas até o ano seguinte.

[31] Os sites de Jorge Mello, *Sovaco de Cobra*, e de Daniella Thompson, *Musica Brasiliensis*, oferecem uma descrição completa da trajetória do Trio Surdina.

Uma rara foto do Trio Surdina, de Chiquinho do Acordeon, Garoto e Fafá Lemos, que atuou com esta formação de 1951 a 1954.

samba-canção, o Trio Surdina gravou seu primeiro LP com quatro músicas de cada lado.[32]

Nele destacam-se virtudes que marcariam a carreira dos três instrumentistas: a versatilidade de Fafá Lemos, que além de improvisar solos

---

[32] De acordo com o precioso site de Daniella Thompson, foram realizadas cinco sessões de gravação, nos dias 5, 12, 16 e 30 de dezembro de 1952 e em 3 de janeiro de 1953. O primeiro LP do Trio Surdina foi lançado em março de 1953, o dez polegadas *Trio Surdina*, o sétimo do catálogo da Musidisc. Os três seguintes foram *Ary Barroso — Trio Surdina e Leo Peracchi, coro e orquestra* (M-008), lançado também em março de 1953, *Trio Surdina nº 2 — Dorival Caymmi e Noel Rosa* (M-014), lançado em agosto de 1953, e *Trio Surdina nº 3* (M-017), em abril de 1954.

Curiosamente, na seção "Dona Vitrolina" da revista *Radiolândia* de 9/3/1955, o comentarista se refere a um disco do Trio Surdina com uma expressão que só se consagraria anos depois: "Bossa nova".

de violino com evidentes toques jazzísticos assobiava com o requinte de um instrumento e ainda vocalizava delicadamente, evidenciando o prenúncio do que ocorreria cinco anos depois; a harmonia avançada na composição de Garoto "Duas contas", em sua primeira gravação; o uso de outros timbres por Chiquinho no acordeom, diferentes da sanfona nordestina sobretudo no registro grave, e que impulsionaria sua tremenda expansão no Sudeste. Um repertório em que "Tenderly" era agora um beguine, "O relógio da vovó", um choro bem-humorado, "Na madrugada", um exemplar dos timbres possíveis, e "Nós três", um resumo do que foi o Trio Surdina. Até mesmo um baião com percussão adequada tinha ares de samba-canção.

No segundo LP, dedicado a Ary Barroso, o trio ocupa o lado A, e o lado B, a orquestra e coral de Leo Peracchi. No terceiro disco, dedicado a Dorival Caymmi e Noel Rosa, ficam patentes o novo conceito do acordeom de Chiquinho, a impressionante performance de Fafá assobiando, seus inventivos solos de violino e suas acariciantes interpretações vocais em "Nem eu" e "Não tem solução", onde se revela a personalidade de um músico que sabe cantar como quem toca. Essa multiplicidade de Fafá Lemos possibilitava que o trio assumisse diferentes sonoridades como se fossem mais que três músicos. Muitos anos mais tarde isso se repetiria com o outro exponencial conjunto instrumental brasileiro, o Quarteto Novo, igualmente de curta duração.

Em 1955, a precoce morte de Garoto aos 39 anos — o cérebro do Trio Surdina, embora o que menos tenha aparecido — abreviou a vida do grupo original que deu um status de superioridade à música instrumental brasileira. Por poucas que tenham sido suas gravações, ainda assim elas representam uma sonoridade fundamental no desenvolvimento do samba-canção.

A Rádio Nacional foi uma usina de ídolos. Pode-se aventar um paralelo com o que ocorreria nos anos 1960 nos programas do Teatro Record quando o público se manifestava espontaneamente aplaudindo artistas que, então nos seus vinte anos, se projetariam como ídolos definitivos de nossa música. Casos de Chico Buarque, Roberto Carlos, Elis Regina, Gilberto Gil, Caetano Veloso, Jair Rodrigues, Wilson Simonal e tantos outros que em sua maioria permaneceram em evidência mesmo após os setenta anos de idade.

O auditório da Rádio Nacional simbolizava o juiz a confirmar idolatria por Francisco Alves, Silvio Caldas e Orlando Silva, a consagrar Emilinha Borba, Marlene, Luiz Gonzaga, Adelaide Chiozzo, Ivon Curi, Dalva de Oliveira, Pedro Raimundo, Bob Nelson, Jorge Goulart, Blecaute, Carmélia Alves, Jorge Veiga, Dolores Duran, Dick Farney, Cauby Peixoto, Nora Ney, Os Cariocas, Lucio Alves, Nelson Gonçalves, Angela Maria, rol que mesmo incompleto deixa como legado uma penca de discos de 78 rotações da época áurea do rádio no país.

O que não podemos deixar de lamentar é a fantástica montanha de partituras que se perderam para sempre, e que talvez pudessem dobrar ou até triplicar o testemunho da música que se ouvia nas rádios do Rio de Janeiro. Ao vivo, com público e, quase sempre, uma única vez.

As vozes das rádios

Anúncio do Cassino da Urca, no Rio de Janeiro, em 1935.

Capítulo 5

Os cassinos

No momento em que o marechal Eurico Gaspar Dutra levantou a caneta-tinteiro após o rabisco final de seu sobrenome na assinatura ao pé do decreto número 9.215 de 30 de abril de 1946, que proibia a prática ou a exploração dos jogos de azar em todo o território nacional, uma boa parte do mundo artístico brasileiro desabou. Ruiu.

Da noite para o dia, de uma população em torno de 47 milhões, perderam seus empregos mais de 40 mil trabalhadores envolvidos na diversão que ocupava posto importante para manter o Rio de Janeiro como uma das mais glamorosas cidades para o turismo antes, durante e depois da Segunda Guerra Mundial.

Cantores, músicos, arranjadores, copistas, afinadores, produtores, roteiristas, agentes artísticos, bailarinos, coreógrafos, coristas, iluminadores, cenaristas, maquiadores, figurinistas, maquinistas, garçons, maîtres, *barmen*, *chefs*, cozinheiros, lavadores de prato, porteiros, bilheteiros, e todas as demais funções que envolviam a produção dos fabulosos espetáculos em que a música era o epicentro do divertimento, tiveram que se virar por conta, no estilo que lembra a mais antiga das profissões. Quase oitenta cassinos, muitos deles integrantes de dispendiosos complexos hoteleiros construídos para impulsionar o turismo, ficaram na mão. Os crupiês também.

O fim do jogo no Brasil, escreveu o especialista em turismo Marcello de Barros Tomé Machado, "representou o fim de um dos maiores atrativos turísticos do Rio de Janeiro na modernidade, gerando pelo que foi possível perceber, uma sensível queda no número de turistas que se dirigiam para o Rio de Janeiro no decorrer da década de 40".

Após o decreto de Dutra, o Brasil, como a Bolívia, passou a ser rebaixado no turismo mundial como um dos poucos países que não permitem a legalidade da existência de cassinos. Em contrapartida, turistas se deslocaram para o Paraguai, Uruguai e Argentina, onde as atividades dos hotéis-cassinos eram regulamentadas.

Funcionando desde o período imperial, os cassinos foram proibidos no Brasil em 1917 durante a presidência de Venceslau Brás. Contudo, o governo federal, reconhecendo o poder de atração turística dos cassinos, fazia vistas grossas para que, mesmo após o decreto do presidente Washington Luís em 1928, que proibia o jogo em todo o território brasileiro, alguns cassinos pudessem operar. Sem temer estarem na clandestinidade, funcionavam entre outros o Cassino de Águas de Lindoia e o do Grande Hotel de Poços de Caldas, arrendado pelo mesmo governo que impedia essa atividade.

Cada vez mais a abertura oficial dos cassinos ficava próxima de acontecer em caráter nacional. Baseado em um decreto presidencial, o interventor militar no estado de São Paulo, o general gaúcho Waldomiro Castilho de Lima permitiu o jogo em balneários e estâncias paulistas em fevereiro de 1933. No mês de março o jogo também foi legalizado na capital do Brasil, amparado por uma obrigatoriedade em conceder apoio financeiro diretamente a entidades de assistência social. Desse modo os cariocas — que até então só podiam extravasar sua irresistível atração pelo risco dos jogos de azar nos salões de carteado exclusivos do Jockey Club e do Hotel Copacabana — puderam conviver com a liberdade de apostar livremente e sem risco no bacará, boulier, campista, trinta-quarenta, cavalinhos, blackjack, carteado e, principalmente, com a independência de torcer diante do fascinante sonido da bolinha branca saltitando livremente antes de se alojar numa das 37 casinhas do fantástico invento do francês Blaise Pascal no século XVII, a roleta.

Nos doze anos seguintes, os cassinos tiveram sua fase áurea espalhando-se por estâncias hidrominerais e balneários brasileiros, como era o caso da capital da República, o Rio de Janeiro, possivelmente a única cidade do mundo que, sendo um balneário, era ao mesmo tempo sede do governo federal.

Na praia de Copacabana, dois deles foram inaugurados quase ao mesmo tempo. Em 1934 e 1935 foram abertos o Cassino do Copacabana Palace Hotel e o Cassino Atlântico no Posto 6, no modelo que deslanchou de vez a expansão dos cassinos no país. Era um tipo de empreendimento voltado principalmente para um público de elite, e por isso o *glamour* e a elegância cercavam o ambiente, onde o prestimoso serviço era condizente com o padrão de excelência do que se bebia, comia, jogava, dançava e divertia.

No Cassino do Copacabana Palace, cuja entrada monumental dava-se pelas escadarias de mármore de Carrara ornadas com jarrões de bronze veneziano, "entre os feéricos shows do Golden Room e a magia das roletas, a vida parecia ser movida a paixão e sonho, sem pausa para descanso", como descreve Ricardo Boechat no seu belo livro sobre a história do hotel.[1]

A música dançante era embalada por uma orquestra que se revezava com o conjunto de Claude Austin. Pianista norte-americano integrante da Jazz Band de Romeu Silva, Claude viera dar com os costados no Brasil na companhia de outro músico que também se encantou com o Brasil, onde se fixou para projetar-se anos mais tarde, Booker Pittman.

A Orquestra Pan American era dirigida pelo maestro e ex-violinista Simon Bountman, palestino de origem que, vivendo no Brasil desde 1923, depois de fugido da Revolução Russa, foi chefe da orquestra por doze anos. Teve como *crooners* mais destacados: Nuno Roland, desde 1937, e conhecido depois como o intérprete de "Pirata da perna de pau"; Ruy Rey, desde 1944, e mais tarde líder de sua orquestra de baile que ganhou fama especializada em ritmos caribenhos; e Carmélia Alves, desde 1941, e consagrada em sua carreira como rainha do baião. Os clarinetistas Zaccarias e o russo Ignacio Kolman atuavam entre os instrumentistas da Pan American, e um dos arranjadores fixos era o eminente Radamés Gnattali. Sob a batuta de Bountman, trajando também elegantes *summer jackets*, os nove excelentes músicos por ele escolhidos a dedo animavam os graciosos pares da high society em black-tie que evoluíam pista adentro ao ritmo de sambas, marchas, tangos e fox-trots de sucesso na época: "The Continental", "Mamãe eu quero", "Se acaso você chegasse", "A jardineira", "Begin the beguine", "Aurora", "Batuque no morro", "In the mood", "Nega do cabelo duro", "Solamente una vez", "Boogie woogie na favela", "Baião".

Simon Bountman, cuja orquestra também figura nos anais dos discos de então por ter acompanhado grandes cantores brasileiros em suas gravações de estúdio na Odeon e na Columbia, cederia seu posto a outro músico excepcional, que além de líder também era arranjador: o flautista e clarinetista Nicolino Copia, maestro Copinha, que, sendo o mais ilustre descendente de uma tradicional família de músicos paulistas, comandou os ritmos dançantes do Golden Room. Com o afastamento de Claude Austin, num mesmo processo de sucessão, Caribé da Rocha, o diretor artístico do Copacabana Palace, ofereceu a Zaccarias o posto de

---

[1] Ricardo Boechat, *Copacabana Palace: um hotel e sua história*, Rio de Janeiro, Editora Adriana Ambak, 1998.

Os cassinos

líder do conjunto do Golden Room. Como ferrenho admirador de Benny Goodman, Zaccarias inicialmente montou um quarteto, The Midnighters, que depois foi ampliado como a big band que ainda nos anos 1940 integrou o elenco de grandes músicos contratados para animar a dança dos salões do Copacabana. O saxofonista Moacyr Silva, o trompetista Maurílio e o pianista Fats Elpídio eram alguns dos astros da orquestra liderada por Zaccarias, que alcançaria projeção nacional. Por muitos anos o Golden Room permaneceu como sinônimo de distinção na vida social carioca, tendo uma programação de primeira linha, como a orquestra de Eddy Duchin na década de 1940, que antecipou a do pianista Carmen Cavallaro com seu estilo *sweet piano music*.[2]

Para fazer frente à concorrência que logo se estabeleceu entre os outros cassinos do Rio, agentes de ambos chegavam a pesquisar nas listas de passageiros dos navios que aportavam no cais quem pudesse ser contratado como atração. A prática gerava uma verdadeira corrida em torno de atrações semelhantes às dos dois mais célebres *music halls* de Paris, o Lido e o Folies Bergère, como também às do Tabarís, de Buenos Aires. Atrás de atos de variedades relativamente mais em conta que as grandes estrelas da música, os agentes saíam à sua cata para a montagem de espetáculos que ficariam semanas em cartaz. Aos equilibristas, mágicos, malabaristas, combinados com a presença de lindas *girls* desfilando altivas ao exibir suas formas apetitosas, os shows dos cassinos mantinham uma permanente atividade no mundo do show business brasileiro, contribuindo indiretamente para conscientizar cantores e músicos da procura de rigor profissional na arte de produzir espetáculos que chegariam a se rivalizar com os das grandes capitais do mundo.

Aberto em 1935, o Cassino Atlântico, sob a direção do grupo de Octavio de Almeida Gama, foi o grande concorrente dos dois cassinos já existentes no Rio, o do Copacabana Palace e o da Urca. Construído no mesmo local onde existira o conhecido café-dançante Mère Louise, ocupava um edifício de cinco andares em estilo *art déco* que abrigou até 1946 os salões de jogos e o grill, cenário de grandes atrações nacionais e internacionais. Além de uma maciça propaganda pelos jornais, a divulgação dos shows era substancialmente reforçada na transmissão dos programas da Rádio Ipanema, cujo estúdio foi instalado nas dependências

---

[2] Em 1956 o músico teve um filme dedicado a sua carreira, *The Eddy Duchin story* (*Melodia imortal*), estrelado por Tyrone Power, que protagonizava o pianista, dublado por Carmen Cavallaro na trilha sonora.

Eddy Duchin tocando no Golden Room do Copacabana Palace em 1941.
O pianista estreou com sua orquestra em 20 de junho e a temporada
se estendeu, com grande sucesso, até 27 de agosto.
Em primeiro plano, o casal Alzira Vargas e Ernani Amaral Peixoto.

do próprio cassino. Dessa maneira ampliava-se a possibilidade de os cantores de rádio participarem de uma atividade extra que favorecia sua experiência e sua féria. Foi inevitável que, aliadas à opulência da decoração, as atrações do Cassino Atlântico estimulassem, desde os três primeiros anos de vida, uma forte concorrência com seus rivais cariocas. A música estava nas mãos do mais internacional *band leader* brasileiro da época, Romeu Silva, cuja orquestra incluía dois saxofonistas norte-americanos, Al Pratt e Booker Pittman. Ambos vieram da Europa para a América do Sul e integraram sua banda enquanto durou o contrato no Atlântico. A atração pela aventura levou Booker a Buenos Aires e a Montevidéu, onde atuou com destaque em hotéis e confeitarias até retornar ao Brasil em 1946. Liderava uma banda no Cassino Atlântico de Santos quando, penalizado pelo fechamento dos cassinos, tocou nas boates Oásis de São Paulo e Vogue do Rio, na fase que precedeu o período negro de sua vida. Dependente de drogas pesadas e álcool, chegando a tomar seis garrafas de cachaça por dia, Booker decidiu embrenhar-se no interior do Paraná para tocar onde quer que fosse, cabarés e até prostíbulos, como um mambembe sem eira nem beira. Por pouco não se perdeu de vez, chegando a ser noticiado como morto. Redescoberto em 1956, retomou a carreira em discos e shows a ponto de ser considerado uma das maiores atrações do jazz no Brasil até o final de sua vida.

Em 1938 o Atlântico passou para as mãos de um paulista de Rio Claro, Alberto Quatrini Bianchi (1892-1978), empresário que desde cedo se mostrou fascinado por atividades que envolvessem uma aposta, fosse loteria, corridas de cavalos, jogo do bicho e, como era inevitável na época, os cassinos. Em alguns anos montou um gigantesco complexo turístico nacional que abrangia o Cassino do Grande Hotel La Plage no Guarujá e o Cassino Palace de Poços de Caldas, além de vários hotéis de primeira categoria em Salvador, Recife, São Luís do Maranhão, Serra Negra, Ouro Preto, Niterói e São Paulo. Para promover com grande pompa a nova fase dos entretenimentos sob sua direção, Bianchi criou em janeiro desse ano um concurso carnavalesco antecedido de um grande show com a cantora Dircinha Batista, irmã caçula de Linda Batista, também estrela da Rádio Nacional e intérprete de um grande sucesso do Carnaval que despontava, a marchinha "Periquitinho verde". Acompanhada pela orquestra dirigida pelo flautista Benedito Lacerda, a nova fase dos espetáculos no Cassino Atlântico prometia fazer frente aos concorrentes. De fato desfilaram no grill malabaristas norte-americanos e cantores internacionais como o charmoso Jean Sablon, criador de "J'attendrai", o cantor e guitarrista de jazz francês Henri Salvador e, como diretor da orquestra de danças, o músico norte-americano Louis Cole, que se destacaria como pianista e cantor no cenário musical brasileiro. Companheiro do saxofonista Claude Austin, Cole também aportara no Brasil como integrante da orquestra de Romeu Silva.

Na programação de seu cassino, porém, Bianchi concentrou sua programação de shows nos astros e estrelas do rádio carioca, como Silvio Caldas, Francisco Alves, Cartola e a Escola de Samba da Mangueira, combinados com atos de variedades.

Anúncio do Cassino Atlântico, que ficava no Posto 6
da praia de Copacabana, em 1935.

À relação de orquestras que atuaram nos cassinos Copacabana e Atlântico não poderia faltar a do saxofonista Fon-Fon, considerada, inclusive pelos músicos, como a suprema orquestra de baile brasileira. A "máquina de música dançante", no dizer do maestro Gaó, deixou de existir em 1951. Morto prematuramente aos 43 anos, Fon-Fon foi, segundo dezenas de integrantes de outras orquestras, o mais admirado *band leader* brasileiro de todos os tempos, com as mais contagiantes performances das orquestras nos moldes das big bands norte-americanas.

A despeito do sucesso estribado em luxo, grandiosidade e no capricho e ousadia dos entretenimentos dependentes da música, tanto do Copacabana como do Atlântico, foi no discreto e um tanto deslocado bairro da Urca que surgiu seu mais reluzente signo, o cassino cujo slogan criado pelo locutor César Ladeira era um achado de causar inveja a qualquer publicitário: "A... E... I... O... Urca!". O artífice desse verdadeiro

Joaquim Rolla (com Marta Rocha à direita), empreendedor de vários cassinos no Brasil, como o Urca e o Quitandinha.

monumento inaugurado em setembro de 1933, que jamais teve paralelo no Brasil, era um mineiro inteligente, inculto e fabulosamente empreendedor, Joaquim Rolla. Sem experiência alguma no ramo, tornou-se sócio do cassino como pagamento de uma dívida em jogo de pôquer. Desde que tomou posse introduziu mudanças fundamentais no que fora o despretensioso Hotel Balneário da Urca, já pensando em fomentar o desenvolvimento do mercado turístico no país, uma das obrigações a que a legalização do jogo era sujeita. Uma de suas metas era proporcionar à clientela o que fosse simplesmente imbatível no âmbito do show business brasileiro, montando espetáculos num ambiente requintadíssimo. Iniciativas suas, como organizar bailes para atrair as senhoras da sociedade carioca, implantar uma linha de ônibus Cinelândia-Urca para atrair apostadores, instalar ar refrigerado no grill room, montar uma empresa encarregada para promover as atrações junto à imprensa, ou seja, introduzir o que

O Cassino da Urca possuía dois palcos móveis, um sob a pista de dança e outro junto ao cortinado (aqui oculto), que permitiam às orquestras se alternarem praticamente sem interrupções.

seria a atual assessoria de imprensa, não se comparavam à principal inovação de Rolla na Urca a fim de passar a perna em seu principal concorrente, o Cassino de Bianchi: fez instalar dois palcos móveis, um deles que podia subir e desaparecer de cena através de um elevador, como no Radio City Music Hall, de Nova York; e outro sob a forma de gaveta com piso transparente que, avançando ou recuando, duplicava sua função, quer como palco de shows sem interrupção, quer como pista de dança, dispensando intervalos entre as duas orquestras. Este espaço, descrevem João Perdigão e Euler Corradi em sua primorosa e detalhada biografia sobre Rolla, "marcou época na história do show business, inserindo o Rio de Janeiro no cenário internacional do turismo de luxo... O *star sys-*

tem adotado pelos cassinos na década de 30 constitui a gênese do show business brasileiro".[3]

Diariamente havia dois shows, um às 21h e o outro à meia-noite e meia, ao passo que o horário do jogo era das 20h30 às três da manhã. De fato, foram os cassinos que permitiram uma reviravolta na carreira de vários cantores e músicos brasileiros, elevando-os à categoria de astros em palco, algo que o rádio, por mais divulgação que propiciasse como entretenimento eminentemente popular, jamais poderia oferecer. Dois deles estão certamente entre os que mais se beneficiaram com suas atuações no palco do Cassino da Urca: Grande Otelo e Carmen Miranda.

A estatura do pequeno Otelo não impediu que seu nome artístico correspondesse plenamente à magnitude de seu talento. Sua longa carreira como uma das mais populares atrações do Cassino da Urca de 1938 a 1945 levou-o a cantar "Boneca de pixe" com Josephine Baker e "Bruxinha de pano" com Carmen Miranda, além de criar hilárias paródias de boleros de Pedro Vargas e impagáveis imitações dos franceses Jean Sablon e Lucienne Boyer, por vezes mais aplaudidas que as atuações originais. Era compreensível que tivesse sido a inspiração de Walt Disney para criar o personagem Zé Carioca, e caísse nas graças do premiado diretor de cinema norte-americano Orson Welles, que aterrissou na aeroporto Santos Dumont em fevereiro de 1942.

A missão de Welles, filmar um documentário sobre a música do continente, acabou tomando outro rumo. Logo no início dos oito meses em que permaneceu no Brasil hospedado no Copa, filmando, bebendo, namorando e se divertindo à beça no Cassino da Urca, a sagacidade que caracteriza os gênios fez com que ele reconhecesse em Grande Otelo um do maiores atores brasileiros. Qualificando-o de "Mickey Rooney colored", convidou-o para atuar no seu controvertido filme que afinal foi recomposto com o título *É tudo verdade*.

Igualmente, mercê de sua pouco mencionada capacidade de férreo disciplinador, Herivelto Martins, compositor e líder do Trio de Ouro, também foi arrebanhado para integrar como assistente de direção a equipe brasileira das filmagens de Orson Welles.

No auge da popularidade, foi contratada pelo maior cachê pago por Rolla a uma atração brasileira a grande estrela do disco e do rádio, Carmen Miranda. Estreou na Urca em 1938 como a principal atração de um

---

[3] João Perdigão e Euler Corradi, *O rei da roleta: a incrível vida de Joaquim Rolla*, Rio de Janeiro, Casa da Palavra, 2012.

Carmen Miranda e o Bando da Lua em 1949, com Russinho (no alto) e o futuro produtor Aloysio de Oliveira (à direita, com o violão).

monumental show carnavalesco que tinha ainda Grande Otelo em dupla com a cantora Déo Maia, Francisco Alves e a dupla caipira Alvarenga e Ranchinho. Para esse Carnaval Carmen tinha gravado "Camisa listada", e Alvarenga e Ranchinho apostavam em "Seu condutor". A força da Urca era tamanha que uma das marchas era "A... E... I... O... Urca!". Carmen prosseguiu seu ano de êxito absoluto atuando em Buenos Aires e no chamado circuito dos hotéis de estações de águas.

Em fevereiro do ano seguinte a cantora mais popular do Brasil foi vista na Urca pelo empresário norte-americano Lee Shubert, que viera dos Estados Unidos para assistir ao show *O que é que a baiana tem?*, em que Carmen tinha atuação exuberante. Como se vivia na época a Política da Boa Vizinhança, criada pelo presidente Roosevelt para melhorar as relações dos Estados Unidos com os países da América Latina, segundo

Os cassinos

Jairo Severiano, "é bem provável que ao visitar o Brasil naquela viagem turística Lee Shubert já tivesse a intenção de contratar Miss Miranda". Junto com seus acompanhantes brasileiros do Bando da Lua, Carmen embarcou no dia 4 de maio de 1939 para se consagrar nos anos seguintes como a mais exótica e mais bem paga estrela de Hollywood, cantando música originalmente brasileira ou não e atuando como comediante, comunicando-se através de um inglês arrevesado e extrovertido com a graça e o exagero de seus gestos.

Nos cassinos a música de dança nunca era interrompida, muito menos na Urca, onde se revezavam diariamente mais de trinta músicos de suas três orquestras.

A Orquestra Columbia, chefiada pelo pianista e arranjador Gaó, animou os bailarinos de 1940 a 1945. No ano seguinte, o maestro conseguiu realizar um desejo longamente acalentado transferindo-se para os Estados Unidos, onde durante anos teve uma carreira bem-sucedida não só como pianista mas também como líder de sua própria orquestra.

A orquestra de música internacional era dirigida pelo francês Ray Ventura, de renome em seu país como Ray Ventura et ses Collégiens. Entre os seus componentes, alguns se integraram tão bem que decidiram permanecer no Brasil após o retorno de Ray Ventura: o trompetista e clarinetista Jean D'Arco atuou na orquestra de Carlos Machado e depois como diretor de seus espetáculos, gravou discos, naturalizou-se brasileiro e finalmente se estabeleceu em Teresópolis, onde abriu uma pousada. Outro trompetista, Georges Henry, que teve uma passagem como *crooner* de canções francesas no Midnight Room do Copacabana Palace, depois fixou-se em São Paulo, onde montou uma orquestra de grandes músicos para atuar na boate Oásis,[4] e onde depois se tornou diretor musical da TV Tupi, emissora em que seu programa dominical *Antarctica no Mundo dos Sons* fez história. Dos que se deram bem no Brasil, o que atingiu maior projeção internacional foi Henri Salvador, que, além de guitarrista da orquestra, era cantor e comediante, imitador de Popeye. Tendo nascido em Caiena, na Guiana Francesa, Henri Salvador pôde incorporar sem dificuldades e como nenhum outro estrangeiro a levada do samba que ouvia dos violonistas brasileiros. Pouco depois de retornar à França em

---

[4] Entre eles o pianista argentino Robledo, o cantor e contrabaixista Caco Velho, o saxofonista Bolão, o trombonista Osmar Milani, o norte-americano Booker Pittman (por pouco tempo) e uma notável descoberta do maestro, William Fourneaut, que cantava e assobiava.

1945, tornou-se um astro como "chanteur créole", atingindo sucesso em canções de sua autoria como "Maladie d'amour", em cuja gravação de 1947 se percebe em seu violão a influência do samba, que captara nos seus quatro anos de estada no Brasil.

A terceira orquestra, destinada aos shows da Urca, foi dirigida de 1934 a 1945 pelo competente maestro Vicente Paiva, que além de arranjador era compositor, tendo sido parceiro de Jararaca na famosa marchinha "Mamãe eu quero".

A lista de shows que subiram ao palco da Urca é um atestado da ousadia de Joaquim Rolla no desenvolvimento do show business no Brasil, principalmente no Rio de Janeiro. Por doze anos lotaram o grill room da Urca atrações no esplendor de suas carreiras: a vedete Josephine Baker, criadora de "J'ai deux amours", que se adornava unicamente com um saiote de casca de banana enquanto enlouquecia a plateia com seu rebolado e teria mantido um romance com o arquiteto Le Corbusier; sua concorrente branca Mistinguett, criadora de "Mon homme", atuando entre 14 de julho e 17 de agosto de 1939, quando retornou a Paris com sua trupe, numa das últimas atrações antes de rebentar a Segunda Guerra; a mais representativa orquestra típica de tango, do violinista uruguaio-argentino Francisco Canaro; a *chanteuse* francesa Lucienne Boyer, criadora de "Parlez-moi d'amour"; a Cotton Club Orchestra, de músicos norte-americanos; o harmonioso grupo vocal de canções românticas norte-americanas The Mills Brothers; os sapateadores acrobatas Nicholas Brothers, cuja participação no filme *Stormy weather* foi considerada por Fred Astaire "the greatest dance number ever filmed"; e a indescritível peruana Yma Sumac, cuja voz tinha uma extensão de quatro a cinco oitavas.

Um verdadeiro esquadrão de cantores mexicanos entrou em cena a partir de 1938 puxado por Pedro Vargas que, sendo a antítese do galã, foi quem deu impulso inicial à moda do bolero no Brasil, com um sucesso atrás do outro gravados nos bolachões de selo azul da RCA, que vendiam aos borbotões. A moda do bolero, os íntimos passos e a sensualidade inevitável que a dança do bolero proporcionava levaram o Cassino da Urca a trazer a nata dos *cantantes mexicanos*, como Elvira Ríos, Trio Los Panchos, Chucho Martínez, Don Alfonso Ortiz Tirado, José Mojica e até o célebre autor de "María Bonita", Agustín Lara, cuja saliente cicatriz no rosto ao invés de repulsar, despertava paixão nas mais lindas mulheres, como María Félix, que o desposou. Na pista de dança, *dale* de "Luna lunera", "Un poquito de tu amor", "Noche de ronda", "Besame mucho", "Perfidia", "Frenesi", "Para que recordar", "Hipocrita", "La ultima noche", "Maria La O", "Solamente una vez" e até a estrondosa "Granada", primeira opção de tudo que era calouro nos programas de rádio. Os três anos a seguir colocariam o bolero mexicano em pé de igualdade com o repertório norte-americano das orquestras. Mesmo intérpretes de canções menos populares passaram pelo palco da Urca, como a soprano lírica Martha Eggert e a duetista de Nelson Eddy, Ilona Massey, ambas húngaras de nascimento.

Em 1941 Rolla foi informado que o transatlântico *SS Argentina*, da Moore McCormack, trazendo a bordo o grande astro da canção norte-americana Bing Crosby, que rumava a Buenos Aires para ver os cavalos de corrida que havia adquirido, faria uma parada no cais da praça Mauá em 10 de setembro. Tranquilo e amável, com um chapéu de palha escondendo sua carequinha e cachimbo no canto da boca, Bing recebeu alguns jornalistas antes de desembarcar. Todas as gentilezas de que Rolla dispunha para convencê-lo a atuar naquela noite na Urca foram inúteis. Na sua noite livre, o cantor concordou em conhecer o cassino, onde jantou, ouviu música brasileira, deu autógrafos e gentilmente subiu ao palco para entoar canções de seu filme *A tentação de Zanzibar* e um de seus sucessos, "Please". Na manhã seguinte, enquanto o navio seguia para Santos, viajou a São Paulo, hospedando-se por uma noite no Country Club de Santo Amaro, antes de continuar na viagem de navio rumo a Buenos Aires. No retorno aos Estados Unidos, em 6 de outubro, desembarcou em Santos e foi novamente para São Paulo, de onde viajou de trem da Central do Brasil para o Rio de Janeiro, onde teria o compromisso de cantar no Cassino da Urca em uma festa beneficente das instituições Cruz Vermelha Brasileira e Britânica organizada pela primeira-dama Darcy Vargas. Como bom *turfman*, visitou o Jockey Club Brasileiro antes do ensaio e à noite do dia 7, em espetáculo irradiado para todo o país pela Rádio Mayrink Veiga, interpretou sob ovação da privilegiada plateia canções conhecidas como "Dinah", "Somebody loves me" e "Please", além de reprisar as músicas do filme *A tentação de Zanzibar*.[5]

Quem anunciou Bing Crosby foi Carlos Machado, o apresentador dos grandes shows e *band leader* da orquestra-atração por muitos anos na Urca, The Brazilian Serenaders. Alto e com figura de galã, o gaúcho Machado foi um bailarino tão elegante e sedutor que já tinha sido na

---

[5] A dançante "Birds of a feather" e a balada "It's always you", cantada para a personagem vivida por Dorothy Lamour, ambas composições de Johnny Burke e Jimmy Van Heusen para o longa-metragem cujo título original era *Road to Zanzibar* (1941).

Carlos Machado e a vedete francesa Mistinguett em Paris, nos anos 1930.

França *partenaire* da maior estrela do *music hall* parisiense, a fabulosa Mistinguett. Como diretor da companhia da vedete, que tinha 45 componentes, Machado, que vivera tempos na Europa, retornou à América do Sul para atuar no Tabarís de Buenos Aires e, em seguida, no Rio, onde a francesa foi atração da Urca por quatro semanas. Em grande estilo, encerrou sua carreira de bailarino. Foi então que, observando as orquestras dos cassinos cariocas, Machado — que não era cantor, não tocava nenhum instrumento e nem sabia distinguir as notas musicais — ousou montar uma orquestra na qual seria a figura de proa, fingindo reger com batuta e animando os músicos com o *aplomb* de sua vistosa figura de *latin lover*. Com a ajuda de um competente arranjador conseguiu montar um time excepcional, com os melhores músicos que despontavam na época: o guitarrista Laurindo Almeida, que faria carreira na orquestra de Stan Kenton; o violinista Fafá Lemos, que igualmente tocou vários anos nos Estados Unidos; o criativo guitarrista Betinho (Alberto Borges de Barros); Russo do Pandeiro; os irmãos Gilberto e Roberto Gagliardi, trombonistas; Walter Rosa, o sax tenor; Barriquinha, no trompete, e, como pianista, o jovem Dick Farney.

Estreando na Urca em 7 de junho de 1940, os Brazilian Serenaders deram oportunidade a uma nova geração de futuras cantoras do rádio: Emilinha Borba, *crooner* de 1940 a 1946; Marlene, *crooner* em 1941; e futuras vedetes como Virginia Lane, que gravaria "Sassaricando". Cantando com a orquestra desde os quinze anos, Virginia era o xodó da rapaziada frequentadora do Cassino da Urca. No repertório, a alegre orquestra de onze músicos antecipava sucessos carnavalescos como "Amélia", "Nega do cabelo duro", "Atire a primeira pedra", "Maria Candelária" e "Praça Onze", executados semanas antes do Carnaval.

Não tendo conseguido adquirir o Hotel Copacabana Palace como pretendia, Joaquim Rolla abriu mais um cassino, do lado oposto à Urca, na praia de Icaraí, em Niterói. Com sete andares, circundado por jardins e espelhos d'água, compreendia restaurante, cinema, salões de jogo e um grill room.

Rolla criou um serviço especial de lanchas para quinze passageiros que transportava os artistas entre os dois cassinos. Após o primeiro show da Urca, os artistas atravessavam a baía de Guanabara para o show no Cassino Icaraí, retornando a tempo do segundo show na Urca. A clientela também desfrutava dessa comodidade com gosto de aventura esconjurando o azar em novas plagas, do outro lado da baía.

Sob a direção artística de Jaime Redondo, atrações essencialmente brasileiras, como Linda Batista, Marlene, Grande Otelo com Dercy Gonçalves, Alvarenga e Ranchinho, Trio de Ouro, Marlene, intercalavam-se com as internacionais da Urca no grill room do Icaraí. Em mais uma frente, o novo cassino abria as portas para gratas promessas, cujas carreiras iriam lustrar a nossa música popular.

Nesses doze anos, os artistas brasileiros, músicos e cantores, viveram um período de estabilidade e de segurança no trabalho apoiadas no magnetismo do público pelos jogos de azar e seu fascínio por espetáculos estonteantes em meio a um ambiente de puro luxo. Habitantes da capital de diferentes níveis sociais podiam desfrutar dessa vida voluptuosa, ombreados aos turistas atrás de desenfado e descontração, nas duas únicas

O Parque Balneário Hotel de Santos, inaugurado em 1913.

capitais sul-americanas que dispunham de todas as condições para um divertimento completamente divorciado do temor da Segunda Guerra Mundial. Eram Buenos Aires e Rio de Janeiro, as terras do tango e do samba, os palcos das orquestras típicas e das batucadas, a base *de las porteñas* e das mulatas, a mesa de um assado e o bar das caipirinhas. Num ponto ambas se assemelhavam: eram cidades em que se tinha a certeza de assistir a grandes espetáculos.

Era perfeitamente natural que os cassinos se espalhassem por outras praças legalmente permitidas pela regulamentação federal. Em Santos, o Parque Balneário Hotel, situado magnificamente na avenida Vicente de Carvalho, na praia do Gonzaga, esquina com a avenida Dona Ana Costa, foi administrado por João Fraccarolli no seu período de esplendor. O Parque, como era conhecido, dispunha de 250 aposentos, além do Salão Dourado para banquetes, do Salão de Mármore para eventos, do Salão Kursaal para o jogo (em que algumas fichas eram de madrepérola), do

Os cassinos   119 grill e da pequena boate, ocasionando um movimentado trânsito de cantores e músicos de várias origens, no que os navios ancorados no porto podiam facilitar sua aproximação para acertar um contrato. Se o jogo garantia o dinheiro para manter a estrutura, "a posição estratégica da cidade, por conta do porto, contribuía com o *glamour*. Em uma época em que as viagens intercontinentais eram feitas majoritariamente por navio, Santos era a principal porta de entrada do país — tanto para mercadorias, quanto para personalidades, chefes de Estado e turistas endinheirados", como é relembrado em matéria de jornal reproduzida no site *Histórias e lendas de Santos*.[6]

No Guarujá, no Grande Hotel La Plage, outro integrante do complexo de turismo nacional montado por Alberto Bianchi, o grill room oferecia três orquestras para dança, atrações internacionais como Henri Salvador e a cantora norte-americana Gloria Warren, música brasileira com os Brasilian Boys (sic) e as indefectíveis e esbeltas garotas que emolduravam os shows.

Tendo à disposição dois cassinos a uma distância que podia ser coberta em torno de duas horas pela Estrada Velha de Santos, culminando com a panorâmica descida da Serra do Mar, ou pela São Paulo Railway nos vagões especiais frequentados pelos fazendeiros de café, os dois cassinos, o do Parque e o do Guarujá, tinham seu movimento aumentado sobretudo nos fins de semana, quando a disputa favorecia saudavelmente as atividades do show business no balneário paulista.

Com a decretação do fechamento dos cassinos em 1946, iniciou-se a longa derrocada do Parque Balneário. Em 14 de maio, a *Folha da Noite* de São Paulo estampava: "Setenta mil pessoas deixaram de chegar a Santos. Setenta mil pessoas que iam aos cassinos jogar. Setenta mil pessoas que movimentavam Santos; que lotavam suas pensões, seus hotéis, seus cafés, seus trens, seus ônibus, seus automóveis. Setenta mil pessoas que justificavam empregos para cerca de oito mil viventes que trabalhavam nos cassinos e que, por força de seu fechamento, se encontram agora desempregados".

João Fraccarolli resistiu bravamente, mas se viu obrigado a entregar os pontos quase vinte anos depois, negociando o hotel com o Santos Futebol Clube, que, não conseguindo levar adiante seu plano de administrá--lo lucrativamente, vendeu o motivo de orgulho dos santistas a uma em-

---

[6] Ronaldo Abreu Vaio, "Um hotel com todo o charme de um palácio", *A Tribuna*, Santos, 9 e 10 de maio de 2010.

presa imobiliária. A picareta entrou em ação. Sua demolição nos anos 1970 foi uma das mais deploráveis decisões contra a preservação de monumentos arquitetônicos de uma querida cidade brasileira. Em agosto de 1973 foi efetuado um leilão com o que ainda restava do mais emblemático símbolo turístico da cidade de Santos: móveis, louças, instrumentos musicais, lustres de alabastro, quinhentos lotes de peças. Tão logo tomavam posse, os arrematadores saíam em debandada levando os troféus para suas casas. O pouco que sobrou do Parque Balneário foi entregue ao deus-dará.

No interior de Minas Gerais as bem-afamadas estâncias de águas minerais também puderam abrir seus cassinos: Lambari, Caxambu, São Lourenço, Cambuquira, Poços de Caldas e Araxá ficaram com a fama dos mais procurados hotéis-cassinos do estado durante o período de opulência e de intenso trânsito de artistas, turistas e apostadores entre os grandes centros e estas cidades mineiras.

O Cassino do Palace Hotel de Poços de Caldas, uma cidade de Minas onde os paulistas se sentem como em seu território pela proximidade com o estado, também fazia parte do complexo de hotéis de Alberto Bianchi. Nas décadas de 1930 e 1940 era um dos favoritos de diplomatas e políticos brasileiros, com realce para o presidente Getúlio Vargas, que tinha uma suíte reservada e, segundo voz corrente, decorada no estilo do palácio do Catete. Com 110 apartamentos, dezoito banheiros com chuveiros de águas sulfurosas, seu cassino se sobrepunha em suntuosidade a outros estabelecimentos congêneres — Radium, Gibimba, Éden, Líder, Politeama, Ideal, Social Club, Nacional, entre vários outros — que já funcionavam abertamente nesta cidade que atingira a façanha de, apesar do tamanho, contar com o maior número de cassinos do país. Ainda que sem igual projeção, alguns deles puderam se vangloriar com a presença de grandes nomes da música brasileira. A Jazz Band O Ponto, "de primeiríssima ordem", do Cassino Ao Ponto, "distinto e rigorosamente familiar", teve o concurso do jovem de vinte e poucos anos Ary Barroso como pianista durante os meses em que morou num pequeno hotel em Poços; Almirante e Silvio Caldas foram atrações marcantes no cassino que Rolla implantou em Poços de Caldas em 31 de dezembro de 1942 para fazer frente à tentacular rede de Bianchi.

Daí "o cassino dos cassinos" ter sido o slogan encontrado pelo Palace Hotel para enfrentar tantos concorrentes na cidade, cuja agitação era desproporcional à sua demografia. Seu Salão Azul era aberto ao jogo, ao passo que no grill, onde o traje a rigor era obrigatório, dançava-se com música ao vivo, evidentemente, e assistia-se a atrações do quilate de Grande Otelo e Dalva de Oliveira. Os bailes de Carnaval do Palace Hotel já tinham fama de um *must* entre os paulistanos. Natural que até o pequeno aeroporto da cidade tivesse intenso tráfego por meio de linhas regulares da Vasp e da Panair que, além das aeronaves particulares, transportavam pelotões de visitantes e frequentadores assíduos. Ao lado dos moradores locais, uns e outros assistiam a espetáculos de alguns dos mais solicitados nomes do show business nacional e internacional.

De todos os cassinos das estâncias mineiras, não teve muita sorte justamente aquele que era parte integrante do mais espetacular hotel do interior do estado, o de Araxá. Com uma grandiosidade que saltava aos olhos, admirados diante das janelas de vidros importados da França com acabamento bisotê, lustres de cristal da Boêmia, vitrais e afrescos nos salões revestidos em mármore de Carrara e paisagismo de Burle Marx, o Grande Hotel de Araxá se constituiu em um marco para o turismo brasileiro. Nem mesmo a distância representava empecilho para que personalidades brasileiras e do exterior frequentassem as termas de efeitos terapêuticos junto ao hotel. Após sua inauguração, oficializada pelo presidente Getúlio Vargas em pessoa em abril de 1944, o cassino do Grande Hotel de Araxá foi fechado exatamente dois anos depois.

Como uma sina diabólica, o fechamento de outro cassino deu-se em menos tempo ainda, apenas quinze meses após sua inauguração oficial. "Isto aqui é Las Vegas de white tie!", exclamou atordoado Bob Hope a Jorginho Guinle diante da fachada em estilo normando da menina dos olhos de Joaquim Rolla, o Cassino-Hotel Quitandinha, em Petrópolis, cujo logotipo era um "ó" acompridado com o rabinho do "q" embaixo.

Ainda incompleto, foi aberto ao público em 12 de fevereiro de 1944 com a presença das orquestras Columbia e The Brazilian Serenaders na parte dançante e uma revista monumental com a participação de nomes como Grande Otelo, Yma Sumac, Alvarenga e Ranchinho e a orquestra de Ray Ventura. Quitandinha sugeria um convite quase irrecusável para subir a serra e gozar dias inesquecíveis em clima mais ameno, repimpando-se nos aposentos decorados por Dorothy Draper, saboreando as iguarias preparadas por um *chef* italiano, arriscando-se na roleta, dançando e assistindo a shows de primeira classe sem precisar sequer desembocar na cidade. O monumental Quitandinha, situado logo na entrada de Petrópolis, incrementou seu atrativo ao hospedar e encantar astros e estrelas de Hollywood como Lana Turner, Errol Flynn, Henry Fonda e Greta Garbo em suas visitas ao Brasil.

Anúncio da "inauguração parcial" do Cassino-Hotel Quitandinha, em Petrópolis, em 12 de fevereiro de 1944.

Apesar da dedicação e do investimento de vultuosa soma em cruzeiros e dólares, cercando-se de renomados profissionais nas múltiplas especialidades que envolveram a construção daquele monumento ao turismo nacional, alguns sintomas sugeriam que o mau agouro rondava o mais grandioso empreendimento de Joaquim Rolla. Um norte-americano afogara-se no lago do jardim que cerca a espetacular entrada do Quitandinha, um funcionário do estabelecimento foi assassinado e uma mulher despencou da janela do hotel, alvoroçando o noticiário policial. E não só

Os cassinos 123

A praia artificial no lago do Hotel Quitandinha.

isso: nos últimos meses do governo Vargas, os dois adversários da eleição de 1945, Eduardo Gomes, da UDN, e Eurico Gaspar Dutra, da coligação PSD-PTB, davam as mãos nos já evidentes sinais de se incomodarem com a livre atividade dos cassinos.

Não havia indicações concretas de que o barco fizesse água, mas, levando-se em conta as imensas despesas no Quitandinha, as fichas investidas na bem azeitada rede de cassinos de Joaquim Rolla começaram a minguar. Um mau presságio rondava os empreendimentos de Guinle, de Bianchi, de Fraccarolli e do rei da roleta. Nem os percentuais sobre o movimento entregues regularmente às instituições beneficentes, usados para justificar a manutenção do jogo aberto, eram argumentos em sua defesa. As turbulências entre Rolla e seus amigos do governo confirmavam a impressão de que a ameaça se concretizaria em breve.

De fato, em abril de 1946, quatro meses após a posse do novo presidente, um aniquilamento sem precedentes fez evaporar toda aquela colossal atividade, deixando o mundo musical meio órfão, obrigando-o a encontrar um novo rumo. A justificativa para o decreto, apoiado por órgãos da imprensa como o *Diário de Notícias*, em intensa campanha de boicote aos anúncios dos cassinos, e *O Globo*, para o qual "a extinção daquele flagelo era um imperativo urgente do saneamento social", vinha aumentando sob uma forte pressão do clero. Entre as cinco considerações preliminares, a terceira rezava que "a tradição moral jurídica e religiosa do povo brasileiro é contrária à prática e à exploração dos jogos de azar". É voz corrente que a piedosa Dona Santinha, que tinha grande amizade com o arcebispo do Rio de Janeiro, instigou o marido presidente a ir adiante com a medida. A penada de Dutra teve o efeito de uma lambada de rabo de arraia. Fatal. E o jogo, acabou?

Mais que depressa, alguém da música, mesmo sem se dar conta, apontou a direção de um novo lugar para o futuro dos profissionais do show business brasileiro, que estava nas entrelinhas da letra de uma gravação feita no estúdio da Continental exatamente um mês e dois dias depois do decreto de Dutra.

Os versos descreviam o encanto da praia, a lindeza do céu e o sorriso das sereias na princesinha do mar, elementos que levaram um certo bairro do Rio de Janeiro a arrebatar para si o feito de se manter como o grande atrativo do turismo brasileiro nos anos 1940 e 1950. Do turismo e do ideal para se viver. Escritores, compositores, cronistas de vários estados, pernambucanos como Fernando Lobo e Antonio Maria, baianos como Dorival Caymmi, mineiros como Ary Barroso e Paulo Mendes Campos, capixabas como Rubem Braga, juntaram-se aos cariocas da gema para viver naquele local cantado em verso e melodia por uma nova e fundamental canção na música popular brasileira, "Copacabana".

Dick Farney nos anos 1940.

Capítulo 6

O tema, o disco, o cantor

Cortando grande parte da ilha de Manhattan de norte a sul, a Quinta Avenida divide os lados oeste e leste de Nova York. Se o West Side, onde se localiza o Lincoln Center, a Juilliard School e o Carnegie Hall, é mais descontraído, o East Side é visivelmente mais chique. Nos anos 1930 e 1940 os tradicionais hotéis cinco estrelas — Plaza, Pierre, St. Regis e Waldorf Astoria — concentravam-se nesse lado da cidade e hospedavam com mais luxo que os demais, além de oferecer incomparável requinte nos seus nightclubs próprios. Os dispendiosos Persian Room do Plaza, Cottillon Room do Pierre, Maisonette do St. Regis, Empire Room do Waldorf e o independente Stork Club eram top de fato, correspondendo plenamente ao *glamour* exigido pelos VIPs do café society, que ao lado de celebridades, astros e estrelas do cinema, tinham o privilégio de assistir ao que era tido como *superbe* na música norte-americana.

No início da década de 1940 surgiu uma novidade que estenderia a restrição àquele circuito privilegiado: o Copacabana. Nenhum nightclub de Nova York foi mais ligado ao Brasil do que o Copa, situado num endereço facilmente memorizável, o número 10 da rua 60. No East Side, é lógico.

Situado no subsolo do Hotel Fourteen — onde antes funcionava o clube Villa Vallee, cujo proprietário era irmão de Rudy Vallee, o mais popular cantor norte-americano dos anos 1930 até ser eclipsado por Bing Crosby —, o Copa abriu suas portas em outubro de 1940 para um público restrito e, oficialmente, em 10 de novembro. Para todos os efeitos o nome de seu proprietário estava bem visível no cartaz nos degraus da entrada, "Monte Proser's Copacabana".

Para tocar o clube, Proser contava com dois ases nas suas especialidades: nas relações com a clientela, Jack Entratter, que depois ganharia fama como promotor do Sands em Las Vegas; e na gastronomia, Jules Podell, descendente de imigrantes judeus russos, os Podlubno. Os três participavam também no que determinaria o sucesso do Copa, as atrações. Proser e Entratter vinham com a experiência do Stork Club, e Podell, que assumiria o comando em 1947, do Kit Kat Club.

Atrás do pano, porém, o pesado investimento do Copacabana tinha um nome que nem a imprensa ousava divulgar abertamente, Frank Costello, nascido Francesco Castiglia na Calábria e apelidado "primeiro-ministro do submundo". Associado a Vito Genovese, que o trairia em 1957 num malogrado atentado, o todo-poderoso Costello comandava e, após se recuperar dos disparos, continuou comandando a teia mafiosa controladora de clubes noturnos em Nova York.

Dono de um excelente endereço e com uma retaguarda financeira de não se jogar no lixo, Proser tinha metas bem claras no que pretendia, um clube francamente tropical. Não poupou esforços nem custos no luxuoso *décor* de palmeiras e cocos de seda, assinado pelo prestigiado designer Clark Robinson. Nem hesitou em reforçar o *latin style* que já vinha agregado ao nome do clube, o da mais famosa praia do Rio de Janeiro.

Com os traços fisionômicos de uma sorridente garota obviamente norte-americana, o emblema do Copa desenhado por Wesley Morje nem tentava esconder a inspiração de seus adornos: brincos em forma de uma grande rodela e um turbante de elementos em vermelho e ouro que poderiam ser interpretados tanto como balangandãs e frutas quanto como bolas e laços de decoração natalina. A ilustração que figurava no menu e na propaganda divulgando as atrações do clube tinha uma origem flagrante: Carmen Miranda. A imagem da mocinha era emoldurada por um desenho contínuo em curvas que também não conseguiam disfarçar sua inspiração, a calçada da praia de Copacabana.

Até as oito *girls* que embelezariam os shows foram apelidadas de "Samba Sirens" (sereias do samba), e mais tarde as "Copa Girls".

O único inconveniente é que o Copa, pomposo como era, não tinha camarim. Ou melhor, reservava uma ampla suíte do Hotel Fourteen para essa finalidade. No *showtime* o artista devia descer todo pimpão por um pequeno elevador que desembocava na enorme cozinha a ser atravessada de ponta a ponta antes de se atingir o fundo do palco. Foi depois de percorrer esse caminho, no sentido inverso, que tive em dezembro de 1959 meu primeiro encontro com Sammy Davis Jr. e seu desagradável "tio" Will Mastin, com a missão de contratar o maior showman americano para a TV Record na temporada do ano seguinte.

Na sua inauguração oficial em 1941 o Copacabana estava nos trinques. Mas faltava uma música que se casasse com aquilo tudo, faltava o olhar musical de um brasileiro sobre o maior país *South of the Border*.

Capa do menu do clube Copacabana, de Nova York, com ilustração de Wesley Morje.

O norte-americano Wallace Downey recebeu a missão de providenciar uma música para servir como tema do *superclub* nova-iorquino. No Brasil desde 1928, Mr. Downey era diretor da gravadora Columbia, da família Byington, e tornou-se um dinâmico produtor cinematográfico, cultivando sólida amizade com o compositor que mais admirava, João de Barro, a quem encarregou de colaborar em suas múltiplas atividades. Braguinha era a pessoa certa para atender rapidamente ao pedido de Downey. Perito em qualquer tipo de tarefa musical, aproveitou um curto trecho melódico do fox "Era uma vez", de seu parceiro Alberto Ribeiro, que tinha passado em brancas nuvens quando gravado em 1939 por dois cantores desconhecidos, Arnaldo Amaral e Neide Martins. A melodia e a letra, incluindo o recitativo, foram totalmente refeitas, e o trecho "*Em seus corações viveu um grande amor/ Que o tempo guarda, ainda*" virou "*E à tardinha o sol poente/ Deixa sempre uma saudade, na gente*". A canção não foi completada a tempo para o objetivo de ambos, faturar alto com *royalties* em dólar. Para sua decepção, o negócio gorou. O ex-futuro-tema do nightclub Copacabana foi parar na gaveta. Quem sabe algum dia daria certo.

Em meados de 1946 Braguinha, então diretor artístico dos discos Continental, decidiu entregar a uma voz romântica de seu elenco a composição que, já completa, estava à espera de gravação. Para interpretá-la, nada melhor que o ex-pianista da orquestra de Carlos Machado, o bem-apanhado Dick Farney. Só havia um inconveniente: Dick só gravava em inglês, fazendo parte de um segmento da Continental com público comprovadamente garantido, como também acontecia na RCA e na Odeon.

A rechonchuda Leny Eversong, que gravou com seu vozeirão "I've heard that song before" e "Stormy weather" não era norte-americana coisa nenhuma, era a santista Hilda Campos Soares da Silva. Jimmy Lester, pseudônimo do francano José A. V. Nascimento Ramos, que foi cantar no Rio de Janeiro, onde se casou com Carmélia Alves, era o *crooner* da orquestra do Cassino Copacabana Palace em "Paper doll". A orquestra do paulista Totó gravava foxes em penca, "Let's get lost", "At last". Todos discos brasileiros com canções norte-americanas gravadas por cantores que nem todo mundo reconhecia. Desde o desligamento dos discos Columbia, porta de acesso da Continental às gravações originais norte-americanas, Braguinha procurava outra solução: gravar canções brasileiras para suprir o público habituado a discos em inglês.

Em disco, Dick Farney havia começado em junho de 1944 como *crooner* da orquestra de Ferreira Filho do Cassino Icaraí, gravando "The music stopped" e, dois meses depois, com os Milionários do Ritmo de Djalma Ferreira, "What's new?". Dick continuou gravando com seu agradável toque romântico, mas sempre em seu inglês quase sem sotaque. Não foi fácil convencê-lo a ajustar seu estilo Bing Crosby a uma interpretação em português. "Mas eu não sei cantar samba, Braguinha!", defendeu-se, até se dar por vencido. Com a orquestra dirigida por Eduardo Patané gravou duas músicas no mesmo dia, 2 de junho de 1946: "Copacabana" e "Barqueiro do São Francisco".

Desde o início, já se ouvia em "Copacabana" algo diferente do que costumava existir nos arranjos de sambas brasileiros. Não era um regional, era uma orquestra, mas uma orquestra sem trompetes, sem trombo-

"Copacabana", de João de Barro (Braguinha) e Alberto Ribeiro, na gravação de Dick Farney lançada em agosto de 1946. O arranjo de orquestra foi feito por Radamés Gnattali.

nes, sem saxofones. Com exceção do discreto oboé, só cordas: oito violinos, duas violas, violoncelo, piano, violão e contrabaixo. Nada de pandeiro, nada de tamborim, nada de samba-batucada. O baterista não usava baquetas, só as escovinhas. Era um disco surpresa, chegando a desnortear até o flautista Benedito Lacerda, que reclamou de cara, "bonitinho, mas não é samba...". E não é que estava certo? Era samba-canção. O samba-canção.

Autor do arranjo orquestral, o maestro Radamés Gnattali teve a percepção de enxergar o que a composição pedia quando fosse gravada. Uma roupagem romântica com percussão mais leve que a de um samba. Teve o mérito de reconhecer que "Copacabana" não era como "Aquarela do Brasil", que ele soubera vestir extraordinariamente em 1939 como o arquétipo de um novo gênero, o samba-exaltação. Radamés percebeu que "Copacabana" pedia outra coisa, não era um hino de glorificação ao país, como "Aquarela". Era, sim, uma declaração de amor. A declaração de amor a uma praia muito especial, muito diferente de outras praias. Bastava ler o primeiro verso do recitativo — "Existem praias tão lindas cheias de luz" — para concluir que como Copacabana não existia nenhuma outra. Copacabana possuía aquele encanto. A gravação de "Copacabana" pedia aquele encanto. Radamés Gnattali pressentiu o que tinha nas mãos, o samba-canção que iria abrir um novo horizonte.

A música popular brasileira poderia ter seguido outro rumo não fosse Radamés Gnattali, pioneiro ao incluir seção de cordas nos sambas brasileiros. Orlando Silva foi o primeiro a pedir um arranjo diferente, como descreveu Radamés:

"Naquele tempo da Rádio Nacional, a música brasileira para os cantores era feita só com conjunto regional, era o conjunto do Dante Santoro. A gente tocava jazz, tango, música de salão, música sinfônica, menos música brasileira. Não tinha repertório, não tinha nada. Um dia o Orlando me perguntou:

— Será que você pode botar violino no samba-canção?

Claro que pode, é só querer. Aí, eu nem lembro mais qual era a música, mas eu fiz um arranjo, ele gravou e ficou gravando aquilo. Era uma orquestra pequena gravando com um microfone só... Nessa época a gente fazia isso como se fosse um investimento... os acordes naquele tempo eram acordes bem modernos."[1]

Melhor que ninguém, Radamés conhecia o *métier* de empregar uma orquestra de cordas no samba-canção. O know-how se aprimorou desde 1943 na montagem e arranjos da Orquestra Brasileira para o programa *Um Milhão de Melodias*, da Rádio Nacional. O projeto patrocinado pela Coca-Cola foi por treze anos o mais sofisticado programa musical do rádio brasileiro, com repertório nacional e internacional em proporção parecida. Nos três anos seguintes, Radamés fez vários arranjos de música brasileira com a formação orquestral que dominava. Quando chegou o momento de orquestrar "Copacabana", Radamés era o craque na matéria. Foi como sopa no mel para a composição de Braguinha e Alberto Ribeiro, para a interpretação de Dick Farney e para um novo capítulo na história da música popular.

Em agosto de 1946, menos de dois meses depois de ter sido gravado, o disco "Copacabana" já estava à venda, sendo tocado nos programas mais populares das rádios. O nome Dick Farney começou a ser notado pelas leitoras das revistas femininas. No ano seguinte, quando "Copacabana" era o disco mais procurado nas lojas, Dick voltava à carga cantando "Marina", o novo samba-canção do baiano Dorival Caymmi.

---

[1] Depoimento de Radamés Gnattali ao *Programa do Zuza* em 27 de setembro de 1984.

A voz de Dick Farney foi reconhecida como a do novo cantor romântico brasileiro.

Caso insistisse em manter o sobrenome Dutra e Silva e, muito pior, o nome de batismo, Farnésio, por melhor que fosse como pianista ou cantor, corria o risco de jamais ser sequer contratado. Soube seguir a praxe de adotar um nome artístico sonoro e fácil de memorizar, tão normal no meio dos cantores e atores norte-americanos. No Brasil, Victoria Bonaiutti de Martino jamais seria Marlene não fosse essa praxe.

Assim nasceu Dick Farney, nome inspirado em Dick Haymes, *crooner* norte-americano nascido em Buenos Aires que substituiu Sinatra na orquestra de Tommy Dorsey. O Dick tinha o D de Dutra e o Farney soava como Barney, um nome norte-americano. Na música, Dick se inspirava em Bing Crosby, o mais idolatrado de sua geração, que soube elucidar seu próprio estilo em três sentenças: "Digo que não sou um cantor, sou um fraseador. Significa que eu não penso numa canção em termos de notas; procuro pensar o que ela significa literariamente. Assim ela soa mais natural, e o que é natural é mais compreensível".[2]

No Brasil, Dick foi mais adiante que Mario Reis, aquele que primeiro percebeu que, tendo um microfone, não era preciso gritar para cantar, fugindo assim dos dós de peito de outros cantores como Chico Alves. Quando chegou sua vez, Dick demonstrou outro modo de usar o microfone: cantar segredando a melodia, confidenciando a canção. Criticado como cantor "americanizado" mas interpretando com temperança natural, Dick carimbou sua marca: simplesmente prosseguiu no estilo dos foxes que já cantava, indicando o caminho a ser seguido para repassar a mensagem amorosa da letra e da melodia do samba-canção.

* * *

Filho do violinista, pianista clássico, compositor e maestro Eduardo Dutra, Dick, dotado de um sentido auditivo fora do normal, vivia cercado da música desde menino. Quando criança postava-se sentadinho debaixo do piano ouvindo o pai tocar. Seu futuro de concertista parecia traçado, mas ao atingir a adolescência seguiu outro rumo. Optou pelo *piano jazz*, queria improvisar sobre melodias norte-americanas que conhecia de cor. Aos 16 anos acompanhava o cantor Paulo Monte na Rádio Cruzeiro do Sul, até o dia em que teve que substituí-lo usando o pseu-

---

[2] Depoimento a Pete Martin no livro *Call me lucky: Bing Crosby's own story*, Nova York, Simon & Schuster, 1953.

dônimo de Tom Morgan. Cantou "Pennies from heaven", seguindo tim--tim por tim-tim a versão de seu ídolo, Bing Crosby.

Acalentando ser cantor de música norte-americana, gravou um acetato cantando "Deep purple" como Bing Crosby, que entregou na Rádio Mayrink Veiga para ser ouvido pelo diretor César Ladeira. Foi a chave de seu primeiro compromisso profissional: em 1º de novembro de 1940, Dick Farney estreou na Mayrink cantando em inglês e se acompanhando ao piano.

No ano seguinte, pela segunda vez, o destino iria colocar Dick na vida de Paulo Monte: depois de ouvi-lo, Carlos Machado despediu Monte. Em 6 de dezembro de 1941 estreava como pianista dos Brazilian Serenaders no Cassino da Urca, e menos de três anos depois era *crooner* de outra orquestra, a de Ferreira Filho, do Cassino Icaraí, com quem gravou dois discos em inglês.

"Sem falar inglês, vendi minha baratinha amarela Buick conversível, peguei um avião e fui para os Estados Unidos", revelou-me no depoimento para o programa que produzi, *O Fino da Música*.[3] Enquanto esteve hospedado por alguns meses em Los Angeles na casa do arranjador Bill Hitchcock, que o conhecera na temporada de Eddy Duchin no Rio, cantou com o grupo vocal Skylarks "I don't know why" e "For sentimental reasons", num programa *coast to coast* da NBC, o que incentivou o empresário Harry Norway a oferecer-lhe um contrato de 56 semanas para atuar num programa de rádio patrocinado pela Philip Morris. Enquanto isso, no Brasil, a gravação de "Copacabana" fazia sucesso muito maior que seus discos em inglês.

Ao retornar ao Rio de Janeiro em 10 de janeiro de 1947, Dick Farney não era mais o brasileiro cantando "americano". A demanda por gravações em português era uma imposição inevitável da Continental, que o levou a esquecer o que ainda pretendia para sua carreira, gravar canções em inglês. Mesmo insistindo em seu projeto inicial, Dick concordou em gravar para a Continental um novo samba-canção, o mesmo que foi gravado em seguida por Francisco Alves porém lançado antes, "Marina", de Dorival Caymmi.

---

[3] Dick Farney embarcou no voo 202 da Pan American, a bordo de um DC 4 Skymaster, decolando do Rio às 8h45 de 18 de outubro de 1946, com paradas em Belém, Port of Spain e San Juan de Porto Rico. Chegou no dia seguinte a Nova York, de onde viajou para Los Angeles.

Dick Farney e o clarinetista, saxofonista e *band leader*
Jimmy Dorsey nos anos 1940.

Em agosto surgiram mais duas gravações concorrentes, a de Nelson Gonçalves e a do próprio autor. Nesse páreo, inédito na canção brasileira, que derrubava "um tabu adotado por nossas gravadoras na época, que não admitiam o lançamento de uma composição por mais de um intérprete",[4] um dos quatro jóqueis deveria ser o vencedor. O jóquei foi Dick Farney. O samba-canção se consagrou na sua voz e o baiano Dorival Caymmi se rendeu ao gênero mais ouvido nos bares do bairro carioca de Copacabana.

Mas justamente Dick, que ficaria conhecido como o intérprete definitivo de "Marina", não pôde usufruir de sua vitória no páreo dos qua-

---

[4] Jairo Severiano e Zuza Homem de Mello, *A canção no tempo, vol. 1*, São Paulo, Editora 34, 7ª ed., 2015, p. 263.

tro intérpretes. Em 28 de fevereiro de 1947 viajou para os Estados Unidos pela segunda vez, agora para cumprir dois novos contratos: o primeiro como o *Brazilian singer* do programa da NBC *The Milton Berle Show*,[5] que projetou o nome de Dick Farney nos Estados Unidos, e o segundo com a Majestic Records, um pequeno selo de Nova York de curta duração, no qual gravaria discos em inglês.[6]

Entre abril e outubro de 1947 Dick Farney gravou, quase sempre com a orquestra de Paul Baron, dezoito músicas nos seus nove discos Majestic, sendo dezesseis canções em inglês e duas em português, "Copacabana" e "Marina", em arranjos, infelizmente, lastimáveis.[7]

Na sua passagem de um ano e tanto nos Estados Unidos, o marco de que Dick mais se vangloriava era ter sido cronologicamente o primeiro a gravar "Tenderly", em 15 de junho de 1947, na Majestic, com os maneirismos de Bing Crosby e no andamento original, como valsa. Dick havia recebido a canção das mãos do próprio autor, o pianista Walter Gross, como ele próprio confirmou no seu depoimento ao MIS de São Paulo cinco meses antes de falecer: "Tenho a partitura de piano com a minha fotografia na capa dizendo "'Tenderly', featuring Dick Farney".[8]

Retornando ao Brasil em abril de 1948 estreou na boate Vogue na condição de ídolo, recebendo entusiástico reconhecimento da famigerada turma dos grandes gozadores do bairro, os invejados farristas do Clube dos Cafajestes, eméritos na arte de se divertirem. Imediatamente a Rádio Mayrink Veiga o contratou para um programa semanal exclusivo e, obviamente, a Continental tratou de botar o quanto antes seu contratado

---

[5] Programa patrocinado pela Philip Morris, irradiado de Nova York e ouvido de costa a costa dos Estados Unidos, de 11 de março de 1947 até 13 de abril de 1948, sendo transmitido às terças-feiras, às 9h da noite.

[6] Encerrado em 1948, o selo Majestic teve em seu elenco o saxofonista de jazz Bud Freeman e a cantora Jane Froman, cuja vida seria retratada no filme *With a song in my heart* (*Meu coração canta*, 1952).

[7] Nos lados A e B: "I wish I didn't love you so"/"My one and foolish heart"; "Fine thing"/"If my heard had a window"; "My melancholy baby"/"Somebody loves me"; "Tenderly"/"Too marvelous for words"; "For once in your life"/"Just an old flame of mine"; "The wildest gal in town"/"I still get jealous"; "Made for each other"/"I'll never make the same mistake again"; "How soon"/"Copacabana"; "Marina"/"There's no sweeter word than sweet heart".

[8] Entre 1947 e 1949 Dick gravou na V-Disc canções americanas e "Um cantinho e você", de José Maria de Abreu e Jair Amorim, grafado no selo como "Un cantinho e voco", com orquestra regida por Charles Lichter.

Dick Farney estudou piano clássico antes de se tornar *crooner* de orquestra e pianista de jazz.

em estúdio a fim de retomar a dianteira como a grande voz do samba-canção. A gravadora precisava produzir urgentemente material para concorrer com o novo gênero que agora disputava a preferência dos bailinhos no sudeste do país, o baião.

Embalado pela temporada nos States, Dick Farney gravou entre maio e junho quatro discos que seriam lançados aos poucos, do segundo semestre de 1948 ao primeiro do ano seguinte. Emplacou os quatro, cada qual com um sucesso marcante que regravaria outras vezes em sua vida. O primeiro era uma toadinha com um toque de relação amorosa própria do samba-canção, um misto de clima campestre com urbano, e que se tornou um clássico, "A saudade mata a gente", de Braguinha e Antonio Almeida. No verso do disco, Dick interpretou "Rio de Janeiro", samba-canção exaltando pontos marcantes da paisagem da cidade maravilhosa, como Copacabana. Seu autor era o guitarrista Oscar Belandi, que o conhecia desde a Urca e o aconselhara a cantar em português, sugerindo "manter o mesmo estilo, baixinho com sua voz grave".

No mesmo dia da gravação de "A saudade mata a gente", Dick gravou "Um cantinho e você", a primeira composição de uma dupla que seria fundamental em sua carreira, o letrista Jair Amorim e o pianista José Maria de Abreu. Era o lado B do disco que trazia no lado A outro samba-canção de José Maria de Abreu em parceria com Alberto Ribeiro, "Ser ou não ser", que seria igualmente marcante no rol de sucessos de Dick, no ano de 1948 e em toda a sua carreira. Nesse curto período de gravações, entre 24 de maio e 4 de junho, Dick gravou mais um hit, que lhe daria dois anos mais tarde o papel do personagem principal, ele mesmo como um cantor "americanizado", no filme com o mesmo título do samba-canção, "Somos dois". Mesmo ocupando o lado B, puxou outro sucesso, "Esquece", de Gilberto Milfont.

Seguindo uma estratégia muito comum entre as gravadoras, a quarta canção gravada naqueles onze dias que antecederam nova viagem de mais nove meses aos Estados Unidos[9] seria lançada só em março do ano seguinte, para se constituir no ponto culminante dos sambas-canção do repertório de Dick Farney: "Ponto final", acompanhado pela Orquestra de José Maria. De Abreu, logicamente.

Dick Farney nadava no sucesso. Com esses quatro discos e mais os dois anteriores constituiu a plataforma básica sobre a qual assentaria seu repertório até o fim da vida.[10] Tinha gravado Braguinha, Caymmi e a dupla Abreu & Amorim, autores fundamentais no gênero que daria à música brasileira uma feição e uma estrutura de modernidade para os anos seguintes.

---

[9] Pela terceira vez, Dick embarca para Nova York, a bordo de um Clipper Meteor da Pan American, no dia 8 de junho de 1948. Retornou casado, a bordo do navio *Delta Sol*, da Delta Line, em 20 de março de 1949.

[10] Nos lados A e B: "Meu Rio de Janeiro"/"A saudade mata a gente", em julho de 1948; "Ser ou não ser"/"Um cantinho e você", em julho; "Esquece"/"Somos dois", em setembro; "Ponto final"/"Olhos tentadores", em março de 1949. As datas referem-se aos meses de lançamento.

A gravação de "Marina", de Dorival Caymmi, por Dick Farney,
lançada em junho de 1947.

Dick Farney era a voz por excelência do samba-canção e "Ponto final", o seu paradigma. Nele juntaram-se equilibradamente os elementos que fazem de uma canção um clássico imorredouro. Letra, música, arranjo e intérprete se casam tão harmoniosos que a cada regravação sua, mesmo que de maneira diferente, reafirmam-se novos pontos culminantes de sua carreira.

Nada parece superar a construção de "Ponto final" no repertório mais conhecido de Dick. Enquanto a letra de Jair Amorim aborda uma relação amorosa que deve ser liquidada como o desfecho de uma novela, o formato musical de José Maria de Abreu se compunha de três partes distintas: o recitativo (*"Não me pergunte a razão/ Não me atormente demais/ Falo por meu coração/ Tudo acabou, nada mais"*), preparando numa modulação inusitada, do primeiro grau em menor para o terceiro em maior, a condução para a breve parte A (*"Sinto muito mulher, mas é tarde/ Esta chama de amor já não arde"*), seguida do que poderia ser seu desenvolvimento mas é uma parte B disfarçada e concebida por meio de uma original sequência de modulações ascendentes. É como uma escadinha de três degraus, um para cada verso (*"Faça de conta que eu/ Sou como alguém que morreu/ Como a comédia que passa e se esgarça no ar"*), que termina numa suspensão (*"No ar"*) pedindo o retorno à parte A (*"Uma história incolor foi aquela/ Um capítulo a mais de novela"*). Agora, porém, aproveitando uma só frase derivada de A que, repetida cinco vezes quase identicamente, arremata a canção: *"Nossa comédia acabou/ Sem aplauso sequer/ Quando o pano baixou/ Numa cena banal,/ Põe-se um ponto final"*.

Eis aí uma obra-prima do samba-canção, com seus elementos fundamentais na letra e na música de quem foi seguramente um de seus mais ilustres compositores, José Maria de Abreu.

O recitativo é uma herança da música lírica, que desde o período barroco servia como ligação entre duas árias ou como uma introdução explicativa do conteúdo da cena que se desenrolaria. A ideia foi adotada nos musicais norte-americanos da Broadway, sendo quase sempre interpretada melodicamente, embora tendendo para uma declamação com fundo instrumental mas sem ritmo, à vontade do intérprete, tecnicamente denominado *ad libitum*. Se os versos serviam para preparar o que aconteceria, a melodia tinha o objetivo de instigar a expectativa para o tema principal, por meio de procedimentos como a modulação ou a suspensão usada no tom dominante da sequência seguinte como final. Por tais motivos o recitativo pode ser considerado quase como uma introdução independente da canção em si, motivo pelo qual em muitas gravações do American Songbook ele é desprezado.

No Brasil esse modelo foi adotado com frequência na grande maioria dos sambas-canção, não sendo, com efeito, um procedimento que se encontre no choro, nem no frevo. Nem mesmo no samba tradicional.

Em 1950 Dick grava o disco número 0000003 de uma nova marca nacional, a Sinter, que logo trocaria o formato de 78 rotações pelo de Long-Playing. É a primeira gravação de "Não tem solução", que seis anos depois seria regravado em LP, quando Dick já era seu contratado.

Dick Farney, além de excelente pianista e cantor,
tinha pinta de galã de cinema.

Se nem "Um cantinho e você" nem "Somos dois" têm recitativo, "Copacabana" o tem nos seus quatro primeiros versos: *"Existem praias tão lindas cheias de luz/ Nenhuma tem o encanto que tu possuis/ Tuas areias, teu céu tão lindo/ Tuas sereias sempre sorrindo"*. Da mesma forma, "Uma loira" — composição do mineiro Hervê Cordovil, gravada em 1951, e que seria insistentemente solicitada a Dick Farney pelo resto da vida — começava com um recitativo *ad libitum*, ou por vezes em fox, *"Todos nós temos na vida/ Um caso, uma loira/ Você, você também tem*", antes de assumir o samba-canção: "*Uma loira é um frasco de perfume que evapora*".[11]

Sempre disposto a contar uma história divertida, o narigudo Joe Kantor era uma das figuras que frequentavam assiduamente, nos anos 1960, o escritório do Teatro Record em São Paulo. Quando se tratava de mulheres bonitas, ele não perdia tempo. Sempre de braço dado com algumas das cantoras e atrizes norte-americanas que atuaram na Record, foi ele quem trouxe a lindíssima Sarita Montiel para o palco. E também para o leito, que dividiu com a calorosa espanhola, "La Violetera". Sua fama de papo fora de série tinha um forte motivo: por quase dez anos, na década de 1950, Joe Kantor fora o proprietário do bar de localização mais singular na cidade.

Bastava atravessar uma porta à esquerda da sala de espera do Teatro Brasileiro de Comédia, o TBC, na rua Major Diogo, para compartilhar do ambiente mais fervilhante da boemia paulista. Você estava em pleno Nick Bar, assim batizado por ter sido o título nacional da primeira peça de real sucesso no TBC, *The time of your life*, de William Saroyan. Mesas quase grudadas umas nas outras, um serviço mais ou menos, um delicioso sanduíche de galinha, muita bebida, fumaça, um tremendo vozerio, nada incomodava ninguém naquele ambiente de alegria sem fim, de encontros tão inesperados quanto possíveis. Atores de cinema e de teatro, cantores de rádio, gente badalada, a grã-finagem, os abonados e os desabonados completavam o cenário com trilha sonora de sambas-canção executados pelo sofisticado pianista italiano Enrico Simonetti. Eis o que ficou para sempre na memória de quem frequentou o Nick Bar. Foi a inspiração quase inevitável que levou o humorista José Vasconcelos a arriscar uma parceria inusitada com o prodigioso violonista e vanguardista compositor Garoto, num dos sambas-canção que mais marcaram a carreira de Dick Farney, "Nick Bar", que se inicia com o diálogo de um freguês chegando sozinho e pedindo ao garçom uma mesa próxima ao piano.[12]

De vento em popa, Dick Farney não parava de emplacar um sucesso atrás do outro. Em 1952 levou para a Argentina dois novos sambas-can-

---

[11] "Uma loira", samba-canção de Hervê Cordovil gravado por Dick Farney em 27 de março de 1951 com Dick (piano), Dinarte (guitarra) e Vidal (baixo).

[12] "Nick Bar", composição de Garoto e José Vasconcelos, gravada por Dick em outubro de 1951 com Radamés Gnattalli (piano), Garoto (violão), Vidal (baixo) e Trinca (bateria).

"Nick Bar", samba-canção da curiosa parceria Garoto/José Vasconcelos, feito em homenagem ao bar anexo ao TBC, em São Paulo. A canção foi lançada na gravação de Dick Farney em dezembro de 1951.

ção, "Sem esse céu" e "Alguém como tu",[13] que gravou em Buenos Aires no estúdio da Radio Splendid, acompanhado pelo organista Jorge Kenny, e que depois seriam gravados no Rio com Radamés Gnattalli e orquestra. Na marca argentina TK deixou um segundo disco, cantando em inglês e acompanhado pela orquestra de Victor Bucchino: "That old black magic" e "September song".[14]

Voltando ao Brasil, Dick Farney acrescentou mais um clássico a seu repertório, "Perdido de amor", do violonista Luís Bonfá,[15] que assim passou a fazer parte dos felizes autores presentes no rol das músicas cantadas por Dick, a cartilha do samba-canção.

---

[13] "Alguém como tu" (José Maria de Abreu e Jair Amorim)/"Sem esse céu" (Luís Bonfá), disco lançado em setembro de 1952 também no mercado brasileiro.

[14] Fundada em 1952, a TK, ligada à Radio Splendid, foi uma das marcas independentes argentinas que tinha em seu catálogo o idolatrado bandoneonista Anibal Troilo e um dos maiores músicos brasileiros de todos os tempos, Waldir Azevedo.

[15] "Perdido de amor"/"Meu sonho" (ambas de Luís Bonfá), disco gravado em 9 de janeiro de 1953 e lançado em março.

Com a mesma clareza de Bing Crosby, Dick Farney me descreveu seu modo de colocar a voz, bem como as duas escolas que distinguia nos cantores:

"Nos Estados Unidos, a mãe do Dick Haymes, Marguerite Haymes, me ensinou a respirar e a emitir o som da boca para cima, nunca da boca para baixo, com a voz gutural como faziam Chico Alves, Orlando Silva e Nelson Gonçalves. Era o que os barítonos americanos faziam, a garganta não entra em função, praticamente é tudo mental, do nariz para cima, a voz não precisa sair da garganta. O que mais me impressionou, quando comecei a cantar música brasileira, foi essa questão."[16]

Essa forma de emissão vocal é, segundo a professora Regina Machado, resultante do uso da ressonância alta, metaforicamente chamada voz de cabeça:

"Esse tipo de emissão está dissociado da ideia de potência, como a voz que encontramos em cantores como Vicente Celestino ou Francisco Alves, em que a força do componente vocal está fortemente associada à ideia de virilidade. No caso de Dick o resultado é uma voz mais espacial, que chega ao ouvinte de modo suave e delicado, nunca com contundência, como se ao soltar a voz tivesse aparado as arestas. Tecnicamente é desenvolvida posteriorizando a emissão, de modo a destacar a presença de harmônicos graves, como no 'lindas' da frase 'existem praias tão lindas'. Dessa forma, além do som frontal pode-se sentir que também existe o fundo na emissão vocal, e a voz ganha corpo, sugerindo a tridimensionalidade do canto."

No dizer de James Gavin, biógrafo de Chet Baker, Peggy Lee e também conhecedor da canção brasileira:

"Dick Farney foi a resposta brasileira aos grandes *crooners* norte-americanos. Tinha uma voz ardente, reconfortante e cantava com intensidade no registro médio, sem exagerar nos agudos ou nos graves. Apesar de afetuosos, os *crooners* não expunham escancaradamente seu sentimentalismo, isso não fazia parte de seu estilo. Era a tendência de tais cantores cuja masculinidade tinha um sentido mais paternal e pouco inclinado a expor com muita ênfase a dor ou o ódio ou até o abatimento."

Dick sabia que não precisava nem gritar nem teatralizar a fim de atingir o que pretendia. Interpretando com temperança natural, Dick encontrou a marca de seu estilo, o caminho para passar a mensagem de um

---

[16] Depoimento de Dick Farney a Zuza Homem de Mello em 7 de abril de 1980.

Dick Farney canta "Alguém como tu" no filme *Carnaval Atlântida*, de 1952. Na cena participava a vedete mexicana María Antonieta Pons.

samba-canção sem ter que fazer uso do volume de voz. Sua ideia se concentrava no encanto dos versos, sua técnica era aliada a um projeto estético do qual não abria mão.

O último disco de Dick na Continental, ainda na época dos bolachões de 78 rpm, foi gravado em junho de 1954: o dueto em "Tereza da praia" com Lucio Alves, certamente o cantor patrício com quem ele mais se identificava. Daí em diante o samba-canção de Billy Blanco e Tom Jobim entrou para sempre no repertório de um e de outro. No mesmo ano, 1954, Dick ainda participa de cinco temas da *Sinfonia do Rio de Janeiro*, dos dois compositores, antes de assinar contrato com a Sinter,[17] para a qual gravaria no selo Polydor discos LP com o primeiro lote de regravações de seus números mais marcantes.

* * *

O ambiente jazzístico dos anos 1950 foi sacudido por frequentes e bem-sucedidas *jam sessions* em bares de música ao vivo e em concertos de jazz, nos quais se misturavam profissionais da vida noturna e semiamadores na bica de se profissionalizarem. Dick imediatamente assumiu seu lado jazzístico alcançando rapidamente a posição do pianista mais assediado para tais eventos, montados especialmente por dois competentes produtores fanáticos por jazz, Paulo Santos, no Rio, e Roberto Côrte Real, em São Paulo.

Já ligado à nascente gravadora RGE, Roberto Côrte Real produziu no Teatro de Cultura Artística um espetáculo gravado que destacava o quarteto de Dick Farney.[18] No mesmo ano, 1956, Roberto produziu outro LP, *Jazz after midnight*, também no Teatro de Cultura Artística, mas sem o público. Além do quarteto de Dick (piano), Casé (sax alto), Shú Vianna (baixo) e Rubinho (bateria) ter sido moldado como o de Dave Brubeck, existia uma impressionante semelhança fisionômica entre o baixista Shú e o saxofonista Paul Desmond.[19]

---

[17] Abreviação de Sociedade Interamericana de Representações, pioneira dos discos long-play no Brasil.

[18] Gravado no LP de dez polegadas *Jazz festival nº 1*, número RLP 002, com Dick Farney (piano), Casé (sax alto), Shú Vianna (baixo) e Rubinho Barsotti (bateria), incluindo a participação do guitarrista Ismael Campiglia.

[19] *Jazz after midnight*, da Columbia brasileira, foi o primeiro LP de 12 polegadas lançado no Brasil, identificado pelo número LPCB 41.001.

O trio de Dick Farney tocando no Peacock Alley do hotel Waldorf Astoria, em Nova York, em 1957.

Em 1957 Dick Farney retornaria aos Estados Unidos para sua quarta permanência, a fim de cumprir um contrato assinado anteriormente com o empresário Tino Barzie para atuar como *crooner* da orquestra de Tommy Dorsey. A inesperada morte por asfixia do trombonista em 1956 impediu a concretização do projeto, mas Tino conseguira compensá-lo com um contrato de três meses no Peacock Alley do Waldorf Astoria Hotel.[20] Dick permaneceu em Nova York filiando-se ao sindicato dos músicos como atração de piano-bar, o que lhe possibilitou novos agendamen-

---

[20] Peacock Alley era o *cocktail lounge* do Waldorf Astoria onde o trio do pianista e compositor Cy Coleman havia atuado em 1955. Da temporada de Dick resultou o LP *Dick Farney no Waldorf*, lançado no Brasil pela Odeon em 1960.

tos. Acompanhado por baixista e baterista norte-americanos e revezando-se com o pianista Eddie Heywood, Dick fez temporada no Byline Room da rua 52, um pequeno clube de cinquenta lugares que ganhara fama pela apresentação da notável Mabel Mercer de 1949 a 1955.[21]

Ver Dick Farney atuando em Nova York, numa época em que mesmo os músicos norte-americanos mais bem informados pouco conheciam do que ocorria na música do Brasil, foi para mim um misto de surpresa e satisfação, ao assisti-lo certa noite no Byline, tocando seu lindo piano e cantando então em perfeito inglês.[22]

No seu retorno definitivo ao Brasil, Dick voltou a gravar LPs de *piano jazz* entremeados com canções brasileiras para diferentes etiquetas, ao mesmo tempo em que, casado pela segunda vez, com a paulista Olga Bolenska, mudou-se para São Paulo para ficar definitivamente. "Aí fiz o *Dick Farney Show* na TV Record. Aí fiquei paulista de coração", comentaria ele anos mais tarde e já bem fragilizado de saúde no depoimento concedido ao MIS.[23]

Em São Paulo, após uma temporada no bar do Hotel Claridge, abriu em sociedade com Luiz Simonsen uma boate caprichosamente decorada por ele na região mais agitada da vida noturna paulistana, a praça Roosevelt. No Farney's, onde também exercitou seu gosto como decorador, Dick tocava todas as noites com Luiz Chaves (baixo) e Rubinho Barsotti (bateria), formando um trio que dividiu o palco com atrações nacionais, como Sérgio Mendes, e internacionais, como o quinteto do baterista Buddy Rich e a cantora ultrassexy Julie London.

Depois de montar uma orquestra calcada no conceito sonoro de Stan Kenton, para atender à demanda de bailes de formatura na capital e no interior, em que só regia, Dick abriu o restaurante Farney's Inn na rua Augusta e atravessou uma fase árdua por recusar-se a cantar iê-iê-iê em inglês, como lhe sugeriam os diretores das fábricas de disco. Após quatro

---

[21] Eddie Heywood era um extraordinário pianista de jazz que acompanhara Billie Holiday nos anos 1930. A *Variety* publicou uma pequena nota elogiosa sobre a temporada de Dick Farney no Byline em agosto de 1957.

[22] Dick Farney realizou ainda uma temporada em Atlantic City e uma turnê pelo Caribe, atuando dois meses em Havana, outros dois na República Dominicana e mais dois em Porto Rico.

[23] Depoimento ao Museu da Imagem e do Som de São Paulo em 18 de abril de 1987, cinco meses antes de ser internado na Santa Casa de Misericórdia, onde faleceu em 4 de agosto.

anos sem um disco, estava de novo em estúdio para gravar na Elenco e, em seguida, retornar à RGE para a qual havia gravado em 1961.

Contrastando com o repertório de *light jazz* e bossa nova dos dois discos da Elenco — o primeiro vocal, no qual o grande destaque foi seu cativante dueto com Norma Bengell em "Você", e o segundo, um instrumental sem muito entusiasmo[24] —, os LPs da RGE registram regravações magistrais de seus êxitos na época dos bolachões dos anos 1940.

Com estupendos arranjos de Enrico Simonetti e, na segunda fase, de José Briamonte, Dick Farney, com voz plena, graves envolventes e vibratos na medida justa, recriou, com a vantagem da tecnologia então denominada alta-fidelidade, discos de voz e orquestra que podem ser considerados sem exagero como dos mais equilibrados entre tudo o que se gravou após a chegada do vinil.[25]

"Dick tocava sozinho no Flag, não ia ninguém, ele ficava chateado, amargurado e de repente aquele trio iluminou ele. Começou a botar a música para fora, o público começou a chegar", contou-me o contrabaixista Sabá, relembrando como surgiu o Dick Farney Trio após o desmonte do Som 3 com César Camargo Mariano:[26]

"Eu e o Toninho [Pinheiro] voltamos para São Paulo. Andamos por aí tocando aqui e ali nos bares noturnos até que o Toninho disse: 'Olha, o Dick Farney está trabalhando sozinho num lugar aqui na Nove de Julho depois da avenida Brasil, e faz piano solo. Que tal se a gente fosse lá e desse uma canja de baixo e bateria com ele?'. Foi uma daquelas coisas que aconteceram raramente na minha vida. Chegamos e dissemos: 'Podemos tocar?'. E ele disse: 'Lógico'. Levei o baixo acústico, o Toninho a bateria e tocamos de primeira 'I like New York in June...'.[27] Aí o Dick

---

[24] *Meia-noite em Copacabana*, de 1965 (que traz duas faixas com Norma Bengell), e *Dick Farney: piano; orquestra: Gaya*, de 1966.

[25] "Somos dois", "Uma loira", "Este seu olhar", "Perdido de amor", "Sem esse céu" e "A fonte e o teu nome", com arranjos de Enrico Simonetti, ocupavam o lado A, e seis canções norte-americanas completavam o lado B do LP *Dick Farney Show*, de fevereiro de 1961. As canções citadas foram relançadas em novembro de 1968 no lado B do LP *Os grandes sucessos de Dick Farney*, junto com "Copacabana", "A saudade mata a gente", "Alguém como tu", "Barqueiro do São Francisco" e "Ponto final", com arranjos de José Briamonte, no lado A.

[26] Depoimento de Sabá (Sebastião Oliveira da Paz) a Zuza Homem de Mello em 19 de junho de 2001.

[27] Versos iniciais de "How about you?" (1941), de Burton Lane e Ralph Freed, canção gravada por Frank Sinatra e Bing Crosby, entre outros.

olhou arrepiado. Então aconteceu um som que, acho, há muito tempo ele não tinha. Quando ele desceu o repertório todo, que eu sabia de cor e salteado porque ouvia discos do Dick desde a década de 40 em Belém, eu sabia todas as músicas. Não chegou a haver nenhum ensaio, o repertório estava prontinho. Para o Toninho, que é muito musical e toca com a pontinha da vassourinha, era só pedir que ele ia, claro, não martelava a baqueta no ouvido. Estava pronto o Dick Farney Trio da década de 70. Ficamos no Flag uma boa temporada, depois de seis ou oito meses o Ricardo Amaral, que era o dono, viu que o público começou a afluir, e falou com o sócio para fazer uma temporada no Flag do Rio. Uma semana que virou uns dois meses, foi uma loucura total, a volta dele ao Rio."

Não muito animado, o produtor Milton Miranda, da Odeon, foi mesmo assim assistir ao show do Flag, e acabou mudando radicalmente de opinião sobre Dick Farney, que julgava ultrapassado. Ofereceu um contrato de longa duração para o que pode ser considerada uma vida nova de Dick Farney em discos. No mesmo ano de 1972 saiu pela prestigiosa etiqueta London o LP *Penumbra romance*, o primeiro vinil de uma sequência que se alongaria por seis anos. Teve a seu lado a discrição e o entrosamento de Sabá e Toninho, a companhia de Lucio Alves na segunda gravação de "Tereza da praia", a voz acariciante e suspirada de Claudete Soares (em outros dois LPs) e, vez por outra, a participação de músicos de sopro como Paulo Moura, Juarez Araújo, Marcio Montarroyos e Maurício Einhorn. Quase sempre com a retaguarda de uma macia seção de cordas em arranjos de Júlio César de Figueiredo, Dick regravou praticamente pela terceira vez seu repertório de sambas-canção inteiro e muito mais. Sua voz afetuosa envolve os ouvintes como uma nuvem que enche o ambiente, como se ele estivesse cantando à nossa frente.

Sendo uma atração de sucesso garantido nos bares do Rio e de São Paulo, Dick Farney iniciou uma temporada que duraria cinco anos, de 1973 a 1978, no bar Chez Régine, na rua Santa Isabel, em São Paulo. Perto do final desse período, o baixista Sabá decidiu deixar o trio, decepcionado com a insistência de Dick em repetir as mesmas músicas. "Dick era extremamente conservador, não gostava de mudar o repertório", disse-me ele, reafirmando uma das marcas da qual não se afastou até o final da vida. "Não estava com vontade de aprender mais nada. Eu insisti num novo repertório até que começamos a ter conflitos. Ele continuava a apresentar 'Copacabana', 'Marina', 'Uma loira', 'Tereza da praia'. Para gravar 'Aeromoça' foi um custo. Chegou ao ponto de eu dizer: 'Olha, Dick, se você não renovar o repertório eu paro'. E ele: 'Não! Não faz isso para

Contracapa do LP *Penumbra romance*, de Dick Farney,
lançado em 1972, com Sabá, Dick e Toninho.

mim'. Eu digo: 'Não vou ficar o resto da minha vida te acompanhando cantando 'Marina', é muito bonito, mas um show de uma hora tem que ser entremeado com coisas novas, você pode fazer'. Começamos a entrar em atrito e numa noite no Chez Régine eu digo: 'Dick, posso pegar um repertório para você?'. Mostrava para ele no violão. Ele diz: 'Esquece, Sabá, não vou fazer'. Eu digo: 'Então é minha última noite aqui'. Virei as costas, saí e nunca mais toquei com ele. Com uma dor no coração tremenda, mas eu fiz isso."

No estúdio, com o trio em gravação direta ou cantando com playback previamente gravado, Dick começou a notar a vantagem de cantar em pé, o que iria assumir ao final da temporada no Chez Régine. Sentindo que ao se acompanhar sentado ao piano estava prejudicando sua respiração com a compressão do diafragma, e sendo muito exigente consigo mesmo, Dick decidiu cantar em pé à frente do trio acompanhado por um pianista, a princípio Júlio César de Figueiredo e depois Gogô (Hilton Jorge Valença). Era agora um novo Dick, com seus cabelos grisalhos, mas sentindo-se à vontade de pé e rendendo mais.

"Num bar ele era uma figura impressionante, com uma presença física, era um cara bonito, tocava bem piano e cantava bem", descreve Gogô, seu pianista de 1978 até o final da vida. "Fizemos três dias num teatro em Brasília; no teatro não tinha público, no bar lotava. Em 1980, no bar do Ceasar Park do Rio também. Mês de julho inteiro e quinze dias de agosto. Nos palcos ele passou a ter necessidade de se movimentar para interagir melhor com a plateia, como no Ópera Cabaret. Aí já de pé. Nos bares ele fazia uma parte sentada quando tocava, mas quando cantava fazia em pé."[28]

Dois de seus últimos discos se destacam entre os quatro gravados para selos diferentes. São os álbuns da pequena gravadora Som da Gente, do casal Tereza Souza e Walter Santos. Num estúdio de qualidade, com excelentes técnicos e Dick nitidamente à vontade, solto, despreocupado, parecia estar gravando em sua própria casa, o que de fato já havia feito anos antes. Sua voz voltou a ter o frescor que parecia ter perdido nos últimos discos da Odeon dos anos 1970. Em *Noite* (1981) dá a impressão de estar sozinho no estúdio, no escuro, tal o seu relaxamento. A voz impecável não é machista, é masculina. Com exceção de "Se todos fossem iguais a você" em tempo de valsa, o repertório é de canções norte-americanas cantadas ou executadas esplendidamente naquilo que o deixava feliz, tocar jazz.

O segundo disco, *Feliz de amor* (1983), foi dedicado a canções brasileiras. Na segunda faixa do lado B, um samba-canção pouco frequentado de Tom Jobim, "Solidão", composto em 1954 com o letrista Alcides Fernandes, marido de sua empregada doméstica, e gravado originalmente por Nora Ney.

No estúdio, Dick estava cercado por músicos de primeira linha, Cido Bianchi no piano e nos arranjos e Heraldo do Monte na guitarra, para gravar a sua versão de "Solidão". O desenvolvimento de um elegante

---

[28] Depoimento de Gogô (Hilton Jorge Valença) a Zuza Homem de Mello em 9 de março de 2015.

motivo de quatro notas ("*Sofro calado...*") é conduzido em movimentos ascendentes (o 1º: "*na solidão...*", o 2º: "*Guardo comigo...*", e o 3º: "*do teu vulto em vão*"), um descendente ("*Eu tudo fiz...*") e novamente dois ascendentes (o 1º: "*e o resultado...*", e o 2º: "*desilusão...*") na parte A, que, para ser reaproveitada no arremate, é repetida até certo ponto quando é direcionada para outro rumo ("*Eu vou rezar/ Pra você me querer*") a fim de atingir a habilidosa conclusão ("*Não se acanhe comigo/ Pode me procurar*"). A melodia completa se desfolha com uma naturalidade isenta do óbvio. Ao contrário, tem espontaneidade sobre acordes encadeados por um compositor essencialmente harmônico, Tom Jobim.

Gal Costa gravou "Solidão" em arranjo equivocado. João Gilberto cantou-a no Teatro Opera de Buenos Aires em 1997 e em espetáculo no Teatro de Cultura Artística gravado pela Band. Bastaria essa composição para que Tom fosse posicionado como um dos que abriu o caminho da bossa nova. Ao gravar "Solidão" quase trinta anos depois de lançada, Dick se afirma, mais uma vez, como a voz do samba-canção, justamente numa canção de um dos componentes da Santíssima Trindade da bossa nova. Em suma, essa gravação de Dick Farney é uma evidência gritante de como a bossa nova é devedora do samba-canção.

Seguramente foram esses os dois últimos grandes discos de Dick Farney, já que nem *Momentos* (1985) nem *Dick Farney ao vivo* (1986) atingem o patamar de seu padrão. O primeiro foi um disco com capa medonha, sem graça e displicente não só pela mixagem incompetente e irritante, como por desleixos inadmissíveis na identificação dos autores. Dick grava "Copacabana" pela sexta vez, "Marina" e "Somos dois" pela quinta, "Alguém como tu", "Uma loira" e "Ponto final" pela quarta, no mais malcuidado LP de sua carreira. O do ano seguinte, gravado com plateia no bar Inverno & Verão, em São Paulo, compromete o nível de exigência do cantor, embora envolventes graves de sua voz ocorram ali e acolá. Foi o último álbum de Dick.

A necessidade de manter a personalidade a qualquer preço foi o tópico final abordado por Dick na longa entrevista concedida para meu programa quinzenal de quatro horas de duração, *O Fino da Música*. Acredito que julgava ter sido sua maior conquista, revelada indiretamente na superação atingida no início de sua carreira:

"Quando gravei 'Marina', fiquei meio com medo, naquela época eu estava sozinho e tinha medo da parte ridícula, do que poderia me acontecer, de me malharem, de não aceitarem o estilo, o canto, o tipo de orquestração, do disco ficar encalhado. Me arrisquei porque estava consciente do que eu fazia no jazz e na música americana, aí eu tinha certeza do que eu fazia, mas eu cantei a música brasileira com aquele medo da reação. Uma pessoa, um amigo meu, quando ouviu a prova de 'Copacabana' em cera, foi na minha casa para me arrasar, disse que eu tinha estragado a música brasileira, que eu devia ficar só com o jazz e a música americana, que era uma vergonha para mim. Foi na minha casa. Chama-se Caribé da Rocha. É amigo meu até hoje, fiz shows no Copacabana com ele. Foi o que aconteceu. E foi aquele sucesso."

* * *

Foi a partir de reuniões com amigos frequentadores assíduos do Chez Régine que surgiu a ideia de registrar gravações domésticas de Dick tocando o que bem quisesse em seus pianos nas duas casas onde morou. Em quatro sessões realizadas entre 1973 e 1982, José Mário Paranhos do Rio Branco gravou, com Arnaldo de Azevedo Silva Júnior, inúmeras execuções em que Dick improvisava sobre standards norte-americanos do repertório de jazz, numa atmosfera de tranquila familiaridade. Na primeira sessão gravada num Teac de rolo, Dick tocou em sua casa do bairro do Brooklin, em São Paulo, no seu piano Steinway, que depois seria trocado por um Yamaha após recomendações de Bill Evans, uma decisão compreensível apenas por quem tinha, como ele, tamanha idolatria pelo pianista. Em sua temporada no Brasil, após ouvi-lo no Chez Régine, Bill Evans passou uma noite com Dick e amigos ouvindo e tocando em sua nova casa de Interlagos, que ele contava com orgulho ter decorado. Nessas condições de local e piano foram gravadas, sem Dolby a seu pedido, a segunda, a terceira e a quarta sessões nas quais foram usados microfones Ampex do próprio Dick. Nada do repertório fora planejado, Dick ia tocando ao sabor do que gostava e conhecia bem, de Hoagy Carmichael ("Georgia on my mind"), Duke Ellington ("Satin doll", duas vezes), Matt Dennis ("Angel eyes"), Jimmy Van Heusen ("I'll remember April"), Jerome Kern ("All the things you are"), Johnny Mandel ("Emily"), Johnny Burke ("But beautiful"), Bill Evans ("Waltz for Debby"), Thelonious Monk ("'Round midnight"), outras menos conhecidas como "This love of mine" (Sol Parker e Frank Sinatra) ou "If I should lose you" (Leo Robin e Ralph Rainger), numa lista com mais de quarenta títulos que revelam a cultura musical e o bom gosto de suas escolhas no imenso American Songbook. Enfim, gravou sem nenhuma interferência ou solicitação o que mais gostava de tocar de ouvido, nas tonalidades em que se sentia mais confortável, dó, fá e sol no modo maior.

Dez anos após sua morte foram lançadas 43 faixas dessas gravações no álbum duplo *Dick Farney solo*, brinde de fim de ano da FIESP/CIESP por iniciativa de seu presidente, Carlos Eduardo Moreira Ferreira. As faixas de número 12 a 19 do CD 2 foram gravadas por Zé Mario na quarta e última sessão e incluem dois improvisos. Em 2001, com o título de *Reserva especial*, veio à tona um novo CD dos mesmos amigos de Dick, contendo 23 novas gravações da mesma origem (primeira, segunda e terceira sessões), a maioria em piano solo e cinco faixas com acompanhamento de Sabá e Toninho gravado posteriormente sobre playback no estúdio do pianista Michel Freidenson, o responsável pela masterização de todo o material.

Tocando jazz em seu próprio piano para apenas dois amigos que o admiravam e não o incomodavam nem mesmo com sugestões, a timidez, a ansiedade, o apego à mãe, a gratidão ao pai e a dificuldade em conviver com crianças (uma das idiossincrasias de Dick) desaparecem por completo nessas gravações, fruto de um convívio raro que rendeu um precioso material de seu apego ao jazz, talvez os mais puros discos nessa área que nenhum outro cantor de música brasileira frequentou com tamanha assiduidade e devoção.

Dick Farney foi um esteta de todos os pontos de vista. Fixou-se como moderno cantor romântico no Brasil e intérprete ideal para o samba-canção, gênero que marcou sua carreira artística.

Seu fiel pianista e estimado companheiro Gogô revela o avanço da moléstia que o abateria (abordada com fatalismo por Zean, sua mulher, que era espírita): "Quando ele começou a ficar doente, passou a impedir que a gente visse que estava mal. Chegava antes, se fechava no camarim e saía logo depois, portanto a gente não via o Dick de frente, só via ele de costas. Começou a ter problemas de respiração e dizia: 'O dia em que a voz começar a falhar e eu desafinar, paro de cantar'. Mas por uma razão de profissionalismo ele não fez isso, segurou a barra até onde pôde aguentar. Não foi uma questão de vaidade pessoal, foi por puro profissionalismo. Numa das últimas vezes em que ele foi internado, fui visitá-lo no Santa Isabel. Nós tínhamos um show marcado para dali a um mês e meio, e ele, sem poder falar, disse: 'No dia 8 tem show!'. O show foi cancelado".

Jorginho Guinle e sua primeira esposa, a norte-americana
Dolores Sherwood, no Copacabana Palace, em 1950.

Capítulo 7

Os cafajestes

Para merecer ser classificado playboy você precisa ser rico e saber se divertir com seu dinheiro. Se tiver que escolher uma cidade prefira o Rio de Janeiro. O papo sedutor, o charme, a elegância, a finesse no trato também ajudam, mas não são essenciais. Indispensável é gostar de mulher bonita.

Figura mais expressiva da alta sociedade carioca nos anos 1950, herdeiro de grande fortuna, mimado desde a infância, educado com o refinamento de um príncipe europeu, Jorginho Guinle tinha duas grandes paixões: o jazz e aproveitar a vida sem preocupação. Mulher era um hábito de que não conseguia se livrar. Culto e sofisticado, era playboy top onde quer que estivesse. Não muitos no Brasil travavam com Jorginho, no mesmo pé, um *tête-à-tête* sobre jazz. Exuberava conhecimento, dominava qualquer escola, identificava solista por solista, vibrava no momento justo, brilhavam seus olhinhos apertados, abria-se em leve sorriso, absorvia o melhor da música. Jorginho não era um farrista como alguns dos cafajestes que deitaram e rolaram no bairro de Copacabana na época do samba-canção. Era *o* playboy.

Farristas e debochados, ricos e inconsequentes, dissipando mel que derretia as mulheres mais lindas, mais fogosas e mais desejáveis; assim eram os componentes do mais comentado clube em Copacabana, que não tinha sede nem emitia carteirinha. Tinha estatutos.

Quando se reuniam nos fins de semana nada era impossível. A turma do celebrado Clube dos Cafajestes do Rio não tinha rival. Um dos 54 artigos de seu regimento interno parecia contraditório, mas era axiomático: "Todo cafajeste tem que ter classe". Em compensação, os demais artigos e parágrafos reuniam um decálogo de machismo inaudito capaz de assustar nos dias de hoje. Nem todos os cafajestes seguiam as regras à risca, mas há casos de sobra ligados às suas façanhosas conquistas.

Mario Saladini, fundador e presidente do clube, vivia com uma mulher linda que tinha sido eleita Miss Alagoas e saído em fotografia na revista O *Cruzeiro*. Em época de Segunda Guerra Mundial, Mariozinho de Oliveira, membro respeitadíssimo do clube, tinha um Ford 1940 e certa feita a moça pediu-lhe uma carona. Nesse tempo havia noites de blackout, uma exigência no Brasil, nas quais se era obrigado a apagar todas as luzes da casa, e os automóveis, movidos a gasogênio, trafegavam nas ruas escuras com um feixe da luzinha emitida pela nesga retangular dos faróis pintados de preto. Além dos médicos com permissão para obter gasolina, os poucos que desejassem trafegar em seus automóveis tinham que instalar aquela geringonça com dois cilindros enormes acomodados numa extensão do para-choque traseiro adaptado. Meio perdido na escuridão, Mariozinho foi manobrando pelo bairro sob as indicações da moça, aqui para a direita, agora para a esquerda, de novo à direita, outra vez à esquerda, até chegar ao destino, onde ela saltou desaparecendo no edifício. Nada mais, nenhum contato físico entre os dois. Contaram ao Mario Saladini que alguém havia saído de automóvel com sua namorada. Louco de ciúme e sem saber que no mencionado edifício morava um terceiro Mario, o amante oficial da Miss, Saladini pensava até em matar quem julgava tê-lo traído. Sua fúria foi murchando em nova bebedeira no Alvear. Restou a moral da história registrada nos anais do clube: dos três Marios, ele comia e não sabia, o do edifício comia e sabia, e o Mariozinho nem comia nem sabia.

O bar Alvear, na esquina da avenida Atlântica com a República do Peru, era o ponto em que se reuniam aos sábados e domingos depois das tardes dançantes no Fluminense ou no Botafogo.

"Éramos um grupo de jovens entre 25 e 30 anos, alegres, de classe média ou ricos; éramos todos mulherengos e vivíamos cercados de mulheres deslumbrantes. O nosso esporte era rir, beber e, entre outras coisas, fazer as maiores estripulias por toda a cidade. Éramos unidos em uma amizade que perdura até hoje, despojada de preconceitos. O clube primava pelo espírito de gozação, esse espírito nosso bem carioca... não tínhamos nada de cafajestes. Quase todos tinham curso superior, trabalhavam e falavam línguas. Eram profissionais do Banco do Brasil, da Aeronáutica, de vários matizes. Tínhamos um modo irreverente de debochar do cinismo de uma sociedade que se importava mais com as aparências do que com a nossa verdadeira integridade moral."[1]

---

[1] Depoimento de Mario Saladini a Maria de Lourdes Micaldas, publicado no site *Velhos Amigos*.

Jogavam futebol de praia defronte ao bar Alvear, e depois da pelada todo mundo caía na água voltando em debandada para tomar chope. Um dia uma senhora moradora do edifício em frente retirou-se apressada rumo à portaria chamando impaciente pelos filhos: "Para dentro, criançada, o bando de cafajestes está chegando!".

Assim nasceu, reza a lenda, o nome do clube que, presidido pelo economista e remador do Flamengo Mario Saladini, tinha como figuras mais representativas o também flamenguista, carioca da gema, Mariozinho de Oliveira; Paulinho Soledade, botafoguense, piloto da Panair e compositor; o flamenguista Carlinhos Niemeyer, que criou o jornal cinematográfico de futebol *Canal 100*; Celmar Padilha, flamenguista apelidado Come Bife e bom tocador de tamborim; Cassio França, que lutava boxe e era apelidado de Monteiro; os irmãos Oldar e Darcy Fróes da Cruz, ambos fluminenses, funcionários do Banco do Brasil; Fabio Bonifácio Olinda de Andrade, procurador da República; Pascoal Caetano Rapuano, campeão de remo, quinto lugar nas Olimpíadas de Berlim em 1936; o jornalista e compositor Sérgio Porto, mais conhecido como Stanislaw Ponte Preta, e seu irmão Flavio, o Fifuca; o botafoguense Eduardo Henrique Martins de Oliveira, comandante Edu da Panair, falecido em 28 de julho de 1950 no desastre aéreo que inspirou a marcha carnavalesca de Paulo Soledade e Fernando Lobo conhecida pelo refrão "*Oi zum-zum-zum-zum-zum/ Tá faltando um*"; Ibrahim Sued, o mais poderoso cronista mundano de sua época, apelidado de Turco, e seu irmão Alberto Sued; o fluminense Léo Peteca, apelidado Scopelli por ser parecido com o técnico da Seleção Uruguaia; Baby Pignatari, o mais conhecido playboy paulista; Carlos Peixoto, que trabalhava com Baby; Ivan Cardoso, Francisco Albano Guise, Ernesto Garcez Filho, Paulo Andrade Lima, Rui dos Santos Carvalho, Sérgio Pettezzoni e até, nas suas horas totalmente vagas, o playboy Jorginho e o príncipe Dom João de Orleans e Bragança.

O núcleo do Botafogo de Futebol e Regatas tinha ainda Althemar Dutra de Castilho, jogador de polo aquático que foi presidente do clube; Carlos Roberto de Aguiar Moreira, secretário particular do presidente Dutra; o paulista Ermelino Matarazzo, *goal keeper* reserva de Oswaldo Baliza; Bubi Alves, Vadinho Dolabella, Fernando Aguinaga, Raymundo Magalhães, Raul Macedo e Waldemar Bombonatti, namorado da cantora Linda Batista. O nome mais emblemático da representação do alvinegro da estrela solitária no Clube dos Cafajestes era o do seu centroavante Heleno de Freitas, o refinado galã que enfeitiçava as mulheres e célebre caso de bipolaridade. Heleno era um destemperado jogador que brilhou no futebol brasileiro "com dribles desconcertantes e cabeçadas fulminantes", como seria descrito anos mais tarde pelo jornalista Sérgio Augusto, também botafoguense.

Devido a seu temperamento explosivo, Heleno foi protagonista de episódios sem conta repetidos através dos tempos pelo "cafajeste" Mariozinho de Oliveira:

"Fui padrinho de casamento dele. O Sérgio Porto foi quem nos alertou: cuidado que ele não é muito bom da cabeça não. De fato tinha problemas que foram aumentando. Nas peladas ficava 'assim' de mulheres para ver o Heleno jogar. Futebol para ele era sério. Disputava cada jogada como se estivesse disputando a Copa do Mundo. Tinha um baixinho de bigodinho que vinha do subúrbio, descia as calças, ficava de shorts e jogava uma barbaridade, não sei se o nome dele era Trinta ou Tica. Um dia pegou a bola, driblou um jogador e o Heleno gritou: 'Dá!'. Ele passou a bola adiantada para o Heleno, que parou e aproximou-se para passar uma descompostura a seu jeito: 'É isso, porra? Pedi para você dar e você me deu adiantada demais! Deu para tua velha!'. O baixinho perguntou: 'Que velha?'. Heleno, formado em advocacia, fez questão de humilhar o companheiro: 'Vou te explicar quem é a velha. A velha é irmã da tua tia, se ela é irmã da tua tia, ela foi casada com teu pai, se foi casada com teu pai, *ipso facto*, *ipso facto*, ela é tua mãe'. Mas o cara deu o troco: '*Ipso facto?*'. E puuuuuuum!, acertou um bofetão no Heleno. '*Ipso facto?* Toma aí!'. Largou outro bofetão dizendo: '*Ipso facto* é a tua! A tua mãe!'."[2]

As peladas na areia de Copacabana disputavam a preferência com o jogo de peteca, cuja origem estaria nos índios de Minas Gerais. Muito antes de surgir o futevôlei, era jogado em frente ao Copacabana Palace por dois times de três contra três e sem rede. O cafajeste Léo Peteca produziu e exportou para os Estados Unidos as petecas da época, confeccionadas com uma base de camurça recheada de farelo de rolha e três penas pequenas e leves.

Como as casas de Copacabana começavam a ser demolidas para dar lugar à construção de edifícios de apartamentos, os Cafajestes aproveitavam para alugá-las antes da marreta entrar em ação, promovendo festas nas quais a baderna era formalmente legalizada. A casa do Parque da Ci-

---

[2] Depoimento de Mariozinho de Oliveira a Zuza Homem de Mello em 12 de agosto de 2010.

O jogador Heleno de Freitas, atacante do Botafogo, nos anos 1940.

dade na qual o time de Botafogo se concentrava seria derrubada e logo foi alugada e decorada com bambus para um desses bailes. Um dos Cafajestes levou a namorada para um quarto no segundo andar e de tanto que se chacoalharam o piso desabou. Os dois despencaram pelados com cama e tudo, caindo espetacularmente no andar térreo, o que deu ao baile a categoria de memorável. "Quando acabavam [as festas], quase não havia muito o que demolir", rememora Mario Saladini.

Os mais celebrados bailes promovidos pelo Clube dos Cafajestes eram realizados no Clube dos Marimbás, no Posto 6 da praia de Copacabana. Os convites para o "Baile do Popeye" e o "Mamãe eles são de família" eram disputados a tapa, provocando até pancadaria na portaria, que era providencialmente defendida pelo Exército. As encrencas faziam parte dos objetivos dos Cafajestes, que adoravam espalhar bagunça até ver o circo pegar fogo. Sintomaticamente, o logotipo dos convites trazia a imagem de um corno enforcado, sugerindo a probabilidade de grandes confusões envolvendo mulheres casadas e maridos chifrudos. Ao ingressar com duas mulheres, cada homem pagava só metade do valor, deixando claro que a intenção era mesmo ter mulher de sobra. A frequência feminina dominada por grã-finas mescladas com prostitutas completava o coquetel de uma orgia assegurada, ao som da orquestra montada pelo maestro Cyrino com músicos arregimentados na praça Tiradentes. Com a vinda dos Cafajestes de São Paulo e de Santos — Baby, Ilio, Toddy, Reginaldo Duarte —, a festança era completa e tudo que é possível imaginar acontecia no interior do clube, sem que nada fosse impedimento.

No Carnaval os Cafajestes promoviam desfiles de rua conhecidos como "Upa Dupa", em homenagem a um índio com esse nome. O cordão saía da rua Hilário de Gouveia com todos fantasiados, batucando e cantando músicas carnavalescas em paródias de grossa sacanagem: "*A Colombina entrou no rendez-vous/ F... f... depois levou no c.../ Até do Pierrot, cacete...*". Entoavam ainda o hino do Clube dos Cafajestes, de Paulinho Soledade: "*Amigos somos de verdade/ Entre a rapaziada não se troca uma amizade/ Nem pela mulher amada/ Broto, madame, tudo agrada/ Enquanto não exigem nada/ Mas se não tem proveito/ Vem a falta de respeito e muita cafajestada*".

Ainda não existia a expressão "paquerar", mas é como agiam os felizardos possuidores de automóveis, dirigindo a vinte por hora bem rente à calçada da avenida Atlântica na área de ação do *footing*, entre o Lido, ao lado do bar Bolero, e a República do Peru, onde se situava a sede oficial do Clube dos Cafajestes. Possuíam a segunda ferramenta fundamental para conquistar uma bela garota na praia de Copacabana. Se ela fosse uma moça de família que costumava tomar chá com torradas no bar, não entrava sozinha nem a pau. Sobravam sempre as mais galinhas, que não conseguiam resistir a uma voltinha num daqueles carrões. A aventura poderia render alguns beijinhos, mas era difícil passar disso numa tarde. Os belos automóveis norte-americanos, um Packard conversível 120 ou um Oldsmobile também conversível roda branca que emitia um aviso sonoro para não encostar na guia, eram metade do caminho para a caçada dar resultado.

Mariozinho já tinha trocado seu Ford 1940 por um Buick Super conversível, pois os Cadillacs de sua coleção ficavam no terreno do moinho de seu pai em São Cristóvão. Chegou a possuir dezesseis Cadillacs, cada um mais lindo que o outro. Comprava o carro esculhambado e reformava até ficar idêntico ao original. Adquiriu um Cadillac 1939 do Cardeal Dom Sebastião Leme, mais dois da Viscondessa de Morais, dos

Um baile pré-carnavalesco dos Cafajestes no Cassino Atlântico, em reportagem da revista *O Cruzeiro*, de janeiro de 1953.

quais vendeu um para o Norte da França embarcado num navio, enquanto o dono seguia de avião para recebê-lo no porto onde se iniciaria um giro pelo país. Outro Oldsmobile seu foi vendido para Arthur Souza Costa, marido de Emilinha Borba e corredor de automóvel. Acabou vendendo todos os Cadillacs. Seu carro predileto era um inglês Triumph TR 4, de dois lugares, conversível, com capota preta e roda de aro de bicicleta. Mariozinho sabe que nasceu em berço esplêndido, mas não deixou de aproveitar com sabedoria a fortuna construída por seu avô Zeferino de Oliveira, que herdou ou montou diversas fábricas: o Moinho da Luz, a Cerâmica Botelho, a Companhia de Seguros Continental, uma fábrica de velas e a Companhia de Cigarros Veado. Para promover o lançamento de sua nova marca Monroe, a fábrica dos cigarros Veado, localizada na

A turma do Clube dos Cafajestes no casamento de Heleno de Freitas, em 1948.
Atrás: Zé Laranjada, Difini, Waldemar Bombonatti, Paulo Soledade,
Fabio de Andrade, Ermelino Matarazzo (com o cigarro) e Francisco Guise.
Na frente: Mario Saladini (de branco), Ernesto Garcez, Raymundo Magalhães,
Sérgio Porto, Carlos Eduardo de Oliveira (de olhos fechados), Carlos Peixoto,
Bubi Alves, Mariozinho de Oliveira, Normando Jorge e Oldar Fróes.
No centro, os noivos Heleno de Freitas e Ilma Lisboa.

rua da Assembleia, promoveu um concurso em 1930 para eleger o mais popular jogador do futebol brasileiro, que seria premiado com uma baratinha Chrysler, como eram chamados no Brasil os carros do modelo *coupé*. Foi a inspiração para que Noel Rosa criasse o samba "Quem dá mais?", que se refere a Russinho, jogador do Vasco da Gama eleito vencedor do concurso.

Como bom cafajeste, Mariozinho soube escolher a dedo suas namoradas, e sua rede não aceitava qualquer peixe. Namorou a estrela do cinema mexicano Esther Fernández, e Ilka Soares, uma das mulheres mais lindas do Brasil na época. Raros Cafajestes tinham fortuna como a dele. A família de Paulo Soledade tinha fazenda no Paraná, onde nasceu, mas para ganhar a vida foi piloto de aviação comercial e compositor de "Estão chegando as flores", "Poema dos olhos da amada" e "Estrela do

Reencontro dos amigos em 1982. De pé: Oldar Fróes, Ernesto Garcez, Paulo Soledade, Alberto Sued, Mariozinho de Oliveira, Francisco Guise, Mario Saladini, Cassio França e Raymundo Magalhães. Sentados: Carlinhos Niemeyer e Waldemar Bombonatti.

mar", e mais tarde produtor de shows de Carlos Machado. Também foi proprietário da boate Zum Zum, título de sua composição com Fernando Lobo. Fora do trabalho era um dos pilares do Clube dos Cafajestes. Em geral os Cafajestes davam duro no trabalho durante a semana, deixando os *weekends* para as estripulias.

Além do Alvear, os Cafajestes baixavam no Alpino, na praça do Lido, no Albatroz, esquina da Siqueira Campos com a avenida Atlântica, e no Wonder Bar na Rodolfo Dantas, onde Moisés Szpilman tocava sax alto. Tinham mesa cativa no Copacabana Palace, que frequentavam assiduamente e onde promoveram bailes à beira da piscina. Viviam na Vogue e, até 1946, nos cassinos Atlântico, do Copa e o da Urca, onde menores de idade e negros eram barrados. O ingresso incluía o show onde uma das grandes atrações foi Grande Otelo que, sendo artista, podia frequentar o cassino livremente, entrando pela porta principal. Uma noite resolveu levar o violonista e intérprete de "Não tenho lágrimas", Patrício Teixeira, que, apavorado, justificou a negativa:

— Eu não posso entrar, porque sou preto.

— Entra sim, que eu conheço o porteiro.

Entraram e ficaram escondidos atrás de uma coluna. Quando o crupiê anunciou "Preto, dois!", Patrício se apavorou de vez:

— Vamos embora, que já nos viram!

Entre as mulheres que frequentaram o Clube dos Cafajestes, poucas ficaram tão famosas como a paulista Elvira Pagã, que, ao tempo de sua beleza juvenil, foi casada de papel passado com o milionário Eduardo Duvivier, que depois se casou com outra paulista, Ruth Almeida Prado. Segundo a lenda, Elvira, cujo nome de batismo era Elvira Olivieri Cozzolino e se tornou atração do teatro rebolado da praça Tiradentes do Rio, foi quem rasgou um maiô de palco criando o modelo de duas peças. Derramava volúpia e inspirava o onanismo com a ostensividade com que expunha desinibida seu corpo apetitoso, como esclareceu no livro que deixou, *Vida e morte*, de 1951, no qual dizia: "Enquanto a carne arder no fogo da vida eu serei a flama sensual entre os homens".

Toda e qualquer mulher de atributos físicos de realce era tema de conversa para os Cafajestes em uma mesa de bar: enquanto morou no Rio, num apartamento do Copacabana Palace, o futuro astro Henri Salvador era casado com Leni (Jacqueline Garabédian), uma morena da Martinica de olhos verdes e rebolado tentador. Literalmente era de parar o trânsito. Quando caminhava diante de uma obra na rua Fernando Mendes causava tal reboliço que o capataz teve de pedir-lhe educadamente para mudar seu itinerário, tal o prejuízo provocado quando os trabalhadores paravam para acompanhar seu andar.

Mulher não era, porém, tudo na vida dos Cafajestes. Futebol e música estavam na sua gênese. Se alguns apenas batucavam, havia os profissionais. Paulinho Soledade foi compositor de sucesso e Sérgio Porto, criador do "Samba do crioulo doido", participou ativamente da vida musical da cidade com suas crônicas. Outros eram do jazz, como Jorginho Guinle, epicurista e capaz de discutir Platão e Sócrates com a mesma erudição com que dava verdadeiras *master classes* sobre Lester Young, seu favorito. Como rememora Mariozinho de Oliveira, derramando-se sobre Prez e seu conceito de jazz:

"O que o Jorge adorava no jazz era a surpresa. Ele [Lester Young] foi o responsável pela grande reviravolta jazzística no mundo. Se não fosse ele não tinha Charlie Parker não. Daí é que veio a evolução do jazz, e tudo o que ele fazia não era em cima da melodia, era em cima de uma concepção melódica muito além de todo mundo. É só ouvir o 'Lady be good' e o 'Shoe shine boy' gravados em 1936 com o quinteto do Count Basie daquele tempo. Depois gravou com a orquestra e Chu Berry, que substituiu provisoriamente o Herschel Evans, e de repente o Lester... *prrlllbrrrlrrrbrrrlrrrr*, completamente diferente, quando você menos espera... o cara tocava mas tocava certo, um músico fantástico, com bom gosto. Ele era mulato claro, aqui no Brasil passava por branco. Fui falar com ele no Birdland em 1952, andava com sapato de basquete para não ouvir o ruído, tinha um clarinete de metal e um gato que apelidou de Filarmônica, casou-se pela segunda vez com outra branca chamada Marion, e quando eu disse 'Mister Young?', ele me olhou assim... Qual é a maior cantora de jazz? Para mim é a Dinah Washington que canta jazz. Sarah Vaughan esteve na minha casa, minha amiga, mas não cantava jazz, igual à voz dela não tinha. Ella não vibrava, tudo mecânico, a Dinah Washington era fera, em cima da Bessie Smith. Disparada. Para mim o forte no jazz é a ética. O silêncio é impressionante no jazz. Em vez de dar o silêncio, o cara se acha um gênio e faz *ba-ba-ba-ba-ba-ba*, não precisa nada disso. O silêncio, o silêncio da bateria, o silêncio do contrabaixo, nada de esporro, Deus me livre."

A vida airosa dos membros do clube, que de fato só foi clube na cabeça de seus atrevidos farristas, é uma narrativa de quem se divertiu como em nenhuma outra cidade do Brasil, talvez do mundo. É emblemático como essa postura de vida só poderia acontecer num único lugar, em Copacabana. Onde nasceu e cresceu o samba-canção.

Desfrutando da visão da praia de seu coração, na janela de seu apartamento, de frente para o mar, é óbvio, sereno e divertido, Mariozinho de Oliveira reconheceu aos 85 anos, sem nenhuma sombra de nostalgia: "Eu sou o único sobrevivente do Clube dos Cafajestes", comentou ao se despedir, cinco anos antes de partir em 21 de março de 2016.

Os cafajestes

Getúlio Vargas (à esquerda) apoiou o seu ministro da Guerra, Eurico Gaspar Dutra (à direita), nas eleições de 1945, o que foi decisivo na vitória deste sobre Eduardo Gomes.

Capítulo 8

Os presidentes

Certamente não passou pela cabeça do brigadeiro Eduardo Gomes, candidato à presidência do Brasil em 1945, que, ao identificar como uma "malta de desocupados que andam por aí" aqueles de quem não dependia para se eleger, fosse dar margem a uma reviravolta na eleição prestes a ser realizada. O esperto Hugo Borghi, getulista pelo PTB, que era dono de várias emissoras de rádio, "passou a propagar nos seus microfones a versão de que o brigadeiro teria dito não precisar dos votos dos 'marmiteiros' — ou seja, dos operários e trabalhadores", como relatou o historiador Lira Neto na sua exemplar biografia de Getúlio Vargas, um detalhe determinante naquele momento na política brasileira. Em menos de dois meses, a situação que apontava para uma vitória do candidato da UDN sofreu uma guinada, e com esse estratagema, definido por alguns como um golpe baixo, reverteu-se uma eleição que parecia definida.

A campanha do candidato adversário, o general Eurico Gaspar Dutra, militar com cara de fuinha, sem o menor carisma e antigo simpatizante do nazismo, foi decididamente reforçada quando em 27 de novembro Getúlio Vargas declarou, em um manifesto surpresa, apoio a quem "merece, portanto, os nossos sufrágios". Em 2 de dezembro a eleição foi realizada.

Caso fosse um páreo de cavalos de corrida, uma das paixões de Getúlio, o locutor que transmitia as carreiras do Jockey Club Brasileiro para a PRF 4, Rádio Jornal do Brasil, Theóphilo de Vasconcellos, narraria assim o Grande Prêmio, com sua vibrante descrição: "Contornam a última curva e entram na reta final com Eduardo Gomes na ponta levando um corpo de vantagem sobre Dutra, o segundo colocado".

O baixinho Theóphilo, que acentuava com exagero o artigo "De" do seu sobrenome quando se identificava ao microfone, era um personagem popularíssimo entre os cariocas. Com óculos de aros pretos e grossos, frequentava a noite com assiduidade, tendo sido uma das atrações da boate Casablanca ao abrir com um monólogo de Pedro Bloch o espetáculo *Este Rio moleque*. Da cabine do rádio, acompanhado de um possante binóculo, narrava cada páreo com sua voz inconfundível e expressões que se tornaram chavões obrigatórios entre outros locutores de turfe, rivalizando-se com Ernani Pires Ferreira, o idolatrado locutor oficial do Hipódromo da Gávea.

Crescendo em emoção, com sua voz achatada, Theóphilo continuaria: "Dutra reage, luta desesperadamente para diminuir a diferença, persegue o primeiro colocado, aproximando e tentando ultrapassar o adversário. Dutra consegue diminuir a diferença. Aí vem os dois, disputando cabeça a cabeça, passando diante das gerais. Eduardo Gomes dá sinais de que não vai conseguir resistir. Estão agora diante da tribuna social, faltam poucos metros para o disco, Dutra acelera, Dutra atropela, Dutra consegue ultrapassar o adversário nos últimos galões e leva meio corpo de vantagem sobre Eduardo Gomes. E num final empolgante, cruzam o disco de chegada. Dutra na ponta, Dutra é o vencedor, do Grande Prêmio para Presidente do Brasil!".

O general Eurico Gaspar Dutra era o novo presidente, eleito pela coligação PTB-PSD. Essa foi a primeira eleição de uma disputa envolvendo partidos de cunho nacional, que substituíram os partidos regionais, que nada mais eram do que representantes do jogo oligárquico no qual somente uma pequena parcela da população sentenciava. Nessa eleição quem decidiu os votos foi o operariado, foram os "marmiteiros", expressão que Hugo Borghi usou para os "desocupados" do brigadeiro.

Depois de soltar a bomba, de eleger o militar que tinha ajudado a derrubá-lo anos antes, o pragmático Getúlio Vargas, eleito senador por dois estados e deputado por nove, saiu de cena enterrando-se em São Borja, no Rio Grande do Sul, fronteira com a Argentina, de onde acompanharia os acontecimentos de camarote.

Não demorou muito para que essa atitude fosse abordada, em uma nova composição de cunho político, pela dupla de humoristas/cantores Alvarenga e Ranchinho. Acompanhando os passos do ex-presidente na paródia "Salada política", a mais sensacional de todas as duplas cantou: *"Quem não conhece esse baixinho, tão gordinho/ Que agora tá quietinho/ Já morou lá no Catete/ Quinze anos/ Hoje tá só urubuservando...".*

A personalidade e a vida de Getúlio foram realçadas sob ângulos bem distintos: os que lhe teciam loas, os que o destroçavam e os que o caricaturavam sob a forma de charges, arremedos e impagáveis imitações, compatíveis com as cenas e cortinas de humor das revistas da Companhia Walter Pinto no Teatro Recreio da praça Tiradentes ou no Teatro Santa-

Eduardo Gomes foi candidato à presidência da República em 1945 e 1950, mas acabou não sendo páreo para Dutra e Getúlio Vargas.

na de São Paulo, vividas sobretudo pelo ator Pedro Dias. Quando pisava o palco, pançudo, fumando charuto e com maquiagem convincente, o público se esborrachava de rir antes mesmo que abrisse a boca. Não é à toa que Getúlio Vargas tenha sido o mais cantado e decantado presidente brasileiro. Mais até que Juscelino Kubitschek. Sobravam razões para essa imagem amena do ditador.

Ainda deputado federal, Getúlio criou um decreto aprovado em julho de 1926 pelo qual as empresas que lidassem com música deveriam pagar direitos autorais, o que foi oficializado em julho de 1928, quando foi promulgada a lei nº 5.492 regulamentando e protegendo os direitos autorais. Em 1934 voltou à carga, já como presidente, aumentando os direitos das transmissões radiofônicas, o que gerou protestos das emissoras, mas por outro lado contribuiu para o aumento de sua cotação perante os beneficiados, autores de música popular. A afinidade entre Getúlio e a classe musical nacional vem portanto de longa data.

Foi ele ainda o primeiro presidente que deu claramente mostras de perceber ser o rádio e não a imprensa o veículo que alcançava divulgação nacional, motivo pelo qual entendeu ser o meio mais indicado para atingir o alvo de sua sustentação, o operário, o trabalhador representado pelo T na sigla do seu partido. Donde seu propósito ao qual dedicou atenção inusitada. E o rádio tinha música. Na música, o gênero abrangente que une do norte ao sul do país, na mais natural manifestação musical, é o samba, genetriz da música brasileira.

O mais idolatrado musicólogo brasileiro de sua época, Mário de Andrade, confirma que a expressão samba, que como o pagode passou a ser considerada gênero a partir de bailes ou festas populares, tem origem num "bailarico popular". A seguir prossegue em citações sobre o tema, iniciando com uma descrição tentativamente técnica do samba: "dança de salão, aos pares, com acompanhamento de canto, em compasso 2/4 e ritmo sincopado". Uma definição reducionista que tem contudo a virtude de proporcionar uma discussão sobre a diferença entre bailes populares e danças de salão, que estão no âmago da origem e da evolução do samba. É sobre isso que se estende Renato Almeida no seu livro *História da música brasileira*, de 1926, reeditado em 1942. O musicólogo e folclorista baiano se alonga esmiuçadamente:

"A dança popular, em essência, é uma manifestação coletiva, e nas suas origens está a dança de roda, nas formas conjuntas, quando todos os da roda participam da dança simultaneamente [...]. As danças individuais ou as de par unido ou solto já denotam uma influência civilizadora [...]. Não temos mesmo uma dança figurada como a riqueza de movimentos do tango argentino, porque o samba é muito requebrado nos meios baixos, com uma nota de sensualidade grosseira, mas quando ganhou os salões, da mesma forma que acontecera com o maxixe, banalizou-se por ter ficado honesto [...]. As nossas danças de salão foram quase todas — se não todas — importadas, até que o maxixe, o samba e a marcha conseguiram nele [salão] penetrar [...] a música de dança de salão é urbana: vive e se desenvolve na cidade [...]. Antes de tudo, não é música anônima. Os seus compositores podem conhecer pouco e até mal, mas conhecem música, e há até os musicistas. O povo é que os adota."[1]

---

[1] Renato Almeida, *História da música brasileira*, Rio de Janeiro, F. Briguiet, 1942, pp. 148, 149, 155, 183 e 184.

UM MILHÃO DE CRUZEIROS PELAS MEMÓRIAS DE GETÚLIO NO RÁDIO!

Estamos sòlidamente informados de que o Sr. Assis Chateaubriand, diretor geral das rádios e jornais "associados", mandou fazer uma tentadora proposta ao ex-presidente Getúlio Vargas: um milhão de cruzeiros pelas suas Memórias pessoais! O portador dessa proposta foi o senhor Salgado Filho, com o qual o sr. Assis Chateaubriand mantém relações de amizade. O ex-ministro do Trabalho esteve na fazenda do sr. Getúlio Vargas e lhe apresentou o vultoso oferecimento. A resposta porém, (estamos suficientemente informados) foi recusada. Depois, com uma gargalhada ampla, o ex-presidente do Brasil perguntou ao sr. Salgado Filho:

— Mas afinal que desejava o Chateaubriand fazer com as minhas memórias?

O antigo ministro informou que as Memórias do sr. Getúlio seriam transmitidas ao microfone (possivelmente radiofonizadas) em irradiação diária, por meio de uma grande cadeia de tódas as emissoras "associadas" do Brasil, comandadas pela Tupi do Rio! Simultâneamente os capítulos das Memórias seriam publicados no "Diário da Noite", do Rio.

Como se vê, tratava-se de uma iniciativa arrojada. E, por certo, o sr. Chateaubriand não esperava que o sr. Getúlio Vargas recusasse tanto dinheiro. Mil contos! Com a seguinte atenuante para o ex-presidente: êle não precisaria escrever do próprio punho. O diretor das rádios "associadas" colocaria à disposição do mesmo uma dactilógrafa e um revisor de redação! Mesmo assim o sr. Getúlio Vargas não aceitou.

Não resta dúvida, seria um acontecimento sensacional no Rádio brasileiro!

Brasilêêêêêêiros !...

Matéria da Revista do Rádio em julho de 1949. Getúlio Vargas, mesmo afastado da política após o golpe de 1945, continuava a ser uma figura extremamente popular.

Tão grande é a variedade de sambas por todo o país que se compreende porque foi detectado como traço de união com o povo antes e durante o Estado Novo. O samba era considerado uma manifestação muito especial pelo núcleo da *intelligentsia* mais próxima a Getúlio, onde o expoente era seu ministro Oswaldo Aranha. Efetivamente, foi como ele próprio reconheceu em 1933, em discurso proferido após uma apresentação da Orquestra Típica Brasileira dirigida por Pixinguinha. Para Oswaldo Aranha, o samba era a manifestação que representava o nacionalismo musical.

As inúmeras formas de samba refletem tendências, regionalismos e a riqueza do gênero. Enquanto são nomeados dezesseis tipos de samba no *Dicionário musical brasileiro* de Mário de Andrade (constituído de expressões retiradas de seus escritos até 1945), é compreensível que o afiado estudioso da música negra brasileira Nei Lopes possa ter distinguido 37 formas de samba, "umas eternas, outras episódicas, mas todas transformando efetivamente a velha matriz, muitas vezes até contribuindo para tornar quase imperceptíveis as raízes africanas do gênero". O aumento de 16 para 37 se explica pelas dezenas de anos entre a escrita dos dois livros. *Sambeabá*, de Nei, é de 2003.[2]

Nos anos 1930, a temática das letras de muitos sambas fazia a apologia da malandragem, gabava-se o desprezo pelo trabalho e insistia-se numa desconsideração pela mulher. "Se você jurar", de Ismael Silva, Nilton Bastos e carona de Francisco Alves, punha em dúvida a regeneração do malandro: *"Se você jurar/ Que me tem amor/ Eu posso me regenerar/ Mas se é para fingir, mulher/ A orgia assim não vou deixar... A minha vida é boa/ Não tenho em que pensar/ Por uma coisa à-toa não vou me regenerar/ A mulher é um jogo difícil de acertar/ E o homem como um bobo não se cansa de jogar/ O que eu posso fazer é se você jurar"*. Os dois compositores, Ismael e Nilton, e o carona novamente, emplacaram outro sucesso com a mesma dupla de cantores, Mario Reis e Chico Alves. "O que será de mim" reflete o juízo do malandro com incrível capacidade de síntese: *"Se eu precisar algum dia/ De ir pro batente, não sei o que será/ Pois vivo na malandragem/ E vida melhor não há"*. No entanto pipocavam na outra ponta da linha quem já avaliava os males da orgia, fazendo até promessas para dela se afastar. É o que revela o samba "Orgia" ou, sintomaticamente, "Vou pedir à padroeira", gravado em 1930 por Zaíra Cavalcanti, em cuja letra Luís Peixoto pedia que seu bem o levasse à Penha para pagar uma promessa e viver sossegado. E prometia: *"Eu vou tomar capricho, oh, meu bem, vou trabalhar/ Eu tenho uma promessa a pagar/ Todos dizem que promessa/ Só faz quem tem mania/ Eu pedi à Padroeira/ que me afastasse da orgia"*.

Em 1938 um samba de Ciro de Souza e Babaú (Valdomiro José da Rocha) sofreu um pito da censura, que vetou a palavra Deus no verso

---

[2] Mário de Andrade, *Dicionário musical brasileiro*, Belo Horizonte, Itatiaia, 1989; Nei Lopes, *Sambeabá: o samba que não se aprende na escola*, Rio de Janeiro, Casa da Palavra, 2003.

"Ai, ai, meu Deus". A letra foi mantida, mas o título original, que repetia esse verso, foi trocado por "Tenha pena de mim".

É que o samba estava no rol dos elementos básicos que compunham o perfil de uma iniciativa inédita no Brasil, um órgão de controle do governo para moldar e fortalecer a imagem do presidente junto às massas. Inspirado em modelos de outras ditaduras da década de 1930, foi criado em dezembro de 1939, sob a orientação do jornalista sergipano Lourival Fontes, o Departamento de Imprensa e Propaganda (DIP), que sucedia ao Departamento de Propaganda e Difusão Cultural (DPDC), com a missão de propagar e cultuar a personalidade de Getúlio Vargas. Atribuía a si próprio o poder centralizador sobre a informação nos principais veículos da mídia, e em especial o da radiodifusão, o mais popular meio de divulgação da época.

Sendo o rádio um veículo de âmbito sociocultural tão democrático que estimulava a propagação de notícias e curiosidades a respeito da vida profissional e pessoal dos seus personagens, nada mais natural que tivessem repercussão na imprensa escrita, por meio das revistas especializadas, o que vigorou com enorme destaque até o advento da televisão. A *Revista do Rádio* e a *Radiolândia* eram magazines especializados em mexericos e reportagens acompanhadas avidamente pelos fãs de seus ídolos, os "Cantores do Rádio". Antes de sua existência as novidades sobre o que acontecia nas emissoras eram estampadas no semanário *A Voz do Rádio*.[3]

Em 20 de fevereiro de 1936, a revista publicou uma entrevista com o então diretor do DPDC, o próprio Lourival Fontes, que manifestava de cátedra suas ideias sobre a importância da existência de uma emissora oficial: "Dos países de grande extensão territorial, o Brasil é o único que não tem uma estação de rádio oficial... Essas estações atuam como elemento de unidade nacional... basta dizer que o rádio chega até onde não chegam a escola e a imprensa".

Na mesma entrevista ele abordou com propriedade um tema até hoje em efervescência, o controvertido programa oficial radiofônico obrigatório, transmitido em cadeia pelas emissoras brasileiras, na ocasião

---

[3] Fundada por Gilberto de Andrade, que seria diretor da Rádio Nacional, tinha redação no edifício do jornal *A Noite* na praça Mauá, nº 7, local dos estúdios da emissora. Menos de um ano depois do primeiro número, em 28 de março de 1935, passou a ser quinzenal, e estendeu sua cobertura para o cinema, teatro e discos até a última edição, em 15 de dezembro de 1936.

com outra denominação: "A *Hora do Brasil* é irradiada para três classes de ouvintes; os da capital da Republica, os do interior do país e os do estrangeiro. Avalie pois nosso esforço a estabelecer tal equilíbrio nos programas de modo que ele [dê] satisfação às três correntes. A parte do noticiário, de modo geral, não se destina ao Rio. Os que se impacientam com a divulgação de notícias que já conhecem pela leitura dos jornais devem lembrar-se, por exemplo, de que à espera dessas mesmas notícias, estão ansiosos todos os dias milhares de patrícios nossos, espalhados por toda a vastidão de nosso país e para os quais a *Hora do Brasil* é, às vezes, o único ponto de contato com o mundo exterior", definiu o senhor Lourival Fontes, mostrando seu conhecimento sobre o assunto.

Com o nome de *Serviço de Informações do Departamento Oficial de Publicidade*, órgão pertencente ao Ministério da Justiça, a *Hora do Brasil* existia desde fins de 1931, portanto durante o governo provisório de Getúlio Vargas e antes do Estado Novo.[4]

Era evidente a percepção de Getúlio em relação à radiofonia quando fez publicar no ano de 1932 o decreto número 21.111, de 1º de março, autorizando a publicidade em rádio, o que provocou uma mudança radical no meio radiofônico. Essa abertura de interesse mercantil refletiu-se numa espécie de reconhecimento ao presidente, e a instituição do programa oficial da Presidência da República era uma contrapartida — obrigatória — ao decreto de 1932. Exceto com relação à Rádio Record de São Paulo, que se tornou a mais vibrante voz constitucionalista durante a Revolução de 32, e portanto antigetulista.

Em junho de 1934, o programa obrigatório passou a ter o nome de *Programa Nacional*, e no mês de julho de 1935, após uma curta interrupção, voltou ao ar com o nome de *Hora do Brasil*, sendo posteriormente irradiado das 19h às 20h.[5] Desse modo as famílias de ouvintes de

---

[4] Em 1932 o programa foi denominado *Serviço de Publicidade da Imprensa Nacional*, indo ao ar das 21h às 21h45.

[5] Como *Hora do Brasil* foi irradiado das 18h45 às 19h30 e posteriormente das 19h às 20h. Teve seu horário alterado novamente para 20h com duração de uma hora a partir de 1º de janeiro de 1938, e em agosto de 1945 passou para o horário das 19h30 com meia hora de duração. A atual denominação, *A Voz do Brasil*, foi estabelecida em maio de 1951. Em 1963, o tempo destinado ao programa informativo oficial foi novamente aumentado para uma hora de duração, quando o Poder Legislativo passou também a divulgar seu noticiário, e a veiculação do programa se mantém até os dias de hoje, das 19h às 20h, em cadeia nacional obrigatória das emissoras de rádio.

Getúlio Vargas recebe populares no Rio de Janeiro, nos anos 1940.

rádio associavam que sete da noite era a Hora do Brasil, a hora de desligar o rádio, a hora do jantar das crianças.

Contudo, o mais espantoso nessa histórica entrevista da revista *A Voz do Rádio* é constatar que, em 1936, um tema que seria um dos pilares do DIP três anos mais tarde possa ter sido gerado por sugestão de um repórter, o redator Jayme Távora, ao indagar a Lourival Fontes:

— *A Voz do Rádio* traz ao diretor do DPDC uma sugestão que entende ser até de interesse nacional. Desejamos referir-nos à censura prévia de letras da música popular brasileira. Não seria oportuno incluir nas atribuições do Departamento que vela pela "difusão cultural", o saneamento das letras a que aludimos?

Ao que Lourival assentiu incontinente:

— A sugestão da *Voz do Rádio* se reveste de iniludível cunho patriótico e se me afigura de inadiável execução. A mim, não me escapara a relevância do assunto que, em quase todos os países, tem merecido cuidadoso interesse por parte dos poderes públicos. Para acentuar o relevo da sugestão que acaba de fazer, bastaria citar o caso do México, onde a música popular não é, apenas, censurada: foi padronizada, por forma a evitar que o tempo, fatores estranhos ao país ou os próprios compositores possam deturpar o que, nos moldes da padronização, foi fixado como "música popular mexicana".

O repórter não se deu por satisfeito e avançou em sua sugestão:

— E não seria possível tornar efetiva, desde já, essa providência?

Lourival preparou o terreno, trazendo à baila o regimento:

— Dentro dos dispositivos que regulam as atividades do Departamento, não é possível pôr em execução, no momento, a medida. Pode afirmar, porém, que apreciando devidamente a sugestão da *Voz do Rádio*, vou pleitear para o Departamento, e certamente o obrigarei, na regulamentação a ser decretada, a função de censor da letra da música popular brasileira.

Assim, o futuro diretor do DIP concordou sem pestanejar com a proposta de um repórter sobre a instituição da censura na música popular brasileira.

Foi assim que o DIP, que também faria o deplorável controle da imprensa, vetou em 1940 373 letras de músicas submetidas à censura prévia, o que não impediu os compositores de serem simpatizantes naturais do regime de Getúlio Vargas, segundo o respeitado historiador Boris Fausto, que justifica: "Essa coisa do estado benfeitor e a proximidade com os artistas lhe deu uma popularidade imensa. Sua aproximação com cantoras como Linda Batista ajudava a popularidade, em vez de ficar arengando as realizações de seu governo".[6]

É como a professora Cláudia Matos vê a questão em seu livro *Acertei no milhar*: "Há boas razões para supor que o engajamento de vários sambistas no programa ideológico do Estado Novo não tenha resultado simplesmente de uma efetiva adesão ética e política, mas também em muitos casos de uma atitude oportunista e artificiosa. Abriam-se novos canais de divulgação para os compositores populares, e os cachês do DIP eram compensadores".[7]

O fato é que o DIP também atuava como um "bondoso" conselheiro no sentido dos compositores adotarem temas de exaltação ao trabalho e condenação à boemia.

Foi o principal motivo para o surgimento das canções de incentivo ao trabalhador que descreviam personagens bem-comportados, alguns

---

[6] Depoimento a Zuza Homem de Mello em 20 de dezembro de 2010.

[7] Cláudia Matos, *Acertei no milhar: malandragem e samba no tempo de Getúlio*, Rio de Janeiro, Paz e Terra, 1982.

Posse dos novos directores do D. I. P.

REALIZOU-SE no dia 6 p. p., com a presença de altas autoridades, jornalistas e outras pessoas gradas a posse dos novos chefes de serviço do Departamento de Imprensa e Propaganda, nomeados recentemente por decreto do presidente da Republica. O sr. Lourival Fontes, director geral do D. I. P. deu posse aos seus novos auxiliares, que são os seguintes: Olympio Guilherme, director da Divisão de Imprensa; Alfredo Pessoa, director da Divisão de Divulgação; Julio Barata, director da Divisão de Radio; Israel Souto, director da Divisão de Cinema e Theatro; Assis Figueiredo, director da Divisão de Turismo; Lycurgo Costa, chefe dos Serviços Auxiliares.

Tambem foi empossado no cargo de thesoureiro o sr. Antonio Nicoláo Gemal. Os novos chefes de serviço assumiram, em seguida, as respectivas funcções.

Na pagina, flagrantes feitos por occasião da posse, vendo-se, em baixo da pagina, uma pose dos novos chefes de serviço do D. I. P. em companhia do sr. Lourival Fontes.

13 de Janeiro de 1940 — 25 — O CRUZEIRO

Lourival Fontes (no centro da foto inferior)
dá posse aos diretores do Departamento de Imprensa e Propaganda
do governo Getúlio Vargas em 6 de janeiro de 1940.
O registro é da revista *O Cruzeiro*.

até ex-malandros convertidos, como operários ordeiros, caso de "O bonde de São Januario": "*Quem trabalha é que tem razão/ Eu digo e não tenho medo de errar/ O bonde de São Januário/ Leva mais um operário/ Sou eu que vou trabalhar*". O samba carnavalesco era de Wilson Batista e Ataulfo Alves e foi sucesso no mesmo ano de "O trem atrasou", de Paquito, Romeu Gentil e Artur Vilarinho, que tangenciava o tema ao reproduzir uma situação vivida constantemente pelos trabalhadores cariocas: "*Patrão o trem atrasou/ Por isso estou chegando agora/ Trago aqui o memorando da Central/ O trem atrasou meia hora/ O senhor não tem razão/ Pra me mandar embora*".[8]

"A reconstrução da brasilidade, o novo patriotismo conservador, a ideologia da mistura de raças e a 'higienização poética' do samba fariam parte de uma política cultural deliberada e autoconsciente, alimentada pelo cabotinismo de compositores interessados nas benesses oficiais", reconhece o professor do Departamento de História da USP Marcos Napolitano no livro *Lendo canções*.[9]

O historiador Boris Fausto aponta a dupla Alvarenga e Ranchinho como quem melhor soube aproveitar a política na música popular. O autêntico sotaque caipira do interior do estado de São Paulo, de suas prosas entremeadas no repertório de marchinhas carnavalescas e paródias, era preenchido à torto e à direito com interjeições — "Ehêê! Ehêê!" e "É o tar negócio!" —, bordões introduzidos pelos dois compadres que, vestidos a caráter e com chapéu de palha, atravessaram por dez anos o período getulista como a grande atração nacional do Cassino da Urca. Seu espírito alegre e sua falsa ingenuidade disfarçavam a contundência com que arremetiam sem medir consequências cutucadas mordazes sobre os principais personagens da política, troçando de episódios que ocorriam no seu epicentro, a capital federal. Desvinculados de qualquer ideologia partidária, valiam-se da moda de viola para criar sátiras espirituosas que provocavam gargalhadas generalizadas. "Uma coisa é escrever música elogiando malandro", sustenta Boris, "outra é a ironia que eles tinham, muito mais direta, sem véus."

---

[8] Como estão registrados na seção "Destaques de 1941" do livro de Jairo Severiano e Zuza Homem de Mello, *A canção no tempo, vol. 1* (São Paulo, Editora 34, 7ª ed., 2015). Outros casos: "Eu trabalhei", de Roberto Roberti e Jorge Faraj, e "Canção do trabalhador", de Ari Kerner.

[9] Marcos Napolitano, "Aquarela do Brasil", em Arthur Nestrovski (org.), *Lendo canções*, São Paulo, Publifolha, 2007.

Sob a forma de quadrinhas, quase jingles, não tiveram receio algum de ridicularizar a atitude do baiano Otávio Mangabeira, adversário contumaz de Getúlio, quando ele beijou a mão do general Dwight Eisenhower: *"Mangabeira, baiano, paisano, fiel/ Beija a mão do Eisenhower/ Que lindo papel!"*, em cima da melodia do jingle da Magnésia Leitosa de Orlando Rangel. Alvarenga e Ranchinho atiravam para todo lado: *"Todo mundo diz que sofre/ Sofre, sofre neste mundo/ Mas o Luiz Carlos Prestes sofre mais"*, satirizava o herói máximo do comunismo brasileiro sobre a melodia de "A mulher do leiteiro".

Quando exageravam na dose, a censura, que estava de olho, não perdoava. Encaminhava a dupla para o xilindró, o que se repetiu várias vezes, embora isso fosse depois também motivo para novas gozações dos dois incorrigíveis caipiras.

Estendendo seus tentáculos sobre a cultura nacional, o DIP e a Polícia Especial — arregimentada com elementos parrudos de uniforme vistoso e boné vermelho-cereja, montados em poderosas motocicletas que roncavam com as sirenes ligadas amedrontando transeuntes, como se supunha soarem os alarmes de bombardeios na Europa durante a Segunda Guerra — eram duas instituições odiadas na Era Vargas. Para os paulistas simbolizavam a ditadura e projetavam um ranço do fascismo.

O contraponto a esses emblemas do regime chegava aos aparelhos de rádio sob a forma de um entretenimento insuperável e gratuito. Eram as potentes transmissões em ondas médias e curtas da Rádio Nacional, captadas nos rincões de toda a nação. Sem que a juventude tivesse plena consciência desse contrapeso benfazejo ao DIP, embora independentes entre si, sua programação eclética foi o grande vínculo que uniu o Brasil. A Rádio Nacional, incorporada ao Patrimônio da União em março de 1940, exercia diariamente o fascínio de uma atração imperdível, oriundo de uma plêiade de astros que todos idolatravam e amavam.

O CPDOC da Fundação Getúlio Vargas descreve assim a extinção do Departamento de Imprensa e Propaganda: "O poder do DIP começou a ruir com a proximidade do fim da guerra e a vitória dos aliados. Avaliada a inexequibilidade dos objetivos para os quais havia sido criado, e diante da crescente pressão popular pelo fim de todos os órgãos cerceadores da liberdade criados durante a vigência do Estado Novo, o DIP foi extinto em 25 de maio de 1945". Deu lugar ao Departamento Nacional de Informações, e Lourival Fontes foi nomeado em 1951 chefe do Gabinete Civil da Presidência da República.

"Nos anos imediatamente posteriores à Segunda Guerra, 1945 e

1946, ocorre uma situação cultural muito paradoxal", afirma Marcos Napolitano. "Em 46 houve uma euforia pelo fim da guerra, uma espécie de utopia democrática possível na qual comunistas e liberais estão lado a lado com a derrota do nazifascismo, cuja barbárie dos campos de concentração descoberta em 1943, e amplamente divulgada com a derrota final da Alemanha, tinha sido impactante. A luta contra o nazifascismo era vista como uma luta pela defesa da humanidade e unificava católicos, liberais e comunistas. No Brasil, como nos outros países aliados, havia a presença do povo nas ruas, e muitos eram engajados no Partido Comunista, que tinha muito prestígio nesse momento. Como a União Soviética havia se saído como um país vencedor que dera uma contribuição humana enorme para a derrota do nazifascismo (com mais de 20 milhões de mortos), o comunismo passou a ser visto como aliado da democracia, na defesa dos valores ocidentais. Isso teve um reflexo na música: alguns compositores eram comunistas, e o Partido Comunista no Rio de Janeiro tem uma presença muito forte junto ao samba, participa de um apelo às massas, com um otimismo na presença do trabalhador na política, e uma certa aliança aparece na música. Essa relação entre samba e comunismo vinha dos anos 30, quando os comunistas se aproximaram do mundo do samba, visto como a cultura popular brasileira por excelência. Em 1946 até um Carnaval foi organizado pelo PCB, rachando a organização das Escolas de Samba do Rio de Janeiro, com sambas-enredo falando sobre Prestes, que, mesmo antes do Estado Novo, tinha saído da prisão como um herói para os comunistas. Este quadro vai contrastar com a proibição dos partidos comunistas em 1947, 1948, quando começa a Guerra Fria para valer e são impostas na América Latina várias medidas de contenção e repressão no plano interno."[10]

Durante seu mandato, entre 1946 e 1950, o insípido Dutra lançou o plano SALTE, com investimentos destinados à saúde, alimentação, transporte e energia, que porém não surtiu os resultados esperados. A inflação não pôde ser controlada, levando o governo a queimar divisas conseguidas durante a guerra, ao mesmo tempo em que a repressão aos sindicatos ajudou a cristalizar a decepção geral com a desastrosa gestão de um militar conservador que não tinha o mínimo trato com a política. Não sem razão o tributo que lhe foi prestado foi a rodovia mais sem graça do Brasil.

---

[10] Depoimento de Marcos Napolitano a Zuza Homem de Mello em 20 de julho de 2015.

O presidente Eurico Gaspar Dutra, que tomou posse em janeiro de 1946,
e sua nora Maria Luiza, que substituía a esposa de Dutra,
Dona Santinha, em algumas cerimônias oficiais.

Da metade do mandato de Dutra em diante, Getúlio começa a se afastar do governo que ajudara a eleger. Ausente do Senado no Rio de Janeiro e recolhido nas paragens dos pampas, Vargas havia construído um discurso populista com apelo aos direitos dos trabalhadores, que considerava invioláveis. Conseguiu assim desvincular-se do governo que apoiara.

Nessa fase de recesso, estando para todos os efeitos fora da lida política, Getúlio Vargas teve oportunidade de conviver folgadamente com a vida bucólica. Enquanto no Rio aproveitava momentos de lazer para jogar golfe, ir ao cinema e fruir a música popular, sendo fã de Linda Batista, Orlando Silva e até de Alvarenga e Ranchinho, em São Borja cuidava da fazenda. Longe de ser um socialista ou social-democrata, Getúlio era um estadista conservador de origem na elite oligárquica gaúcha que, nesse período de sua vida, trajava botas e bombachas largas, fumava charuto e se ocupava com o gado e o pomar enquanto tomava chimarrão, aparentando distanciar-se do poder.

Após a célebre entrevista concedida na Estância Santos Reis, residência de seu irmão Protásio Vargas, ao então repórter dos Diários Associados Samuel Wainer, na segunda-feira do Carnaval de 1949, "uma obra-prima de sagacidade política",[11] ficou claro que, a despeito da entrega diuturna à atividade agrícola, a possibilidade de sua volta era um fato iminente. Mesmo assim Getúlio desconversava com maestria durante as tentativas arquitetadas pelas comitivas de políticos e jornalistas que o visitavam, aterrisando no campo de aviação a dois quilômetros da Fazenda Itu ávidos em confirmar uma notícia cuja manchete já estava pronta: "Ele voltará!".

Em 20 de janeiro de 1950, o cantor Jorge Goulart entrava em estúdio para gravar uma marchinha de Braguinha e José Maria de Abreu que se tornou um verdadeiro jingle publicitário: "*Ai, Gegê! Ai, Gegê!/ Ai, Gegê, que saudade/ Que nós temos de você*". Nos meses seguintes o caldeirão político do país borbulhava e fumegava enquanto Getúlio, um ás no disfarce, dissimulava.

Chegou o dia 10 de agosto de 1950. No palanque armado ao lado da Prefeitura de Porto Alegre, o senador Getúlio Vargas, que se proclamava um espectador até pouco tempo, não pôde resistir, segundo suas palavras, "aos apelos que, do país inteiro, chegavam ao retiro" onde se abrigava, declarando sua obediência aos mandamentos do povo. Seria candidato.

Após uma campanha exaustiva de 53 dias, o pleito resultou em esmagadora maioria para Getúlio Vargas, que retornou nos braços do povo para ocupar o Palácio do Catete, de onde exerceria seu novo mandato a partir de 31 de janeiro de 1951.

---

[11] Declaração do ministro João Neves de Fontoura (ao comentar eufórico o episódio com Alzira Vargas, filha de Getúlio), registrada por Lira Neto em sua biografia de Getúlio.

Se de 1940 a 1945 apenas quatro sambas-canção se destacaram,[12] durante os cinco anos seguintes, no governo Dutra, foram gravados 84 sambas-canção, numa média de 28 por ano, conforme exaustivo levantamento de Jairo Severiano. Ganharam o público principalmente "Copacabana", "Saia do caminho", "Fracasso", "Marina", "Nervos de aço", "Segredo", "Fim de semana em Paquetá", "Se queres saber", "Caminhemos", "Somos dois", "Esquece", "Um cantinho e você", "Esses moços", "Quem há de dizer", "Ser ou não ser", "Ponto final", "Nunca mais", "Errei sim" e "Tudo acabado", entre outros. Sete dos citados foram ouvidos e cultuados na voz de Dick Farney, quatro na de Dalva de Oliveira e outros quatro, na de Francisco Alves.

Durante o conturbado período do segundo governo de Getúlio Vargas, de trágico desfecho, o samba-canção imperou abertamente nas vozes das cantoras Linda Batista, Dalva de Oliveira, Aracy de Almeida, Nora Ney, Isaura Garcia, Angela Maria, Elizeth Cardoso, Doris Monteiro e Dolores Duran, e dos cantores Dick Farney, Lucio Alves, Dorival Caymmi, Nelson Gonçalves, Cauby Peixoto e Tito Madi.

Se alguns tinham estilo francamente intimista, herdado do fox-canção, outros, fora desse eixo, deixavam perceber em suas interpretações mais extrovertidas que a ascendência de seu ramo era outra. Estava em um gênero latino que alcançou êxito impressionante, dominando por vários anos o cenário das músicas estrangeiras de sucesso em Copacabana, no Rio de Janeiro e no Brasil. Em pouco tempo ele foi se abrasileirando e seu ritmo foi sendo incorporado a novas composições tal como ocorrera com a marchinha, o frevo, o choro ou o samba. Foi assim que esse gênero ganhou status de nacionalidade entre nós. Era o bolero.

---

[12] "Coqueiro velho", de Fernando Martinez Filho e José Marcilio, "Mãe Maria", de Custódio Mesquita e David Nasser, e "Como os rios correm para o mar", de Custódio Mesquita e Evaldo Rui, com Silvio Caldas; e "Dora", de Dorival Caymmi, com o próprio Caymmi.

"Sinceridad", bolero de Gastón Pérez na interpretação de Lucho Gatica, gravação realizada com o Trio Los Peregrinos no Chile em 1953.

Capítulo 9

O sambolero

A cena de minha mãe, aos vinte e poucos anos, vestindo saia curta de franjas, um chapeuzinho de aba estreita enterrado até as orelhas e dançando toda espevitada um charleston, cruzando os braços no ritmo para tocar os dedos em cada joelho, essa cena muda, tomada em Paris nos anos 1920, permanece bem viva na minha lembrança. Fazia parte de um filmezinho caseiro de oito milímetros que se perdeu nalgum descuido do qual muito me arrependo. Uma mocinha brasileira bailando o gênero norte-americano na capital francesa era pura alegria.

A música de baile executada por vibrantes orquestras de salão e as estupendas canções de *Kabarett*,[1] que inspiraram a liberalidade sexual, intelectual e política, representam o desvario vivido em Berlim nos anos do período descrito como entreguerras. Eram ambas, danças e canções, alegria pura. Mistinguett e Josephine Baker, as duas vedetes máximas da canção francesa, estrelas do luxuoso ambiente de regozijo ininterrupto nos *music halls* de Paris, também reforçam a nítida percepção de que a alegria imperava no solo do conflito, onde ainda fumegavam imagens de uma guerra recém-terminada. A música extravasava alegria incontida na Europa e com menos intensidade na América, distante das cenas de perda e de destruição. O novo mundo é que desembarcou no velho mundo, destino de escritores, intelectuais, compositores e músicos querendo provar do gosto da *joie de vivre* europeia.

Paris e Berlim eram as duas auspiciosas capitais do divertimento sem limites. Uma sensação de vanguarda nas artes estava no ar, os ritmos norte-americanos, charleston e fox-trot, espalhavam plenitude de prazer. Paralelamente, Berlim conheceu o autêntico gênero dos negros norte-americanos da jazz band liderada por Sam Wooding, e Paris, o jazz impuro de brancos da orquestra de Paul Whiteman. Independentemente da legi-

---

[1] Entre os compositores do gênero destacam-se Mischa Spoliansky, Rudolph Nelson e Friedrich Hollaender.

timidade, ambas forneceram a música que combinava com a vanguarda das artes e da moda, o culto ao esporte e ao cinema. Os musicais da Broadway atingiam um período glorioso através de canções francamente animadas de Irving Berlin, Cole Porter, George e Ira Gershwin, Jerome Kern, a nata dos compositores norte-americanos nos anos 1920, um dos melhores artigos de exportação norte-americana para o mundo.

Uma verdadeira revolução de costumes invadia a classe média e a burguesia que, desatinadas, se entregam ao culto de viver intensamente o quanto antes. Sedentas em serem tão felizes como os norte-americanos enredados pelos "anos loucos" da Era do Jazz.

Apesar do crack de 1929, "o impacto dos meios de comunicação de massa e da criação popular [...] era enorme em quantidade e impressionante em qualidade, sobretudo nos EUA, que começaram a exercer uma inquestionável hegemonia nesses campos, graças a sua extraordinária preponderância econômica [...]. No campo da cultura popular, o mundo era americano ou provinciano", resume Eric Hobsbawm.[2]

Em 1939 acaba a festa na Europa. O amedrontador bater de saltos das botas nazistas entra em ação, tomando o lugar do ritmo dos bateristas das jazz bands que ainda sobreviviam na Alemanha naquela época.

A alegria refletida nas canções pós-Primeira Guerra teria que assumir, agora em novo combate, uma atitude vibrante para animar a tropa. Contudo, a nova trilha musical não conseguia esconder a nostalgia que embalava guerreiros contemplando fotos das namoradas distantes. Embaralhados com a doçura de "Moonlight serenade" com Glenn Miller, a evocativa "Sentimental journey" com Doris Day e "Haunted heart" com a melancólica Jo Stafford, os soldados aliados soluçavam de saudade. Do outro lado da batalha, "Lili Marlene", cantada pela determinada Marlene Dietrich, acentuava sentimentos idênticos entre os soldados do Eixo e, é fato comprovado, também nos aliados.[3]

Através do rádio a música havia se tornado um produto de consumo, ampliando sua área de abrangência e assumindo uma popularidade

---

[2] Eric Hobsbawm, *Era dos extremos: o breve século XX (1914-1991)*, São Paulo, Companhia das Letras, 1995.

[3] O título original da canção, "Lili Marleen", cuja letra foi composta durante a Primeira Guerra Mundial, foi mudado para "Lili Marlene" devido ao sucesso da gravação de Marlene Dietrich para o Office of Strategic Services, agência do serviço norte-americano de rádio na Segunda Guerra. "Sentimental journey" foi o primeiro sucesso de Doris Day, quando ainda era *crooner* da orquestra de Les Brown.

A atriz Marlene Dietrich, intérprete de "Lili Marlene".

em massa. As canções tornavam-se agora um artigo disponível para qualquer estrato social.

Cessada a Segunda Guerra aconteceu a depressão. Há um misto de felicidade pelo término da guerra com tristeza pela descoberta do tamanho da destruição, e a reconstrução da civilização passa a ser questionada, como reflete o professor Marcos Napolitano: "O impacto na população civil foi devastador". Ao invés da contagiante alegria de antes, sobreveio nas manifestações artísticas um sentimento de abatimento. Surge um movimento realista com base numa estética que a aproxima do povo. Nas artes, a música tem reflexo proeminente. Percebe-se que após a Segunda Guerra a música entristeceu.

O sambolero

A América Latina produzia com fartura os dois gêneros ideais que faziam soar esse estado desalegre. Dois gêneros para ouvir e dançar, para combinar com os sentimentos das relações amorosas: o tango argentino e o bolero cubano/mexicano. O tango tinha uma trajetória europeia desde os anos 1920. O bolero fincou pé nos países das três Américas, os de idioma inglês, espanhol e português.

Na época áurea dos cassinos do Rio de Janeiro, o bolero mexicano bateu em nossas plagas através do grande sucesso do filme *Santa*, estrelado por Ricardo Montalban e Esther Fernández, namoradinha de Mariozinho de Oliveira. "Esse dramalhão permaneceu em cartaz nos cinemas cariocas durante 27 semanas, motivando uma ampla abertura de nosso mercado exibidor ao cinema mexicano", assinala Jairo Severiano, que completa: "Assim, à medida que vieram dezenas de filmes, vieram também os boleros, reforçando uma preferência que se tornou uma verdadeira paixão dos brasileiros".[4]

A maneira como se toca, se canta e se dança bolero no Brasil tem uma razão que pode ser mais bem entendida através da história desse gênero musical. O caráter romântico do bolero remonta às romanças francesas do início do período barroco, que imprimiram às canções espanholas denominadas vilancico o exagero sentimental do qual o bolero nunca mais se afastou.[5]

Ainda que essa temática tenha prevalecido por séculos, origens tão arcaicas determinaram pequenas e grandes transformações no gênero. A maior delas se deu na estrutura rítmica que, a partir do bolero espanhol, foi modificada em seu homônimo cubano no século XIX a fim de ampliar suas possibilidades dançantes.[6] Não é à toa que essa transformação tenha se originado na América, proveniente de cubanos negros cujo sentido rítmico mais aguçado é propenso à dança.

O mais antigo bolero latino-americano de que se tem notícia tem um título tão significativo quanto premonitório: "Tristezas". Composto em 1883 por um violonista que tocava de ouvido, José Pepe Sanchez, alfaiate de profissão e cantor de serenatas em Santiago de Cuba, já mostra uma

---

[4] Jairo Severiano, *Uma história da música popular brasileira*, São Paulo, Editora 34, 2008, p. 290.

[5] Vilancico é um gênero de canção espanhola do século XVI que consiste em *stanzas* e refrões sobre temática amorosa cantados pelo *villanos*, habitantes do meio rural.

[6] O compasso ternário (3/4), de forte influência da habanera, foi convertido em binário (2/4), um facilitador para o surgimento de gêneros eminentemente bailáveis.

O filme *Santa*, com trilha sonora de Agustín Lara, teve papel
importante na difusão da música mexicana no Brasil.

das características harmônicas do gênero, a de combinar o modo maior com o menor nas duas partes, entremeadas por um interlúdio instrumental. Tendo se expandido na ilha, chegava na década seguinte ao continente, via península de Yucatán, onde se fixou de tal modo que, se não há discussão sobre sua origem cubana, por certo a segunda pátria do bolero é mesmo o país que o adotou, o México.

Há porém diferenças essenciais no rumo que o ritmo tomou: as particularidades que se fixaram em um país da América do Norte de colonização espanhola, combinada com nativos indígenas, não poderia ser a mesma em outra região com forte miscigenação causada pela presença negra, o Caribe.

O fascínio dos cubanos pela dança — que se fez sentir em academias de baile de Havana cujos maestros estendiam suas atividades para residências particulares empenhados com o "bien bailar" — está incrustado em seu gosto natural. Além de estar presente nas sociedades recreativas que cultivavam atividades dançantes, o bolero dominava os bailes populares que se dividiam distintamente entre grupos de negros e de brancos, e onde os pares bailavam enlaçados estabelecendo uma relação romântica expressa na suavidade de sua execução e no conteúdo das suas letras. O bolero desenvolveu seu espaço próprio por meio de orquestras e de trios instrumentais que mantêm o lirismo de sua formação clássica, três ou duas guitarras e uma percussão leve, geralmente maracas, suportando o ritmo. Em outra via o bolero originou novos gêneros cubanos dançantes, como o danzón e, posteriormente por tabela, o próprio són, conforme relata o estudioso José Loyola Fernández.

Ernesto Lecuona, pianista, regente e fecundo compositor de obras clássicas é, sem dúvida, o personagem mais difundido da música cubana no mundo. São dele as canções e boleros que atravessaram as fronteiras da ilha como "Malagueña", "Para Vigo me voy", "Canto Siboney" ("Siboney"), "Andalucia" ("The breeze and I"), "Siempre en mi corazón" ("Always in my heart"), "Maria La O". A relevância de Lecuona se alonga no título de uma das mais aclamadas orquestras cubanas de todos os tempos, os Lecuona Cuban Boys, responsáveis pela difusão mundial da conga e da rumba nos anos 1930 e 1940.[7]

Não obstante, no Brasil o vínculo do bolero ao México foi de tal ordem que ofuscou sua procedência verdadeira e original, Cuba. Boleros bem familiares aos ouvidos brasileiros procedem da ilha, criados por expressivos compositores de sólida formação musical, como destaca Helio Orovio na sua seleção dos "300 boleros de oro": "Quiéreme mucho" ("*Cuando se quiere de veras/ Como te quiero yo a ti/ Es imposible, mi cielo/ Tan separados vivir*") foi composto pelo fundador da Orquesta Sinfónica de La Habana, Gonzalo Roig; "Nosotros ("*Nosotros, que nos queremos tanto/ Debemos separarnos, no me preguntes más*"), pelo pianista Pedro Junco, falecido com apenas 23 anos de idade, e "Contigo en la distancia" ("*Mas allá de tus lábios el sol y las estrellas/ Contigo en la distancia amada mía, estoy*"), pelo também cantor César Portillo de La Luz. O prolífico Osvaldo Farrés, que atuou na TV cubana, é o autor de boleros gravados até hoje: "Toda una vida", "Quizás, quizás, quizás",

---

[7] Embora fundada por Ernesto Lecuona, a orquestra tinha vida própria e era dirigida por Armando Oréfiche. Como atrações, o trompete com surdina de Ernesto Vázquez e o *crooner* de voz suave e exótica em tessitura aguda Alberto Rabagliati, que não era cubano, mas italiano, e cantava com o rosto pintado de negro. É a voz que se ouve em "Maria La O", "Amapola" e "Cubanacan".

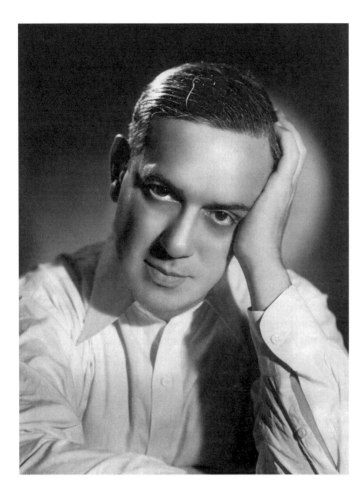

O compositor Ernesto Lecuona, um dos grandes nomes da música cubana.

"Acércate más" e "Tres palabras" ("*Con tres palabras te diré todas mis cosas/ Cosas del corazón que son preciosas*"). Todos eles cubanos.[8]

Entres os grandes intérpretes da ilha figuram Fernando Fernandez, que realizou diversas temporadas no Brasil, Miguelito Valdés (apelidado de Mister Babalu), Bobby Capó, porto-riquenho autor de "Piel canela", e o mais notável deles todos, Ignacio Villa, o sofisticadíssimo pianista e cantor Bola de Nieve. Tendo se iniciado como acompanhante da cantora Rita Montaner antes de se tornar um dos mais perfeitos *saloon singers*

---

[8] Outros autores cubanos de primeira linha são: Jaime Prats, autor de "Ausencia", Bobby Collazo, autor de "La ultima noche", e Frank Domínguez, autor de "Tú me acostumbraste".

O sambolero

de todos os tempos, realizou turnês pela Europa, pelo Oriente e pela América Latina, incluindo o Brasil, onde dividiu o palco com Dorival Caymmi. É voz corrente que em sua apresentação no Carnegie Hall de Nova York foi tão ovacionado que teve que voltar ao palco para os agradecimentos por nove vezes.

Por seu turno, o bolero mexicano, não só não ocasiona *frisson* por não ter ritmo agitado, como induz a uma forma dançante mais romântica, mais *cheek to cheek*, o que pode ter ligação com a composição racial do país asteca, a mistura de indígenas com brancos, menos íntima ao batuque. Se grande parte dos compositores e intérpretes cubanos é formada por negros, no México os boleristas são brancos.

Ao encontrar forte aceitação no país asteca, o bolero se expandiu com composições de sua denominada fase moderna. É dessa época o primeiro bolero a fazer sucesso nos Estados Unidos, "Aquellos ojos verdes" ("Those green eyes"), do cubano lá radicado desde os vinte anos, Nilo Menéndez, inspirado pelos olhos de um motorista de táxi. Sua composição alcançou o primeiro lugar do *hit parade*.

Difundido no México através do rádio desde os anos 1920, o bolero propõe nas letras fidelidade a uma mulher que se supõe menos digna, "una mala mujer", como é definida por Rodrigo Bazán Bonfil.[9] Assim, se troca o culto de sentimentos nobres e saudáveis pelo do sofrimento, pelo desamor, o que faz do bolero mexicano um irmão do tango argentino. Há letras a reforçar essa ideia: "*Besame, besame mucho/ Que tengo miedo perderte/ Perderte después*" em "Besame mucho", de Consuelo Velázquez; "*Mujer, si puedes tu con Dios hablar/ Pregúntale si yo alguna vez/ Te he dejado de adorar*" em "Perfidia", de Alberto Domínguez.

O gosto pelo bolero na capital mexicana, onde a classe média não contava com uma forma própria de identidade musical, deve muito à atuação do compositor Agustín Lara, que soube desfrutar dos meios de comunicação — rádio, teatro de revista, discos e cinema — para projetar sua obra. Primeiro bolerista mexicano a ganhar projeção internacional, Agustín Lara era um homem de feição dura e ar enigmático, possíveis razões para provocar uma atração intrigante em suas conquistas amorosas, em meio a uma vida agitada envolta em mistérios. No começo de carreira tocava com seus dedos magros um piano suficientemente correto em cabarés do mundo quando, em 1927, comunicou à sua apaixonada na-

---

[9] Rodrigo Bazán Bonfil, *Y si vivo cien años...*, Cidade do México, Fondo de Cultura Económica, 2001.

A cantora Rita Montaner e o pianista Bola de Nieve,
dois astros da música cubana.

morada turca Fátima que iria partir de Istambul, dando fim ao romance. Inconformada, ela atacou-o enquanto dormia com uma adaga, causando em seu rosto macilento uma considerável cicatriz a partir do canto esquerdo da boca. É o primeiro episódio de uma série que o converteu em um verdadeiro mito do bolero mexicano.

Seu talento como compositor, que não tinha estudado música, produziu um repertório maciço de canções de âmbito universal, alguma delas associadas a momentos que aumentaram sua fama. Em Buenos Aires, quando soube que José Mojica desistira da carreira de galã para se consagrar à Ordem dos Franciscanos, optando em ser Frei José Francisco de

Guadalupe, o que causou consternação entre suas fãs, Lara compôs "Solamente una vez", cuja letra parecia ter sido ditada pelo tenor convertido: *"Una vez ame en la vida/ Solamente una vez y nada mas.../ Y cuando ese milagro realiza el prodigio de amarse/ Hay campanas de fiesta que cantan en el corazón"*. "María Bonita" (*"Acuérdate de Acapulco de aquella noche/ María Bonita, María del alma/ Acuérdate que en la playa, con tus manitas las estrellitas/ Las enjuagabas..."*) e "Noche de ronda" foram dedicadas à belíssima diva do cinema Maria Félix, com quem se casou em 1945 após dezenas de casos amorosos, comentados como os do protagonista de uma vida pecaminosa refletida em suas canções. Em "Noche de ronda", Lara demonstra por que foi considerado o precursor do novo bolero, ao introduzir um recitativo no modelo clássico, em modo menor, *por supuesto* (*"Noche de ronda/ Qué triste pasa/ Qué triste cruza/ Por mi balcón.../ Como lastima/ Mi corazón"*), modulando para o tom maior na linda melodia do refrão que renovava as letras tradicionais com uma poesia sofisticada, empregando rimas internas e mostrando perfeição na prosódia: *"Luna que se quiebra/ Sobre la tiniebla/ De mi soledad/ A dónde vas/ Dime si esta noche/ Tú te vas de ronda/ Como ella se fue/ Con quién está"*. Seu primeiro grande sucesso, "Santa" (1931), foi tema de um filme sobre o amor de um cego por uma prostituta, gerando protestos tais a ponto de ser proibido nas escolas mexicanas.[10]

O erotismo de algumas de suas letras, valorizando a imagem de mulheres perdidas e a permissividade, escandalizou a opinião pública e lhe valeu o apelido de "coveiro da canção mexicana", o que não combina com seu pioneirismo e o evidente sabor de suas melodias de alto nível: "Mujer" (de 1929, onde dispensa a rima em alguns versos), "Porqué ya no me quieres", "Oración Caribe", "Granada" e "Pecadora", também de grande sucesso e razão de seu verdadeiro apelido, El Flaco de Oro (O Magro de Ouro). Sua carreira em meio a espetáculos pelas Américas e pela Europa refletem a obra de uma legenda musical de imensa popularidade no seu país e pelo mundo afora.

A primeira estrela mexicana identificada com o bolero foi Elvira Ríos, que conseguiu um sucesso avassalador nos anos de 1940 e 1941. Num só dia, em 21 de maio de 1940, gravou "Vereda tropical", "Perfidia" e "Flores negras", e no dia seguinte, "Farolito" e "Noche de ronda", seu prefixo nos programas radiofônicos de seu país e na NBC norte-

---

[10] Houve duas versões do filme *Santa*; a segunda versão, que fez sucesso no Brasil, é de 1943.

O compositor mexicano Agustín Lara e a atriz Maria Félix,
que foram casados entre 1945 e 1947.

-americana. Elvira Ríos também atuou em filmes de Hollywood e shows, justamente quando a música latino-americana atravessou seu período de maior preferência entre os norte-americanos. Sempre elegante, os cabelos puxados para trás com um coque baixo, olhar penetrante e lábios carnudos, seu estilo intimista chama a atenção pelo fatalismo quase trágico de suas interpretações intensas, escoradas na sua tessitura vocal grave — tão grave que chegou-se a pôr em dúvida seu verdadeiro sexo.

O estilo romântico depressivo de Elvira Ríos contrastava com a postura vulcânica de Carmen Miranda, o que provocou inevitável comparação que com o tempo chegou a ofuscar a mexicana no mercado norte-americano. Nada disso afetou a vitoriosa carreira de Elvira Ríos, considerada com justiça a maior intérprete de música hispano-americana de todos os tempos. Foi ela quem mais vezes se apresentou no Brasil com sucesso extraordinário, em que "Desesperadamente", gravada inicialmente como canção e posteriormente como bolero, se tornou sua maior criação: "*Ven, mi corazón te llama,/ Ay desesperadamente/ Ven, mi vida te reclama,/ Ven, que necesito verte*".[11]

As mulheres não se limitaram a cantar boleros no México. Pelo menos duas delas foram autoras eminentes de obras consagradas universalmente: a bela pianista Consuelo Velázquez, autora de letra e música de "Besame mucho", e Maria Grever, compositora de "Ya no me quieres" e "Cuando vuelva a tu lado", boleros que se tornaram mundialmente conhecidos em sua língua original e nas versões em inglês, o primeiro com o título em espanhol e o segundo como "What a diff'rence a day made", sucesso de Dinah Washington.[12]

Em contraste com o domínio praticamente absoluto de uma única intérprete feminina, nunca ameaçado por outra cantora mexicana, o sexo oposto tinha uma fartura de cantores, que tanto em espetáculos quanto em gravações preencheu com garbo sua missão de elevar o bolero à categoria de gênero latino-americano reconhecido em todo o mundo. Se não em todos os países, no Brasil com certeza. Nos anos 1940 o país foi inundado por cantores de bolero, mexicanos em sua grande maioria, que chegaram a gravar em estúdios nacionais, acompanhados por orquestras brasileiras e rivalizando-se com os grandes nomes da canção brasileira.

O cinema mexicano, em fase de produtividade fora do comum conhecida como "Cine de Oro", foi um valioso passaporte para a consagração da canção mexicana nas classes sociais menos abastadas e expandiu o excitante atrativo proibido para os menores de 18 anos, cenas de sensualidade em alcovas e bordéis.[13]

O "rouxinol das Américas" Pedro Vargas, de voz educada, pioneiro nos cassinos cariocas, em atuações radiofônicas e com inúmeros discos editados no Brasil, teve seu êxito grandemente alavancado pelas atuações no cinema, chegando a participar de setenta filmes. Ele foi uma das primeiras e mais queridas atrações do Cassino da Urca, retribuindo o cari-

---

[11] As duas versões da composição de Gabriel Ruiz e Ricardo López Méndez foram lançadas em LP no Brasil: a original pela Chantecler e a versão como bolero no LP Musidisc M-006.

[12] Na obra de Consuelo destacam-se ainda "Cachito" e "Enamorada". Na de Maria, "Júrame", "Te quiero dijiste", "Para que recordar" e "Alma mía".

[13] Talvez o mais famoso desses filmes tenha sido *Pecadora*, cujo título já era um convite ao assanhamento. Cartazes do cinema mexicano, como Maria Félix, Pedro Armendáriz, Dolores Del Rio, Arturo de Córdova e o extraordinário Mario Moreno "Cantinflas" disputavam o estrelato em igualdade com os grandes nomes de Hollywood.

Elvira Ríos, a grande cantora mexicana de boleros, no filme *Stagecoach* (*No tempo das diligências*), de John Ford, lançado em 1939.

nho da plateia com uma simpatia conquistadora, que superava a calvície precoce dando-lhe uma aparência mais madura. Tinha uma predileção especial pelo Brasil, chegando a dar o nome de Getúlio a um de seus filhos para homenagear o presidente brasileiro. Em 1936 Pedro Vargas iniciava o ciclo de sua ligação com o Brasil, participando da gravação de duas canções com Olga Praguer Coelho. Anos depois gravou a valsa "Boa noite amor", prefixo de seu amigo Francisco Alves, acompanhado pela Orquestra Victor Brasileira, dirigida por Romeu Ghipsman. Seu imenso repertório de discos de 78 rotações, da etiqueta azul na RCA Victor, incluía boleros mais clássicos ("Mujer", "Besame mucho"), e os que marcaram seu repertório pessoal, "Vereda tropical", "Quiéreme mucho", "Abrazame así" e "Acércate más".

Nesse mercado exitoso que assegurava lucro praticamente garantido, as gravadoras disputavam a ferro e fogo quem mais houvesse de disponível em Cuba ou no México, mesmo que cantando boleros já consagrados. A Continental se defendia com Chucho Martínez, que gravou "María Bonita" no Brasil com a orquestra de Antonio Sergi, e "La ultima noche"; na Odeon, Fernando Albuerne, "La voz romántica de Cuba", atacava com "No, no y no", "Un poquito de tu amor" e "Tres palabras"; ao passo que a Copacabana apostou em Don Alfonso Ortiz Tirado, o mexicano que combinava sua atividade de tenor, cantando "Pecadora" e "Crepusculo", com a de respeitável ortopedista e médico de cabeceira da pintora Frida Kahlo.[14]

Nessa festança de discos de boleros e temporadas de cantores mexicanos — em que até o violinista Xavier Cugat, o rei da rumba, líder da mais famosa orquestra mexicana, atração do Waldorf Astoria e astro em musicais da Metro, realizou uma temporada no Brasil[15] — não faltaram também os trios, uma marca registrada do bolero.

Malgrado os trios de boleros consagrados serem mexicanos, essa formação mais leve também teve início em Cuba, e se mantém até o presente atuando agradavelmente em restaurantes e locais menores. A expansão de uma voz solo para três, harmonizadas sobre o instrumental de três ou duas guitarras e percussão de bolso (clave, maracas) ou um bongo extra, abriu o caminho para essa original formação no bolero, em que o maior expoente foi o Trio Los Panchos.

Originado em 1944 em Nova York com dois mexicanos (Alfredo Gil e Chucho Navarro) e um porto-riquenho (Hernando Avilés), o trio teve várias formações, nas quais Alfredo Gil foi sempre a figura de maior relevo. Foi ele que introduziu a guitarra denominada "requinto", menor e mais aguda que a habitual, e fundamental não só por executar introduções e preencher espaços, como principalmente por se encarregar dos interlúdios que a rigor não faziam parte da composição original. Paralelamente, a vocalização harmônica projetava a terceira voz com uma liberdade que se afastava das terças ortodoxas, em desenhos que colaboravam para a identidade imediatamente reconhecível de suas gravações. Seu êxi-

---

[14] Entre os intérpretes de boleros e outros gêneros latinos que também fizeram temporadas no Brasil estão Carlos Ramírez, Fernando Torres, Fernando Fernandez e Bienvenido Granda.

[15] Em sua apresentação na Sala Vermelha do Cine Teatro Odeon em São Paulo os atrativos extras do espetáculo eram a voluptuosa *crooner* da orquestra, Abbe Lane, terceira esposa de Cugat, e um cachorrinho chihuahua no colo do maestro. Na parte musical, a marimba, colocada no alto e na última fileira dos músicos, era o instrumento-chave da sonoridade da orquestra.

Consuelo Velázquez, autora de "Besame mucho", com os brasileiros do Trio Irakitan no México, nos anos 1950: Gilvan (com o afoxé), Edinho (olhando para baixo) e Joãozinho (com o tantan). À esquerda, o produtor norte-americano Ralph Peer.

to foi de tal monta que não somente estabeleceu o padrão para outros trios, como praticamente abafou concorrentes cubanos e mexicanos, como Los Tres Diamantes e Los Tres Ases, por exemplo. A atuação do Trio Los Panchos em discos com a cantora norte-americana de origem latina Eydie Gormé favoreceu a consagração do bolero em seu idioma original nos Estados Unidos por meio de dois discos clássicos, *Amor* (1964) e *Cuatro Vidas (More Amor)* (1965), reconhecidos como dos mais bem-sucedidos projetos discográficos da música latino-americana.

Com tudo isso, filmes, cantores, trios e orquestras em abundância por mais de uma década, o personagem de maior êxito da história do bolero no Brasil não era nem mexicano nem cubano. Gregorio Barrios nas-

O sambolero

ceu na Espanha e morreu no país que tanto amou, o Brasil. Sua primeira temporada, em 1941, no Cassino da Ilha Porchat em São Vicente passou despercebida, mas possibilitou seu retorno três anos depois para atuar no Cassino Atlântico, no Quitandinha e gravar um disco. Incansável em sucessivas temporadas pela América do Sul e pela Europa, voltava sempre ao Brasil para atuar em clubes, boates e emissoras, ganhando cada vez mais público, que foi se encorpando a ponto de, segundo se afirma, ter sido mais admirado que ídolos brasileiros como Carlos Galhardo e Orlando Silva.

Após estudar música lírica por quinze anos na Argentina, onde viveu desde menino, Gregorio bandeou-se para o bolero com o pseudônimo de Alberto del Barrios, atuando em rádio e depois em discos, no que alcançou uma fama tal que lhe permitiu viver regaladamente em sua mansão de Buenos Aires. Em 1962 decidiu radicar-se no Brasil, indo morar num apartamento em Copacabana e casando-se quatro anos depois com a ex-Miss Santa Catarina, Carmen Erhardt, trinta anos mais moça. Em sua atividade febril, em que chegou a atingir uma média superior a duzentos shows por ano com sua própria orquestra, a Tropical Brazilian Band, gravou mais de cem discos de 78 rotações e 43 LPs, somando mais de quinhentos boleros gravados.

Nesse cipoal, Gregorio Barrios deixou marcadas interpretações em "Frio en el alma", "Luna lunera", "Dos almas", "Sabrá Dios", "Vanidad", "Venganza" e "Inutilmente". Em estúdio brasileiro pela Odeon, gravou com a orquestra de Oswaldo Borba "Quizás, quizás, quizás", "Dos almas", "Palabras de mujer" e "Todo se acaba", e com Hector Lagna Fietta, "Luna lunera".

Elogiando sua voz "cálida, romântica e apaixonada", o jornalista Adones de Oliveira assim descreveu Barrios: "irrepreensível nos seus ternos bem cortados, era um homem vaidoso que jamais se apresentava usando os óculos de lentes grossas. Apesar dos seus quase quarenta anos de Brasil, falava sempre em portunhol".[16] Estampando cara retangular e nariz aquilino debaixo dos cabelos negros, Gregorio gesticulava com paixão e olhos semicerrados quando cantava. Sua esposa, Carmen, o considerava um homem apegado ao lar e não boêmio.

O "rei do bolero" tinha vários compromissos agendados quando morreu em 1978, aos 67 anos, em seu apartamento em São Paulo, na rua

---

[16] Adones de Oliveira, "O bolero sem seu maior intérprete", *O Estado de S. Paulo*, 19 de dezembro de 1978.

"Palabras de mujer", de Agustín Lara, na gravação de Gregorio Barrios com a orquestra do argentino Don Américo (Américo Belloto Varoni).

Albuquerque Lins, 902, apto. 63. Seu corpo foi enterrado no jazigo 795 do Cemitério do Morumbi.

Foi na Argentina, onde realizou uma temporada aos 26 anos, que o chileno Lucho Gatica foi apresentado a Roberto Inglez, maestro de fama internacional, conhecido por adaptar músicas de origem latina para arranjos "água com açúcar" que combinavam com seu estilo: ele foi apelidado "pianista de um dedo só". Como já havia feito com Dalva de Oliveira, levando-a a gravar "Kalu" em Londres, o maestro repetiu a dose com Lucho no estúdio de Abbey Road. Em 1953 praticamente não havia muita escolha para um novo cantor localizar algum bolero inédito de qualidade, e assim a escolha recaiu sobre "Besame mucho", a canção bastante gravada que projetara a compositora mexicana Consuelo Velázquez em 1940. Numa levada mais para beguine, o disco de Lucho ganhou o mundo e abriu as portas para uma carreira internacional que prosseguiu no disco seguinte, com as mesmas cordas cascateantes na canção "Sinceridad".[17] Desta vez era um bolero inédito do compositor nicaraguense

---

[17] O beguine, um tipo mais lento de rumba originário do Caribe, ficou internacio-

Rafael Gastón Pérez, que o próprio Lucho havia gravado no Chile pela primeira vez, e como deve ser, com o Trio Los Peregrinos: "*Ven a mi vida con amor/ Que no pienso nunca en nadie más que en ti/ Yo te lo juro por mi honor, te adoraré*".

Já bem conhecido em 1957, Lucho Gatica foi residir na terra do bolero, o México, onde permaneceu quase trinta anos. Foi onde encontrou o repertório que fez dele um dos mais queridos intérpretes de boleros: "No me platiques", "Tú me acostumbraste", "Contigo en la distancia" e especialmente o então inédito "Sabor a mí" ("*Tanto tiempo disfrutamos de este amor/ Nuestras almas se acercaron tanto así/ Que yo guardo tu sabor/ Pero tú llevas también, sabor a mí*") e "La barca" ("*Hoy mi playa se viste de amargura/ Porque tu barca tiene que partir/ A cruzar otros mares de locura/ Cuida que no naufrague en tu vivir*"), imediatamente guindados a carros-chefe nas suas turnês pela América Latina, pelo Oriente, pelos Estados Unidos — onde fez amizade com Nat King Cole, seu mestre de cerimônias no espetáculo do Hollywood Bowl de Los Angeles — e pela Espanha, onde deixou Ava Gardner totalmente seduzida. Pelo bolero?

O repertório de Lucho Gatica ajudou a desfazer a reputação de "música de bordel", como era qualificado nos anos 1940. Na voz de Lucho era canção para namorados, não sendo à toa que seu apelido era *El enamorado*. Se o estilo de Gregorio Barrios tinha influência da música lírica, a voz de Lucho era um verdadeiro veludo de maciez. Enquanto Gregorio acusava a mulher de hipócrita, Lucho acariciava-a cantando: "*Ven te lo ruego por favor, te adoraré*". Alongando certas notas com sua voz suave, clara e carinhosa, foi quem mais agradou cantores e compositores brasileiros de uma geração mais identificada com a bossa nova. Alguns deles gravaram com Lucho no Brasil quando sua voz já cansada não tinha, infelizmente, a mesma limpidez. De fato, em sua temporada no bar Baretto, de São Paulo, em 2001, sua voz deixava um pouco a desejar, mas seu carisma confirmava que a assinatura Lucho Gatica desfrutava de uma admiração que não se apagara.[18]

---

nalmente conhecido através da canção "Begin the beguine", de Cole Porter. O compositor pode ser considerado um dos precursores da tropicalização da canção norte-americana, já que sua canção foi editada pela Harm de Nova York em 1935. Dessa maneira, o beguine se tornou uma modalidade do bolero com grande aceitação no México e em vários países da América, inclusive em Cuba.

[18] Na temporada de 22 a 31 de maio de 2001 que programei no Baretto, em São

No miniposter da revista *Radiolândia*, de 6/5/1955, Lucho Gatica posa na varanda do Copacabana Palace, no Rio de Janeiro.

Tal como os cantores, foram igualmente os homens que marcaram a história como compositores de bolero, gênero inegavelmente de cunho machista. Um machismo sofredor, por vezes desesperado na busca ou comiserativo na perda de amores do sexo oposto. Esses amores se dividiam em duas espécies bem distantes e bem definidas. A das titulares e a das

---

Paulo, durante o período em que atuei com diretor artístico da casa de Rogerio Fasano, o afetuoso Lucho obteve um sucesso extraordinário, cantando dezessete boleros de seu inesquecível repertório. No verso do programa escrevi: "O bolero, na década de 50, influenciou muito a música popular brasileira, de tal forma que o próprio samba-canção chegou a ser tachado pejorativamente de 'sambolero'. Não resta dúvida de que o artista que dominou essa influência foi Lucho Gatica".

O sambolero

outras cuja frequência nas letras aparecia em maioria quase absoluta. Com as titulares, as esposas de papel passado, de véu e grinalda, de casamento na igreja, nada de muito saboroso acontecia para motivar letras dramáticas. Atingindo eventualmente o dramalhão, as personagens da preferência poética eram as outras. Com efeito, uma infinidade de situações de relacionamento amoroso, do platônico ao erótico, sugerem praticamente todo o repertório praticado pelos autores de bolero.

Diferentemente de Agustín Lara, alguns compositores mexicanos com apenas um ou dois boleros de sucesso auferiram tal renda de *royalties* provenientes do mercado *yankee* que isso lhes garantiu vida tranquila por muitos anos. Alvaro Carrillo, com apenas dois boleros consagrados no mundo, "Sabrá Dios" e "Sabor a mí", foi um dos mais populares autores e cantores mexicanos ao interpretar suas próprias composições. Quando comprava selos numa agência dos correios perguntou: "Cuánto va a ser, señora?". Ao ser corrigido pela atendente com um "Señorita, por favor", retrucou: "Sabrá Dios". Aí estava o tema da composição que lhe rendeu um êxito só superado por "Sabor a mí", que rodou o mundo depois de ter sido lançada por Lucho Gatica.

Roberto Cantoral, autor de "La barca" e "El reloj", é outro que se destaca entre os compositores mexicanos conhecidos universalmente. Com os direitos autorais desse dois boleros, relata o letrista Abel Silva, que com ele esteve algumas vezes, "amealhou uma fortuna considerável de direitos autorais e construiu uma mansão na cidade do México em forma de uma barca (na verdade, um verdadeiro navio) e dentro dela erigiu um monumento ao relógio... Assim é o bolero".[19]

Entre outros autores de boleros destacam-se ainda o porto-riquenho Rafael Hernández, o pianista argentino Domingo Fabiano (Don Fabiano) e o panamenho Carlos Almarán, comprovando que o bolero se espalhou pelas Américas como a mais expressiva música romântica dos países de língua hispânica.[20]

A descoberta da *latin music* pelo mercado norte-americano se dá nos anos 1930. "Siboney", de Ernesto Lecuona, recebe uma versão em inglês para ser listada nos *hits* de 1929 concorrendo com três futuros clássicos,

---

[19] Depoimento de Abel Silva a Zuza Homem de Mello.

[20] Rafael Hernández é o autor de "El Cumbanchero" e "Perfume de gardenia", composições gravadas pelo famoso cantor mexicano Bienvenido Granda, apelidado *El Bigodón*. Domingo Fabiano é o autor de "Dos almas", e Carlos Almarán, de "Historia de un amor".

O clássico "Noche de ronda", de Agustín Lara,
na gravação de Elvira Ríos.

"Ain't misbehavin'" (Fats Waller), "I'll see you again" (Noel Coward) e "What is this thing called love?" (Cole Porter). Dois anos mais tarde, o cubano Moisés Simons começa a juntar uma fortuna quando sua composição "El Manisero", baseada num pregão de rua ("Mani! Mani!"), atinge 1 milhão de cópias como "The peanut vendor", com letra em inglês. A canção chegou ao mercado norte-americano quase que por acaso, quando o editor musical Herbert Marks foi passar a lua de mel num hotel de Havana e conheceu algumas canções que lhe foram mostradas.

Algo muito parecido aconteceria em 1939 em Acapulco. Logo após ter dado um basta em sua carreira de sucesso ao desmontar a orquestra de estalo, o clarinetista Artie Shaw resolveu abandonar sua atribulada vida de *band leader* indo descansar no México, onde permaneceu alguns meses. Nas noites em Acapulco, tomava seus drinques no bistrô Siete Mares, contemplava o sossego da pequena vila de pescadores, de dia nadava, pescava e tomava banho de sol na praia, gozando a vida mansa que buscava. Retornando aos Estados Unidos, persistia na sua intenção de continuar no *dolce far niente* e de liquidar de uma vez seu contrato com a RCA Victor, gravando os seis discos que ainda devia. Reuniu um bando de 31 músicos disponíveis, incluindo os de uma seção de cordas, e entrou em estúdio em março de 1940. O primeiro disco lançado continha uma canção que ele ouvira no México com um bando de mariachis, transformada no estilo de big band de jazz com um notável arranjo de William Grant Still em parceria com o próprio Artie Shaw. "Sentei-me com Still e fizemos o arranjo juntos. Fiz as partes de jazz e ele, as partes sinfônicas", detalhou, acrescentando: "Queria ver se uma jazz band poderia funcionar junto com uma seção de palhetas e cordas".[21] A integração foi estupenda, com destaque para a inventiva sequência de Still criada para a seção de cordas, baseada no recitativo. Um mês depois os planos de Artie Shaw foram por água abaixo. Com um cintilante solo de clarineta, "Frenesi" foi um hit instantâneo, e foi o quinto disco do *band leader* a atingir 1 milhão de cópias, permanecendo treze semanas como o disco mais vendido dos Estados Unidos, a despeito de ser um instrumental, que concorria em desvantagem com a música cantada. Em sua origem é um bolero sobre a sensação do beijo que sela os laços de um romance, dividido em recitativo (*"Besame tú a mi..."*), parte A (*"Quiero que vivas sólo para mi..."*) e parte B (*"Hay en el beso que te di..."*).

Seu autor, Alberto Domínguez, tirou a sorte grande. Foi o felizardo autor de um par de obras consagradas nos Estados Unidos, que lhe renderam o suficiente para viver em paz o resto da vida. No ano seguinte, Domínguez repetiu a dose com outra big band de primeira linha, a de Glenn Miller. Sua composição "Perfidia" havia sido gravada em estilo latino pela orquestra de Xavier Cugat, mas foi o arranjo romântico na linha de "Moonlight serenade" que abafou nos salões de dança norte-americanos.[22] Mais tarde foi aproveitada na trilha do filme *Casablanca*,

---

[21] Texto no encarte do CD *More last recordings: the final sessions by Artie Shaw* (Musicmasters, 1993). As palhetas incorporavam saxofones, clarone e oboé. A flauta é de sopro e as cordas eram oito violinos, três violas e dois cellos.

[22] Artie Shaw gravou "Frenesi" em 3 de março de 1940. "Perfidia" foi gravada com

Artie Shaw e sua big band atuando no filme *Second chorus* (*Amor de minha vida*), em 1940.

na sequência "Flashback to Paris", em que Rick (Humphrey Bogart) dança com Ilsa (Ingrid Bergman), por quem foi rejeitado e não suporta ficar sem seus beijos. Tal qual em "Frenesi", a narrativa de "Perfidia" também é dividida em recitativo (*"Nadie comprende lo que sufro yo..."*), parte A (*"Mujer, si puedes tu con Dios hablar..."*) e parte B (*"Te he buscado donde quiera que yo voy.../ Para qué quiero otros besos/ Si tus labios no me quieren ya besar..."*).

Ambas foram gravadas dezenas de vezes e de várias maneiras, como boleros ou não, por orquestras, cantores e cantoras mundo afora e, fu-

---

a orquestra de Glenn Miller em 19 de fevereiro de 1941, mesmo ano do registro de Benny Goodman. Ainda em 1941, o clarinetista Jimmy Dorsey obtém êxito com "Amapola", "Green eyes" ("Aquellos ojos verdes") e "Maria Elena".

O sambolero

gindo ao hábito dos norte-americanos, com seus títulos originais em espanhol.[23] Um caso raro. Com os *royalties* desses dois clássicos, o tímido pianista Alberto Domínguez deitou na rede. Ao ser solicitado num programa de televisão matinal a descrever a que devia sua inspiração, respondeu modestamente: "A buena suerte". A explicação pode estar na melodia de ambas. "Frenesi" e "Perfidia" pertencem ao tipo de canção em que a melodia se basta, permanecendo por inteiro em nossa memória desde a primeira vez, sem a necessidade da letra.

Essa montanha de boleros cubanos e mexicanos — onde não faltam títulos acusadores, versos desesperados ou românticos declamados em uma língua relativamente familiar ao português, com belas melodias de fácil assimilação — aportou no Brasil nas vozes de cantores que se tornaram verdadeiros ídolos, fazendo a delícia dos casais enamorados enlaçados na dança. Uma dança que se distanciava do samba e do baião então na moda. O aconchego de corpos colados à meia-luz nas boates de Copacabana era mais que um modismo. Podia ser o preâmbulo de um caso de amor, culminando com o natural enlace na horizontal, possível até na mesma noite. Para a música brasileira foi o gênero importado que predominou, o único gênero que teve no mesmo bairro de Copacabana um correspondente nacional, o samba-canção. Ambos tinham um enlevo de passos parecidos, mas que não eram exatamente idênticos. Ambos falavam do mesmo tema, relações amorosas, uma sonoridade que podia se confundir. Não é à toa que o samba-canção podia ser, como afirmou Carlos Lyra, o bolero brasileiro. Para ele as diferenças entre ambos eram a levada e o idioma.[24] "Como nosso gênero musical mais próximo do bolero era o samba-canção, este tipo de música cresceu extraordinariamente, passando a desfrutar de um prestígio nunca antes experimentado. A força do bolero, digamos, potencializou a moda do samba-canção", escreve Jairo Severiano.[25]

Um samba-canção pode ser considerado um samba em andamento mais lento. A figura rítmica do samba, a síncopa, está presente no samba-

---

[23] "Frenesi" teve gravações de Tommy Dorsey, Woody Herman, Benny Goodman, Anita O'Day, Frank Sinatra, June Christy, Chet Baker, Ray Charles, Plácido Domingo, Oscar D'Leon e muitos outros. "Perfidia" foi gravada por Julie London, Trini Lopez, Charlie Parker, Nat King Cole, Perez Prado, Andrea Bocelli, Ben E. King e até Alceu Valença, entre dezenas de outros intérpretes.

[24] Depoimento de Carlos Lyra enviado a Zuza Homem de Mello.

[25] Jairo Severiano, *Uma história da música popular brasileira*, p. 290.

Os boleros "Frenesi" e "Perfidia", de Alberto Domínguez, entraram no repertório das grandes big bands norte-americanas nos anos 1940, como a de Benny Goodman.

-canção tal qual no samba. Mas a levada do samba-canção é diferente da do samba. Não basta atrasar o andamento. No samba-canção a marcação do tempo forte é mais suave, por isso o baterista não precisa se valer das baquetas, basta a escovinha arrastada na pele da caixa para se obter a leveza de uma seção rítmica bastante atenuada. Existe um certo aplainamento, de modo que o tempo fraco parece se esticar penetrando além do que devia, diminuindo o impacto do tempo forte. Essa característica atua no modo de dançar, provocando uma suavidade na movimentação e no meneio; daí uma inevitável aproximação dos corpos do casal, uma facilitação para o enlace, um roçar além da conta que provoca o aconchego, donde a ligação mais forte do samba-canção com o romance, com o afeto, com a disposição que precede o ato de amor.

De outra parte a figura rítmica básica do bolero é a mesma do danzón cubano, e é formada por uma sucessão denominada *cinquillo*, composta por cinco notas: colcheia, semicolcheia, colcheia, semicolcheia e colcheia, ocupando metade do compasso em 4/4.[26]

Seguramente há uma sutil diferença entre as rítmicas do samba-canção e do bolero. Em síntese essa diferença aparece evidenciada numa análise técnica mais detida por acentuações dos tempos fracos, os contratempos, o que não ocorre no bolero, como detalhou esmiuçadamente o professor Sérgio Molina.[27] Dessa maneira fica reforçada a ideia de que o samba-canção é de fato mais sincopado que o bolero. Como no baião, no són, na salsa, o gênero brasileiro preserva de maneira sutil essas nuances de acentuar contratempos, de propor síncopas, o que resume a diferença rítmica entre o bolero e o samba-canção. Foi o que João Gilberto fez em relação ao samba, valorizando o tempo fraco.

Segundo o jornalista Moacir Japiassu, "sempre houve uma certa sensualidade no ar, não apenas pelas letras das músicas, cheias de '*abrazame, solamente una vez*', pecados, ingratidões [...]. Os bolerões [...] influenciaram a formação do samba-canção, cuja malemolência conquistou compositores do nível de Ary Barroso".[28]

Com um depoimento intitulado "O lero do bolero: o poderoso agente latino da miscigenação musical brasileira", o letrista Abel Silva expõe abertamente seu ponto de vista: "Daí que o diferencial do samba-canção para o bolero de raiz era na verdade só a língua. E era uma diferença radical. Que desaparecia quando os gêneros, por natureza sensuais e sedutores, 'se cruzavam', transformando o resultado num produto mestiço mas não híbrido, o bolero entrando na história como o amante latino. Só especialistas do tipo médico-legista podem se arrogar a ter competên-

---

[26] Verbalização onomatopaica: tum-tá-á-<u>tá</u>-tum-tá-á-<u>tá</u>-tum...

[27] Em depoimento para este livro, Sérgio Augusto Molina aprofunda tecnicamente o assunto: "Por ser em andamento mais lento que o samba, é mais fácil perceber no samba-canção as subdivisões dos tempos de cada compasso, os quatro tempos fortes e os quatro tempos fracos (contratempos). Ao acentuar sutilmente o tempo fraco, o que ocorre no samba-canção, cria-se uma sensação de síncope, uma leveza rítmica, um impulso mais dançante. Mesmo com o arranjo rítmico mais abolerado de certos sambas-canção é possível identificar essas síncopas no ritmo da melodia cantada, isto é, na voz. No bolero a acentuação é normalmente nos tempos fortes, criando uma sensação rítmica mais pesada".

[28] Moacir Japiassu, "Bolero de verdade não morre de tristeza", *Veja*, 21 de dezembro de 1978.

cia de definir fronteiras entre vertentes musicais tão próximas. Se hoje o Trio Los Panchos vivesse em seu auge e gravassem com um Lucho Gatica em pleno vigor um CD com o título *La vida es un molino*, só de canções de Cartola, não tenho dúvidas de que seria uma explosão de sucesso, e não só na América Latina. E nossos vizinhos procurariam curiosos onde teria nascido o autor, se no México, Chile ou Cuba. Minha canção 'Simples carinho', com João Donato, foi lançada pela Angela Ro Ro numa levada blues, em arranjo de Antonio Adolfo. Para minha surpresa, o gênio Lucho Gatica gravou-a e, se não virou um bolero puro, no mínimo resultou num 'blueslero canção' [...]. O bolero é o mais popular e resistente estilo musical da América espanhola [...]. A vertente bolerista brasileira, resultado da 'invasão' dos *hermanos* graças ao espírito democrático do rádio, quando cantada em português, para mim era canção brasileira. Foi isso que aprendi com Dalva de Oliveira, Herivelto, Lupicínio, Evaldo Gouveia e Jair Amorim, Nelson Gonçalves, Waldick Soriano, Altemar Dutra, Angela Maria e mais dezenas de outros intérpretes. O que chamamos de música brega quase sempre é um bolero envolto no papel celofane do preconceito".[29]

Outro letrista brasileiro que também fez letras de boleros, Aldir Blanc, se exprime, bem a seu modo: "Acho que além da clara diferença rítmica com o samba-canção — o bongô (Dom Chacal tocou maravilhosamente em 'Dois pra lá, dois pra cá', assinando o bolero), as maracas e o andamento —, o bolero é mais dramático. Beira, inclusive em algumas interpretações célebres, o lacrimoso, e se sai bem nesse fio da navalha. O samba-canção é um pouquinho mais contido, e, embora também na 'fossa', parece mais conformado com suas agruras, com o que não deu certo. O bolero me parece apregoar suas dores com mais ênfase, enquanto o samba-canção é mais de confissões em bares, na semiobscuridade, o 'tristonho sindicato' de sócios da mesma dor".[30]

Daí a expressão "sambolero", que, tendo surgido no Brasil na década de 1950 como um subgênero derivado do samba-canção, não deixa de ser uma boa ideia. Mas tecnicamente não se sustenta.

---

[29] Depoimento de Abel Silva a Zuza Homem de Mello.

[30] Depoimento de Aldir Blanc a Zuza Homem de Mello.

O sambolero

O conjunto Os Copacabana na boate Meia-Noite do Copacabana Palace.
Era formado por Kuntz (clarineta), Quincas (sax) e Wagner (trompete),
entre outros. João Donato chegou a tocar com o grupo
numa apresentação em São Paulo.

Capítulo 10

O café society

"Não, Não!", gritavam as mulheres para os desesperados clientes do Vogue. Partindo da manchete, uma flecha negra cruzava transversalmente de alto a baixo a capa do jornal *Última Hora* de 15 de agosto de 1955, edição 1.273. Apontava para a foto de um homem de cabeça para baixo, despencando à frente do prédio.

Sob a imagem de arrepiar, o olho da matéria: "Nos dantescos acontecimentos do 'Vogue' (hotel e boate) perderam a vida entre outros o jovem e futuroso cantor norte-americano Warren Hayes, tão amável e comunicativo, que se lançou espetacularmente numa visão espantosa do 9º andar ao solo, como mostra a alucinante fotografia que, acima, estampa o seu salto para a morte e o desaparecimento, entre as chamas e a fumaceira, do casal Waldemar e Glória (Neder) Schiller, duas das figuras mais queridas e simpáticas da sociedade carioca".

Na tarde da véspera, um domingo, trincou-se o vaso da fina louça das boates de Copacabana. O incêndio fechou a tampa da era Vogue no Rio. O Drink e o Sacha's enviuvaram e a patota de assíduos da noite carioca sentiu-se sem rumo. Frequentadores do Beguin, Casablanca, Maxim's, Baccará, Scotch, Juca's Bar, Senzala, Club de Paris, Club 36, La Ronde, Farolito e de outras vinte e tantas casas noturnas não sabiam mais como viver sem o Vogue depois que o sol se punha.

Já havia quase dez anos que a fartura de ambientes íntimos para atender aos desejos da boemia carioca — ouvir boa música tomando seu uisquinho — era um dos maiores atrativos da noite em Copacabana. Sem os cassinos, o deslocamento da Urca para Copacabana não demorou muito. Aqui e ali logo pipocaram bares e boates que vieram se juntar aos que já existiam desde 1944.[1] Ainda sob o impacto do fechamento dos

---

[1] Como Bolero, Alcazar, Beach Club, Riviera, OK e Wonder Bar (nome do antigo Wunder Bar).

cassinos, foram inauguradas em 1946 a boate Night and Day, no Hotel Serrador, e o restaurante e boate da Praia Vermelha, na Urca.

Em abril do ano seguinte foi aberta aquela que em pouco tempo seria a mais emblemática boate de Copacabana,[2] inaugurada pelo barão Von Stuckart na parte inferior do edifício do Hotel Vogue, construído pelo português Duarte Atalaia onde hoje é o meio da pista da avenida Princesa Isabel, quase junto à praia.

Max Von Stuckart, alemão de tendência nazista, valsador e homossexual, como é descrito pelo cronista Fernando Lobo, teria herdado o título de barão devido à sua descendência da nobreza austríaca, como filho de um chefe de polícia no Império. Após sua participação durante a Segunda Guerra como militar da Força Aérea, optou na vida civil por uma atividade antagônica, ligada à cozinha em restaurantes e casas noturnas parisienses, no que chegou ao sucesso com a boate Tour Paris.

Sua carreira no Rio começou quando, em 1944, caiu nas graças de Octavio Guinle, que imediatamente após o conhecer fê-lo diretor do Golden Room do Copacabana Palace, onde ganhou fama de severo, competente e pouco dado a sorrisos. No primeiro musical que montou, *Em busca da beleza*, para o qual ele próprio selecionou as *girls*, destacava-se uma futura dama de honra do teatro brasileiro, Maria Della Costa, que surgia de um alçapão com os seios cobertos por um tecido transparente, escandalizando a plateia de então. As *girls* dos shows seguintes incendiavam a rapaziada que, sedenta, disputava na marra quem ficaria com quem. Nos seus dois anos de atuação no Copa, Stuckart granjeou tal simpatia da sociedade que, aliada à sua determinação empreendedora, conseguiu realizar o sonho de abrir sua própria casa, a boate Vogue.[3] Abriu e mostrou sua capacidade inovadora.

Em pouco tempo revolucionou a vida noturna carioca com a contratação de uma figura que marcou o estabelecimento no seu *métier*: trou-

---

[2] Inauguração registrada na coluna "Sociedade", de Jacinto de Thormes, no *Diário Carioca* de 27 de abril de 1947: "Uma 'boite' tão pequena, de tão bom gosto, tudo medido e dosado tão bem (luz, comida, cor, música, tamanho, ambiente, etc.) que só o lado de fora, só a rua é que não é de Paris. 'Vogue' é o nome desse lugar e o senhor Max Stuckard [sic] é seu pai e tio conselheiro".

[3] A palavra "vogue", de origem francesa, significa a moda que prevalece em qualquer tempo. Usada na língua inglesa no século XVI, ligada ao estilo de preferência, foi escolhida como título da revista semanal norte-americana lançada em dezembro de 1892, publicação dirigida à aristocracia de Nova York com o intuito de preconizar as normas sociais que já vigoravam na Inglaterra e na França, mas não nos Estados Unidos.

Caricatura de Max Von Stuckart na coluna de Fernando Lobo na *Revista da Música Popular*, nº 3, de dezembro de 1954.

xe da Europa o *chef* Gregoire Belinzanski, "um russo branco que introduziu três pratos clássicos na cozinha brasileira: o estrogonofe, o frango à Kiev e o picadinho à brasileira", como relatou Luís Nassif.[4] Sua importância para a nossa gastronomia foi a de ter contribuído para valorizar a função do chefe de cozinha seguindo o padrão europeu.

A boate situada no andar térreo tinha dois níveis: o da entrada, inferior, era denominado Sibéria, como que rebaixando a categoria dos frequentadores em relação aos do piso superior, três degraus acima e destinado aos *habitués*. Eram pouco mais de vinte mesas, apertadíssimas, cada uma para quatro pessoas que, ao dançarem na pista, tinham que se cuidar para, na descrição do cantor Jorge Goulart, não dar um encontrão

---

[4] Luís Nassif, "O cronista do Rio", *Folha de S. Paulo*, 15 de agosto de 1999.

em algum instrumento dos músicos, espremidos no palquinho, suficiente apenas para um quarteto.[5]

Os músicos eram obrigados a maneirar no volume: baterista, só nas escovinhas, pouca baqueta; Booker Pittman usava uma flanela no bocal do sax alto e o trompetista Barriquinha tocava com surdina, "tudo abafado para não fazer barulho", relembra Mariozinho de Oliveira, um dos que batiam ponto quase toda noite no Vogue, para ele a melhor boate do mundo. Mariozinho gostava dos saxofonistas Moacyr Silva, Hélio Marinho e Bijou, do trombonista Gagliardi, dos norte-americanos e temporariamente cariocas desde os anos 1940 Louis Cole (pianista e cantor) e Claude Austin (pianista).

O mais comentado pianista do Vogue também aportou no Brasil nos anos 1940: Sacha Rubin. Ele era um austríaco com larga experiência em bares da Suíça, Alemanha, Egito, Líbano, Turquia e na capital inglesa. No Vogue, seu primeiro emprego de projeção no Rio, tocava no lobby do hotel para depois iniciar seu set na boate, às oito da noite. O discreto e elegante Sacha dominava o vasto repertório das grandes e das pequenas canções norte-americanas com a harmonia correta, e tinha a manha dos notáveis pianistas de bares pelo mundo afora: ao transpor a porta de entrada, o cliente assíduo era imediatamente saudado com a "sua" música, sempre uma canção norte-americana. Sacha sabia de cor as preferências de cada um. Quem é que não fica todo inchado com rapapé desses ao ser recebido, fazendo bonito para a mulher, para a namorada ou, principalmente, para um novo "casetis"? Foi um dos argumentos que convenceu Carlos Machado a roubá-lo quando abriu sua própria boate, concorrendo com o Vogue. Qual o nome dela? Simplesmente Sacha's.

Combinando com o *glamour* propagado aos quatro ventos nas colunas sociais, o que se bebia, comia, ouvia e dançava no Vogue era tudo de primeira. *Y otras cositas más*, como escapadelas no hotel acima ou doses de brilho, logicamente jamais mencionados na imprensa. Era também o ponto mais cobiçado para a troca de informações financeiras, políticas, mundanas e para prevaricação.

O elenco de cantores que se revezavam de meia em meia hora seria capaz de sustentar o *cast* de uma emissora de rádio. Após uma tentativa inicial de apostar nas francesas Dany Dauberson e Patachou[6] — nenhu-

---

[5] Depoimento de Jorge Goulart a Zuza Homem de Mello.

[6] Além de outras de menor expressão, como Annie Berrier e Josephine Premice.

O LP de dez polegadas *Uma noite no Vogue*, de 1955,
com o sexteto do pianista Louis Cole.

ma das duas *superbe* como a atração do Copacabana Palace, Lucienne Boyer[7] —, a opção foi concentrar-se em cantores nacionais atuando como *crooners*, o que foi determinante para que o chamado *grand monde* carioca pudesse ser exposto às vozes brasileiras. Conhecidas no rádio mas quase sem visibilidade naquele meio social, foi através de Linda Batista

---

[7] Em 19 de julho de 1946, na primeira temporada internacional após o fechamento dos cassinos, Lucienne Boyer apresentou-se no Golden Room e na Rádio Tupi por oito dias, interpretando, entre outras canções, "Vous qui passez sans me voir" e "Parlez--moi d'amour", como descreveu Carlos Machado.

(de 1947 a 1952) e Aracy de Almeida (de 1948 a 1952) que o samba e o samba-canção penetraram num universo inteiramente tomado pela música norte-americana, como indicam o repertório de Sacha e o do principal *crooner* da casa, o norte-americano Louis Cole.

Como naquele ambiente eram ambas peixes fora d'água, elevar Linda e Aracy à condição de atração do Vogue poderia ter sido desastroso. Contudo, ambas tinham uma personalidade tão forte e original que caíram de encomenda para agradar em cheio à clientela. Nem mesmo concorrentes no pequeno universo das cantoras consagradas como Dalva e Emilinha teriam dado tão certo.

Não sendo leitura habitual dos frequentadores padrão Vogue, é perfeitamente lícito supor que a *Revista do Rádio* tenha colaborado para a ascensão do sexo frágil na música vocal brasileira, dominada francamente pelos cantores. Linda Batista foi protagonista nessa escalada, tendo sido coroada como Rainha do Rádio por onze anos seguidos.[8]

Cabelos puxados para trás, sobrancelhas bem delineadas, lábios rubros cuidadosamente pintados, rosto oval e um corpo robusto, Linda Batista era uma figura popular e influente no meio das cantoras. Com uma voz esfuziante e um bom retrospecto nos alegres sambas e marchas carnavalescas que gravou ("Nega maluca" e "No boteco do José"), enriqueceu seu repertório quando lançou o samba-canção "Vingança". Canção destinada a Jorge Goulart, cujo contrato com a Continental impediu-o de gravar, permaneceu dormindo na sua gaveta até o dia em que Linda cantou-a no Vogue, depois de aprendê-la com Jorge.

Em 29 de maio de 1951, levou o colega Sacha à RCA Victor, a fim de conseguir um contrato para o pianista. No estúdio ele tocou "Vingança", acompanhando-a, o que deixou enlouquecido o violinista Fafá Lemos, que estava ali por acaso. Gravaram a música no mesmo dia, Linda, Sacha e Fafá. Foi o disco que estourou em 1951,[9] colocando a cantora no rol de intérpretes de samba-canção e levando a RCA a acreditar que o sucesso merecia uma regravação mais suntuosa, com orquestra. Dezenas de cantores também gravaram "Vingança", a mais conhecida composição de Lupicínio Rodrigues. Ninguém superou a versão original, nem mesmo a segunda gravação da própria Linda.

---

[8] Linda Batista foi a primeira Rainha do Rádio, em 1937, permanecendo com a coroa até 1948.

[9] Concorrendo com a gravação do Trio de Ouro, lançada em junho, dois meses antes, pela mesma etiqueta.

A cantora Linda Batista no filme *Tristezas não pagam dívidas*, de 1944.

Dotada de temperamento expansivo, ela foi estrela das rádios Tupi e Nacional (com salário igual ao de Francisco Alves), do Cassino da Urca por oito anos, participou de 29 filmes, realizou temporadas pelo Brasil e Argentina, nas quais faturou mais que nos discos, teve mais de dez automóveis, entre eles um Cadillac rabo de peixe, colecionava joias e cultivou discretamente amores passageiros e alguns casos célebres, como Orson Welles e, segundo consta, o presidente da República Getúlio Vargas. No meio artístico gozava ainda do privilégio de assinar uma coluna fixa, "De dia e de noite", no jornal *Última Hora*, na qual comentava o agito das boates e divulgava com simpatia shows de colegas.

Difícil acreditar que essa cantora de tamanho sucesso possa ter tido um ocaso de vida tão atroz. Com a chegada da televisão, quase nada mais se ouvia de astros do disco como ela, o telefone não tocava solicitando shows, os cinco salários mínimos que recebia eram uma ninharia. O dinheiro escoava pelo ralo. Linda vendeu automóveis, joias da sua coleção e um apartamento, ficando no único imóvel que lhe restava, o apto. 301 da rua Barata Ribeiro, 624, onde morava com as duas irmãs, Odete e a cantora Dircinha. Recheado de troféus, fotos antigas nas paredes, preciosa *memorabilia* para um livro sobre a artista,[10] era também o cenário de brigas com as irmãs que repercutiam entre os vizinhos. Linda subiu ao palco pela última vez em abril de 1984, no Circo Voador. Não conseguiu entrar no vestido escolhido, que teve de ser descosturado, foi de Cadillac alugado pelo promotor do show *Vozes do Brasil*, Fernando Libardi, cantou com Isaurinha Garcia e recebeu 2 milhões de cruzeiros.

Em julho do ano seguinte o apartamento 301 foi lacrado, para alívio dos condôminos vizinhos. Odete tinha problemas mentais; Dircinha, que passara os últimos dez anos sem sair de casa, descabelada e irreconhecível, era esquizofrênica; e Linda, inchada, desnutrida, com anemia aguda e erisipela, tivera um surto psicótico, tentando agredir as irmãs. As três foram retiradas à força pelos enfermeiros e internadas no Hospital Psiquiátrico Pinel, onde receberam um asseio geral incluindo a tosa de suas cabeleiras.[11]

Apesar do sucesso que fazia com músicas de Carnaval, Linda Batista tinha coisas ligadas à melancolia, dor de cotovelo e tristeza, respondeu Tárik de Souza à *Folha de S. Paulo* na matéria após sua morte, arrematando: "Linda viveu o período em que funcionava o carisma e o populismo", antes da mídia radiofônica ser sufocada pela televisão.[12]

Diferentemente do caso de Linda Batista, quando foi considerada culpada pela debacle da cantora, a televisão deu a Aracy de Almeida até mais popularidade que em seus anos de rádio. Mas o preço foi alto e com juros: ofuscou quase que por completo a carreira artística de uma das maiores sambistas brasileiras de sua época. Se não a maior, pelo menos a mais original.

A atividade que lhe deu fama na TV foi a de jurada de programa de calouros. Tendo começado no *É Proibido Colocar Cartazes*, da TV Re-

---

[10] O título do livro de memórias de Linda, *Catete 117*, fazia referência ao Palácio do Catete e seu ilustre morador. Ao que se sabe nunca foi publicado.

[11] Diabética e hipertensa, Linda Batista faleceria em 18 de abril de 1988 no Hospital Evangélico da Tijuca.

[12] "Pesquisadores da MPB e músicos apontam a contribuição da cantora", *Folha de S. Paulo*, 19 de abril de 1988.

Aracy de Almeida
em retrato de meados
dos anos 1940.

cord, destacou-se de tal modo como "persona televisiva de bronquea-da",[13] que foi contratada depois para o *Programa Silvio Santos*, onde suas tiradas descomprometidas e descomposturas pertinentes, ferindo frontalmente os princípios do politicamente correto, tornaram-na a mais aguardada atração de um gênero que, em formato aparentemente diferente, permanece até hoje na televisão. Para gerações inteiras seu nome ficou associado ao da personalidade mais divertida dos programas de ca-

---

[13] Conforme registra Marcos Santarrita em "A encantada do Encantado", artigo publicado no *Jornal do Brasil* de 21 de junho de 1988.

O café society

louros da televisão brasileira. Com seu inventivo linguajar de expressões hilariantes, Aracy eclipsou seu próprio passado.

Apelidada de Araca por Antonio Maria, era um verdadeiro compêndio de gírias, cujo aprendizado vinha de longa data: desde sua amizade com Noel Rosa, nascida no dia em que recebeu de presente o samba "Riso de criança". Passou a acompanhar o compositor, frequentando bilhares e botequins da Lapa, a universidade da malandragem, do samba e da boemia. Araca adotou os três, injetando em suas gravações, com sutileza, inflexões desse ambiente. Acrescidas à sua voz fanhosa, personificava suas interpretações de tal forma que nada se comparava com um samba ou um samba-canção cantado por ela. Autenticava seus discos com o carimbo "Aracy de Almeida".

Foi, talvez, o que fez Noel Rosa considerá-la "a pessoa que interpreta com exatidão o que eu produzo".[14] Foi, seguramente, o que deu autoridade para Aracy cantar sambas e sambas-canção de Noel no Vogue. Esse momento é considerado o ponto de partida para o renascimento da obra de Noel Rosa, eventualmente fadada ao ostracismo. De fato, registram-se menos de dez gravações de projeção nos doze anos seguintes ao de sua morte.[15]

Por conta da repercussão das interpretações diárias de Aracy para o *jet set* carioca, foi produzido o álbum *Noel Rosa*, "uma iniciativa inédita na fonografia brasileira a partir da gravadora Continental dirigida por João de Barro, de quem [Noel] fora parceiro. Em plena fase dos discos de 78 rotações, embalados individualmente em envelopes pardos e de mínimo interesse gráfico, foi produzido em setembro de 1950 um álbum em capa dura com ilustração de Di Cavalcanti e textos internos de Lúcio Rangel e Fernando Lobo, contendo três discos. As orquestrações foram caprichosamente elaboradas por Radamés Gnattali e a interpretação entregue à mais indicada para cantá-las, sua amiga Aracy de Almeida. O timbre anasalado e a inflexão evocativa da voz de Aracy (cuja intimidade com a obra de Noel vinha desde 1935 com a gravação de catorze de suas composições) deram uma vida que poucos imaginavam existir nos sambas-canção que dominavam o repertório — 'Feitiço da Vila', 'Último desejo', 'Não tem tradução' e 'O X do problema', com acompanhamen-

---

[14] Segundo informação do verbete "Aracy de Almeida" do *Dicionário Cravo Albin da Música Popular Brasileira*.

[15] Entre elas "Último desejo", "Século do progresso", "Rapaz folgado" e "Pela décima vez", com Aracy de Almeida; e "Pra que mentir", com Silvio Caldas.

O álbum de Aracy de Almeida com seis interpretações de Noel Rosa em arranjos de Radamés Gnattali incluídas em três discos de 78 rotações: "Palpite infeliz"/"Conversa de botequim", "Pra que mentir"/ "Silêncio de um minuto" e "Com que roupa"/"O orvalho vem caindo".

to de cordas e flauta — e nos outros dois sambas — 'Palpite infeliz' e 'Conversa de botequim', com Aracy escorada pelo Quarteto Continental, na verdade o Quarteto de Radamés com ele (piano), Zé Menezes (guitarra), Luciano Perrone (bateria) e Vidal (contrabaixo)".[16]

Foi como o descerrar de uma cortina sobre os sambas-canção de um dos maiores compositores brasileiros, Noel Rosa. "Não sei o que seria de mim se não tivesse cantado as músicas de Noel", reconheceu Aracy. "Eu gostava de cantar, mas precisava de letra e música para aparecer. E

---

[16] Zuza Homem de Mello, "O feitiço de Noel", *Valor Econômico*, 12 de fevereiro de 2010.

Noel me deu tudo isso. Quando ele ficou doente, sempre estive ao seu lado. 'Último desejo' foi a última música que ele me deu. Nesse dia perdi um pouco de minha vida", concluiu a cantora.[17]

Quem, com autoridade, escreveu detalhes sobre a personalidade de Aracy de Almeida foi seu grande amigo Hermínio Bello de Carvalho: "O poeta [Drummond] se mostrou curioso; e mais ainda quando lhe falei sobre os gostos de Aracy: Mozart, jazz, pinturas de Di Cavalcanti, Clóvis Graciano e Aldemir Martins, faianças e cristais, a leitura do Gênesis de Augusto dos Anjos, cujos poemas alguns os declamava por inteiro. Versículos do Velho e Novo Testamento ela os sabia de cor, e os repetia intercalados de exclamações tais como: 'É do cacete, não é, Bello Hermínio?'... E a mesa, detalhe!, arrumada para uma só pessoa, toalha de renda, copos de cristal tcheco, pratos de porcelana, prataria fina... fantástica, zombeteira, anarquista que desafiava todos os códigos de supostas boas maneiras e que a fazia ser paparicada por todo um society que disputava a tapa sua presença".[18]

Após sua morte, a Dama do Encantado foi homenageada com livros e discos.[19] Com o passar dos anos a cantora que era "o samba em pessoa" vai sendo redescoberta pouco a pouco. Ao invés de ser reconhecida como jurada de televisão, Aracy de Almeida ocupa afinal o seu justo lugar nos anais da música popular brasileira. O de uma sambista do mais elevado refinamento, moldado na Lapa.

Em um local que se pretendia sofisticado, outros cantores de origem popular acabaram se celebrizando, tornando-se verdadeiros ídolos no Vogue, como Dolores Duran, Elizeth Cardoso, Angela Maria e Dorival Caymmi, além do seresteiro Silvio Caldas em seu set às três da manhã, dividindo camarim com Jorge Goulart, que trabalhou na casa até 1951.

Contudo, após um certo tempo o barão Stuckart parecia ter perdido a mão ao insistir em atrações internacionais, algumas nitidamente de se-

---

[17] Depoimento reproduzido em "Morre Araci de Almeida, a 'rainha do balacobaco'", *Folha de S. Paulo*, 21 de junho de 1988.

[18] Hermínio Bello de Carvalho, "Dame Aracy D'Almeida, arquiduquesa do Encantado", *Folha de Londrina*, 6 de julho de 1988.

[19] Aracy de Almeida faleceu aos 73 anos, em 20 de junho de 1988, de embolia pulmonar, no Hospital dos Servidores do Rio de Janeiro. Posteriormente foram lançados o CD *A Dama do Encantado*, de Olivia Byington (WEA, 1997) e os livros *Araca, arquiduquesa do Encantado*, de Hermínio Bello de Carvalho (Rio de Janeiro, Folha Seca, 2004) e *Aracy de Almeida: não tem tradução*, de Eduardo Logullo (São Paulo, Veneta, 2014).

gunda categoria. Se, por um lado, mantinha os favoritos do seu público como Sacha, Silvio Caldas e Louis Cole, por outro estreava em agosto de 1952 a "revelação da canção francesa" Paulette Sabatier, e em outubro, Danielle Dupré, anunciada como "a revelação de Paris". Pura embromação. Em novembro veio a norte-americana Berta, "cantora de poucos recursos e repertório do tempo da minha avó", comentou Linda Batista na sua coluna no jornal *Última Hora*, aconselhando: "Stukar (sic), meu bem, o elemento nacional ainda é o 'maior'. Procure algum brasileiro rapidamente, tá?".

Na tentativa de apostar nos nacionais, Antonio Maria, novo diretor artístico da casa, programou em janeiro de 1953 o humorista Chocolate e, em abril, Inezita Barroso, "a linda intérprete paulista de canções folclóricas e populares", que agradou em cheio cantando à uma e às três da manhã. O Trio Nagô e os Índios Tabajara também subiram ao palco da boate Vogue, ao tempo em que o pianista Erwin Wiener atacava no Living Bar, então sob a direção de Danuza Leão. Num e noutro espaço sucediam-se atrações inexpressivas, numa tentativa do Vogue manter-se como favorito e superar a concorrência que crescia assustadoramente em Copacabana.

Não à toa a nova boate inaugurada por Carlos Machado, o mais ativo e respeitado produtor de espetáculos da vida noturna carioca, foi denominada Sacha's. O pianista que saíra do Vogue, sendo substituído por Fats Elpídio, era sócio na nova casa que funcionava das sete às sete, o que deu origem ao slogan *seven to seven*.[20] Aberta no final de 1954, pretendia ser "uma espécie de templo da alta sociedade carioca", como preconizava o próprio Machado.[21] Os mais expressivos nomes do colunismo social disseram "presente" na noite de inauguração, 23 de dezembro. Entre os eleitos figurava o celebrado "casal 20" do café society carioca, Carlos Eduardo, o Didu, e Tereza Souza Campos.

Na parte musical, as atrações adoradas por essa clientela que se derretia com a música norte-americana: além do pianista Sacha e seu descomunal repertório do American Songbook, havia duas entradas do cantor Murilinho de Almeida, de repertório na mesma linha. Como músico, sobre quem não se comentava, o saxofonista Cipó, não só um dos mais no-

---

[20] O Sacha's se situava na rua Antonio Vieira entre a avenida Atlântica e a rua Gustavo Sampaio.

[21] Cf. Carlos Machado, *Memórias sem maquiagem*, São Paulo, Livraria Cultura Editora, 1978.

táveis arranjadores brasileiros, mas o único nome de quem Dizzy Gillespie se lembrava após ter estado no Brasil em 1956.[22]

Enquanto o Vogue se debatia, deixando o barão Stuckart com a pulga atrás da orelha, o Sacha's subia na cotação das colunas sociais como "a nova namorada da cidade", título decretado pelo colunista Ibrahim Sued. Ele e Jacinto de Thormes se notabilizaram na imprensa brasileira desde esse período em que o samba-canção imperou. Mera coincidência? Ou não? Seus leitores eram os que apareciam nas colunas, os que queriam aparecer e quem tinha curiosidade de saber dos *potins* no café society. Suas notícias, comentários-relâmpago que refletiam a vida noturna do Rio e as novas expressões que inventaram tiveram participação fundamental na vida social do Rio de Janeiro, praticamente em torno do bairro de Copacabana, como descreve José Ramos Tinhorão: "Quem era o grande cronista até a década de 50 do *Diário Carioca* e do *Correio da Manhã*? Gilberto Trompowsky, e quando ele falava da moda das senhoras usava nomes franceses, era a moda francesa que imperava. A partir de 50 aparece o Manoel Bernardes Müller, que se assina Jacinto de Thormes, que sabe inglês e copia o estilo de revistas americanas. A linguagem que reflete essa nova classe se reproduz no chamado cronista social, que não é mais aquele Trompowsky falando daquele círculo fechado de senhoras da alta sociedade. Alarga-se e cria-se um nome para esse tipo de gente, não é mais sociedade, é café society, uma forma de dizer que esse pessoal não tinha mais aquela aristocracia, do tempo em que havia uma sociedade no Rio de Janeiro no qual as famílias se conheciam. Agora é essa mistura, é o café society. Com o café society essa febre de aparecer é muito maior do que a daquela velha aristocracia fechada. Agora a senhora era chamada de socialite, outra forma de mostrar a diferença. Era a socialite que aparece na coluna".[23]

De fato, a expressão "café society" tem origem na imprensa norte-americana. Sabe-se que no início do século XX surgiram em Nova York novos cafés frequentados por boêmios e modelos femininos ostentando joias e roupas sofisticadas. Foi o que gerou uma nova temática para o fotógrafo Cecil Beaton, da revista *Vogue*, propiciando o surgimento de uma

---

[22] Informação registrada em "School of Jazz", texto de Zuza Homem de Mello publicado na *Folha da Noite* em 29 de agosto de 1957 e reproduzido no seu livro *Música com Z* (São Paulo, Editora 34, 2014, pp. 61-7).

[23] Depoimento de José Ramos Tinhorão a Zuza Homem de Mello em 29 de setembro de 2010.

A boate Sacha's, comandada pelo pianista egresso do Vogue.
Na reportagem de *O Cruzeiro*, de 15/12/1956, destaque para o *crooner*
Murilinho de Almeida e a vedete Norma Tamar.

novidade, o fotojornalismo na imprensa. Essa gente sofisticada, que adotava uma atitude *avant garde*, foi identificada como *beautiful people*. É a geração batizada de "café society", expressão cunhada pelo colunista social Maury Paul, que assinava sob o pseudônimo de Cholly Knickerbocker no jornal *New York American*.[24]

Quem eram os representantes do café society? Astros do esporte, candidatas a estrelas de cinema, milionários e personalidades. Em consequência, a imprensa norte-americana percebeu a necessidade de cobrir o que acontecia nesses locais, daí surgindo os colunistas especializados no

---

[24] O jornal *New York American* transformou-se no vespertino *New York Journal-American*, que até desaparecer, em 1966, dava grande destaque ao colunismo social.

O café society

café society. Dois dos mais caros clubes de Nova York, o Stork Club e o El Morocco,[25] eram campos da ação de fotógrafos que circulavam livremente em busca de instantâneos para abastecer as colunas sobre frequentadores abastados que habitavam mansões na Park Avenue. Outros restaurantes, também de preços exorbitantes, onde o pano de fundo era o som de orquestras melosas, completavam os locais eleitos pela clientela de bolso bem fornido. Como os negros não tinham permissão para frequentar tais ambientes, foi aberto no Greenwich Village o Café Society Downtown, um nightclub inter-racial cujo slogan era "The wrong place for the right people" ("O local errado para o público certo"). Foi nesse nightclub, o primeiro onde negros e brancos eram bem-vindos, que Billie Holiday cantou "Strange Fruit" para uma plateia mista.

* * *

A primeira grande sala de espetáculos de Copacabana foi inaugurada em 1940 com a presença da cantora internacional Greta Keller. Para assisti-lo foi exigido traje de gala e cobrado um preço exorbitante para a época, o equivalente a 30 dólares. São elementos que dão uma ideia do que Octavio Guinle pretendia no luxuoso Golden Room do seu Copacabana Palace. Com o passar dos anos subiriam ao mesmo palco cartazes como Yves Montand, Josephine Baker, Gilbert Bécaud, Edith Piaf e Jean Sablon. E nos anos 1950-1960, no período do Copa sob o comando de Oscar Ornstein, que era muito mais que um relações-públicas, subiriam também a seu palco Maurice Chevalier, Roy Hamilton, Nat King Cole, Yma Sumac, Ella Fitzgerald, Sammy Davis Jr., Frankie Laine, Marlene Dietrich, Tony Bennett, Paul Anka e Charles Aznavour, numa parceria com a TV Record de São Paulo.[26]

Além das temporadas internacionais, o Golden Room tinha uma orquestra de danças dirigida invariavelmente por excelentes maestros/ar-

---

[25] Em sua existência, de 1929 a 1965, o Stork Club foi um dos mais prestigiados nightclubs de Manhattan, e era o símbolo da elite abastada. O El Morocco, também em Nova York, vigorou dos anos 1930 aos 1950 com frequência semelhante, ricos e famosos misturados com estrelas do cinema e celebridades.

[26] Fugindo do nazismo, Oscar Ornstein chegou ao Rio de Janeiro em 1941, onde iniciou carreira como fotógrafo, para depois mostrar talento excepcional como relações-públicas do mais ambicionado hotel brasileiro. Para maiores detalhes sobre tais temporadas internacionais, veja o capítulo 8, "Nada como o show business", de meu livro *Música nas veias* (São Paulo, Editora 34, 2007).

ranjadores — como Simon Bountman, depois sucedido por Copinha[27] — e *crooners* que, em início de carreira, se consagrariam mais tarde no rádio e nos discos: Ruy Rey, Carmélia Alves, Nuno Roland, Jorge Goulart, Nora Ney, Marlene, Doris Monteiro.

Após a saída de Stuckart, a direção artística do Golden Room foi exercida por Caribé da Rocha, que prosseguiu com os musicais do barão.[28] Baiano, o médico ginecologista José Caribé da Rocha exerceu a atividade de compositor, jornalista e diretor de shows no Copa. Convidou Fernando Pamplona para assumir a cenografia e promoveu a cantora Marlene, *crooner* no Golden Room, para estrelar um de seus espetáculos, *Fantasia e fantasias* (1955). Caribé teria tido participação no convite de Edith Piaf a Marlene; impressionada com as virtudes da cantora, Piaf levou-a para uma temporada de seis meses no Olympia de Paris.

Caribé também dirigia a boate Meia-Noite, na mesma ala do hotel, destinada a uma clientela mais boêmia e àqueles que desejassem dar uma esticada após o Golden Room. A programação eclética da Meia-Noite apostava igualmente em cantores iniciantes — como Carmélia Alves, Ivon Curi, Helena de Lima —, cujas carreiras em rádio e discos tiveram divulgação nada desprezível com as transmissões do *Ritmos da Panair*, o programa que ia ao ar ao vivo durante a madrugada, pelas ondas da Rádio Nacional. Em especial Nora Ney foi das mais beneficiadas, ao ser aclamada a revelação do rádio. Ocasionalmente a Meia-Noite era incrementada com atrações internacionais, como a francesa Jacqueline François e a linda negra norte-americana Dorothy Dandridge, a cujos shows se sucedia a música dançante, como de hábito nas boates do Rio. A intenção era mesmo promover uma música menos ruidosa e mais apropriada para dançar, como a de Dick Farney e seu conjunto ou dos Midnighters, o quarteto do clarinetista Zaccarias.[29] A Meia-Noite teve portanto uma presença na difusão do samba-canção.

---

[27] O russo Simon Bountman dirigiu a orquestra do Golden Room de seu início até 1946, quando deu lugar a um de seus músicos, o clarinetista e saxofonista Nicolino Copia, o Copinha, que atuou até 1959.

[28] Entre suas produções destacam-se *O circo* (com destaque para o flautista Benedito Lacerda), *Vitória-régia* (alinhando Silvio Caldas, Carmen Costa e Elisinha Coelho, a intérprete de "No rancho fundo"), *Fantasia e fantasias* (lançando uma modelo de 17 anos, Norma Bengell).

[29] Paralelamente, a orquestra de Zaccarias atuou durante sete anos no Copacabana Palace. Para maiores detalhes ver o capítulo 4, "Aceita dançar?", do meu livro *Música nas veias*.

O café society

Foi nessa boate, segundo Ricardo Boechat, que Ava Gardner, "escoltada por Ibrahim Sued e Jacinto de Thormes, os dois mais famosos colunistas sociais brasileiros, caía no choro sempre que a orquestra tocava músicas do repertório do marido, Frank Sinatra, de quem acabava de separar-se". Também onde "Elaine Stewart, a atriz americana que frequentou com regularidade a boate Meia-Noite, alimentava os boatos de que estaria apaixonada por Ibrahim Sued".[30]

* * *

Carlos Machado era um moço esbelto e conquistador que tão logo viajou a Paris, em 1932, encetou carreira como dançarino, no que era um verdadeiro ás. Assim se projetou ao lado de Maurice Chevalier e Mistinguett, de quem recebeu o cargo de diretor de produção de seus shows. Após atuar como líder de orquestra no Cassino da Urca, seu passo seguinte foi rumo à atividade que o projetaria pelo resto da vida, o da direção artística do restaurante e boate da Praia Vermelha, o mesmo local onde um dia viveria o auge de sua carreira como produtor de musicais.

Objetivamente, ninguém merece mais o título de rei da noite carioca do que Carlos Machado, que, em maio de 1947, dirigiu por um breve período o Night and Day. Era um dos nightclubs de estilo norte-americano que concorriam diretamente com o Golden Room do Copacabana Palace, com shows que eram verdadeiras superproduções.

O Night and Day tinha um posto privilegiado, em plena Cinelândia, ocupando um andar do edifício Serrador, construção destacada das demais pela fachada em semicírculo dando para a orla, abrigando nos outros andares o melhor hotel central da capital brasileira. Inaugurado em 22 de novembro de 1946, o Night and Day fazia valer o nome, funcionando de dia como bar, restaurante para almoço e salão de chá dançante, e à noite como restaurante para jantar e boate com shows.

Para sustentar essa atividade incessante, contava com uma verdadeira fauna de frequentadores teoricamente de classes incompatíveis: políticos vindos do Senado Federal (apenas alguns passos ao lado, no Palácio Monroe), casais chiques, homens de negócio desacompanhados — tão sozinhos... — hospedados no hotel, funcionários públicos fora ou durante o horário de expediente, bicheiros de posses, socialites ou candidatas a socialites, *escort girls*, prostitutas de alto nível semidisfarçadas; enfim,

---

[30] Cf. Ricardo Boechat, *Copacabana Palace: um hotel e sua história*, Rio de Janeiro, Editora Adriana Ambak, 1998.

O ator Grande Otelo e o empresário da noite Carlos Machado.

uma gente que misturava os poderosos e os aproveitadores dos poderosos, como em nenhum outro local, em pleno Distrito Federal.

Em sua curta atuação no Night and Day, Carlos Machado contratou Amália Rodrigues, inaugurando o espaço para outras temporadas de âmbito internacional que vieram, porém, após a sua saída: as orquestras de Tommy Dorsey e de Xavier Cugat, o poeta do teclado Carmen Cavallaro, os cantores Pedro Vargas, Gregorio Barrios, Charles Trenet, Jean Sablon e a cantora Josephine Baker. Como diretor da casa, Machado montou shows de grande produção: *A grande revista* homenageava os personagens do Teatro de Revista da praça Tiradentes, e a *revuette Alvorada* era estrelada por Virginia Lane. Após sua saída foram montados novos espetáculos no Night and Day,[31] cujo desaparecimento seguiu o mesmo destino do Vogue: a era da "boate dos astros" também se encerraria com um incêndio, em maio de 1956.

Se para atingir o Night and Day bastava uma caminhada a pé para quem estivesse no centro, para chegar a uma nova boate carioca inaugurada no começo de 1948 seria preciso subir uma estrada sinuosa, como era então a rua Marquês de São Vicente, na Gávea. Deixando para trás o Jockey Club e a lagoa Rodrigo de Freitas, chegava-se ao número 200, onde foi montada a Monte Carlo, em estilo veneziano, com estátuas de mármore e tapetes persas originais da mansão que foi reformada para abrigar a boate.

O local foi a nova menina dos olhos de Carlos Machado. O forte dos shows que produziu no Monte Carlo residia na especialidade em que era imbatível: mulheres espetaculares, lindamente enfeitadas por sua figurinista permanente Gisela Machado. Se pouco se falava sobre a música do Monte Carlo,[32] nos seus cinco anos de atuação passou por seu palco um elenco de beldades que acabariam sendo todas eleitas "Certinhas do Lalau" na coluna de Stanislaw Ponte Preta: Angelita Martinez, Anilza Leone, Carminha Verônica, Diana Morel, Dorinha Duval, Ilka Soares, Iris Bruzzi, Mary Gonçalves, Norma Tamar, Rose Rondelli, entre outras que deixavam a homarada endoidada. Nas grandes produções destacavam-se como autores César Ladeira, Fernando Lobo, Haroldo Barbosa e Silveira Sampaio, nomes expressivos da noite carioca cujas atividades eram um misto de radialista, compositor, cronista, produtor, redator de scripts e, no caso de Silveira, médico.

O último show do Monte Carlo, estrelado por Walter D'Ávila e Renata Fronzi, aconteceu no dia 22 de fevereiro de 1954. Na esteira de títulos em francês, como *Cherchez la femme*, *Burlesque* e *Paris c'est comme ça!*, o derradeiro não podia deixar de manter a tradição: *Qu'est ce que tu pense?*.

Certamente a casa onde Carlos Machado pôs em prática toda a sua criatividade começara a se configurar em novembro de 1952. O convite

---

[31] *Jubileu*, com repertório de Ary Barroso; *Arco-íris*, com o comediante Mesquitinha; *Carroussel paulista*, com o humorista Chocolate; *Quem inventou a mulata?*, de Ary Barroso e Fernando Lobo, com Horacina Corrêa, Trio de Ouro e Dorinha Duval, entre outros.

[32] Onde atuaram, entre outros, Dick Farney, Chiquinho do Acordeon, Fafá Lemos, Edu da Gaita, Dorival Caymmi e a cantora Helena de Lima.

Carlos Machado e algumas das vedetes de seus shows: entre outras, as Irmãs Marinho, Norma Bengell, Vera Regina, Elizabeth Gasper, Célia Vilela e Irma Alvarez.

para a sua participação na boate Praia Vermelha, na Urca, uma concessão da Prefeitura, partiu do seu arrendatário José Caetano de Lima, e a primeira providência do novo sócio foi trocar o nome para Casablanca, inspirado mais na cidade do Marrocos que no título do filme.

Convidou Paulinho Soledade para a direção artística, Britinho para o comando musical e encarregou o cenógrafo Armando Iglezias para a decoração da boate em estilo mourisco. Com os porteiros trajados como beduínos e os garçons com um fez vermelho e barrete azul, Machado estreou em dezembro de 1952 no Casablanca um show carnavalesco em grande estilo. Rodeados por um time de belas modelos, Linda Batista e Ataulfo Alves com suas pastoras eram os destaques de *Clarins em fá*, que recebeu comentários para lá de elogiosos pelo seu toque revolucionário na noite carioca.[33]

A sequência de espetáculos do Casablanca, criativos, originais e faustosos, criados por Machado com a valiosa participação de sua mulher Gisela Machado no toque de elegância, representa um capítulo à parte no esplendor da vida noturna do Rio. O show *Como é diferente o amor em Portugal*, com João Villaret, o maior declamador da língua portuguesa, no meio de lindas modelos, foi uma ideia ainda mais revolucionária.[34] *Feitiço da Vila*, seu terceiro espetáculo, encenado em 8 de junho de 1953, exaltava a obra de Noel Rosa, tendo Jardel Filho como narrador, Silvio Caldas, Grande Otelo e uma moça que lhe foi apresentada por Paulo Soledade como a futura maior cantora brasileira. Era Elizeth Cardoso, que cantava duas músicas de Noel, "Feitiço da Vila" e "João ninguém", em dueto com Blecaute.

Em setembro desse mesmo ano, Machado montava *Acontece que eu sou baiano*, que se desenvolvia em torno de Dorival Caymmi cantando sua Bahia, e tinha no elenco o grupo vocal Quitandinha Serenaders e, segundo o próprio Machado em suas memórias, "uma jovem de menos de vinte anos, dona de uma voz que representa o verdadeiro Brasil moreno... transformou-se em ídolo nacional... Angela Maria".

Para o show seguinte, Carlos Machado resolveu festejar o Carnaval levando "para o palco de uma casa sofisticada um grande número de pretos e mulatos — gente que representa tão bem o nosso povo e que, por motivos estranhos, ainda não alcançara livre trânsito nos grandes musicais".[35] Pela primeira vez, em outubro de 1953, uma escola de samba, a Império Serrano, participava de um show em boate, na companhia de

---

[33] "Com *Clarins em fá*, Carlos Machado conseguiu acabar com o tabu dos cassinos", escreveu Brício de Abreu no *Diário da Noite*. "Aconselho-vos a ver o show do Casablanca... é o melhor show de Carnaval que já vi", escreveu Rubem Braga no *Correio da Manhã*. "É um show mágico", escreveu Accioly Neto em *O Cruzeiro*.

[34] "Quando ele aparece todo maneiroso e gordalhufo, ele abre a boca, move as mãos e vos domina, vos empolga... dá uma alta dignidade ao mundo frívolo das boates", escreveu Rubem Braga sobre o show que estreou em 2 de março de 1953.

[35] Cf. *Memórias sem maquiagem*, de Carlos Machado.

O show *Satã dirige o espetáculo* na boate Casablanca, em 1954.

Ataulfo Alves e suas pastoras, Grande Otelo, Déo Maia, Lord Chevalier, Russo do Pandeiro e ainda um baiano cujo nome nem aparecia nos créditos da divulgação na imprensa. Seria personagem maior na música brasileira: João Gilberto.

O espetáculo seguinte focalizaria a cidade onde Carlos Machado viveu grandes momentos e grandes amores em sua vida, Paris. Lá planejou tudo, adquiriu material para os figurinos e importou duas vedetes esculturais: Léone Alex, do Folies Bergère, e Rita Rella, do cabaré Eve. O título escolhido era uma sensacional provocação: *Satã dirige o espetáculo*. Grande Otelo viveria o pintor Toulouse-Lautrec ao lado da bailarina loirinha *mignon* da Companhia Walter Pinto, Marina Marcel, e mais seis bailarinas do Teatro Colón, além da coreógrafa Blanche Mur, que depois exerceria essa função no Teatro Record. Entre as modelos, Gene De Marco tinha sido balconista da *bombonière* na Loja Sears, de São Paulo, até ser descoberta por Machado. A orquestra de dezesseis figuras era dirigida por Britinho, músico de sua confiança. Anunciado como o máximo em luxo, o máximo em bom gosto, o máximo em teatro musicado, a nova produção estreou em maio de 1954. Não tinha texto, mas "vivia exclusivamente do *ballet*, das canções e da montagem espetacular".[36] Foi o inesquecível espetáculo a que assisti empolgado na deslumbrante boate Casablanca, última grande produção de Machado.

Em março de 1955 Carlos Machado desligou-se do Casablanca, sendo convidado para retornar ao Night and Day, na Cinelândia, onde remontou *Este Rio moleque*.[37] Seu lugar foi preenchido pelo empresário Zilco Ribeiro, que montou os dois últimos shows da boate da Urca: *Nós os gatos* e *O samba nasce no coração*, com Ataulfo Alves, Ismael Silva e a Velha Guarda representada por Pixinguinha, Donga, João da Baiana, Alfredinho, J. Cascata e Bide. Aplaudidos entusiasticamente, os heróis sobreviventes do maxixe souberam aproveitar novamente a oportunidade no show que encerrou as atividades do Casablanca em 17 de outubro de 1955.

Um aparato bélico chegou a ser montado para despejar o concessionário da antiga boate da Praia Vermelha, José Caetano de Lima.[38] A mais antiga casa de diversões noturnas do Rio de Janeiro só poderia ser rea-

---

[36] Como registrou Luiz Alípio de Barros em sua coluna "Teatro", do jornal *Última Hora*, em 13 de maio de 1954.

[37] Em setembro de 1960, Carlos Machado carimbaria seu passaporte montando o show *Brazil!* no Radio City Music Hall de Nova York, de cujo elenco participavam, entre outros, Nelson Gonçalves e o Conjunto Farroupilha. Em 1962 ele obteria grande repercussão com a produção de um musical homenageando Lamartine Babo, *O teu cabelo não nega*, levado à cena no Golden Room.

[38] No início da década de 1940, a Prefeitura havia construído dois pavilhões que, devido à sua localização, ao pé do Morro da Urca e do Pão de Açúcar, tinham grande potencial turístico, podendo ser explorados por meio de concessão. Assim nasceu a churrascaria, depois restaurante, e a boate Praia Vermelha, cujo vencedor da concorrência, Sávio de Almeida, negociou-a em 1945 por 2 milhões e 400 mil cruzeiros com José Caetano de Lima, que a manteve com uma série de sucessos e fracassos até a chegada de Carlos Machado. Mas ao cabo dos anos o imóvel não resistiu às exigências de aprovação da Prefeitura; esta avaliou-o em estado tão lastimável que propôs a ação de despejo, executada em dezembro de 1955.

O samba nasce no coração, espetáculo organizado por Zilco Ribeiro no Casablanca em 1955.

CASABLANCA

Zilco Ribeiro

APRESENTA
TÔDAS AS NOITES

«O Samba Nasce no Coração»
"Velha Guarda"

A Grande Produção de Zilco Ribeiro para 1955

COM

Consuelo Leandro - Anilza Leoni - Carmem Verônica
Ataulfo Alves e Sua Academia de Samba
Ismael Silva e as Irmãs Yáras
As Pastoras do CASABLANCA

Paulette Silva	Marco Aurelio	Rosemarie Sulquer	Moacyr Deriquem
Evelyn Rios	Victor Kelly	Maribel Soriano	Armando Camargo
Iris Valle	Luiz Fernando	Ebe Biazzini	Romeu Pecce
Norma Fernandes	Dinah Long	Alice Fernandes	
Manon Godoy	Helena Meline	Vera Lopes	Cristina Ludwig
Paula da Silva	Irene Lopes	Estela	Maria Aparecida
Guiomar Francisca	Yara Jaty	Maria José	Arlette

"VELHA GUARDA"

COM

Pixinguinha - Donga - João da Baiana - Alfredinho
J. Cascata - Bidi - Waldemar - Mirinho - Léo

Orquestra: «Os Copacabana» Coreografia e Figurinos de: Norbert Guarda-Roupa: M. Ramponi Cenografia: Lan	Orquestração de: Vadico Adereços: M. Amélia Guimarães Texto de: Meira Guimarães

SCRIPT E DIREÇÃO GERAL DE ZILCO RIBEIRO
Um Grande Elenco de 60 Artistas Num Grande Espetáculo!

berta após nova concorrência. A boemia e o *grand monde* cariocas, que já haviam perdido o Vogue em agosto, se empobreciam ainda mais em dezembro do mesmo ano, 1955.

Em menor escala quanto às proporções cênicas mas muito bem cuidada quanto à programação, foi aberta em 3 de novembro de 1952 uma nova boate no Rio, a Beguin, no imponente Hotel Glória. Nela se destacou a criatividade do ex-pediatra Silveira Sampaio como produtor de três espetáculos marcantes na vida noturna carioca, *Quem roubou meu samba*, *No país dos Cadillacs* e *Brasil de Pedro a Pedro*.

O café society

Zilco Ribeiro (à direita) e os músicos do show *O samba nasce no coração*, incluindo João da Baiana, Donga, Pixinguinha e Ataulfo Alves.

O Beguin, contemporâneo do Casablanca, foi o primeiro a abrir espaço para o pessoal da Velha Guarda, com Pixinguinha à frente, dando origem a um *revival* de músicos veteranos praticamente inativos e eventualmente condenados ao ostracismo. Tais performances dos integrantes da Velha Guarda repercutiram de tal modo que geraram uma verdadeira onda de sucesso espalhada por atuações em São Paulo, no ano de seu quarto centenário, através da Rádio Record, e no Rio, no Casablanca, em junho do ano seguinte.

A música dançante do Beguin era comandada em 1952 pelo irrequieto guitarrista Bola Sete, que alcançaria renome internacional, e por Caco Velho, que reveza-se como *crooner* com Dolores Duran, tendo então sua segunda paga em boate, após participação num show na Acapulco, cantando em inglês.

Pixinguinha, Trombonista Cego e Bide no show *Noite da Velha Guarda* na boate Beguin, do Hotel Glória, em 1954.

Decididamente a gênese da modernidade na música brasileira não tem muito a dever aos dois grupos que se concentraram na dança como passaporte para o êxito na noite de Copacabana. Eram liderados por dois pianistas que, com a descoberta de um teclado eletrônico de ilusão passageira, denominado solovox, atravessaram seu período de maior sucesso explorando uma combinação um tanto esdrúxula com o órgão Hammond.[39] Aí está o timbre de piano, solovox, e órgão que consagrou Djalma Ferreira e Waldir Calmon. Essa sonoridade pasteurizada, de ritmo picadinho, espalhava-se num repertório entre o óbvio e o inofensivo, que

---

[39] O Hammond Solovox era um instrumento monofônico que, conectado a um piano, pouco abaixo do teclado, adicionava uma voz solo que podia ser selecionada para timbres eletrônicos próximos de outros instrumentos, de corda ou de sopro.

O café society

tomou conta de duas boates tidas como imperdíveis no Rio de Janeiro, o Drink e o Arpège. Tão próximas que saindo de uma podia-se ir à outra e ter a impressão de que, no tocante à música, dava no mesmo.[40]

Esse som dançante de um grupo compacto de músicos num pequeno palco veio a calhar para o espaço disponível das boates cariocas, atraindo um público sequioso em bailar. Seus LPs vendiam aos borbotões: Waldir lançou a série *Feito para dançar*, de música ininterrupta, sem divisão de faixas, uma novidade que chegou aos doze volumes através da etiqueta Rádio.[41]

De sua parte, Djalma associou a marca Drink a seus próprios discos, também de cunho dançante. Ambos se tornaram os mais bem-sucedidos representantes de uma moda híbrida e despersonalizada que vingou na mais esplêndida fase do samba-canção.

Como pianista acompanhante de cantores e em intervalos de teatro, o mineiro Waldir Calmon destacou-se como líder de seu grupo em rádios e boates cariocas especializando-se em música para dançar, feita de encomenda para atender a gregos e troianos, que chegaria a uma produtividade de proporções industriais. Após oito anos no Night and Day, abriu sua própria boate, Arpège, prosseguindo nas gravações com sucesso manifesto nas vendas, dentro do estilo "um clichê atrás do outro". Entre os comentários de estupefação, dizia-se que o órgão de Waldir Calmon chegava a falar.

Por seu turno, o carioca Djalma Ferreira, que também era compositor, inventou um som imitando aves e bichos no solovox e emplacou seu primeiro sucesso, o baiãozinho "Bicharada". Quando montou seu conjunto, os Milionários do Ritmo, já era bem rodado com atuações nos cassinos cariocas, temporadas no Peru e no Chile, onde mostrou seu talento empreendedor ao montar sua própria casa noturna. Ao abrir o Drink em 1954, pôs em prática o feitio do som agradável e sem compromisso que atendia plenamente aos anseios dos casais dançantes vivamente impressionados com seu órgão também falante. Além da veia dançan-

---

[40] A Drink ficava na avenida Princesa Isabel, e a Arpège, na rua Gustavo Sampaio, ambas na divisa do Leme com Copacabana.

[41] Criada especialmente pela Rádio Serviço e Propaganda para atender à demanda dos ouvintes de seu programa *Ritmos S. Simon*, pela TV Tupi do Rio. Em 1954 lançou o volume 1, em 1956 os volumes 2, 3, 4 e 5, em 1957 os volumes 6, 7 e 8, e em 1959 os volumes 9, 10, 11 e 12. Afora os LPs avulsos e os doze *Feito para dançar*, Waldir Calmon gravou outras séries na Rádio e na Copacabana, totalizando outros dezoito LPs.

O tecladista Djalma Ferreira, que junto com Waldir Calmon, introduziu na noite de Copacabana a levada dançante do órgão Hammond.

te fundamentada pelo relevante baixista/pianista Ed Lincoln, que o substituiu ao órgão — merecendo depois se converter no grande ás dos bailes cariocas com seu conjunto próprio —, Djalma contou com outros dois trunfos decisivos nessa fase de sua carreira: a valiosa coautoria, na verdade bem mais que isso, de Luís Antonio em "Cheiro de saudade", "Recado", "Murmúrio", "Devaneio" e "Lamento", que projetaram o *crooner* dos Milionários do Ritmo.

Alcunhado Nêgo Antonio por seu tipo amulatado, o carioca Luís Antonio (Antonio de Pádua Vieira da Costa) tomou parte com Klecius Caldas e Armando Cavalcanti num trio *sui generis* de compositores. Eram militares de patente. "Qual a razão de certa má vontade em aceitar que militares possam ser compositores? O tema merece alguma reflexão, mas o fato é que pelo menos quatro de nossos compositores de sucesso eram oficiais do Exército: Klecius Caldas, Armando Cavalcanti, Jota Júnior e Luís Antonio".[42]

Poucos compositores brasileiros mereceriam ser cognominados de "ilustre desconhecido" com tanta propriedade quanto Luís Antonio. Tratado pelos amigos como Coronel, o ex-pracinha da FEB na campanha da Itália fazia letra e música, ainda que seu forte fossem os versos, com foco no social em diversas incursões. Só de marchas e sambas carnavalescos Luís Antonio fez, com diferentes parceiros, "Sapato de pobre", "Sassaricando", "Lata d'água" e "Zé Marmita". Também fez "Levanta Mangueira", "Barracão", "O apito no samba" e "Eu bebo sim", sua última composição.

Seu nome despertou a atenção pela primeira vez ao figurar na parceria, com Armando e Klecius, do samba-canção "Somos dois", sucesso com Dick Farney em 1948: *"Somos dois/ Começo de vida/ Nós dois numa simples história de amor.../ Sentindo em que próximos dias diremos talvez/ Com os olhos brilhando de felicidade/ Fomos dois/ Somos três"*. O próprio Klecius tomou a iniciativa de apresentá-lo a Dick em sua casa de Santa Teresa, mesmo sem conhecê-lo pessoalmente. Certamente receoso, cantou a música numa versão em inglês que havia preparado. Ao que Dick consultou-o se não tinha a letra em português. Era a original e foi o suficiente para que "Somos dois" fosse gravado e até inspirado um filme de mesmo nome.

Em 1959 Luís Antonio abraçou o tipo de música dançante que dominava o Rio de Janeiro, o "sambalanço", no qual conseguiria encarreirar um sucesso atrás do outro: "Lamento", "Devaneio", "Menina moça", "Mulher de trinta", "Recado" (incluído na trilha de *Meia-noite em Paris*, de Woody Allen) e "Cheiro de saudade", quase todos nessa dita parceria com Djalma Ferreira.

São dessa época seus quatro sambas-canção sem parceria, "Poema das mãos", "Eu e o rio", "Vestida de adeus" e "Poema do adeus". Este último se celebrizou pela interpretação de Miltinho, ao prolongar o substantivo "bem" no primeiro verso: *"Então, eu fiz um bem, dos males, que passei/ Fiz do amor uma saudade de você/ E nunca mais amei, deixei nos olhos seus,/ Meu último olhar e ao bem do amor eu disse adeus"*.[43]

---

[42] Cf. *A canção no tempo, vol. 2*, de Jairo Severiano e Zuza Homem de Mello (São Paulo, Editora 34, 6ª ed., 2015, p. 43).

[43] As três primeiras composições citadas de Luís Antonio foram gravadas na voz

O cantor Miltinho tinha um sentido rítmico único, em boa parte derivado de seu passado como pandeirista dos Anjos do Inferno.

O segundo trunfo para o êxito na carreira de Djalma Ferreira foi muito bem aproveitado, graças a sua habilidade empresarial, e tornou-o milionário. Era o *crooner* Miltinho — ex-pandeirista do grupo vocal Anjos do Inferno, com o qual permaneceu cinco anos —, que tinha uma percepção rítmica aguçadíssima, um negócio de louco. Dessa forma justificava por que os milionários do conjunto eram os do ritmo. "O Djalma ficou com o dinheiro e nós com o ritmo", declarou Miltinho.[44]

Um inovador, Miltinho deixava os cantores da época para trás, a perder de vista. O timbre de quem está nos últimos dias de um resfriado e a dicção impecável iluminavam a canção assim que ele atacava. Aí co-

---

de Miltinho, e a quarta, na voz de Helena de Lima. "Poema do adeus" foi incluída no filme *O vendedor de linguiça* (1962), interpretada por Miltinho.

[44] Depoimento em programa da TV Brasil homenageando seus 85 anos.

meçava sua dança tipo Sugar Ray Robinson no ringue, rodeando a melodia com avanços e atrasos, fazendo que ia mas não ia, perdendo o bonde e montando no estribo pouco adiante, num jogo rítmico sensacional. Educadíssimo, zeloso pelo português, sabia como se compor no palco, trajando um blazer azul-marinho transpassado, calças e sapatos claros, bigodinho finamente aparado, um absoluto domínio dos gestos comedidos e um timbre de voz inconfundível, como mostrou no espetáculo do Sesc Pompeia em janeiro de 1997.[45]

De sua decantada divisão rítmica, dizia tranquilamente: "Sou ritmista. A única particularidade é que canto dois tempos atrasado, a harmonia vai na frente. Você fica com dois tempos para errar. As pessoas não sabem que dois tempos em música é troço que não acaba mais, dá para escrever uma carta para casa". Não era só isso. Em seu primeiro disco solo, *Um novo astro*, ele utiliza mais uma sutileza ao substituir uma palavra pela sua repetição ocupando o mesmo espaço em notas mais curtas, como na faixa "Ideias erradas": "*ideias, ideias*" em vez de "*ideias*", "*quero, quero*" em lugar de "*quero*", "*vale, vale*" substituindo "*vale*", "*você, você*" onde deveria ser "*você*", que enfatizam a divisão rítmica. Repetia frequentemente esse procedimento, que dessa maneira se tornou sua marca registrada. Nesse mesmo LP, na pequena etiqueta Sideral, Miltinho canta onze sambas, patenteando a essência do estilo denominado sambalanço. Também chama a atenção a última faixa, um samba-canção em levada arrítmica no qual Miltinho, acompanhado pelo violão de Baden Powell, dá uma aula de interpretação ao lírico "Eu e o rio", também do esplêndido Luís Antonio.

Gostava de improvisar *scats* do bebop em ritmo de samba, brecava de estalo mas nunca se perdia, atingia os agudos sem o menor esforço, com voz plena que deslizava nos ataques, tomando conta do espaço sonoro. Como bônus em seu legado, deixou gravadas na RGE joias imba-

---

[45] Em *Aberto para balanço*, série de dez shows que dirigi para comemorar os cinquenta anos do Sesc, o quarto espetáculo denominava-se *Nos bares da vida*. Reuni em 18 de janeiro de 1997 Doris Monteiro, Miltinho, Noite Ilustrada, Silvio Caldas e os Trovadores Urbanos. Foi a última apresentação de Silvio em palco, e Miltinho, aplaudidíssimo, mereceu um comentário de José Nêumanne em *O Estado de S. Paulo*: "Não é preciso voltar a Noite Ilustrada e Miltinho... os dois, ambos com 69 anos de idade, ainda têm, apesar do imerecido ostracismo em que mergulharam nos últimos anos, um domínio absoluto do ritmo de um espetáculo musical e do palco... O intérprete de 'Palhaçada' vai além e consegue contar seus causos como se estivesse cantando seus sucessos, todos lembrados verso a verso pelo público".

Matéria na revista *O Cruzeiro*, em setembro de 1953, sobre o lendário Clube da Chave, no Posto 6 de Copacabana.

tíveis no gênero do samba-canção: "Lembranças", "Confidência", "A dor de uma saudade" e mais as três que personalizou em definitivo, "Poema do adeus", "Poema do olhar" e o audacioso "Meu nome é ninguém". É suficiente entoar os primeiros versos para associá-los ao cantor: "*Em teu olhar busquei perdão/ Busquei sorriso e luz*" em "Poema do olhar", e "*Foi assim, a lâmpada apagou/ A vista escureceu, um beijo então se deu*" em "Meu nome é ninguém", descrevendo um ato de amor. Seu nome era Miltinho.

Outros bares e boates de menor dimensão, mas que em geral cultivavam boa música, poderiam preencher quase todo o alfabeto, mesmo se nos restringirmos a Copacabana: Acapulco, Bacará, Ciro's, Dominó, Embassy, Farolito, Havaí, Juca's Bar, Kilt Club, Le Carrousel, Mocam-

A coluna de Fernando Lobo na *Revista da Música Popular*, nº 4, de janeiro de 1955, registra uma noitada no Maxim's, com Chuca-Chuca ao piano, incluindo a presença de Rubem Braga, Ary Barroso, Lúcio Rangel e Silvio Caldas, entre outros.

bo, Perroquet, Ranchinho do Alvarenga, Stud do Téo, Tudo Azul, Zum Zum... Com um mundaréu de reservas: Alcazar, Black Horse, Bon Gourmet, Bolero, Caixotinho, Jirau, Little Club, Plaza, Scotch, Tasca, Top Club... até dizer chega.

Servir uísque falsificado num daqueles bares ou boates era o suficiente para matar a confiança da clientela. O passo seguinte era inevitavelmente fechar as portas. Não era o caso nem da Casa Vilariño, no centro da cidade, nem do Clube da Chave, no Posto 6, onde os bons bebedores gozavam de um privilégio: cada um de seus cinquenta sócios tinha a chave da porta para o acesso à boate sem pista de dança, na qual enfileiravam-se atrás do bar as garrafas de uísque de cada um deles. Marcelo Dória, proprietário da chave número 5 do clube fundado por Humberto Teixeira, descreveu seu funcionamento: "haverá uma porta, uma fechadura e cinquenta chaves. De trás da porta um 'bar boite' com as melhores atrações artísticas funcionando até as oito da manhã".[46] Não à toa foi um dos bares preferidos da classe artística mais exigente pela boa bebida, pelos papos inteligentes e pelas homenagens e festas, como a *Noite do Menino Grande* em outubro de 1954, que não era um tributo a Antonio Maria e sim uma noitada em que todos deveriam se fantasiar de bebê. Quanto à música, era um verdadeiro *after hours*[47] em versão brasileira, com tudo que era cantor e músico dando canja noite adentro, quase sempre após sua atividade em outras boates. Praticamente todos os grandes pianistas do Rio dedilharam pelo menos uma vez o piano do Clube da Chave. Houve um tempo em que se revezaram dois jovens promissores, admirados por frequentadores como o diplomata Vinicius de Moraes, que estava no Brasil. A parelha era formada por Newton Mendonça e Tom Jobim.

Se boates como o Vogue eram o ponto de colunáveis do café society, o reduto preferido dos jornalistas, compositores, cantores e da intelectualidade boêmia em Copacabana era o Maxim's da avenida Atlântica, onde o pianista da casa, conhecido como Chuca-Chuca, também era vibrafonista. Lá se reuniam artistas do rádio, Ary Barroso, Manoel Barcelos e as irmãs Batista, com a elite da crônica em jornais e revistas, Rubem Braga, Fernando Sabino, Fernando Lobo, Paulo Mendes Campos, Sérgio Porto, Antonio Maria, Lúcio Rangel, uma verdadeira seleção da *intelligentsia* cujos textos eram lidos com sofreguidão, fazendo a cabeça da juventude que, também ouvindo samba-canção dessa gente toda, se preparava, sem o saber, para mergulhar de cabeça em uma forma revolucionária da música brasileira que conquistaria o mundo.

---

[46] Conforme registro da coluna "Black Tie", de João da Ega, no *Última Hora*, em 1º de agosto de 1952. O Clube da Chave funcionou cerca de cinco anos.

[47] Expressão que significa "após o expediente" e é usada para reuniões informais de músicos, geralmente de jazz, tocando por prazer após suas atividades profissionais.

O café society

O carioca da gema Herivelto Martins e o mineiro carioca Ary Barroso
ensaiando no Cassino da Urca, nos anos 1940,
com Linda Batista e Grande Otelo.

Capítulo 11

O mineiro carioca, o baiano carioca, o paraense carioca, os pernambucanos cariocas e os cariocas da gema

O sucesso de "Copacabana", "Marina" e "Segredo" prenunciou a chegada do samba-canção ao topo da popularidade nos últimos anos da década de 1940, assumindo a hegemonia da canção romântica brasileira e levando a valsa a uma situação secundária. Essa hegemonia, consolidada na década seguinte, foi exercida pelo gênero dividido em duas grandes vertentes: a tradicional, liderada pelos compositores Herivelto Martins e Lupicínio Rodrigues, vindos da Época de Ouro e à qual logo aderiram figuras como Ary Barroso, Braguinha, Ataulfo Alves e Mário Lago, da mesma geração; e a vertente moderna, em que também brilharam veteranos como Dorival Caymmi e José Maria de Abreu, ao lado de talentosos e ecléticos novatos como Luís Bonfá, Antonio Maria, Klecius Caldas, Armando Cavalcanti e Luís Antonio.[1]

Se o bolero potencializou a paixão do brasileiro pela música romântica, o samba-canção representa o gênero que, tendo um DNA diferente no aspecto musical, concretiza esse desejo. Ambos têm um ponto em comum: são a expressão musical mais evidente da canção romântica nas duas línguas, a espanhola, de quase toda a América Latina, e a portuguesa, do Brasil.

Nos anos 1940 e 1950 eram comuns os bailes caseiros com jovens dançando ao som das rádios ou das vitrolas tocando discos de sucesso. Dançavam de uma forma que se confrontava com aquela reprimida na sociedade, em que o contato físico de beijos, abraços ou carícias não era nada bem-visto: os pares dançavam enlaçados. Se na valsa, gênero romântico anterior, era normal dançar enlaçado, no samba-canção esse enlace permitia um contato físico de rostos colados e do corpo todo acon-

---

[1] Segundo texto de Jairo Severiano enviado a Zuza Homem de Mello.

chegado, principalmente da cintura para baixo. Dessa maneira, a aproximação física dos jovens, tão severamente vigiada pelos pais ou superiores presentes aos bailinhos, era admitida sem restrição no samba-canção. Assim, se compreende por que a popularidade do bolero chegou a desbancar a música norte-americana em 1949 e ampliou consideravelmente o sucesso do samba-canção.[2]

Em quase todo o mundo o compositor cujo nome é grafado Barrozo é reconhecido como o autor de "Brazil", o samba que disputa com "Girl from Ipanema" a primazia de hino não oficial do Brasil. Aquelas duas notinhas, o si da anacruse na sílaba "Bra" e o dó do primeiro compasso em "sil", identificam instantaneamente o Brasil como país de ritmo, melodia e graça.

No seu país, Ary Barroso, um dos maiores compositores da canção popular, é o consagrado autor de "Aquarela do Brasil" e de diversos sambas que exaltam a Bahia. Nem se cogita que o mineiro Ary tenha sido também um dos primeiros a compor samba-canção, gênero identificado com o bairro de Copacabana, vizinho do Leme, onde ele morou e criou ao piano a maior parte de sua obra.

É suficiente ouvir com atenção a introdução de "No rancho fundo" em sua insuperável gravação original, na voz de Elisa Coelho, para perceber que o pianista sabia captar o pulso do samba-canção. Era Ary Barroso, o compositor, atuando como acompanhante da cantora em 1931.

Foi ele o primeiro forasteiro da Época de Ouro que, ao migrar de seu estado de origem, se acariocou. Ary tinha abraçado o samba-canção mais de dez vezes, antes do sucesso de "Copacabana", ao optar em ralentar o ritmo, em apegar-se a letras sobre relações amorosas e em tirar partido das modulações que enriqueciam melodias suas, como "Na batucada da vida", "Maria", "Tu" e "Caco velho".

É inacreditável que, apesar de já ter criado quatro joias do samba-canção, Ary não tenha sido inicialmente um entusiasta do gênero. Mas isso mudou em 1953. Ao ficar sabendo do sucesso de "Risque" no Brasil, Ary estava no México excursionando com sua orquestra-espetáculo. Num abrir e fechar de olhos tratou de incorporar ao seu repertório aquele samba-canção, que teve até uma versão em espanhol intitulada "Borre mi nombre de su cuaderno".

---

[2] Em 1949, entre os doze maiores sucessos estrangeiros no Brasil, havia três canções norte-americanas, uma italiana, três francesas e cinco boleros: "Frio en el alma", "María Bonita", "Una mujer", "Palabras de mujer" e "Pecadora".

O grande compositor Ary Barroso, autor de vários sambas-canção de sucesso.

"Risque" fora composta um ano antes para uma revista musical do Teatro Recreio, *Há sinceridade nisso?*, onde era interpretada pela portuguesa Hermínia Silva. Posteriormente foi gravada por Aurora Miranda, sem grande repercussão. Ary sentira-se desafiado a criar uma composição na tendência moderna que ele próprio havia desconsiderado, ao afirmar que "samba sem telecoteco não é samba".[3]

Já escolada com sua interpretação assertiva de "Vingança", Linda Batista repetiu a dose acompanhada pelo conjunto de Fafá Lemos com Chiquinho do Acordeon, dando aos versos de "Risque" seu sentido correto, o de um rompimento nada amigável: "*Risque meu nome do seu ca-*

---

[3] Cf. Sérgio Cabral, *No tempo de Ari Barroso*, Rio de Janeiro, Lumiar, 1993.

derno/ Pois não suporto o inferno/ Do nosso amor fracassado.../ Matemos nosso passado.../ Mas se algum dia, talvez, a saudade apertar/ Não se perturbe, afogue a saudade nos copos de um bar". O fracasso no amor é um tema recorrente no samba-canção sob diferentes ângulos: o de quem está farto e joga tudo para o ar e o de quem o lastima como uma grande derrota na vida. Na primeira hipótese exige uma interpretação mais enfurecida do que tateante, o que Linda sabia perpetrar como poucas. Foi o que liquidou a questão. Linda emplacou mais um samba-canção.

Tudo indica que "Risque"[4] deu mais confiança para que Ary confiasse mais naquele gênero que desprezara em suas investidas anteriores em defesa do samba. Com o sucesso, ele desmentiu os que o julgavam um "craque fora de forma". E atacou novamente.

Considerado musicalmente superior, "Folha morta" saiu em disco pela primeira vez com Dalva de Oliveira, à época em que a cantora estava envolvida musicalmente com o maestro Roberto Inglez, com quem já tinha gravado o baião "Kalu", de sucesso internacional. Tão logo foi lançada, "Folha morta" entrou para a lista dos maiores êxitos da cantora que mais entendia do riscado exposto na letra desafortunada: *"Sei que falam de mim/ Sei que zombam de mim/ Oh, Deus, como eu sou infeliz!/ Vivo à margem da vida sem amparo ou guarida/ Oh, Deus, como eu sou infeliz!.../ Eu queria um minuto apenas/ Pra pagar minhas penas/ Oh, Deus, como eu sou infeliz"*. Assunto de infelicidade era com ela mesma.

Tanto Dalva quanto Jamelão, que também gravou "Folha morta", incorreram num erro, cantando "pra mostrar minhas penas" ao invés de "pra pagar minhas penas", que dá sentido à letra do autor. Quando Jamelão, muito animado, foi mostrar ao compositor o disco que acabara de sair, Ary, sempre inflexível quanto à falta de rigor dos cantores em geral, desferiu sem dó nem piedade: "Você tem razão. A gravação está excelente. Mas eu não posso 'mostrar' minhas penas, Jamelão! Não sei se você já percebeu, eu não tenho penas, Jamelão! Eu sou um animal implume, Jamelão!".[5]

Numa de suas mais admiráveis interpretações, Nelson Gonçalves gravou anos depois "Folha morta" no álbum *Tudo de mim*. Corrigindo parcialmente o engano, matou as penas: *"Eu queria um minuto apenas/*

---

[4] Também gravada na década de 1950 por Zaíra Rodrigues, Osni Silva e Orlando Silva.

[5] Cf. Sérgio Cabral, *No tempo de Ari Barroso*.

"Folha morta", samba-canção de Ary Barroso gravado por
Dalva de Oliveira em Londres em 1952.

Pra matar minhas penas/ Oh, Deus, como eu sou infeliz". Nelson escapou da impertinência de Ary, que já não estava mais entre nós.

Falecido no domingo do Carnaval de 1964, Ary Barroso "fazia música por inspiração. Não fabricava. Tinha a febre santa. Onde a inspiração baixasse, sacava de uma pauta musical e numa espécie de taquigrafia gravava no papel a melodia. Depois, chegava em casa e ia direto ao piano", rememorou o repórter e letrista David Nasser.[6]

---

[6] Cf. David Nasser, *Parceiro da glória*, Rio de Janeiro, José Olympio, 1983.

Se "Risque" tem seu grande achado logo no primeiro verso — "risque meu nome do seu caderno" —, que define de cara o conteúdo da letra, "Folha morta" tem uma melodia superior, sendo mais uma joia do samba-canção. Em "Risque" o personagem fala de cima para baixo, em "Folha morta", de baixo para cima. Ambas as composições reafirmam ter sido Ary Barroso um dos grandes autores de samba-canção de todos os tempos.

Durante o tempo em que se fabricaram discos de 78 rotações no Brasil, na primeira metade do século XX, a maioria absoluta dos rótulos nos discos estampava logo abaixo do título, antes mesmo dos nomes dos autores, a identificação do gênero da composição editada. Embora significativa, a decisão sobre essa informação era atribuição de funcionários das editoras e gravadoras que, além de nem sempre estarem credenciados para a missão, não davam a menor importância quanto ao rigor desse esclarecimento, por sinal abandonado no período em que a tecnologia dos discos mudou de 78 para 33 rotações, os LPs. E fez muita falta.

Certamente o mais controvertido caso de designação de gênero em um rótulo de disco no Brasil ocorreu em 1917. Abaixo do título "Pelo telefone", lê-se "samba". Em termos históricos, essa teria sido a primeira vez em que a palavra "samba" foi grafada como gênero no selo de um disco. O motivo da controvérsia é mais relevante. A levada de "Pelo telefone" é de maxixe. Basta ouvir.

Por razão semelhante, parte da obra de Noel Rosa foi classificada como samba, a despeito das condições para ser admitida como samba-canção. Elas estavam presentes, mas a constatação só veio à tona após o lançamento dos álbuns de Aracy de Almeida em 1950 e 1951, quando o reconhecimento do gênero, bem evidente em certos casos, foi devidamente carimbado por obra de Radamés Gnattali, o arranjador desses dois álbuns.

Mais uma vez o maestro acendeu sua lanterna mágica revelando um novo cenário para a música brasileira, desta vez sobre parte da obra de Noel Rosa. A título de modernizar os arranjos, ele percebeu que aquelas composições, gravadas mais de uma vez, contêm em sua estrutura melódica, harmônica e poética elementos essenciais do samba-canção. Faltava colocar no andamento certo, escolher instrumentos convenientemente discretos e deixar Aracy cantar como cantava.

Com sua voz anasalada e melancólica, ela trouxe do fundo da alma a relação de sua intimidade com a obra de Noel, que, pode-se afirmar, não merecera ainda a atenção devida. A voz de Aracy de Almeida e as

Várias composições de Noel Rosa podem ser consideradas sambas-canção, mesmo que nos rótulos dos discos elas sejam classificadas simplesmente como "sambas".

orquestrações de Radamés clarearam os sambas-canção de Noel. E não eram poucos.[7]

Após a introdução da flauta na gravação de 1950 para "Feitiço da Vila", Aracy ataca a primeira palavra — "Quem" —, prolongando a nota de tal forma que transborda do primeiro compasso para invadir o início do segundo — "nasce lá na Vila" —, sinalizando uma fuga da divisão percussiva do samba para deixar explícito que aquilo era um samba-canção. "Feitiço da Vila" tem uma letra que não trata da relação amorosa,

---

[7] "Mulato bamba" (1932), "Coração" (1932), "Quando o samba acabou" (1933), "Feitio de oração" (1933, em parceria com Vadico), "Não tem tradução" (1933), "Meu barracão" (1933), "Cor de cinza" (1933), "Três apitos" (1933), "Feitiço da Vila" (1934, com Vadico), "Silêncio de um minuto" (1935), "Pela décima vez" (1935), "O X do problema" (1936), "Eu sei sofrer" (1937), "Pra que mentir" (1937, com Vadico) e "Último desejo" (1937).

exalta o samba do bairro de Vila Isabel. Mesmo assim não é um samba, tem a constituição e a pulsação do samba-canção, como foi fundamentado por Radamés.

É significativo que na letra do primeiro samba da polêmica entre Noel Rosa e Wilson Batista, este menospreza o gênero em "Lenço no pescoço", no verso *"Eu me lembro, era criança/ Tirava samba-canção/ Eu quero ver quem tem razão"*, ao que Noel repicou, em "Rapaz folgado": *"Fazendo samba-canção/ Já te dei papel e lápis/ Arranja um amor e um violão"*.

Desde 1932, quando foram gravados "Mulato bamba" e "Coração", Noel Rosa compunha sambas-canção. Foi numa excursão do grupo Ases do Samba a Porto Alegre, organizada por Francisco Alves em abril desse ano, que ele aproveitou a tediosa semana da viagem de navio, parando a torto e a direito pelo caminho, para compor dois envolventes sambas-canção: "Mulato bamba" e "Quando o samba acabou".

Mario Reis, um dos integrantes do grupo, rapidamente se apossou do primeiro, feito "sob medida para a sua voz suave, seu estilo pausado e meduloso, tão de acordo com a gente e as coisas deste Rio malandro de que falam os versos".[8] É a história de um mulato forte e astucioso: *"As morenas do lugar/ Vivem a se lamentar/ Por saber que ele não quer/ Se apaixonar por mulher"*. A descrição desse personagem brigão se encaixa no de Madame Satã, o turbulento homossexual da Lapa que se travestia de mulher e era perseguido pela polícia. No final de sua gravação, Mario Reis efetua sabiamente uma ralentada para valorizar a moral da história contida na última frase da música: *"As morenas vão chorar/ E pedir pra ele voltar/ Ele então diz com desdém:/ Quem tudo quer... nada tem"*.

"Quando o samba acabou" expõe a disputa de dois malandros pela cabrocha Rosinha, na escuridão da noite: *"Uma luz somente havia:/ Era a lua que tudo assistia/ Mas quando acabava o samba, se escondia"*. Um deles, no dia seguinte, *"Quando o sol raiou foi encontrado/ Na ribanceira estirado/ Com um punhal no coração"*. Uma tragédia típica das frequentemente abordadas no gênero sertanejo. Para não deixar dúvida sobre a natureza de samba-canção, Noel arremata com poesia, justificando o título: *"De noite não houve lua/ Ninguém cantou"*.

Foi nessa viagem que Noel Rosa conheceu um recruta mulato que, tendo assistido ao espetáculo na primeira fila do Cine Teatro Imperial de

---

[8] Cf. João Máximo e Carlos Didier, *Noel Rosa: uma biografia* (Brasília, Editora UnB, 1990), que traz uma detalhada descrição desta excursão.

Porto Alegre, foi ouvido naquela madrugada cantando num botequim da cidade. Era Lupicínio Rodrigues, que recebeu de Noel o maior elogio de sua recém-iniciada vida de compositor: "Esse garoto é bom".[9]

Se a quase totalidade dos sambas-canção de Noel tem letras abordando relações amorosas com intento bem definido, ao menos num dos menos gravados, ele escreve versos tão cinzentos quanto o próprio título, "Cor de cinza": "*Depois, um carro de praça/ Partiu e fez fumaça.../ E eu achei uma luva/ Depois que ela desceu/ A luva é um documento/ Com que provo o esquecimento/ Daquela que me esqueceu*". A letra embaçada revela sentimentos que o acometeram após conhecer a bela cantora Yolanda Rhodes, da Rádio Guanabara. Ao ser solicitado pela própria inspiradora, Noel escreveu os versos numa página de papel com uma dedicatória reveladora de um amor provavelmente não correspondido: "Para que você não se esqueça da feiura do amigo Noel".[10] Embora composta em 1933, "Cor de cinza" só seria gravada mais de vinte anos depois, por Aracy de Almeida, que, acompanhada por orquestra, dá uma interpretação soturna perfeitamente condizente com a melodia de Noel. Anos mais tarde, Zezé Gonzaga também interpretou o samba-canção, com sua impecável afinação habitual.

Entre suas musas inspiradoras, essa frustração foi um caso raro na vida amorosa fora do casamento de Noel. À mulher amada, porém, destinará apenas as queixas, deslindam João Máximo e Didier em sua alentada biografia sobre Noel: "Suas canções de amor são antirromânticas". E prosseguem, "principalmente, porque a visão de vida de Noel, em relação ao amor, nada tem de romântica. Não acredita que possa ser amado. Talvez nem acredite que alguém possa amar alguém, o amor sendo sustentado pela mentira, a artimanha, a falsidade, a simulação".

Nenhuma letra parece ilustrar de maneira tão crua e sincera a percepção de Noel sobre a relação amorosa quanto a do samba "Mentir", onde se expõe abertamente ao cantar que "*Mentir, mentir/ Somente para esconder/ A mágoa que ninguém deve saber.../ Mentira não é crime/ É bem sublime o que se diz/ Mentindo para fazer alguém feliz*".

Para Lindaura, com quem se casou praticamente obrigado, escreveu apenas dois sambas, que refletem seu quase desprezo pela esposa: "Cem mil réis" ("*Você me pediu cem mil réis/ Pra comprar um soirée/ E um*

---

[9] Idem.

[10] Idem.

O mineiro carioca, o baiano carioca, o paraense carioca...

tamborim") e "Você vai se quiser", quando ela resolveu trabalhar ("*Você vai se quiser/ Pois a mulher/ Não se deve obrigar a trabalhar/ Mas não vá dizer depois/ Que você não tem vestido/ Que o jantar não dá pra dois*"). Já para suas paixões, Noel não escondia os motivos que o inspiraram em outros sambas-canção. Um dos mais lindos, também gravado pela primeira vez anos após sua morte, foi "Três apitos",[11] composto em 1933 quando dividia um namoro entre Clara, que morava a três quarteirões de sua casa, e Fina (Josefina), com quem passeava de automóvel às escondidas por bairros distantes.

É Fina — trabalhando na América Fabril e sendo frequentemente aguardada após o dia de serviço por Noel em seu carro recém-adquirido — que o inspira a melodia e os versos enternecidos: "*Quando o apito da fábrica de tecidos/ Vem ferir os meus ouvidos/ Eu me lembro de você.../ Você que atende ao apito de uma chaminé de barro/ Porque não atende ao grito/ Tão aflito/ Da buzina do meu carro?*". "'Três apitos' resume o romance mais sincero de minha vida gloriosamente romântica", declararia Noel.[12]

Nem Clara nem Fina foram contempladas com tantas músicas como Ceci, sua maior paixão e causadora do incontido desespero revelado em algumas letras. Recém-casado com Lindaura, Noel não estava próximo de nenhuma delas no período em que, por motivos de saúde, viveu em Belo Horizonte, de janeiro a abril de 1935. Foi lá que mencionou, em entrevista ao *Jornal de Rádio*, o samba que havia composto ainda no Rio, "Pela décima vez", definido como "a melodia que fala mais à minha alma, que me sugestiona mais poderosamente a imaginação, que acorda em mim o desejo do sonho". "Fiz 'Pela décima vez' com verdadeiro carinho artístico, procurando fazer, malgrado a aparente leveza do tema, um verdadeiro drama do coração".[13] Era um primor de melodia e letra, cuja inspiração, nunca declarada oficialmente, dava a perceber ter origem nos bons e nos maus momentos de sua convivência com Ceci: "*Jurei não mais amar pela décima vez/ Jurei não perdoar o que ela me fez.../ Joguei meu cigarro no chão e pisei/ Sem mais nenhum, aquele mesmo apanhei e fumei.../ Ela é o veneno que eu escolhi pra morrer sem sentir*". Gravado

---

[11] Gravado por Aracy de Almeida em março de 1951 com a orquestra de Radamés Gnattali e um violão provavelmente de Garoto.

[12] Depoimento do compositor ao *Diário Carioca* em 4 de janeiro de 1936, citado em *Noel Rosa: uma biografia*.

[13] Entrevista ao *Jornal de Rádio* em 1º de janeiro de 1935.

Noel Rosa e o amigo Antonio Fernandes Lopes (à esquerda, com o uniforme do Colégio São Bento), em 1928.

originalmente por Aracy de Almeida dez anos após a morte de Noel, "Pela décima vez" teve em 1967 sua mais ardente interpretação, com Dalva de Oliveira pisando o cigarro com raiva.

Ceci, a dama do cabaré, também foi sua musa nos dois derradeiros sambas-canção compostos no ano de sua morte, "Pra que mentir" e "Último desejo". O primeiro foi sendo delineado num período de entreveros entre os dois, dando chance ao surgimento de um terceiro personagem, um tipo de galã de voz máscula, elegante, inteligente, bem articulado socialmente, que também fazia poesia. É Mário Lago, que conquista Ceci.

Nesse triângulo amoroso, em que Noel está abatido fisicamente a ponto de frequentar a Lapa com menos assiduidade, Ceci fica embevecida com Mário, que a leva a teatros e restaurantes que nunca tinha frequentado, além de apresentá-la a vultos como Procópio Ferreira, Rodolfo Mayer e Grande Otelo, e ainda deixá-la arrebatada com sua corajosa postura política de comunista. Mário não era um namorado ocasional. Em meio à dúvida ou à certeza, Noel, que, conhecendo Ceci pelo olhar, sabe que ela não aprendeu a mentir, escreve alguns versos: *"Pra que mentir/ Se tu ainda não tens esse dom de saber iludir?/ Pra que mentir/ Se tu ainda não tens a malícia de toda mulher?"*. Meses depois, após o Carnaval de 1937, que passou com febre após ter um dente molar infeccionado extraído a frio, dormindo em casa a maior parte do tempo, sem vontade para nada, Noel vai ao Café Nice procurar Vadico para uma conversa. Buscando um piano, o angustiado Noel desabafa sobre Ceci, puxa seu caderno de anotações e os dois trabalham juntos no que seria o esboço de "Pra que mentir". A data: 8 de março de 1937.[14]

Ainda segundo João Máximo e Carlos Didier, Aracy de Almeida ouviu de Noel "Último desejo" no derradeiro encontro entre os dois. Dias depois, também em sua casa, o parceiro Vadico foi chamado a passá-lo para a pauta à medida que Noel lhe ditava os versos e a melodia dessa obra-prima de seu final de vida, e Vadico prometeu ao compositor escrever depois a parte de piano antes de encaminhá-la à editora. "Quero mais um favor seu, Vadico. Gostaria que você desse uma cópia da letra a Ceci." Vadico cumpriu a promessa. A letra autobiográfica para uma melodia magistral terminava com um último pedido a quem Noel mais amou: *"Nosso amor que eu não esqueço/ E que teve o seu começo numa festa de São João/ Morre hoje sem foguete, sem retrato e sem bilhete/ Sem luar, sem violão.../ Se alguma pessoa amiga/ Pedir que você lhe diga se você*

---

[14] Conforme a descrição minuciosa de João Máximo e Carlos Didier em *Noel Rosa: uma biografia*. Em depoimento à revista *O Cruzeiro*, em 4 de setembro de 1954, Vadico declara ter feito a segunda parte após a morte de Noel, efetuando também alterações na primeira: *"Pra que mentir/ Se tu ainda não tens esse dom de saber iludir?/ Pra quê?! Pra que mentir/ Se não há necessidade de me trair?/ Pra que mentir/ Se tu ainda não tens a malícia de toda mulher?/ Pra que mentir/ Se eu sei que gostas de outro que te diz que não te quer?/ Pra que mentir/ Tanto assim/ Se tu sabes que eu sei que tu não gostas de mim?!/ Se tu sabes que eu te quero/ Apesar de ser traído pelo teu ódio sincero/ Ou por teu amor fingido?!"*. "Pra que mentir" foi gravada pela primeira vez por Silvio Caldas, acompanhado por Fon-Fon e sua orquestra, em 1º de setembro de 1938. Aracy de Almeida gravou-o em março de 1951.

"Pra que mentir", composição de Noel Rosa gravada
por Aracy de Almeida em 1951.

me quer ou não/ Diga que você me adora/ Que você lamenta e chora a nossa separação/ Às pessoas que eu detesto diga sempre que eu não presto/ Que meu lar é o botequim/ Que eu arruinei sua vida/ Que eu não mereço a comida que você pagou pra mim".[15] Noel Rosa tinha apenas 26 anos de idade.

* * *

---

[15] Aracy de Almeida gravou "Último desejo" em 1º de julho de 1937. Noel Rosa havia falecido em 4 de maio.

Se Braguinha e Alberto Ribeiro tivessem composto somente "Copacabana", já estaria de bom tamanho para a história do samba-canção. No ano seguinte a dupla tentou uma espécie de sequência, ao louvar as belezas das praias do outro lado da baía de Guanabara e sugerir passar o domingo *"Aonde vão casais de namorados/ Buscar a paz que a natureza dá"*. "Fim de semana em Paquetá" foi gravada por Nuno Roland, nome artístico do cantor do Sul que se projetou no Rio de Janeiro após a inauguração da Rádio Nacional.[16] Era ele o recruta que em 1932 foi com um companheiro de quartel ao Cine Teatro Imperial em Porto Alegre para assistir na primeira fila ao espetáculo dos Ases do Samba, com Francisco Alves, Mario Reis e Noel Rosa. Seu colega de farda era Lupicínio Rodrigues.

Em 1957, dessa vez em parceria com o pianista Alcir Pires Vermelho, Braguinha fez a letra de "Laura", "um dos mais belos sambas-canção de todos os tempos", na análise de Jairo Severiano, que assim descreve a composição: "em versos simples, diretos e muito bem construídos, dois momentos de uma história de amor, cujos contrastes são ressaltados pela presença da paisagem em contraponto".[17] Foi brilhantemente gravado pelo cantor Jorge Goulart, que, com sua linda voz e uma caixa torácica privilegiada, conquista o ouvinte já nas duas primeiras notas, as do nome Laura. A melodia é repetida tanto nos versos alegres, pela presença da personagem, como nos de tristeza, pela sua ausência. Alcir assinala que o título do samba-canção foi inspirado na romântica composição de David Raskin e Johnny Mercer, interpretada por Dick Haymes e tema do filme *Laura*, de 1944.

Chegando quase ao mesmo tempo no Rio de Janeiro, em 1940, três pernambucanos dispostos a tentar a vida teriam seus destinos ligado à música. Fernando Lobo, violinista da Jazz Band Acadêmica de Pernambuco, buscava o jornalismo; Abelardo Barbosa pretendia continuar sua carreira de locutor de rádio, e Antonio Maria, a de *speaker* de futebol. Fernando se consagrou como compositor; Abelardo, como o mais popular personagem da televisão brasileira, o Chacrinha; e Antonio Maria, como cronista.

Dividindo um apê no Centro, Fernando Lobo e Antonio Maria não se apertavam e sobreviviam com truques astuciosos, confiando superar o

---

[16] Nuno Roland foi o intérprete de "Pirata da perna de pau", em 1947, e "Tem gato na tuba", em 1948, duas marchinhas de Carnaval compostas por Braguinha.

[17] Cf. Jairo Severiano, *Yes, nós temos Braguinha*, Rio de Janeiro, Funarte, 1989.

"Laura", samba-canção de João de Barro (Braguinha) e Alcir Pires Vermelho, na gravação de Jorge Goulart lançada em agosto de 1957.

miserê no começo de sua integração no cenário carioca com o talento que tinham de sobra. No samba-canção os dois se emparceiraram.

Grandalhão com cara de menino, sedutor, irônico, passional, boêmio, desvairado e gargântua, Maria processava tudo que via com a rapidez de um velocista e a ferocidade de um tigre, sob a forma de palavras, frases, estocadas, doçuras, mundanidades e reflexões com uma originalidade e um sabor que encantavam leitores e leitoras, abrindo-lhe cada vez mais espaço no jornalismo e dilatando sua relevância no dia a dia da vida noturna da cidade. *Revista da Semana*, *Manchete*, *Última Hora*, *O Globo*, *Diário da Noite* e *O Jornal* publicaram entre 1947 e 1964 mais de 3 mil textos de Antonio Maria, que somados a outros milhares de páginas de scripts radiofônicos perdidos nas ondas hertzianas, contrastavam com o tamanho de sua obra musical.

O ano de 1952, quando Antonio Maria recebia da Mayrink Veiga o maior salário do rádio brasileiro e ainda lotava um quarto de página do jornal *A Noite*, foi francamente dominado pelo samba-canção: "Alguém como tu", "E eu sem Maria", "Fim de comédia", "Lama", "Não tem solução", "Nem eu", "Nick Bar", "Nunca", "Poeira do chão", "Sábado em Copacabana" e "Última seresta" figuravam na seleção das onze músicas mais ouvidas e cantadas na noite. Foi nesse escrete que Antonio Maria entrou, com bola e tudo, com "Ninguém me ama". Na composição exclusivamente sua,[18] um desventurado canta aos quatro cantos sua solidão absoluta, pressentindo o fim de uma vida fracassada. É uma confissão de puro desespero em oito versos, cujo título implica uma afirmação negativa como em nenhum outro dos onze sambas-canção do ano. Foi o que motivou surgir uma nova expressão que, qualificando esse estado de depressão, se tornaria sinônimo indevido do samba-canção: "samba de fossa".

A repercussão de "Ninguém me ama" se multiplicou pela originalidade de uma voz feminina — e não masculina, como seria de esperar — que irrompeu de repente como uma excentricidade nunca vista em disco nacional. É a voz inusitada de Nora Ney que, no segundo disco de sua carreira, gravou a versão definitiva da canção. A interpretação da cantora também podia ser conferida numa cena da chanchada *Carnaval Atlântida*, também de 1952: "*Ninguém me ama, ninguém me quer/ Ninguém me chama de meu amor.../ Vim pela noite tão longa de fracasso em fracasso/ E hoje descrente de tudo me resta o cansaço*". Na tela, caminhava sedutoramente num longo vestido negro tomara que caia, diante de um bar, repetindo a dose do disco em novo arranjo de Lyrio Panicali para orquestra de cordas. Nas duas versões é flagrante o ritmo de samba-canção, apesar de ter sido desqualificado por Ary Barroso como símbolo do samba abolerado, o suficiente para classificá-lo como bolero, que ele execrava.

A letra de "Ninguém me ama" é um símbolo das paixões desatinadas e malsucedidas, convertendo-se, para quem ainda não havia se dado conta, no paradigma do gênero que dominava a canção brasileira na época. Ao mesmo tempo, projetou uma cantora nova e um compositor quase desconhecido. Independentemente do que ainda fariam, Nora Ney e Antonio Maria entravam para a história.

Não se passariam seis anos para que "Ninguém me ama" fosse crucificada pelos jovens da bossa nova. À dura postura de vários bossa-novistas contra o passado talvez se somasse o resquício de um mal-estar causado pelas trocas de farpas entre dois letristas inteligentes, Antonio Maria e Ronaldo Bôscoli, que sabiam o valor das palavras e o ponto cru-

---

[18] A parceria dada a Fernando Lobo foi um presente de Antonio Maria ao amigo conterrâneo, que colaborou com apenas um verso da letra de "Ninguém me ama".

Nora Ney cantando "Ninguém me ama", de Antonio Maria, no filme *Carnaval Atlântida*, de 1952.

cial para ferir o outro. Antonio Maria caçoava da bossa nova: "Para resumir, deve-se dizer que a bossa nova não faz o menor sucesso no Brasil e não fará em lugar nenhum do mundo... em seu intimismo, isto é, em sua chatice, não consegue abalar o prestígio de Nelson Gonçalves e Orlando Dias".[19] Ronaldo não deixava por menos, revidando com veneno: "As mulheres largam os maridos para ficar com o Maria porque com ele têm dois orgasmos... quando ele está por cima e quando ele sai de cima".[20] Dois espadachins se digladiando.

Ainda que "Ninguém me ama" tenha atingido um êxito ruidoso como representante das letras de estilo confessional, Nora e Maria já gozavam de alguma reputação com outro samba-canção lançado quatro meses antes, em maio de 1952, "Menino grande". Qualificado de "samba-

---

[19] Cf. Joaquim Ferreira dos Santos, *Um homem chamado Maria*, Rio de Janeiro, Objetiva, 2005.

[20] Idem.

O mineiro carioca, o baiano carioca, o paraense carioca...   267

-acalanto", evidentemente pelo conteúdo da letra, era de fato um samba--canção, em que a primeira parte (*"Eu gosto tanto do carinho que ele me faz/ Faz tanto bem o beijo que ele me traz..."*) funciona como um recitativo para a segunda, a melodia principal: *"Dorme menino grande, que eu estou perto de ti..."*. A grande diferença entre os gêneros estava nesses versos plácidos e um título que poderia identificar perfeitamente o próprio autor, tornando-o personagem de sua própria criação.

Dos três pernambucanos citados, o que chegou antes ao Rio foi Fernando Lobo, também o primeiro a mostrar seu talento de compositor em 1949 com o samba-canção "Chuvas de verão", que sugeria como o final de um amor passageiro poderia dar lugar à amizade: *"Amigos, simplesmente, nada mais"*. O modo menor em que se desenvolve a melodia revela seu vínculo com o passado dos nostálgicos frevos de bloco do seu Recife, o que também se constata em composições de Maria.[21]

"Chuvas de verão" foi gravada originalmente por Francisco Alves, que até morrer era o mais procurado cantor brasileiro por quem pretendesse alcançar êxito. O timbre gutural do Rei da Voz e sua postura herdada da música lírica impediram que as virtudes do samba-canção fossem apreciadas devidamente. Como a música também era uma confissão, pedia uma interpretação menos efusiva e mais intimista, valorizando o sentido de versos como: *"Amores do passado, no presente/ Repetem velhos temas tão banais.../ Trazer uma aflição dentro do peito/ É dar vida a um defeito/ Que se extingue com a razão..."*. Talvez jamais se tornasse um clássico, "não fora a versão de Caetano Veloso, quase vinte anos depois. Naturalmente a beleza da composição sempre existiu, mas Caetano soube aproveitar melhor o clima do rompimento amoroso, com delicadeza de tratamento, o que faltou na gravação original".[22]

Menos de um ano depois do estouro de "Ninguém me ama", Antonio Maria confirmaria sua envergadura como criador de canções em duas gravações quase simultâneas do mesmo samba-canção, "Se eu morresse amanhã", título que já prenuncia repercussão imediata. Realmente, Aracy de Almeida gravou-o apenas 28 dias após Dircinha Batista.[23] Se ainda fosse preciso consagrar o samba de fossa, esse carimbou-o de vez.

---

[21] Como "Frevo nº 1" e "Frevo nº 2".

[22] Cf. Jairo Severiano e Zuza Homem de Mello, *A canção no tempo, vol. 1*, São Paulo, Editora 34, 7ª ed., 2015, p. 280.

[23] Dircinha Batista gravou "Se eu morresse amanhã" em 2 de fevereiro de 1953 e

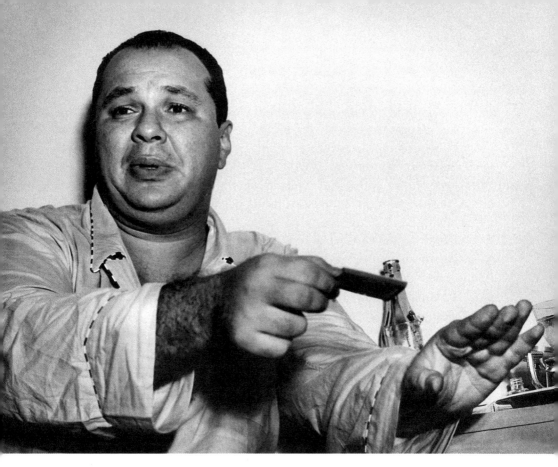

O pernambucano carioca Antonio Maria, compositor de sambas-canção de grande sucesso, como "Ninguém me ama", "Se eu morresse amanhã" e "Suas mãos".

Mostrando certo desinteresse pelo conteúdo da letra, Dircinha Batista foi acompanhada por uma grande orquestra, ao passo que Aracy — que tinha atrás de si um conjunto típico das boates cariocas, com o acordeom de Chiquinho solando nas notas graves e uma celesta sem identificação — soube entender e expressar a dramaticidade de versos tão angustiantes: "*Se eu morresse amanhã de manhã/ Não faria falta a ninguém.../ Ninguém me procura, ninguém/ Eu grito e um eco responde: "ninguém!.../ Se eu morresse amanhã de manhã/ Minha falta ninguém sentiria*".

o disco foi lançado pela RCA Victor em abril. Aracy de Almeida gravou em 3 de maio pela Continental, com lançamento em maio.

Descrevendo um desamparo dissimulado pela obsessão em viver sofregamente a todo custo, Antonio Maria criou mais um retrato da solidão, manifestada pela insistência da palavra "ninguém", repetida quatro vezes em "Ninguém me ama" e sete em "Se eu morresse amanhã". Talvez este último seja mesmo a obra-prima de sua carreira, em que frevos saudosos pelo Recife e uma valsa exaltando o Rio de Janeiro se somam aos sambas-canção que, mesmo sendo poucos, foram suficientes para sua consagração como um compositor fundamental desse gênero nascido em Copacabana.

Apesar de cravar a fossa como tema predominante, o fervor amoroso seria contemplado com o samba-canção mais apaixonado de Maria, "Suas mãos", em parceria com outro conterrâneo, autor da linda melodia, o trompetista Aires da Costa Pessoa, alcunhado Pernambuco. A solidão vinha à tona novamente, desta vez com destino certo. Sua súplica era dirigida a uma *showgirl* norte-americana de Carlos Machado. Igualmente lançado em dois discos, um logo após o outro, com Silvinha Telles e Maysa,[24] resulta em diferentes interpretações das duas cantoras que, por infeliz coincidência, morreriam tragicamente em acidente de automóvel. Maysa se entrega à canção com mais apego, apoiada pelo esplêndido arranjo de Enrico Simonetti. Posteriormente surgiu a versão de Nat King Cole, gravada no Brasil no LP *A meus amigos*, que, a despeito de sua pronúncia arrevesada, soube incutir em "Suas mãos" toda a paixão que Antonio Maria externou em seus versos.

Após dois meses de ausência, Maria assim começou sua crônica de retorno em *O Jornal*: "Com vocês, por mais incrível que pareça, Antonio Maria, brasileiro, cansado, 43 anos, cardisplicente. Profissão: esperança". Menos de quatro meses depois, não resistiu ao segundo infarto, morrendo em 15 de outubro de 1964.

Seu amigo inseparável, Fernando Lobo, havia feito em 1947 o samba-canção "Saudade" em parceria com Dorival Caymmi[25] que, naquele ano, dera um passo decisivo em sua carreira ao abraçar o gênero que então se impunha no Rio de Janeiro. Nessa investida, o baiano dos sambas de remelexo e canções praieiras confiava tanto no taco que entregou seu "Marina" a três cantores de projeção, aguardando de camarote para ver

---

[24] A gravação de Sylvia Telles foi registrada no LP *Silvia*, de 1958, e a de Maysa, no LP *Convite para ouvir Maysa nº 3*, do mesmo ano.

[25] Gravado por Orlando Silva e, dez anos depois, em 1957, em linda interpretação de Heleninha Costa no LP *Música e poesia de Fernando Lobo*.

O baiano Dorival Caymmi ficou um pouco mais carioca ao lançar uma série de sambas-canção a partir de 1947, como "Saudade", "Marina" e "Nunca mais".

no que dava. Francisco Alves, numa interpretação impessoal com grande orquestra de cordas, Dick Farney, acompanhando-se ao piano, e Nelson Gonçalves, na sua formidável segurança cercado no arranjo tipo big band, disputavam a melhor gravação de "Marina".[26] Como se sabe, Dick ganhou a parada, e não é difícil perceber por quê. Aquela voz suave, aquela interpretação confidente se distanciava com vantagem e perti-

[26] A "Marina" de Francisco Alves foi lançada em maio de 1947, a de Dick Farney, em junho, e a de Nelson Gonçalves, em agosto, concorrendo com a versão do próprio Caymmi lançada também em agosto.

nência das vozes grandiloquentes dos outros dois; havia também a novidade do acompanhamento de seu piano refinado, sobrepujando a grandiosidade da orquestra. Era este o som do samba-canção, era esse o disco que mostrou ao Brasil um novo Caymmi.

A morena Marina era uma moça tão bonita que dispensava o uso de maquiagem. Daí a zanga de Caymmi, ficando de mal quando ela se pintou. Esse é o enredo de uma letra despretensiosa que, além de aproximar a sonoridade de "Marina" com "morena", se afina com a naturalidade da melodia para popularizar uma composição tão singela e tão admirável. Esses dois adjetivos permeiam toda a obra de Caymmi, em que o samba-canção ocupa aproximadamente dez por cento do total. A melodia para a letra de Marina, "*Marina, morena Marina, você se pintou/ Marina você faça tudo, mas faça o favor...*" é alterada na repetição do segundo verso, "*E quando eu me zango, Marina, não sei perdoar*", para encaminhá-la ao singular arremate: "*Desculpe, Marina, morena/ Mas eu tô de mal*".

Ao gravar sua versão após as outras três, Caymmi teve cuidados especiais na escolha dos músicos e instrumentos. Convocou um músico pouco conhecido que trabalhava na Vara da Justiça e tocava numa emissora sem projeção, a Rádio Mauá, chamado Jacob do Bandolim. Trouxe Canhoto para o cavaquinho, além de pandeiro, reco-reco, contrabaixo e os violões de Dino Sete Cordas e de Meira, a fina flor do choro. "Não quero botar regional com flauta", solicitou à RCA Victor. "Tira o instrumento de sopro, saxofone, não bote excesso de ritmo, de bateria, surdo ou qualquer coisa exagerada."[27] Com tal formação, "Marina" tinha cara de um choro-canção, e seria bem diferente caso Caymmi tivesse simplesmente se acompanhado ao violão.

Depois de quase dez anos no Rio, o baiano, já devidamente acariocado, integrava-se ao clima musical reinante em Copacabana ao inaugurar um novo período em sua carreira de compositor, para a qual ele próprio teve que se adaptar, como reconheceu em declaração à sua neta e biógrafa Stella Caymmi.

Nos trinta anos seguintes "Marina" ultrapassou as cinquenta gravações, incluindo mais quatro de Dorival Caymmi e outras tantas de Dick Farney. Este, por sua vez, tinha um concorrente como cantor romântico, o também boa-pinta Lucio Alves. Foi Lucio quem gravou em 1949 o no-

---

[27] Cf. Stella Caymmi, *Dorival Caymmi: o mar e o tempo*, São Paulo, Editora 34, 2ª ed., 2014, p. 255.

vo samba-canção de Caymmi, "Nunca mais". Concorrente ou aliado? Depende do ponto de vista. Para os membros do fã-clube Sinatra-Farney, um rival que foi na cola de seu ídolo. Para o samba-canção, um cantor que, enriquecendo o estilo intimista de interpretação, se identificava com harmonias progressistas para arranjos vocais.

Fiel à modernidade, chegando a ser considerado adiante de sua época, Lucio Alves aproveitava seu timbre meigo marcado pela limpidez nas notas graves para interpretações delicadas, mesmo num samba como "De conversa em conversa". Pagou alto preço por jamais ser indulgente na carreira, não tendo conseguido sequer se aproximar da popularidade de seu ídolo Orlando Silva, o cantor das multidões. Lucio era o "cantor das multidinhas", conquanto cortejado com justiça por músicos, compositores e cantores.

Com uma considerável participação nos conjuntos vocais Anjos do Inferno e Namorados da Lua, Lucio Alves foi cada vez se aprofundando mais na arte de "abrir as vozes".[28] Incursionando sempre que possível nessa quase obsessão, finalizou sua interpretação de "Nunca mais" adicionando frases aparentemente fora do contexto, mas que ilustravam sua inventiva.

A letra de "Nunca mais" é uma declaração formal de rompimento de uma relação, em que o autor hesita entre enviá-la por escrito ou, escolha mais árdua, falar diretamente, *assim a sós*. Decidido a *Terminar nosso amor*, tenta suavizar: *"para nós é melhor, convém a nós"*. Finalmente justifica um possível ato de traição cometido pela terceira vez: *"Uma vez me pediste sorrindo e eu voltei/ Outra vez me pediste chorando, eu voltei/ Mas agora não posso, não quero nunca mais/ O que tu me fizeste amor foi demais"*. Caymmi encara a dolorosa situação de liquidar em definitivo uma relação com finesse e, mesmo repisando o motivo, tem o cuidado de não melindrar a parceira.

---

[28] Expressão musical que traduz o ato de armar as vozes em acordes, ocasionando linhas melódicas diferentes uma da outra e fugindo do canto em uníssono, em que todos cantam a mesma melodia. Anos mais tarde, em sua atuação no quadro "Roda de Samba" do programa *Côrte Rayol Show* da TV Record, Lucio Alves montava semanalmente notáveis números musicais a quatro vozes, com cantores sem experiência em conjunto vocal que ensaiavam na mesma tarde da gravação do programa. Em 30 de novembro de 1965, Lucio Alves armou canções sobre o morro para a soberba interpretação de Elis Regina, Elza Soares, Agostinho do Santos e ele próprio, que cantaram juntos uma única vez, em gravação registrada na faixa "Roda de Samba" do CD 1 da caixa *Elis Regina no Fino da Bossa*.

A par do disco, ao atuar no longa-metragem *Estrela da manhã*, filmado em 1948, Caymmi personifica um pescador de chapéu de palha cantando "Nunca mais" para a namorada vivida por Dulce Bressane. Em duas performances, no disco e no cinema, ele emplacou mais um samba-canção de sucesso, que seria regravado por Elizeth Cardoso, Maria Bethânia, Silvio Caldas e sua filha Nana, entre outros.

Com uma regularidade impressionante, Caymmi compôs sambas-canção nos anos seguintes, praticamente um por ano, num conjunto que prima pela elegância ao tratar da relação amorosa, ou melhor, da forma de encarar o embaraçoso momento de comunicar o rompimento.

"Você não sabe amar, meu bem/ Não sabe o que é o amor/ Nunca viveu, nunca sofreu,/ E quer saber mais que eu/ O nosso amor parou aqui/ E foi melhor assim..." Essa é a letra da primeira parte de "Você não sabe amar", magistral samba-canção de Caymmi dotado de uma inspirada melodia criada pelo pianista Hugo Lima, cuja segunda parte é encaminhada para uma surpreendente modulação: *"O nosso amor não teve querida/ As coisas boas da vida/ E foi melhor para você/ E foi também melhor pra mim"*.

Gravada de forma medíocre em 1950 por um ídolo da Rádio Nacional, Francisco Carlos, apelidado *El Broto*, a composição penou no limbo até que seu encanto fosse, mais de dez anos depois, resgatado por uma cantora do ramo, Sylvia Telles. À versão apropriada e superior de Sylvia se somariam escassas gravações, incluindo uma de João Gilberto e outra de quem bem conhece o samba-canção, Chico Buarque, compositor de "Tantas palavras".

"Você gostou do nosso samba 'Você não sabe amar'? Que tal a gravação, fez sucesso?", indagou ao final de um telefonema o milionário Carlos Guinle, grande amigo de Dorival. Ao lado de Hugo Lima, seu nome constava na autoria tríplice de "Você não sabe amar", numa homenagem à amizade e não uma contribuição, que de fato não ocorreu. Carlinhos, um fanático por jazz, irmão de Jorginho e dotado de muita musicalidade, foi muito próximo a Dorival Caymmi, com quem dividia outro interesse em comum, a atração pelo mar. Claro que havia momentos bem aproveitados em passeios no iate *Laffite* do milionário, hostilizados com certa malícia na frase do colunista Sérgio Porto: "Caymmi entrava com letra e música e o playboy com o uísque". Por sete vezes o nome de Carlos Guinle constou da "parceria" em canções criadas no Rio e nem sempre bem compreendidas, como ocorreu ao menos com um crítico, o paulista Arnaldo Câmara Leitão, que, sob o título "O outro Caymmi",

A produção de sambas-canção de Caymmi seguiu pelos anos 1950, incluindo clássicos como "Você não sabe amar" e "Só louco".

escreveu em sua coluna "Rádio Show" do jornal *O Tempo*: "Parece que as aristocráticas boemias, em que o compositor tem andado de tempos para cá, estão influindo negativamente em sua produção. Dorival Caymmi está se afastando do povo. Mormente os sambas-canções tipo dos feitos em parceria com o milionário Guinle, românticos, sofisticados e burgueses, traduzem um estado mental suficiente e acomodado, completamente ao inverso daquele que gerou páginas admiráveis".[29] Pelo menos em dois adjetivos ele acertou, eram sambas-canção românticos e sofisti-

---

[29] *Dorival Caymmi: o mar e o tempo*, 2ª ed., p. 220.

cados. Caymmi refutou: "Muita gente falou mal de minha parceria com Carlinhos... Tudo ciúme, tudo bobagem. Carlinhos era um homem muito rico, mas muito simples. Simplório até. Uma pessoa finíssima, erva amiga".[30] Anos depois declarou à neta Stella: "Eu não sou de dar parceria, eu dei parceria a Carlinhos Guinle por amizade, por carinho".[31]

Uma novidade da moda masculina que deu certo no Rio de Janeiro dos anos 1950 foi usar a camisa para fora da calça, um achado que vinha a calhar para enfrentar o calor tropical e, ainda por cima, disfarçar a barriguinha dos vaidosos. A moda foi introduzida por um charmoso cantor francês, que bem poderia ser um dos galãs de Hollywood que usavam bigode, Clark Gable ou Errol Flynn. Era o *chansonnier* Jean Sablon, apelidado de "Bing Crosby francês", justificado pelo estilo romântico de seu repertório, justamente o que mais se ouvia nas boates do Rio. Com sua voz macia, Sablon fez várias temporadas no Brasil, ganhou um samba de presente de Dorival Caymmi ("Por quê?") e foi um dos que gravaram "Não tem solução", um samba-canção caymmiano lançado por Dick Farney em 1950 e que faria sucesso dois anos mais tarde com o próprio autor. Desta vez ele se vê surpreendido por um novo amor, que lhe tira a paz. "*Não era hora de amar/ Agora o que vou fazer?*", indaga no recitativo, sem conseguir encontrar uma solução na sequência: "*Não tem solução/ Este novo amor*". Durante o desenvolvimento melódico de um motivo básico de cinco notas, termina sem saber o que fazer com esse amor demais.

Carlinhos Guinle também desfrutou de outra "parceria" com Caymmi em "Sábado em Copacabana", que Lucio Alves interpretou de modo definitivo já na primeira gravação.[32] Esquivando-se provisoriamente do tema central do gênero, Caymmi descreve com uma felicidade a toda prova o ambiente de Copacabana como território do samba-canção. Partindo de uma insistente afirmativa "*Um bom lugar pra se encontrar: Copacabana/ Pra passear à beira-mar: Copacabana/ Depois num bar à meia-luz: Copacabana...*", a letra, paralela à de Braguinha sobre o mesmo tema, destaca a noite de sábado como a ideal da semana para um programa

---

[30] Cf. Marília T. Barboza e Vera de Alencar, *Caymmi: som imagem magia*, Rio de Janeiro, Fundação Emílio Odebrecht, 1985.

[31] Stella Caymmi, *O que é que a baiana tem?*, Rio de Janeiro, Civilização Brasileira, 2013.

[32] Em disco lançado em setembro de 1951 com orquestração de Radamés Gnattali, também o pianista na gravação.

completo ao som de música para dançar. A melodia principal, precedida do recitativo *"Depois de trabalhar toda a semana/ Meu sábado não vou desperdiçar"*, segue em duas partes o esquema de "Você não sabe amar". Uma célula inicial, aqui de quatro notas (*"um - bom - lu - gar"*) é virada e revirada o tempo todo, sobre harmonia graciosa que é encaminhada para o final no verso *"A noite passa tão depressa/ Mas vou voltar lá pra semana"*, fechando docemente a conclusão do novo hino dos que gozavam o privilégio de viver em Copacabana cercados de música.

De volta aos casos de amor, Dorival Caymmi compõe e grava em 1952 "Nem eu", fadado a dezenas de interpretações em discos e também pela noite adentro nas boates. É quando entra em cena uma nova cantora que iria se projetar através do samba-canção, Angela Maria. "Nem eu" estava no repertório do espetáculo da boate Casablanca *Acontece que eu sou baiano*, que girava em torno de Caymmi e mostrava pela primeira vez em show desse porte a morena *mignon* que seria rapidamente estrela de primeira grandeza. Quando atingia o final da primeira parte, *"Não fui eu nem ninguém"*, Angela soltava a voz com o vibrato que carimbou seu estilo, precisamente o que faria Elis Regina, uma de suas seguidoras no começo da carreira.

Dessa vez Caymmi não tocou no final de um romance. Pelo contrário, admitia não ter inventado o amor, mas confessa estar numa encruzilhada quando se vê de repente diante de um amor inesperado. Termina com a moral da história, numa construção verbal invertida: *"E como o acaso é importante querida/ De nossas vidas, a vida fez um brinquedo também"*. É das poucas composições que não fecha, não termina na tônica da última sílaba da palavra, "também", forçando um retorno à primeira parte para finalizar como se espera: *"Quem inventou o amor não fui eu/ Não fui eu, não fui eu, não fui eu nem ninguém"*.

Seu último samba-canção dos anos 1950 foi "Só louco", que ele próprio registrou num LP de dez polegadas da Odeon intitulado *Sambas*, acompanhado por seu violão, pela orquestra do reputado arranjador Luiz Arruda Paes e pelo coro dos Titulares do Ritmo. O disco gravado em São Paulo, onde residiu com a família por oito meses, foi lançado em 1955, após o célebre *Canções praieiras*, e o texto da contracapa legitimava sua predileção pelos quatro sambas-canção do lado A: "temos o Caymmi modernizado, o Caymmi das 'boites', com versos sentimentais na cadência romântica do samba-canção... mostra sua grande classe interpretando de um modo todo seu as melodias nascidas em noites boêmias... 'Só louco' é um samba recentíssimo, inédito até esta data". O disco de dez polegadas vinha acompanhado de um folheto com uma pintura do compositor baiano.

Regravado anos depois com relevância por sua filha Nana, "Só louco" é uma composição concisa de dezesseis compassos, uma das mais simplificadas da obra de Dorival Caymmi e que confirma sua genialidade. Nos versos ele culpa seu coração, "*Ah! insensato coração/ Porque me fizeste sofrer?*". Ao mesmo tempo justifica que para entender de amor é preciso amar. Por quê? É preciso ser louco: "*Só louco! Só louco! Só louco! Só louco!*".

Existem dois sambas-canção de Caymmi que não fazem parte do seu pacote carioca.[33] São composições fora da curva, primas entre si e com pelo menos dois pontos em comum: as duas têm introdução em ritmo alheio ao gênero e letras inspiradas em personagens que ele viu ou conheceu. Os personagens são Dora e João Valentão.

Dora seria a mulata clara, da pá-virada, que, dançando descalça à frente de um bloco carnavalesco no Recife, deixou Caymmi tão atordoado que na mesma noite começou a compor "*Dora rainha do frevo e do maracatu...*". Dias depois avançou sem pressa: "*Os clarins da banda militar, tocam para anunciar/ Sua Dora, agora vai passar/ Venham ver o que é bom...*". Ainda sem pressa, guardou a música por três anos para gravá-la em 1945, o que permitiria afirmar ter sido seu primeiro samba-canção. Foi criada uma introdução instrumental em outro ritmo, o frevo, "estabelecendo um curioso contraste entre o instrumental vibrante do frevo e o canto dolente do samba-canção".[34]

Mas o título de "Dora" como primeiro samba-canção de Caymmi não é verdadeiro. Em 1936, ainda na Bahia, Caymmi encarou o gênero pela primeira vez ao fantasiar sobre Carapeba, um pescador de Itapuã, seu amigo briguento e desbocado: "*João Valentão é brigão? Pra dar bofetão/ Não presta atenção e nem pensa na vida.../ Faz coisas que até Deus duvida*". No recitativo, em frenético ritmo de samba-batucada, estava quase pronta a apresentação do personagem. Chegara o momento de desacelerar para dar lugar à frase final, arrítmica, quase uma declamação: "*Mas tem seu momento na vida*". Aí sim, começava o samba-canção de

---

[33] Afora os sambas-canção já citados de seu "pacote carioca", Caymmi ainda compôs, só ou em parceria, "Adeus" (1948), lançado em disco com Ivon Curi, "E eu sem Maria" (1952), com Alcides Gerardi, e "Tão só" (1953), com ele próprio.

[34] Cf. *A canção no tempo, vol. 1*, de Jairo Severiano e Zuza Homem de Mello, 7ª ed., p. 238.

O LP de dez polegadas *Sambas*, de Dorival Caymmi, lançado em 1955, cujo lado A era todo composto de sambas-canção.

melodia inesquecível: "*É quando o sol vai quebrando/ Lá pro fim do mundo pra noite chegar/ É quando se ouve mais forte/ O ronco das ondas na beira do mar...*". Caymmi chegou quase até o fim, "*Deitar na areia da praia/ Que acaba onde a vista não pode alcançar*", e empacou. Guardou na gaveta, recordando tempos depois: "O que pode acontecer a ele? O que pode ser?... Aí, um ano, um ano e meio... tem tempo pra fazer... eu sou preguiçoso assumido... um belo dia, no bonde de Grajaú... Aracy de Almeida saltou na Barão de São Francisco. E tinha o Paulo Gracindo, que também morava no Grajaú. O ônibus vazio... ela me achou... eu tinha achado: "*E assim adormece esse homem que nunca precisa dormir*

O mineiro carioca, o baiano carioca, o paraense carioca...

pra sonhar/ Porque não há sonho mais lindo do que sua terra, não há...", isso durou nove anos, tempo que não se sentiu", esclareceu ele à neta.[35]

Em 1945 a composição estava finalmente concluída, pronta para ser gravada. Nem "Dora" nem "João Valentão" começavam como samba-canção. Cronologicamente, Dorival Caymmi compôs sambas-canção de 1936 a 1955.

* * *

Em escala consideravelmente menor, o samba-canção não ocupou posição destacada na obra de compositores ou letristas identificados esporadicamente com o gênero. É o caso do letrista Aldo Cabral, autor de valsas e sambas carnavalescos que em nada sugerem uma predileção pelo tema das rupturas de casos amorosos. Em boa verdade, é dele uma das letras mais emblemáticas sobre a escola de samba da Estação Primeira: *"Em Mangueira na hora da minha despedida/ Todo mundo chorou, todo mundo chorou"*, um desses versos que, uma vez ouvido, não sai mais da cabeça.[36] Aldo Cabral tinha esse dom, o de criar canções que se tornavam familiares já no primeiro verso.

Quase certamente o leitor afirmará de pronto não conhecer "Mensagem". Em contrapartida, provavelmente saberá entoar sem erro aquela música do carteiro chegando: *"Quando o carteiro chegou/ E o meu nome gritou/ Com uma carta na mão/ Ante surpresa tão rude/ Nem sei como pude/ Chegar ao portão"*. Os sexagenários serão capazes até de se lembrar da voz da intérprete dessa composição. Foi esse samba-canção, com música de Cícero Nunes,[37] que deu status de estrela de primeira grandeza à paulistana Isaurinha Garcia, quando já havia gravado mais de vinte discos.[38]

Escalado pela gravadora para acompanhar a cantora na primeira gravação de "Mensagem", o conjunto regional fez o que sabia fazer: atacou de samba. Era abril de 1943 e "Copacabana" ainda não existia, mas

---

[35] Cf. Stella Caymmi, *Dorival Caymmi: o mar e o tempo*, 2ª ed., pp. 307-9.

[36] "Despedida de Mangueira", de Aldo Cabral e Benedito Lacerda, gravada por Francisco Alves para o Carnaval de 1940.

[37] Violonista e compositor carioca identificado com o samba-canção na década de 1940.

[38] Cantora da Rádio Record por toda a sua vida, Isaurinha já conseguira se projetar em discos de 78 rotações com "O sorriso do Paulinho" e "Se você visse", gravando nos estúdios da RCA Victor no Rio de Janeiro desde agosto de 1941.

A cantora paulistana Isaura Garcia, que ficou famosa por sua interpretação de "Mensagem" ("Quando o carteiro chegou..."), samba-canção de Aldo Cabral e Cícero Nunes.

o fato confirma como o samba-canção ainda não estava no sangue dos conjuntos regionais.

As gravações posteriores seguem o andamento do samba-canção, no estilo das interpretações derramadas de dramaticidade de Isaurinha. A cantora chega ao ponto de declamar os versos "*Será de alegria?/ Será de tristeza?*" e até, não resistindo, enxertar a exclamação "meu Deus!" entre ambos. Afinal, jamais desprendida de seu sotaque do bairro do Brás, ela era a mais passional cantora brasileira cantando sambas-canção. Não é de estranhar que sua versão mais perfeita de "Mensagem" seja a de 1959, que contou com a participação do notável organista pernambucano Walter Wanderley, seu melhor acompanhante, seu marido e sua maior paixão. A gravação está em *Sempre personalíssima*, LP da cantora que foi homenageada como a Rainha dos Carteiros.

No mesmo ano em que consolidou sua posição de estrela maior dos auditórios do rádio brasileiro, cantando com graça e uma dose não excessiva de sensualidade a rumba carnavalesca "Escandalosa", Emilinha

Borba recebeu de bandeja um presente de seu cunhado, um pianista e compositor que ficou conhecido por um curioso pseudônimo artístico, Peterpan.

O presente para Emilinha era o samba-canção "Se queres saber",[39] que, não combinando com seu repertório da personalidade alegre e expansiva, propunha indiretamente o fim de um romance: *Se queres saber se eu te amo ainda/ Procura entender a minha mágoa infinda*. Por muitos anos foi considerado um de seus grandes sucessos, apesar de ter recebido uma interpretação um tanto fria da cantora, avaliação impensável durante o longo período em que ela reinou como a mais querida Rainha do Rádio. Emilinha Borba era de fato uma fulgurante estrela no palco, tinha luz própria, deixava a plateia a seus pés com sua magia, uma verdadeira deusa para os membros de seu fã-clube, que nem sequer admitiam compará-la com Marlene, habilidosamente arquitetada como sua rival.

Contudo, foram precisos muitos anos para que a intensidade escondida no sofrimento da letra, ao constatar a inutilidade de uma vida a dois em tais condições, viesse à tona através da marcante interpretação de Nana Caymmi no LP *Nana*, lançado em 1977. Nana vai fundo no conteúdo da letra — onde desponta a força dos versos *Olha bem nos meus olhos quando eu falo contigo/ E vê quanta coisa eles dizem que eu não digo* — para fazer aflorar a verdadeira intenção de "Se queres saber". Em um envolvente arranjo de Dori Caymmi, atraído pela harmonia original, Nana projeta a composição valendo-se de legatos e uma respiração exemplar, incorporando em definitivo a seu repertório o belo samba-canção de Peterpan.

Este alagoano de nascimento, que veio viver no Rio de Janeiro aos 11 anos, embora mais identificado com valsas, sambas e marchinhas acertaria a mão novamente em um samba-canção que se tornou o primeiro sucesso de Doris Monteiro, "Se você se importasse", em 1951.

Com mais de trinta sambas-canção, o pianista potiguar Hianto de Almeida, que também foi morar no Rio, em 1951, se inscreve entre os que se sentiam à vontade no gênero. Embora tendo composições gravadas por Dalva de Oliveira, Ivon Curi, Ellen de Lima e Orlando Silva, entre outros, a rigor nenhuma alcançou a popularidade de "Meia luz", lan-

---

[39] "Escandalosa" foi gravada em 28 de maio e lançada em junho de 1947. "Se queres saber" foi gravada no dia seguinte, com a orquestra do maestro Chiquinho, e lançada em outubro do mesmo ano.

Emilinha Borba, mais conhecida por suas animadas versões de sambas carnavalescos, também fez sua incursão no gênero samba-canção, com "Se queres saber", de Peterpan, lançado em outubro de 1947.

çada em agosto de 1952. O motivo parece pender mais para o nome do intérprete que do autor. Efetivamente esse é o primeiro disco de João Gilberto, quando ainda não havia definido nem a batida de violão nem o estilo vocal que o projetaria seis anos mais tarde. A composição revela um procedimento harmônico que prevaleceria na obra de Hianto, por isso mesmo considerado, sobretudo no Rio Grande do Norte, um dos precursores da bossa nova, sem que dela tivesse participado de fato.

Quando foi morar no Rio para completar seu curso de arquitetura, iniciado no Mackenzie de São Paulo, o paraense Billy Blanco pegou o jeito carioca de fazer música, com letras bem-humoradas focalizando tipos que não tinham tido vez em letras de canções. O camelô, os dançarinos e o pistonista de gafieira, a moça feia, a aeromoça, o doutor que faz pose, um mocinho bonito, o paulista apressado passaram a ser personagens de sua obra que "restaurou um tipo de samba filosófico que nasceu com Noel Rosa... falar do Rio de Janeiro botando a mão na ferida e mostrando aspectos que não eram focados...".[40] Influenciado por Tom Jobim, Billy Blanco tocava violão por conta própria. "O Tom viu que eu não sabia música e começou a me ensinar a primeira parte da teoria musical, e depois me passou para a irmã do Radamés Gnattali, que se tornou meu amigo. Daí em diante segui fazendo músicas sozinho", contou-me Billy em seu apartamento da rua Tonelero em Copacabana, em depoimento para este livro.

Billy não era de fazer parceria com frequência, mas as poucas exceções ocorreram com Baden Powell, em "Samba triste", e sobretudo com Tom Jobim, trabalhando em conjunto. "Não houve assim uma música que eu pusesse a letra plenamente ou uma letra que ele pusesse música plenamente. Nós sempre dividimos o negócio, *fifty-fifty*."[41]

Essa parceria deu origem a uma obra de capital importância na história da fonografia brasileira, a *Sinfonia do Rio de Janeiro*, registrada num LP lançado em dezembro de 1954. Em verdade era uma suíte formada de movimentos, como quadros musicais que, intercalados por um tema principal, se sucediam na interpretação individual de vários cantores. Ocupando o lado A de um LP de dez polegadas, foi considerada uma grande ousadia na época.[42]

"A *Sinfonia do Rio de Janeiro*", relembrou Billy Blanco, "é uma espécie de viagem no tempo da cidade, uma memória musical da cidade porque falava de todas as coisas possíveis. A sinfonia foi feita na casa do Tom. Eu estava mais imbuído do assunto, certo dia saltei de um lotação e para não esquecer entrei num botequim, telefonei para a casa do Tom e disse:

---

[40] Depoimento de Zuza Homem de Mello a Lauro Lisboa Garcia em "A despedida da elegância", matéria sobre a morte de Billy Blanco publicada no jornal *O Estado de S. Paulo* em 9 de julho de 2011.

[41] Entrevista de Billy Blanco a Fernando Faro no programa *MPB Especial*, da TV Cultura de São Paulo, em 23 de abril de 1973.

[42] Na sua primeira versão, os cantores eram Dick Farney, Os Cariocas, Gilberto Milfont, Elizeth Cardoso, Lucio Alves, Doris Monteiro, Emilinha Borba, Nora Ney e Jorge Goulart, com arranjos de Radamés Gnattali. A sinfonia foi gravada em 1954 no estúdio da Continental na avenida Rio Branco, 20, pelo técnico Norival Reis. O LP, de código LPA 1.000, foi um fracasso comercial. Em maio de 1960 foi feita nova versão, mantendo-se a orquestração mas com novo elenco: Ted Moreno, Risadinha, Nelly Martins, Luely Figueiró, Albertinho Fortuna, Maysa, Jamelão e Os Cariocas.

O paraense carioca Billy Blanco, aqui entre as cantoras
Neusa Maria e Angela Maria, nos anos 1950.

— Tom, pega papel de música aí, rapidinho. Escreve um negócio aí. *Páá-pa-pa-páá-pa-pa-pááá-pa-pa-páái*, é devagar, devagar.

— O que é isso?

— Olha, a letra disso é: '*Rio de Janeiro que eu sempre hei de amar/ Rio de Janeiro, a montanha, o sol e o mar*'. Isso é um tema de uma coisa que eu bolei aqui no meio da rua, chamada *Sinfonia do Rio de Janeiro*. Agora vamos pegar os morros, as coisas que acontecem, e vamos fazer uma música sobre esse assunto.

Existia um negócio do Mel Tormé chamado *Suite Califórnia*,[43] que ele já conhecia também.

— Vamos fazer nos moldes dele, porque acho que nós temos assunto, e muito mais bonito.

— Vem pra cá.

Eu fui e nós começamos a fazer. Ele sentado ao piano e eu andando no meio da sala conversando. Ele dizia uma coisa e eu outra. Letra e música foram saindo em comum a partir do tema. O título é 'Rio de Janeiro, a montanha, o sol e o mar: sinfonia popular em tempo de samba'. Aí nós aparecemos no meio musical como compositores diferentes."[44]

Entremeados pelo estribilho, a *Sinfonia do Rio de Janeiro* é integrada por onze temas dos quais cinco são sambas-canção: "Arpoador" (com Lucio Alves), "Noites do Rio" (Doris Monteiro e Os Cariocas), "O mar" (Elizeth Cardoso e Dick Farney), "A montanha" (Emilinha Borba) e "O morro" (Nora Ney), que se tornou o mais conhecido deles quando foi gravado pela mesma Nora no ano seguinte. Ao recitativo, "*Morro eu conheço a tua história/ Um passado que é só glória*", segue-se uma linda melodia para versos bem construídos: "*O morro bem distante do pó da cidade/ Onde o samba é Brasil de verdade.../ O morro onde o dono de todo barraco é forte no samba/ O samba é seu fraco*".

A gravação da *Sinfonia*, com 15 minutos e 37 segundos de duração, exigiu uma produção custosa e difícil pois, como ainda não existia gravador de fita, foi feita diretamente em acetato, impedindo a correção de erros dos cantores ou da grande orquestra. Com uma câmara de eco no banheiro do estúdio, foram gravados dois acetatos, um com a orquestra e outro incluindo as vozes.

---

[43] Em 1949 o cantor e compositor Mel Tormé compôs a *California Suite*, que em arranjo de Gordon Jenkins se tornou o primeiro LP de doze polegadas da Capitol.

[44] Depoimento de Billy Blanco a Zuza Homem de Mello em 31 de maio de 2005.

A partitura de "Tereza da praia", de Billy Blanco e Tom Jobim, samba-canção cantado em dueto por Dick Farney e Lucio Alves.

Antes da *Sinfonia*, Tom Jobim e Billy Blanco haviam criado a inventiva composição "Tereza da praia", que, gravada como uma conversa por Dick Farney e Lucio Alves em 1954, foi a música mais popular da parceria. Sugerida por Dick, tinha o propósito de desfazer a suposta rivalidade entre os dois, mesmo que na letra da canção disputassem inadvertidamente o amor de uma mesma mulher.

Em 1956 Tom e Billy seriam novamente parceiros em "Esperança perdida", um samba-canção de oito versos, cujo lançamento na voz de

Lucio Alves não obteve a repercussão merecida.[45] Afortunadamente sua distinção pôde ser reconhecida cinco anos mais tarde, quando João Gilberto incluiu-o no seu disco mexicano em delicada interpretação: "*Eu pra você fui mais um/ Você foi tudo pra mim...*".

"Esperança perdida" disputa o troféu de composição menos conhecida de Billy Blanco com "Encontro com a saudade", igualmente um samba-canção. Estava prometida para Elizeth Cardoso, mas os autores, Billy e Nilo Queiroz, deixaram que Hebe Camargo registrasse primeiro, não resistindo a seus apelos. Mesmo ressentida, Elizeth acabou gravando anos depois a versão mais marcante da canção: "*Você chegou assim como o sol da manhã/ Iluminando, só veio dar bom-dia/ E foi ficando e agora não tem jeito de partir...*".[46] A letra nasceu rapidamente, no dia em que que Billy ouviu o tema tocado por Nilo, então aluno de Baden Powell. Escreveu de imediato no caderno escolar de um filho do violonista os versos para a melodia tão bem conduzida, que termina num jogo com acordes menores fechando em maior na palavra amor: "*Acho bom eu até combinar/ Encontro com a saudade de você/ Saudade faz parte também do amor*". Billy Blanco era um compositor nato.

A despeito do exposto, nem Aldo Cabral, nem Peterpan, nem Hianto de Almeida, nem mesmo o prolífico Billy Blanco podem ser considerados autores assíduos de samba-canção. Surpreendentemente, quem tem uma obra considerável no gênero, mesmo sendo um reverenciado compositor de samba, é Angenor de Oliveira, o Cartola.

"Eu gosto mais de fazer samba-canção. Porque, não sei, é o estilo que eu acho bonito, sabe? Eu não gosto muito desses sambas corridos, tem que ser uma coisa muito boa, eu mesmo fiz alguns, já fiz muitos, mas fui caindo mais pro lado do samba-canção, eu não tenho jeito de fazer outro tipo de música." Esta sincera declaração foi gravada em depoimento a Aluizio Falcão, quando o compositor, já abatido, traçou "um autorretrato falado onde aparecem, dissimuladas, rugas que marcaram sua vida... e, entre outras revelações, afirma sua curiosa preferência pelo samba-canção".[47]

---

[45] Lançado em 1956 pela etiqueta Mocambo, que tinha precária distribuição no mercado.

[46] Hebe gravou "Encontro com a saudade" em 1960 no LP *Sou eu*, da Odeon; Elizeth gravou-a em 1964, no LP *A meiga Elizete nº 5*, da Copacabana.

[47] Trecho do texto da contracapa do LP *Cartola: documento inédito*, gravado no

Cartola, um dos grandes mestres do samba-canção.

O reconhecimento ao valor de Cartola é devido primeiramente a Heitor Villa-Lobos, que convidou-o em 1940 para uma gravação histórica.[48] Já tinha ele sambas com sua assinatura gravados por grandes can-

---

Estúdio Eldorado em 1979, no qual o compositor interpretou oito músicas suas, entremeadas de uma conversa com Aluizio Falcão, produtor do disco.

[48] Em 1940, Leopold Stokowski foi encarregado pelo Departamento de Estado dos Estados Unidos de registrar material sonoro de países da América Latina. No Brasil, Stokowski recorreu a Heitor Villa-Lobos que, grande conhecedor da música popular, recomendaria com acerto os personagens que participaram de gravações efetuadas no estúdio montado numa cabine do navio *Uruguai*, estacionado no cais do porto do Rio. Ao lado de Pixinguinha, Donga, João da Baiana, Zé da Zilda, Augusto Calheiros, Laurindo Almeida, Jararaca e Ratinho e outros, Cartola gravou sua voz pela primeira vez, interpretando composições suas, das quais uma única, "Quem me vê sorrindo", foi preservada no álbum lançado em 1942 pela Columbia norte-americana sob o título de *Native*

tores — Francisco Alves, Silvio Caldas, Carmen Miranda — que evidenciavam a originalidade de suas criações, em especial "Divina dama", cuja primeira parte em modo maior, *"Tudo acabado/ E o baile encerrado/ Atordoado fiquei/ Eu dancei com você, divina dama"*, dá lugar à segunda parte em modo menor, porém em tom distante da relativa, como seria mais natural: *"Fiquei louco pasmado por completo/ Quando me vi tão perto de quem tenho amizade/ Na febre da dança senti tamanha emoção"*. É um procedimento inusitado entre os chamados compositores de morro.

No entanto, esse conjunto de composições quase ficou relegado ao esquecimento durante o período do decantado sumiço de Cartola do morro da Mangueira e da música, por quase dez anos. Após a viuvez e uma meningite que quase o matou, Cartola havia se entregado à bebida e tinha vergonha de si mesmo. Saiu de cena. Ao ser redescoberto como lavador de carros por Sérgio Porto, quando já era um sexagenário, constituiu a parte mais brilhante de sua obra. Aos 66 anos gravou seu primeiro disco, carregando de emoção o estoque inicial de composições criadas após a recuperação. Felizmente as suas criações estavam de volta, retificando uma letra de Pedro Caetano que dizia: *"Antigamente havia grande escola/ Lindos sambas do Cartola"*.

De óculos escuros na capa do LP da Marcus Pereira, uma etiqueta dedicada a material sonoro que não tinha aceitação nas gravadoras comerciais, Cartola não só saiu da obscuridade como ainda foi premiado como o melhor disco do ano de 1974, num repertório espantoso para sua idade: "Disfarça e chora", "Sim", "Corra e olhe o céu", "Tive sim", "O sol nascerá", "Alvorada", "Amor proibido", "Alegria", enfim, um total de onze sambas inéditos dos quais pelo menos oito tinham destino certo, o de se tornarem clássicos.

A única faixa que fugia do gênero é "Acontece", em que ele não se prende ao ritmo, sendo acompanhado pelo violão de Dino Sete Cordas, o arranjador e regente do conjunto regional. É uma primeira demonstração da proximidade que Cartola teve com um gênero raramente frequentado por sambistas de morro, o samba-canção. A letra, de quem não consegue ajuizar a razão de não mais conseguir amar a companheira, *"Acontece que eu não sei mais amar/ Vai sofrer, vai chorar, e você não merece/*

Brazilian Music. No disco 36509 a faixa traz o título "Quem me vê sorrir", e o intérprete é identificado como "Mangueira Chorus".

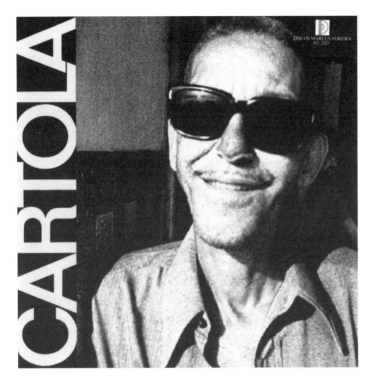

O primeiro LP de Cartola, lançado pela Marcus Pereira em 1974. Quando perguntado por qual música gostaria de ser lembrado, o compositor respondeu: "Acontece", a faixa 4 do disco.

Mas isso acontece/ Acontece que meu coração ficou frio", e reconhece que não pode fingir ter amor: "*Isso não acontece*". Harpejando um violão com as baixarias dos chorões, Dino, o mestre da sétima corda, deu a Cartola o amparo para uma interpretação livre e emocionada, que deixa divisar como a porta do samba-canção estava sendo entreaberta e o consagraria de vez no disco seguinte.

Foi com visível ansiedade que o jornalista Juarez Barroso convidou-me para ouvir em seu apartamento uma prova desse disco, o segundo de Cartola, que ele acabara de produzir.[49] Nessa tarde ouvi um dos mais belos LPs brasileiros, uma sequência de sambas e sambas-canção correspondentes à segunda fornada de um homem oposto à pretensão, o mesmo da foto da capa, ao lado de sua mulher Dona Zica, debruçado no

---

[49] Profundo conhecedor do samba do Rio de Janeiro, Juarez Barroso foi convocado por mim como consultor dessa área para a *Enciclopédia da música popular brasileira*, da Art Editora, da qual fui coordenador. A enciclopédia foi lançada em 1977.

parapeito verde e rosa da janela de sua modesta casa, trajando uma simples camiseta branca e, mais uma vez, tentando disfarçar o nariz esquisito sob os óculos escuros. No seu interior, quatro sambas-canção de respeito e, mais uma vez, futuro refulgente: "O mundo é um moinho", "Peito vazio", "As rosas não falam" e "Cordas de aço".

A faixa de abertura, "O mundo é um moinho", é um samba-canção da mais fina estirpe: a flauta de Altamiro Carrilho irrompe na mesma melodia da segunda parte para entregar o vocal a Cartola — tendo atrás de si o violão de Guinga —, nos versos dirigidos à sua filha por adoção, disposta a sair de casa após uma desilusão amorosa: "*Ainda é cedo, amor/ Mal começaste a conhecer a vida/ Já anuncias a hora de partida/ Sem saber mesmo o rumo que irás tomar*". Socorre a filha com um conselho carinhoso, ao antever o efeito de sua drástica decisão: "*Preste atenção, querida/ Embora eu saiba que estás resolvida/ Em cada esquina cai um pouco a tua vida/ Em pouco tempo não serás mais o que és*". A segunda parte é um primor, com a letra se casando com a melodia, o mais exaltado predicado na obra de Cartola: "*Ouça-me bem, amor/ Preste atenção, o mundo é um moinho/ Vai triturar teus sonhos, tão mesquinho/ Vai reduzir as ilusões a pó*". O arremate acentua essa marca de Cartola, com a nota mais grave da melodia recaindo em ajuste perfeito sobre a palavra "pés": "*Quando notares estás à beira do abismo/ Abismo que cavaste com os teus pés*".

Além de "O sol nascerá", a parceria de Cartola com o grande melodista Elton Medeiros resultou no samba-canção "Peito vazio", uma composição enxuta de dezesseis compassos repetidos tal e qual, exceto nos dois últimos da segunda vez, para finalizar. Em discurso absolutamente direto, Cartola lamenta a falta da amada que lhe inspira, tenta vingar-se no álcool, embora, ao garantir que não beberá mais, perceba que só com o tempo a imensa saudade que sente "se esvai", verbo perfeito para consumar um samba-canção que se dissipa melodicamente.

Em entrevista ao caderno "Folhetim" da *Folha de S. Paulo*, Dona Zica descreveu com detalhes de onde veio a inspiração para a música mais gravada do mestre Cartola, "As rosas não falam": "Nós temos uma roseira que compramos pequenininha, quando fomos passear nas Furnas e passamos numa chácara. Chegou aí, [ele] plantou a roseira, deu pra mais de mil rosas, foi uma coisa louca, ela ainda está ali. Um dia, eu conversando com ele ali perto da roseira, estava assim olhando a roseira, e molhando falei pra ele: 'Mas como tem dado rosa essa roseira, né, o que é que houve?'. Diz ele: 'Sei lá, elas não falam'. Aí daqui a pouco ele veio

Capa do segundo LP de Cartola, também da Marcus Pereira, lançado em 1976. Na foto da capa, o compositor ao lado de sua mulher, Dona Zica.

pra dentro e me chamou: 'Zica, vem cá ver'. E daí começou a cantar pra mim 'As rosas não falam'".[50]

Eis como uma frase solta numa conversa informal foi o embrião para Cartola criar uma composição magnífica, resvalando nas cores verde e rosa da Mangueira, da qual ele instituíra o "Estação Primeira" e na qual ele "chega ao extremo do lirismo e destrói seu arroubo em dois versos, *'Queixo-me às rosas/ Mas, que bobagem, as rosas não falam'*, como soube descrever com precisão o letrista Aldir Blanc.[51]

"As rosas não falam" é dividida em quatro estrofes de tamanho igual que se iniciam sempre com um motivo de quatro notas, expostas de forma diferente nas frases "*Ba - te - ou - tra - vez*" na primeira estrofe, "*Vol - to - ao - jar - dim*" na segunda, "*Quei - xo - me - às - ro...*" na ter-

---

[50] Entrevista a Octavio Ribeiro em "O Cartola do morro", *Folha de S. Paulo*, 12 de março de 1978.

[51] Aldir Blanc, "O poeta e seu canto de lirismo e lúcida amargura", *O Estado de S. Paulo*, 9 de outubro de 1998.

ceira e "*De - vi - as - vir*" na quarta. O primeiro motivo reaparece três tons acima após os oito compassos da primeira estrofe, depois três tons abaixo e finalmente num movimento ascendente no início da quarta estrofe.[52] Uma brilhante solução musical que se encaixa perfeitamente com o conteúdo dos versos do mais simbólico samba-canção de Cartola.

Ainda do seu segundo disco — em que foi acompanhado praticamente pelos mesmos músicos do grupo dirigido por Dino e mais Meira, Canhoto e Jorginho, que formavam o conjunto regional tido como ideal para acompanhar sambistas desde 1937 —, "Cordas de aço" é mais um legítimo samba-canção. O disco foi gravado em 1976, trinta anos após "Copacabana", o que explica a execução impecável de um samba-canção pelo conjunto regional. A concisa composição, de inspirada melodia de Elton Medeiros, sem segunda parte, traz uma letra de esperança na conversa do autor com aquele a quem pode confessar a desventura do amor perdido, seu violão: "*Ah, essas cordas de aço/ Este minúsculo braço/ Do violão que os dedos meus acariciam.../ Só você, violão/ Compreende por que perdi toda alegria*". O aço das cordas é substituído pela madeira para ocasionar o reencontro feliz: "*Solte o teu som da madeira/ Eu, você e a companheira/ Na madrugada iremos pra casa/ Cantando*".

Se esta é também uma composição sem segunda parte, as demais revelam outro aspecto que qualifica o patamar de superioridade na obra de Cartola. Suas segundas partes não seguem o procedimento dos sambas em geral, o de soar como um prolongamento da estrofe. Em Cartola a segunda parte soa como uma melodia nova, construída noutro tom, como em "Feitio de oração", como em "Na batucada da vida", para citar casos já mencionados.

Cartola gostava de compor com o violão que ganhou de presente do jornalista Arley Pereira, seu grande amigo e biógrafo. Tinha quatro instrumentos, mas dizia não gostar muito de tocar violão, a não ser para compor.[53] Sua forma harpejada de tocar está exposta numa das oito composições que interpretou no LP *Cartola: documento inédito* acompanhando-se ao violão. Ao harpejar quase todos os acordes de "Autonomia", já gravada esplendidamente com Radamés Gnattali ao piano como um no-

---

[52] Na partitura oficial editada por Irmãos Vitale em 1998 na tonalidade de ré menor, a primeira estrofe se inicia com fá-ré-mi-fá; a segunda com lá-fá-sol-lá, portanto três tons acima; a terceira com ré-si-do-ré, portanto três tons abaixo; e a quarta com lá-ré-mi-fá.

[53] Entrevista de Cartola do Acervo Aramis Millarch.

turno de Chopin, Cartola expõe a condução harmônica de seus sambas-canção, dando a pista de como compunha, tangendo as cordas à vontade para se deixar levar por algum caminho. Em "Acontece" ele valoriza os dois acordes na passagem do verso *"acontece que não sei mais amar"* para entrar no verso seguinte, *"vais chorar, vais sofrer"*. Em suma, quando cantava acompanhando-se ao violão, Cartola confirma sua declaração sobre o gênero de sua primazia, expressa no depoimento desse disco.

Num dos mais lúcidos artigos sobre a obra de Cartola, Luiz Israel Febrot fez uma análise precisa sobre essa preferência pelo samba-canção: "Samba de morro a rigor não fez... trazia longa ascendência do samba de roda, samba de terreiro ou samba de quadra. Cartola, entre os sambistas de raiz, é um fenômeno isolado. Embora fizesse samba-batucada, compusesse sambas-enredo, alguns até com exaltação muita e ingênua — com Carlos Cachaça fez 'Ciência e arte'. Mas o sambista Cartola é essencialmente o samba-canção romântico, da melodia alongada suave e musicalmente triste, assim como a maioria de seus versos. Entre o samba-canção 'da cidade', dor de cotovelo de cabaré com moça-dama, e o samba do morro de elemento raiz, há algo sutil em Cartola, que o identifica com a musicalidade, ritmo e a poesia de sua gente".[54]

---

[54] "O eterno mito da estação verde e rosa", *O Estado de S. Paulo*, 6 de janeiro de 1981, artigo de Luiz Israel Febrot, advogado, estudioso da cultura brasileira, crítico de teatro e cinema, frequentador do bar da rua da Carioca, o Zicartola, no Rio de Janeiro, onde conheceu Cartola.

Dalva de Oliveira, a primeira diva do samba-canção.

Capítulo 12

As damas e as divas

Na década de 1950 despontaram as compositoras na música popular brasileira. Trinta anos antes, o caso isolado de Chiquinha Gonzaga era um ponto fora da curva, e não um prenúncio no horizonte de mulheres criando livremente, sem o espanto da sociedade, letras e melodias, fosse com parceiros masculinos ou por conta própria.

O universo da música popular brasileira, onde já se consagravam estrelas de primeira grandeza desde Carmen Miranda, foi de fato sacudido ao se deparar, inesperadamente, com a *crooner* Dolores Duran compondo canções com a sutileza e a sensibilidade da mulher, inaugurando um tom de delicadeza e transparência em torno da temática da relação amorosa. A partir de Dolores, novas damas da música brasileira entraram em cena compondo sambas-canção, e novas divas ocuparam os microfones para cantarem as composições do gênero.

Dalva de Oliveira foi a primeira diva do samba-canção a despontar, por meio de "Segredo". Se até então o panorama de grandes intérpretes era dominado pelos varões, o cenário mudou.

Outra diva importante, Nora Ney, que tinha o *physique du rôle* perfeito para o gênero, o de uma *lady*, mulher insinuante e sensual, cabelos negros e corrediços, lábios finos, olhar incisivo, porte esbelto e conquistador, foi, no filme *Carnaval Atlântida*, ao cantar "Ninguém me ama", francamente uma espécie de versão nacional de Rita Hayworth. Era a voz feminina do samba-canção. Tal qual Billie Holiday, Nora Ney abraçava o drama de uma canção. Com sua dicção excepcional, autenticamente carioca nos *erres* guturais e *esses* em xis, cantava com uma expressividade única, graças a sua tessitura de voz quase masculina, como a de Elvira Ríos, de quem era admiradora.

De seu repertório na Rádio Tupi, onde só havia canções norte-americanas, por acreditar que não conseguiria cantar as brasileiras, descobriu, como ocorrera com Dick Farney anos antes, ser perfeitamente possível interpretar os sambas-canção de Noel Rosa. Como Dick, vinha de família de classe média e, também como Dick, protagonizou a forma de usufruir do microfone, desprezando o padrão em voga de canto aberto. Coincidentemente, como Dick, de quem se tornou grande amiga depois de ter sido apenas admiradora, "americanizou" seu nome artístico, trocando Iracema de Souza Ferreira por Nora (sem o H de Norah) May e, em definitivo, Nora Ney, um nome que nunca se esquece.

Ao ser contratada como *crooner* da boate do Copacabana Palace, onde além do salário recebia mensalmente dois vestidos de *soirée*, ganhou certa projeção com as transmissões ao vivo direto da Meia-Noite no programa *Ritmos da Panair*, da Rádio Nacional, que a contratou.

* * *

Em 1984, o cantor Jorge Goulart foi submetido no Hospital Samaritano de Botafogo a uma cirurgia para extrair um tumor cancerígeno da garganta e da laringe. As cordas vocais de uma das mais belas vozes brasileiras foram extirpadas, e somente meses depois ele voltaria a falar com sua voz esofagiana. Em julho de 2004, já viúvo, recebeu-me em sua casa no Andaraí, emitindo sons robotizados, para o depoimento otimista e alegre deste livro sobre sua companheira de várias décadas, Nora Ney, com quem formava um dos mais queridos casais do rádio.

"Conheci a Nora no Copacabana Palace, quando o doutor Octavio Guinle quis fazer uma renovação no elenco de cantores", rememorou Jorge, alongando-se sem a menor dificuldade apesar das limitações, num relato de coração aberto. "Antes de mim cantavam lá Carmélia Alves, Ivon Curi, Nelson Gonçalves, no Golden Room. Eu também fazia show na boate com a Marlene. Daí o Stuckart, que era diretor, me chamou... não, foi o Caribé da Rocha, diretor artístico, que me chamou, e eu saí do Vogue. No Vogue eu saía às oito, nove horas da manhã. O Copacabana funcionava até uma hora da manhã. Tinha aquela freguesia, eu cantei para muito príncipe. Saí do Vogue. O Vogue era high society e o Copacabana era a elite. Mas a Nora já estava lá, como *crooner*, há uns quatro meses. A Doris Monteiro também foi contratada, a Doris e eu. Quando fui assinar contrato com o diretor, Nora estava na porta, era meio pedantezinha, eu olhei, não tomei conhecimento, ela me achou antipático. Ela comentou com a Doris Monteiro: 'Dizem que esse antipático vem para cá', e a Doris: 'Ele é simpático'. A Nora era meio emburrada. Daí eu estreei com sucesso, fiz um show com acompanhamento do Copinha. Eu era muito popular porque em São Paulo fui contratado dois anos pela Record, fui votado e o Ibope quis fazer uma pesquisa sobre mim, a An-

Nora Ney, ao lado de Emilinha Borba, Dircinha Batista, Doris Monteiro, e Linda Batista em matéria sobre o "fotógrafo das estrelas" Ávila na revista *Radiolândia*, em março de 1955.

gela Maria e a Nora. Eu e a Angela alcançamos naquela época classe pobre, média e rica. A Nora deu 100% da elite, ela era meio elitizada. Aí eu comecei a cantar no palco com ela. O meu camarim era pegado ao dela. Um dia ela aparece discutindo com o marido, uma briga danada, o marido na porta querendo dar tiro, ele bebia muito, Clayton Maia. Eu tinha mania de apagar as luzes do camarim antes do show, deitava e ficava ali repousando. Quando eu cheguei no meu banheiro, não tinha sabonete. Bati no camarim dela, bati e disse: 'Nora, você tem sabonete?'. E ela, depois ela contou que me viu pelo espelho: 'Ele não é tão antipático assim, tem uma boca grande mas não é tão grande assim'. Ela começou a me examinar e começou a mudar. Isso eu te garanto. Um ano eu fui amigo dela, consegui amainar as tensões do marido e nunca tive nada com ela. Eu era amigo. Eu até contava as minhas aventuras e ela morria de rir. Era muito atraente, com personalidade, sensual. Eu já não estava vivendo bem, um dia me separei da minha mulher e me deu um clique. E assim foi nascendo. O marido continuava a encher o saco dela praticamente todo dia. Eu pedi uma licença do Copacabana de quatro meses. E sem ela saber, para ela também. E roubei ela. Ela nem sabia para onde íamos. Eu tinha um conhecimento muito grande do Recife, fiquei lá cinco meses. Aí é que nasceu. O diretor da Rádio Jornal do Comércio, Pessoa de Queiroz Filho, era muito meu amigo. Jackson do Pandeiro e aquela turma toda estava sempre comigo aqui no Rio. Eu fiz a temporada, já tinha sucesso e ela estava iniciando. Pegamos um advogado, que fez o desquite dela — eu já era desquitado —, naquela época não tinha divórcio. Eu vivi com ela 52 anos."[1]

* * *

Em maio de 1952 a gravadora Continental lançou o primeiro disco de Nora Ney, com dois sambas-canção: no lado A, "Quanto tempo faz", de Fernando Lobo e Paulo Soledade; e no lado B, "Menino grande", de Antonio Maria, então um famoso locutor esportivo, mas desconhecido compositor. Mesmo assim foi "Menino grande" que puxou as vendas e chamou a atenção para aquela voz estranha que fugia completamente ao *establishment*. O crítico Miguel Cury não escondeu seu entusiasmo, comentando com perspicácia, em estilo gongórico, que a "voz de Nora Ney surge como de recantos penumbrosos, com um odor de sensualidade, caindo numa morbidez que a todos contagia... um halo de ficção e mistério marca a sua figura".[2] De alguma forma, elogios tão floreados em crítica de música popular podem até ter influenciado para que a Continental apostasse novamente na cantora e no compositor recém-lançados.

Em agosto o segundo disco estava na praça, e mais uma vez o lado B ganhou a parada derrotando a previsão da gravadora. Era "Ninguém me ama". Nora tornou-se uma sensação da noite para o dia, com o inegável reforço publicitário do noticiário sobre sua vida pessoal, porém nas

---

[1] Depoimento de Jorge Goulart a Zuza Homem de Mello em 29 de julho de 2004. Nora e Jorge foram companheiros até 1992, quando afinal se casaram. Jorge faleceu em 17 de março de 2012.

[2] Citado por J. L. Ferrete no encarte do LP *Nora Ney*, nº 19 da série *Ídolos MPB*, da Continental.

Jorge Goulart, ao lado das cantoras Marion, Heleninha Costa e Neusa Maria, no programa *Rádio Flagrantes de Ary Barroso* na Rádio Nacional, em 1957, junto com Ary e César Ladeira (à direita).

páginas policiais. Semanas antes da gravação, em agosto de 1952, ela fora hospitalizada em estado gravíssimo por ter sido forçada pelo marido a ingerir três tubos de entorpecente, na tentativa dele de forjar um suicídio, conforme confessou depois. A imprensa aproveitou o arranca-rabo matrimonial para dar ao caso um tratamento de novela mexicana, a partir de dois personagens modelares: o marido sabidamente machista, alcoólatra e violento, e a esposa artista de rádio. Um enredo e tanto para a imprensa sensacionalista explorar não só o drama conjugal como também o de uma mãe de dois filhos que também era cantora, uma dupla atividade inaceitável pela sociedade da época. E foi além, tentando desviar a culpa do marido para, numa interpretação hipócrita em defesa de valores conservadores, remover a indução ao suicídio e culpar a própria Nora, que passava de vítima a acusada.[3]

Essa armação jornalística de baixo nível não só promoveu "Ninguém me ama" de tal forma que o disco estourou, alcançando o primeiro lugar, permanecendo por seis meses nas paradas de sucesso, como também colaborou para a difusão do nome de Nora Ney, que na época só tinha dois discos, quatro músicas e dois sucessos.

Consagrada como a grande novidade da música brasileira, ganhadora do Disco de Ouro, capa da *Revista do Rádio*, solicitada por várias emissoras, Nora tinha status de estrela de primeira grandeza quando gravou seu terceiro disco, com mais um samba-canção que amarrava seu repertório ao chamado samba de fossa, o novo rótulo que não passava de um nome fantasia e não um gênero musical. "Ao gravar 'De cigarro em cigarro', Nora Ney conseguiu novo sucesso com sua voz grave e original, marcada por uma interpretação seca e direta, sem artifícios e com dicção impecável. Música e letra do notável violonista Luís Bonfá, é a confissão de quem não consegue esquecer um amor e tenta se desafogar desesperadamente só, fumando um cigarro atrás do outro: *Se outro amor em meu quarto bater eu não vou atender/ Outra noite sem fim aumentou meu sofrer/ De cigarro em cigarro olhando a fumaça no ar se perder'*", é um trecho do registro sobre "De cigarro em cigarro" no livro *A canção no tempo*.[4] Do mesmo modo que "Ninguém me ama", o título focalizava um certo aspecto do samba-canção, desta vez o ar enfumaçado dos bares ou boates, local de encontros e desencontros, com música intimista regada a álcool.

No verso do disco, outro samba-canção de Antonio Maria, "Onde anda você" (*"Fui como um resto de bebida que você jogou fora"*) e, menos de dois meses depois, mais um, "Preconceito" (*"A verdade da vida é ruim/ Se existe um preconceito muito forte/ Separando você de mim"*), o que fazia de Maria o autor mais frequente no repertório de Nora Ney.

Não bastassem três no mesmo ano de 1953, Nora lançou o que é tido como hino da fossa do samba-canção, com versos de Haroldo Barbosa: "Bar da noite". Com uma atividade incessante, sobretudo na Rádio Nacional, como produtor de programas, redator-chefe e responsável pe-

---

[3] Cf. Alcir Lenharo, *Cantores do rádio: a trajetória de Nora Ney e Jorge Goulart e o meio artístico de seu tempo*, Campinas, Editora Unicamp, 1995.

[4] Jairo Severiano e Zuza Homem de Mello, *A canção no tempo, vol. 1*, São Paulo, Editora 34, 7ª ed., 2015, p. 313.

Nora Ney na capa da revista *Radiolândia*, em abril de 1954.

lo acervo musical, o fanático por corridas de cavalos Haroldo Barbosa dedicava-se também a versões de músicas norte-americanas e a escrever letras de canções. Essa, versejava instruções de uma frequentadora de bar ao garçom, em busca da solidão: "*Garçom, apague esta luz que eu quero ficar sozinha/ Garçom, me deixe comigo que a mágoa que eu tenho é minha/ Quantos estão pelas mesas bebendo tristezas, querendo ocultar/ O que se afoga no copo, renasce na alma, desponta no olhar*". Após descrever com esplendor o que os desacompanhados buscam no bar, a letra prosseguia com mais um pedido: "*Garçom, se o telefone bater e se for pra mim/ Garçom, repita pra ele que eu sou mais feliz assim*". Finalmente adota o garçom como cúmplice, dividindo sua mágoa com quem está acostumado às revelações dos que fogem do desamor no rechego de um bar, e entende o que não conseguem esconder: "*Você sabe bem que é mentira, mentira noturna de bar/ Bar, tristonho sindicato, de sócios da mesma dor/ Bar que é o refúgio barato dos fracassados do amor".*

Destinada a uma cantora, Haroldo entregou sua inspirada letra à compositora Bidu Reis, que, com espantosa facilidade, criou a melodia que se encaixou como uma luva para aquele samba-canção. "Bar da noite" se tornou um sucesso na soberba interpretação daquela que concentrou em sua voz a trilha sonora da noite em algum bar de Copacabana nos anos 1950. É a voz de Nora Ney, a marca de uma escola que começa e termina com ela.[5]

"Artisticamente, eu nunca interferi em nada dela", arrematou Jorge Goulart sobre seu estilo, prosseguindo: "A linha dela era a elite. E o samba-canção. Eu era tudo, marchinhas, gravei versões; cada um na sua. Ela sempre foi concentrada no samba-canção porque era uma grande cantora americana. A Nora cantava música americana e você ficava bobo. Em inglês. E dali para o samba-canção não tem diferença. Ela fez sucesso também em samba, como aquele 'Vai, vai mesmo' do Ataulfo Alves, fez samba do Nelson Cavaquinho, esse tipo de samba aceitavam. Era a magia da voz da Nora, ela sendo contralto, uma voz central muito boa para disco, porque faz você ouvir direito. Eu tinha muita voz, mas para disco não era igual a Nora, a Nora era mais. Agora, em apresentação eu tinha mais presença. Ela era elitizada. Gente elitizada queria ouvir ela. Um dia, na época da ditadura, o Delfim Netto pagou toda uma boate para ouvi-la sozinho".[6]

Doris Monteiro, a colega de Nora Ney no Copa, era uma teteia de garota. Oriunda de família modesta — seu pai era porteiro do prédio da rua Carvalho de Mendonça, em Copacabana, onde moravam —, preferia desde os treze anos ouvir discos de Dick Farney e Lucio Alves na loja debaixo do edifício, em vez das cantoras com vozeirão da Rádio Nacional. Queria ser cantora — "cantêra", como dizia na infância. Depois de um primeiro lugar como caloura no programa *Papel Carbono* de Renato Murce, foi levada à Rádio Tupi para um teste com Almirante que, reconhecendo sua interpretação suave, decidiu na hora:

— Você vai fazer um programa junto com Lucio Alves, *Ele e Ela*.

---

[5] Entre outros sambas-canção lançados por Nora Ney figuram "Solidão" (1954), "Madrugada, três e cinco" (1955), "Vamos falar de saudade" (1955), "O morro" (1955) e "Franqueza" (1957).

[6] Depoimento de Jorge Goulart a Zuza Homem de Mello.

A cantora Doris Monteiro, que iniciou sua carreira em 1951, com apenas 17 anos.

— Ah! Não vou fazer. Não senhor, de jeito nenhum — respondeu Doris, para espanto de Almirante.

— Como não vai? Você vai fazer sim, eu sou o diretor e você vai. Que história é essa de dizer que não vai fazer?

— Porque eu vou desmaiar! Não vou conseguir cantar, vou desmaiar na frente dele — disse timidamente a garota que idolatrava o cantor.

Ela acabou entrando para o *cast* da Tupi, cantando música romântica junto com seu ídolo.[7]

---

[7] Depoimento de Doris Monteiro a Zuza Homem de Mello em 9 de dezembro de 2004.

Tinha apenas dezessete anos quando foi contratada por Caribé da Rocha como *crooner* do quinteto de Copinha no Copacabana Palace, com a condição imposta pelo Juizado de Menores de que sua mãe deveria acompanhá-la todas as noites. Sentadinha na coxia, a mãe vigiava aquela belezinha de trança jogada para o lado esquerdo cantando docemente um repertório internacional em inglês e francês perfeitos, revezando-se com Jorge Goulart e Nora Ney no nacional. Desde menina Doris se comunicava em francês com a mãe, que residira na França por nove anos. O inglês viera dos três anos de curso na Cultura Inglesa.

"Foi um sonho, eu era quase uma atração, todo mundo queria ver aquela menina de trança que cantava com a mãe no palco. Foi uma mídia sensacional para mim. O Caribé me disse: 'É impressionante, as pessoas vêm aqui para ver você'", recordou Doris Monteiro.

Foi inevitável receber um convite para gravar na Todamérica, que andava atrás de cantoras da nova safra. No mesmo ano, 1951, foi lançado seu primeiro disco, com dois sambas-canção inéditos e uma péssima avaliação do crítico Silvio Túlio Cardoso, o respeitado comentarista de *O Globo*. Depois de uma solene desancada, concedeu-lhe nota 1, por piedade. Doris ficou para morrer.

Mas as vendas contestaram a previsão do crítico. "Se você se importasse", no lado A do disco, levou o nome de Doris Monteiro por mais de três meses às paradas de sucesso. O arranjo de Radamés Gnattali, com um trompete em surdina, dava a impressão que o samba-canção de Peterpan fora moldado especialmente para a novidade, uma voz feminina e tranquila, pouco além de adolescente, com ligeiros vibratos nos lugares certos: *"Se você se importasse com meu triste viver/ Se você se importasse com o meu padecer/ E me compreendesse, tão feliz eu seria/ Se você se importasse com a minha agonia"*. Doris era a novidade.

Apesar do sucesso, a cantora ficou decepcionada com uma decisão da gravadora. Sua música preferida estava no lado B, e acabou passando em brancas nuvens. Era uma joia de José Maria de Abreu, o Tom Jobim daquela época, segundo a cantora. Em "Fecho meus olhos... vejo você", de novo o trompete com surdina, o piano de Radamés e a guitarra de Zé Menezes ocupam os 48 segundos iniciais antes do recitativo curto e grosso — *"Tudo que eu tinha na vida perdi/ Quando perdi seu amor/ E a chorar nunca mais consegui/ Fugir de um grande amargor"* — que, em impecável legato de Doris, se abre para a melodia: *"Longe do amor, na minha dor/ E só hoje eu sei como eu amei/ Quando pensei que já fosse feliz/ Você partiu, não mais me quis/ Hoje a sentir não ter alguém/ Para*

Doris Monteiro e Cyll Farney, irmão de Dick,
no filme *De vento em popa*, de 1957.

sorrir e querer bem/ Minha alma triste sofre porque/ Fecho meus olhos, vejo você". O esplêndido samba-canção permanece até hoje no ostracismo. Mas Doris tinha razão: era o melhor dos dois.

Há cantores que preferem dar por algum tempo preferência a autores com os quais se identificam, caso de Frank Sinatra com o letrista Sammy Kahn. A prevalência no repertório confere ao autor condição de fornecedor de canções com destino certo. Foi o que aconteceu com Doris Monteiro em determinada fase de sua carreira depois que, por iniciativa de Chacrinha, superou a resistência em conhecer composições de um industrial de origem portuguesa de quem nunca tinha ouvido falar. Dessa forma, Fernando César, um compositor esporádico, teve alguém para destinar suas melodias, provavelmente criadas nas horas vagas de sua atividade na fábrica do Sabão Português. "Dó-ré-mi", gravada em 1955, foi a que teve maior repercussão, dando ao industrial status de compositor e provedor de músicas para o repertório de Doris Monteiro.

No seu depoimento para este livro, Doris fez uma pausa para comentar sobre músicos de São Paulo que a acompanharam em temporadas na cidade: "Eu cantava muito aqui em São Paulo com o Luiz Mello, que era meu pianista em show, Zé Bicão, baixo, e o Guilherme Franco, que trabalha com Airto Moreira no Estados Unidos, era meu batera. Nós ensaiávamos na casa do Luiz Mello. Você se lembra do Zé Bicão?", indagou como quem quisesse contar uma história. Zé Bicão fora um legendário pianista da noite em São Paulo que, sendo esquizofrênico, surtava e sumia por dias seguidos. Doris revela emocionada: "No Rio, um dia eu passei por ele. Era um mendigo na minha porta, ele passou por mim e disse um 'Boa tarde', assim, para dentro, e eu pensei: 'Eu conheço ele'. Aí eu chamei o Ricardo, meu marido. Quando fui até a janela, ele estava deitado numa portaria fechada. Eu olhei e disse: 'É aquele mendigo lá'. Era um traste, botou uns sacos em cima, parecia aqueles homens da caverna, uma coisa horrível. De vez em quando ele passava por mim e dizia 'Bom dia', com aqueles olhos para baixo. Depois encontrei de novo aquele mendigo, ele muito barbudo, muito diferente, com os pés inchados, doente. Um dia em que vínhamos para São Paulo, pegamos um táxi, ele se aproximou e disse: 'Doris Monteiro, você pode me dar um dinheirinho para um prato de comida?'. Fiquei abismada, como é que esse mendigo sabe que eu sou Doris Monteiro? Eu ia dar, abri a bolsa, quando o Ricardo me segurou e disse: 'Branca, é o Zé Bicão!'. Ele saiu correndo e fugiu porque foi reconhecido. Nós fomos atrás dele para ajudá-lo, mas ele sumiu. Eu comentei isso com o Lito Robledo. O Lito passou adiante e aí o Zé Victor Oliva ligou para minha casa e perguntou como é que eu poderia encontrá-lo, e mandou duas pessoas que começaram a andar por aqueles quarteirões por onde ele caminhava, ele só andava por ali, Copacabana Palace, rua Duvivier. Eles trouxeram o Zé Bicão, deram um banho, levaram para o hotel, deram roupa e ele veio para cá. Aí o Zé Victor Oliva deu essa chance, mas ele não aproveitou. Um tremendo músico, que ficou completamente louco. Ele foi aprender piano porque não encontrava um pianista que tocasse com ele, ele era baixista. Foi aprender piano. Um dia fui jantar com Ricardo na Baiuca dos Jardins. Eu falei:

Doris Monteiro e o compositor Fernando César, autor de "Dó-ré-mi", ensaiam em outubro de 1955.

ele está tocando lá e eu vou. Quando me viu, ele só baixou a cabeça assim e me deu um sorriso, cantou um 'Dó-ré-mi' e cantou como eu nunca vi. Nem eu poderia cantar o 'Dó-ré-mi' como ele cantou. Um 'Dó-ré-mi' de arrepiar. Eu fiquei parada, emocionadíssima. Foi uma das maiores homenagens que alguém poderia me dar, ele cantando, harmonizando e cantando, foi uma coisa linda. Eu disse, 'Meu Deus, ele é que tinha que ter gravado 'Dó-ré-mi". E depois não o vi mais", termina Doris Monteiro, ainda comovida.

Após gravar "Mocinho bonito" em 1957, por sugestão do próprio autor, Billy Blanco, seu repertório foi abastecido com músicas do estilo sambalanço, gravando em duo com o mestre no assunto, Miltinho. Em entrevista a Tárik de Souza, Doris confessa como se preparou para abrir aquele novo caminho em sua carreira: "Aprendi a dividir, gravei com o Miltinho. Eu também achava que não ia dar certo, porque ele gravava com a Elza Soares. Mas a Elza saiu do Brasil e aí o produtor Milton Miranda falou: 'Você vai gravar com o Miltinho!'".[8] Foi como Doris Monteiro abraçou outra etapa numa carreira identificada pelo seu bom gosto, pela doçura da voz, a leveza de interpretação e a paixão pela modernidade que sempre predominou em seu trabalho.

Em sua garimpagem na busca de novos artistas, a gravadora Todamérica, criada e dirigida por Braguinha, havia lançado no final de 1950 o disco que projetou a mais cintilante estrela da música brasileira de sua época. Era Elizeth Cardoso, que já atuava no rádio desde os anos 1930 e ganhou de Haroldo Costa o apelido de A Divina.[9] Sua estreia na gravadora também se deu com um samba-canção. E o lado B saltou na frente, puxando as vendas para o sucesso de "Canção de amor", de Elano de Paula e Chocolate, este um comediante que tinha veia de compositor. Chocolate cantarolava trechos de frases melódicas com algumas palavras-chave e lá-rá-lás, deixando que o parceiro completasse a letra. Com uma interpretação marcante, amparada por um dos maiores saxofonistas brasileiros, Zé Bodega, e uma pequena seção de cordas, a então desconhecida Elizeth levou o disco a estourar nas paradas, auxiliada por suas performances na Rádio Tupi, onde fazia parte do *cast*.

Elizeth canta com um sutil sentimento de tristeza, combinando com a letra daquela canção de amor, que lembrava a saudade que deixou um coração vazio: *"Saudade, torrente de paixão, emoção diferente/ Que aniquila a vida da gente/ Uma dor que não sei de onde vem/ Deixaste meu coração vazio, deixaste saudade/ Ao desprezares aquela amizade que nasceu ao chamar-te meu bem"*.

Nos quatro anos seguintes, Elizeth gravou 21 discos nas etiquetas Todamérica e Continental, dos quais dois merecem destaque. No samba-canção "Se eu pudesse",[10] ela solta a voz no verso *"A verdade, porém, não confesso a ninguém"* com o modelo de vibrato comedido que selaria

---

[8] Cf. Tárik de Souza, *Sambalanço: a bossa que dança — um mosaico*, São Paulo, Kuarup, 2016.

[9] Denominação que foi inclusive chancelada por Sarah Vaughan, que também assim era chamada.

[10] Composição de José Maria de Abreu e Jair Amorim, gravada na Todamérica em 14 de maio de 1951.

Elizeth Cardoso teve em "Canção de amor", samba-canção gravado em 1950, seu primeiro grande sucesso.

a marca de seu estilo romântico. É o que vai se repetir em outros discos desse período até chegar à sua mais notável gravação em discos de 78 rotações: o samba-canção de Ary Barroso "Ocultei".[11] Acompanhada pelo quinteto de Radamés Gnattali, Elizeth é arrebatadora na altivez de uma interpretação dramática que não extravasa para o dramalhão, definindo os versos com emotiva expressividade, "*Ocultei um sentimento de mor-*

---

[11] Na gravadora Continental, em 25 de março de 1954.

te/ Temendo a sorte/ Do grande amor que te dei", atingindo agudos com limpidez (em "*Abri a porta do destino*" e depois em "*Um mero clandestino*"), e chegando ao apogeu no verso "*O meu mais ardente desejo*", que coincide com o momento capital do samba-canção.

Em 1955 Elizeth gravou seu primeiro LP, *Canções à meia-luz*, com alguns arranjos de Antonio Carlos Jobim. Nas oito faixas do disco, ainda na fase de dez polegadas, há um predomínio de sambas-canção, destacando-se "Canção da volta", "Se o tempo entendesse", e aquela que pode ser considerada sem receio a melhor interpretação do primeiro samba-canção da história, "Linda flor". No LP seguinte, *Fim de noite*, pela Copacabana, que a manteve sob contrato por mais de vinte anos, regravou outros sambas-canção considerados clássicos, como "Último desejo", "Feitio de oração" e "No rancho fundo".

Elizeth converteu-se em atração nacional e internacional sobretudo com temporadas no Uruguai, nos anos 1950, e mais tarde no Japão, onde gozava de imenso prestígio. Considerada cantora de grã-finos, o que muito a irritava, fez célebres temporadas com Silvio Caldas no Vogue do Rio e na boate Oásis de São Paulo, em espetáculos inesquecíveis para os privilegiados que puderam assistir aos dois juntos. No palco, pareciam concentrar a história da canção brasileira.

Contrastando com seus LPs francamente dedicados ao samba, nos quais se destacam "É luxo só", "Mulata assanhada" e "Cidade vazia", Elizeth Cardoso gravou simultaneamente a série *A meiga Elizete*, que alcançou cinco volumes entre 1960 e 1964, onde lançou pelo menos três clássicos do samba-canção: "Nossos momentos", "Tudo é magnífico" e "Canção da manhã feliz", todos com música de Luiz Reis, pianista da noite carioca e autor, em parceria com Haroldo Barbosa, de vários êxitos de Miltinho.

O órgão, pode-se dizer litúrgico, de Walter Wanderley define a atmosfera que precede o envolvente ataque de Elizeth em "Nossos momentos": "*Momentos são, iguais àqueles em que eu te amei/ Palavras são, iguais àquelas que eu te dediquei*". Com o mesmo motivo de quatro notas de "*Mo - men - tos - são*", que é desenvolvido continuamente, em "*i - guais - à - queles*", e mais tarde em "*eu - es - cre - vi*", em "*na - fri - a - areia*" em "*o - mar - che - gou*" e em "*tu - do - a - pagou*", é uma melodia relativamente simples que adquire uma força impressionante na combinação da voz da cantora com o organista. Ela cresce tomando conta do espaço sonoro em "*Teu castelo de carinhos*", terminando em "*Agora é recordar*", ao qual se segue o pertinente solo de guitarra de Heral-

312   Copacabana

O primeiro LP de Elizeth Cardoso, *Canções à meia-luz*, de 1955,
já trazia arranjos de Antonio Carlos Jobim, antecipando o seminal
Canção do amor demais, lançado três anos depois.

do do Monte. Na repetição, Elizeth faz uma pausa significativa antes de finalizar com o verso "*Agora é recordar*", como que dando a entender subliminarmente que nada mais resta senão lembrar os momentos de dedicação a um amor inconstante que se acabou.

Em 1958, foi convidada para um disco seminal da música brasileira, *Canção do amor demais*, que incluía um grupo de canções de Tom Jobim e Vinicius de Moraes que ela aprendeu, no número 107 da rua Nascimento Silva, com os próprios autores. Como se sabe, é nesse disco que João Gilberto executa pela primeira vez em disco a batida de violão que marcaria a bossa nova. A performance de Elizeth é de arrepiar, especialmente na valsinha "Luciana" e nas canções "As praias desertas", "Estrada branca" e "Janelas abertas". Apesar de reconhecida como a maior cantora brasileira de sua época, o que pesou em sua escolha por Tom e Vinicius, Elizeth jamais foi uma recordista em vendagem de discos. Contudo suas gravações alcançavam uma permanência só comparável a poucas cantoras brasileiras, como é o caso desse LP lançado pela gravadora Festa, especializada em discos de poesia e cuidadosamente dirigida por Irineu Garcia.

Se no início chegou a cantar num mesmo programa com Noel Rosa e Orlando Silva, anos depois soube incorporar a seu repertório composições da geração posterior à sua, a dos grandes ídolos surgidos na Era dos Festivais, e sempre com uma dignidade que a distinguia perante qualquer grande cantora, fosse de onde fosse. "Elizeth cantou de tudo, podendo-se classificar seu repertório como uma síntese do que se fez de melhor na música popular brasileira de seu tempo, com uma importante fase dedicada ao samba-canção", nas palavras de Jairo Severiano.[12]

Sempre muito discreta na vida pessoal, a elegante mulata teve namorados em penca, bonitões e famosos, em relacionamentos curtos ou não, ao longo de uma carreira extensa e altamente movimentada. Admirada e cortejada por cantores, compositores, músicos, empresários do show business, jornalistas, futebolistas, radialistas, empresários e intelectuais, que a decantaram em prosa e verso, Elizeth também arrebatou figuras internacionais como Louis Armstrong, Nat King Cole, Roy Hamilton, Sarah Vaughan e o compositor e arranjador Clare Fischer, que a ouviu pela primeira vez num disco que recebeu do Brasil:

"Na primavera passada [1961], fui apresentado a um amigo do baixista Ralph Peña, de São Paulo, Brasil, que visitava este país e me falou longamente sobre um novo tipo de música que estava acontecendo no Brasil chamado bossa nova, que deve significar algo como uma nova moda ou nova atitude. Quando ele retornou para casa me mandou o disco de uma maravilhosa cantora do Brasil, Elizete Cardoso, que continha algumas canções desse tipo. O ritmo era tão contagiante que eu, que não costumo dançar muito, me senti impelido a me deixar contaminar, e me vi dançando por várias horas. Quando acordei no dia seguinte, as dores musculares me deram conta de meu entusiasmo. Depois recebi mais um

---

[12] Jairo Severiano, *Uma história da música popular brasileira*, São Paulo, Editora 34, 2008.

A divina e elegante Elizeth Cardoso.

álbum do meu amigo de São Paulo, José [Eduardo] Homem de Mello. Desta vez com um cantor e violonista, João Gilberto."[13]

---

[13] Tradução do autor para um trecho do texto de Clare Fischer na contracapa do disco *Cal Tjader plays the Contemporary Music of Mexico and Brazil*, gravado em março de 1962 com o grupo do vibrafonista Cal Tjader, em arranjos de Clare Fischer, na gravadora Verve. Em 1991, Clare foi o arranjador do disco *João*, de João Gilberto.

O que o arranjador Clare Fischer — a quem fui apresentado no bar El Amigo pelo querido Ralph Peña — não escreveu na apresentação ao disco *Cal Tjader plays the Contemporary Music of Mexico and Brazil* é que, além das músicas brasileiras que aproveitou do álbum *A meiga Elizete* que lhe enviei ("Vai querer" e "Tentação do inconveniente"), figura também "Elizete", uma composição de Clare dedicada àquela cantora que o levou a dançar sozinho. Clare Fischer também se fez admirador fervoroso de Elizeth Cardoso.

Em maio de 1965, o sucesso de *O Fino da Bossa*, apresentado por Elis Regina na TV Record — dedicado a cantores e canções que estavam acontecendo na música popular daquele momento —, motivou a criação de um segundo programa, igualmente gravado com público no Teatro Record, visando os valores do passado, a bossa do passado, a que dava saudade — o que originou o título do programa, *Bossaudade*. Para apresentar o novo programa, a TV Record recorreu de imediato àquela que era uma amiga de longa data, tendo tido programa próprio nos anos 1950 na mesma emissora: a querida Elizeth Cardoso. Além de cantar acompanhada pela orquestra dirigida por Gabriel Migliori, pelo Zimbo Trio ou pelo conjunto de Caçulinha, Elizeth recebia sem arrogância, e com a dignidade que sempre a distinguiu, ilustres convidados, representantes da época de início de sua carreira. Desde então, ela se fez apresentadora de um dos mais memoráveis programas da televisão brasileira, no período em que a música conferia à TV Record liderança absoluta de audiência no país.[14]

"Todas as terças-feiras, pela manhã, o professor Eládio Perez Gonzalez, um paraguaio radicado no Brasil há muito anos, recebe em seu apartamento na rua Rodolfo Dantas, em Copacabana, a Divina Elizeth Cardoso. Não é apenas uma visita, ele é o seu professor de canto, o homem que cuida de sua voz... Elizeth usava quase que exclusivamente a voz de peito. Mas tem uma virtude muito rara, uma autêntica humildade que não pode ser confundida com a falsa modéstia, e é uma verdadeira profissional, ela tem aulas de canto para proteger a sua voz... Aos cin-

---

[14] Entre muitos outros, estiveram no *Bossaudade*, no qual atuei como técnico de som: Jacob do Bandolim, Grande Otelo (com quem Elizeth Cardoso cantou "Boneca de piche"), Aurora Miranda, Carolina Cardoso de Menezes (com quem Elizeth cantou "Tudo cabe num beijo"), Nelson Gonçalves, Jackson do Pandeiro, Orlando Silva, Aracy de Almeida, Vicente Celestino, Carlos Galhardo, Silvio Caldas, Ciro Monteiro e Dalva de Oliveira.

quenta anos de carreira, Elizeth mantem a sua voz perfeita. Sempre foi um contralto."[15]

Com efeito, mesmo depois de conviver com a moléstia que a abateria em 7 de maio de 1990, Elizeth conservava a voz incólume. Seu último disco, *Ary amoroso*, gravado nos meses finais de sua vida e produzido por Hermínio Bello de Carvalho, é prova inconteste do seu esplendor, apesar das condições físicas.

Em 11 de maio de 1989, quando ela já estava consciente de seu estado de saúde, tive a honra de dirigir um de seus últimos espetáculos, no Museu da Imagem e do Som de São Paulo, com a participação de Paulo Moura. Apesar do compreensível abatimento físico, que o público não percebeu, cantou com frescor, elegância e domínio absoluto em cada intervenção, incluindo os *erres* guturais a que só ela se dava o direito. A tão amada Elizeth Cardoso cantou com classe e meiguice, sem que soasse como uma despedida.

A despeito das diferenças entre as duas cantoras que reinaram por muito tempo a partir dos anos 1950, o repertório de ambas tinha um elemento em comum: o samba-canção. Eram Elizeth Cardoso e Angela Maria. Enquanto Elizeth, a Divina, era uma mulata de porte altivo, elegante e discreta, Angela, a Sapoti,[16] era um pitéu de mulata, *mignon*, com corpo e feição de boneca. Cada qual instigava um tipo de sensualidade diferente, e isso também influiu para a formação de duas categorias de público, que se identificavam com o repertório de cada uma delas. As duas mantiveram durante sua época mais ativa um guarda-roupa incomparavelmente superior ao das outras cantoras, fazendo de seus programas em auditórios de rádio ou de televisão, ou ainda de espetáculos em boates e clubes, uma vitrine da sua imensa variedade de trajes de *soirée*, finamente elaborados por costureiros de renome. Apresentavam-se em grande estilo, radiosas, como manda o figurino de uma diva. Contudo, Angela foi Rainha do Rádio em 1954, ao passo que Elizeth jamais recebeu a faixa. Mas havia razões para isso.

Se as reportagens que girassem em torno do teatro de revista, publicadas em magazines de cunho mais popular, eram ilustradas com fotos

---

[15] Cf. "O professor", de Hermínio Bello de Carvalho, texto incluído no folhetim *O Som da Arca*, nº 0, agosto de 1986, encartado no LP *Luz e esplendor*, de Elizeth Cardoso, lançado pela Arca Som.

[16] Apelido atribuído por Getúlio Vargas, ao ser apresentado à cantora na festa do réveillon 1952-1953 oferecida pelo prefeito do Rio de Janeiro, Dulcídio Cardoso.

de vedetes como Virginia Lane, em seus condizentes mas sumários trajes de palco, o tratamento às matérias com cantoras de rádio era outro. Natural, portanto, que nem Emilinha Borba, a mais popular estrela da Rádio Nacional, nem Elizeth Cardoso, a de público mais seleto, tenham consentido em posar com as pernas de fora. Angela Maria decidiu quebrar o tabu. Curiosamente, ao invés de ser considerada apelativa, sua foto numa reportagem da *Revista do Rádio* fazia jus a seus atributos, como os de uma estrela de Hollywood.[17] Certamente deve ter pesado no crescimento de seu público masculino.

De outra parte, na área musical, Angela Maria, tal como Elizeth em "Canção de amor", viu seu nome publicado com mais destaque ao cantar um samba-canção. "Nem eu" era um dos números mais ovacionados no espetáculo da elegante boate Casablanca em que Angela contracenava com Dorival Caymmi.[18] Quatro meses depois, ao ser contratada pela boate Vogue, em dezembro de 1952, era citada também nas colunas sociais com lisonjas do tipo "o melhor show da cidade é feito por uma moça só. Angela Maria".[19] Sua carreira subia como um rojão.

Após treze discos gravados entre 1951 e 1952, com comentários elogiosos para alguns deles,[20] Angela Maria, que atuava na Rádio Mayrink Veiga, gravou em janeiro de 1953 seu 14º disco, "Nem eu", na RCA, competindo com o do próprio autor, Dorival Caymmi, na Continental. Em menos de trinta dias seu disco abafou o de Caymmi, com elogios pipocando de todo lado.[21]

O ano de 1953 fez o rojão subir ainda mais. Novos sambas-canção foram gravados, constituindo um repertório peculiar que, ao lado de boleros, toadas e sambas, atingia em cheio os rádio-ouvintes e as frequen-

---

[17] Na primeira página da reportagem "Logo no seu primeiro disco Angela Maria ganhou mais de cem contos", na *Revista do Rádio* de 30 de junho de 1953, ela aparece de corpo inteiro, trajando um maiô tomara que caia, em foto de Hélio Brito. Posteriormente, com as pernas de fora, foi capa de *O Cruzeiro*, *O Mundo Ilustrado* e da *Revista do Rádio*, além de posar na contracapa da *Radiolândia*.

[18] Em agosto de 1952, no supershow *Coisas e Graças da Bahia*, de Fernando Lobo e Paulo Soledade, estrelado por Caymmi.

[19] Comentário de Jacinto de Thormes publicado no *Diário Carioca* de 11 de dezembro de 1952.

[20] Para o bolero "Sabes mentir" (de Othon Russo) e o samba "Não tenho você" (de Ary Monteiro e Paulo Marques), ambos gravados em 31 de maio de 1951.

[21] Caymmi gravou "Nem eu" em 14 de maio de 1952, com lançamento em julho. Angela gravou em 13 de janeiro de 1953, com lançamento em abril.

Angela Maria na contracapa da revista *Radiolândia*, em sua edição de fevereiro de 1955.

tadoras de auditórios. Contratada pela Rádio Mayrink Veiga para o programa *A Princesa Canta*, Angela era ocasionalmente emprestada para a Nacional. Conquanto recebida com entusiasmo nas boates de Copacabana, sua atuação em rádio, cada vez mais e mais assídua, aproximava-a de um público crescente no estrato social eminentemente popular.

Nem as 60 mil cópias vendidas de "Nem eu", nem mesmo o fato de ter sido capa da *Revista do Rádio*, pesaram para que Angela Maria prosseguisse sua carreira na multinacional RCA Victor, onde já tinha futuro assegurado. Surpreendentemente, a possibilidade de escolher seu próprio repertório levou-a a assinar com uma pequena gravadora que acabava de surgir no mercado, a Copacabana. O lado A de seu disco de estreia era uma versão em ritmo de beguine de um tema de Tchaikovsky, e no B, um samba-canção de três ilustres desconhecidos: Roberto Lamego, Paulinho Menezes e Milton Legey. De onde veio essa gente de quem ninguém tinha ouvido falar? A jovem cantora ouvia composições novas para seu repertório no bar da Rádio Nacional, como de costume, quando os três rapazes apareceram para tentar convencê-la a gravar sua música, afiançando que seria um sucesso. Angela gostou do que ouviu e gravou então "Fósforo queimado". A Copacabana, que mal iniciava suas atividades, emplacou o disco na lista dos mais vendidos de 1953, puxado pelo lado B, atestando que Angela dispensava depender de uma grande gravadora.

"Fósforo queimado" abordava o tema predileto do samba-canção, o rompimento definitivo de um caso amoroso: *"Hoje não te quero mais/ Eu preciso de paz já cansei de sofrer/ Vives na rua jogado/ És um fósforo queimado atirado no chão..."*. Com arranjo do maestro Lindolpho Gaya para uma orquestra de cordas, trompa, flauta e oboé, Angela ataca os primeiros versos mansamente, com sua voz doce e mais amadurecida aos 24 anos. No verso *"Em vez de tentares a sorte procuras a morte"*, ela solta o vibrato na região aguda que marcaria seu estilo, a ponto de ser idolatrada por uma menina gaúcha que já pensava em ser cantora, Elis Regina. Era um vibrato mais brando que o de Dalva de Oliveira, desenvolvido enquanto ela ainda cantava em igreja batista, o que concorreu para moldar seu estilo.

Nem bem um mês se passou e Angela Maria sapecava uma nova adaptação de música clássica no lado A e um novo samba-canção no lado B, também de compositores desconhecidos, Nelson Wederkind e Waldir Rocha. O processo foi o mesmo: recebendo autores em busca de oportunidade, Angela conheceu Waldir Rocha, que lhe mostrou a letra de "Orgulho".[22] Mais dois novatos entraram para seu repertório com letra sobre o tema-chave do samba-canção, desta vez protagonizada por um personagem feminino: *"Tu me mandaste embora, eu irei/ Mas comigo também levarei/ O orgulho de não mais voltar/ Mesmo que a vida se torne cruel/ Se transforme em uma taça de fel/ Este trapo tu não mais ve-*

---

[22] Depoimento de Angela Maria a Zuza Homem de Mello em junho de 2016. "Fósforo queimado" foi lançado em agosto de 1953, e "Orgulho" (tendo "É ilusão" no lado A), em setembro.

Angela Maria encenando o samba-canção "Fósforo queimado" na seção "A canção fotografada", da revista *Radiolândia*, em dezembro de 1953.

rás...". O timbre e a interpretação lamuriante de Angela Maria ressaltavam um estilo em franca cristalização, o estilo da cantora que o Brasil abraçava como a voz feminina que representava seu povo.

Ao final de 1953, Angela gravou outro samba-canção que em pouco tempo se transformaria num dos seus maiores êxitos, "Vida de bailarina". Com intuição musical inaudita para um comediante, Chocô (como Chocolate era chamado carinhosamente na TV Record) reaparecia na lista de compositores de sucesso com uma merencória melodia para a letra de Américo Seixas, aparentemente feita de encomenda para a cantora. De fato, como os versos dramatizam as noites de uma dançarina de cabaré — o que de certa forma tinha a ver com sua origem, uma vez que

Angela fora *crooner* do Dancing Avenida —, "Vida de bailarina" acabava sendo erroneamente compreendida como uma letra autobiográfica: *"Quem descerrar a cortina, da vida da bailarina/ Há de ver cheio de horror que no fundo do seu peito/ Existe um sonho desfeito ou a desgraça de um amor.../ Os que compram o desejo pagando amor a varejo vão falando sem saber/ Que ela é forçada a enganar/ Não vivendo pra dançar, mas dançando pra viver..."*.

Muito provavelmente, ao descrever o que lhe era familiar — em vista da sua amizade com as bailarinas do Dancing, suas admiradoras —, a interpretação de Angela era dramática, quase suplicante, especialmente no trecho final: *"Vive uma vida de louca/ Com um sorriso na boca/ E uma lágrima no olhar"*. Claramente, essa intensidade reforçou a suposição dela ter mesmo sido a bailarina da canção. O fato é que "Vida de bailarina" se tornou um clássico imorredouro na voz de Angela Maria, a ser confundida metaforicamente com o mavioso gorjeio de um pássaro desconhecido na canção brasileira.

Seu primeiro LP chamou-se *A rainha canta*, o mesmo título dos programas semanais que mantinha em duas emissoras em separado, a Mayrink Veiga e a Nacional, algo totalmente inusitado no rádio brasileiro. O vinil de dez polegadas abria com outro samba-canção destinado ao sucesso, "Escuta", do cantor Ivon Curi: *"Escuta, vamos fazer um contrato/ Enxuga o pranto barato/ Que te entristece o olhar/ Escuta, nosso amor é um fracasso/ Já me domina o cansaço/ De brincar de te amar"*. Mais uma melodia que brotava com facilidade no seu canto, obtendo impressionante ressonância no povo. A repercussão de Angela Maria nesse meio extrapolou o circuito das boates de Copacabana, furando uma fronteira na qual o samba-canção não havia penetrado plenamente, os auditórios das rádios e os palcos do interior do Brasil.

"Lábios de mel", "A chuva caiu" e "Balada triste", duas toadas e um samba-canção, completam o quadro de sucessos nacionais no seu repertório da década de 1950.[23] Depois de atuar em doze filmes, Angela Maria teve uma participação em *Rio, Zona Norte*, de Nelson Pereira dos Santos, em 1957. Angela, aponta o professor Marcos Napolitano, "representava, para os realizadores do filme, o elo de uma cultura popular e nacional com o universo do bolero porque ela era, naquele momento, a mais popular de todas, inclusive por causa de sua origem operária. No

---

[23] Lançou "Lábios de mel" em 1955; "A chuva caiu", de Tom Jobim e Luís Bonfá, em 1956; e "Balada triste" em 1958.

Angela Maria na época em que foi eleita Rainha do Rádio, em 1954.

filme, apesar de ser estrela do rádio, ela aparece sob uma chave positiva: é ela quem vai entender o protagonista favelado e, sem estrelismo, vai trazer a música dele para o rádio sem intermediários gananciosos. Afinal, ela foi tecelã, foi operária, é mulata, de origem humilde. Apesar de ser uma estrela do rádio que canta bolero, vai conseguir cantar o samba bem, traduzir o universo de Espírito Soares [o personagem de Grande Otelo no filme, um sambista], representado como a essência da alma popular. Um pouco disso aparece naquela cena, sobretudo no momento em que ela entra cantando com aquele vozeirão, enquanto a câmera permanece no rosto do compositor do samba, maravilhado".[24]

[24] Depoimento de Marcos Napolitano a Zuza Homem de Mello. No filme *Rio, Zona Norte*, Angela Maria canta "Malvadeza durão", de Zé Kéti.

Em novembro de 1976 assisti a um show arrebatador na boate Vivará, do Rio de Janeiro, chamado *Revista do Rádio*.[25] Prestando um tributo à fase áurea do rádio ao vivo, reunia quatro figuras estelares em suas especialidades: o vanguardista maestro Carioca regendo a Orquestra All Stars, fazendo jus ao epíteto; uma das figuras mais hilariantes que tive a fortuna de conhecer pessoalmente, o humorista Silvino Neto; e, avultando no elenco, o fabuloso casal de cantores da Rádio Nacional, juntos pela primeira vez em sua plenitude: Cauby Peixoto, que eu já admirava desde o seu início de carreira na Rádio Excelsior de São Paulo, e Angela Maria, a cantora cuja voz tinha o condão de me emocionar semanalmente na mesa de som do Teatro Record, em seu programa ao vivo. Foi um desses momentos na vida que faz aparecer um sorriso no rosto de cada um. Sem conseguir dormir naquela noite, eu sabia perfeitamente ter tido a ventura de assistir a um show histórico, que não se perderia de minha memória no pó do tempo.

* * *

As duas principais figuras femininas causadoras de uma reviravolta na canção brasileira foram Dolores Duran e Maysa. Foram elas que abriram o caminho para que, anos mais tarde, Anastácia, Angela Ro Ro, Cecéu, Dona Ivone Lara, Fátima Guedes, Isolda, Joyce, Leci Brandão, Marina Lima, Roberta Miranda, Rita Lee, Suely Costa, entre outras, pudessem ser admitidas sem restrição como respeitadas compositoras, como damas da canção. Ambas, Dolores e Maysa, também têm um elo em comum, o mesmo das damas e divas que reinaram nos anos 1950: o elo do samba-canção.

A primeira composição de Dolores veio à tona um ano depois que oito sambas-canção de Maysa já eram conhecidos.

Maysa fazia parte da sociedade burguesa paulistana, cujos preceitos não aceitavam que uma aluna do Colégio Sacré-Coeur de Marie pudesse dar liberdade à sua veia artística. Os primeiros momentos de Maysa na canção provocaram um reboliço. Era literalmente impossível conceber que uma moça da classe alta de São Paulo pudesse se misturar com cantoras de música popular.

---

[25] O título homenageava o periódico publicado desde fevereiro de 1948. O espetáculo, com direção de Augusto César Vannucci, arranjos de Carioca e produção de Rui Mattos, era apresentado de terça a domingo, tendo ficado em cartaz de 16 de outubro a 17 de dezembro de 1976.

Meu amigo Luiz Fernando Mendes, o clarinetista com quem eu dividia os contatos para tocarmos em bailinhos e festas nos fins de semana, apareceu certa vez com mais uma proposta. Tratava-se do aniversário de uma grã-fina paulista, casada com um Matarazzo, no seu apartamento do Jardim Paulista, onde deveríamos fazer fundo musical numa formação inédita para mim, que tocava contrabaixo. O trio seria completado com Louis Cole, o famoso pianista norte-americano da boate Vogue. A horas tantas fomos educadamente interrompidos pelo dono da festa anunciando que a aniversariante cantaria para os convidados. Sentada no meio da roda com seu violão, Maysa interpretou com algum desembaraço canções em inglês até colocar à sua frente um caderno onde escrevia letras das composições próprias que iríamos conhecer. Nossa surpresa foi vermos que, contrariando a expectativa inicial de termos de aturar uma dondoquinha, Maysa tinha uma personalidade incomum e já fazia canções com jeito de profissional.

Pois essa mesma situação se repetiria tal e qual algum tempo depois, quando o produtor Roberto Côrte Real, nosso bom amigo por meio do jazz, assistisse Maysa. O experiente Roberto ficou atordoado ao ver a mocinha cantar suas próprias composições anotadas no mesmo caderno e se acompanhando ao mesmo violão. As consequências porém seriam bem diferentes. Roberto arriscou a sugestão dela de gravar um disco na Columbia que, como é hábito entre as multinacionais, rejeitou aventurar-se com uma novata e desconhecida. Não custava tentar a RGE, cujo curto e decepcionante histórico fazia com que a gravadora nada tivesse a perder.

Mas tiveram, ele, a gravadora e a cantora, que se curvar às exigências do marido, o *entrepreneur* André Matarazzo, certamente sem condições de calcular o tsunami que viria a ocorrer com sua bela esposa de olhos verdes. Ele foi irredutível: nada do sobrenome de casada, nada de exposição com radialistas na divulgação e ainda, *royalties*, caso houvesse, iriam direto para uma instituição. Sua jovem consorte não seria uma cantorinha de rádio. Está bem claro?

Como então colocar no mercado o disco já gravado? Roberto lembrou-se do álbum *Invitation* do *band leader* Les Brown, que tinha uma orquídea na capa. Imediatamente encarregou seu irmão Dirceu de fazer uma foto com um ramalhete de orquídeas, ao lado de um cartão de visitas com o cândido título *Convite para ouvir Maysa*, para a capa do primeiro LP de dez polegadas com oito sambas-canção compostos pela própria estreante, lançado em 1956.

Com luxuosas orquestrações do maestro da Rádio Tupi, Raphael Puglielli, que incluíam cordas a gosto, harpa, oboé, flautas e uma leve percussão, dando o toque preciso do gênero, as composições de Maysa iam na contramão do mar de rosas que se poderia esperar da vida de uma recém-casada linda e indiretamente milionária. Sem dar nenhuma chance, atacava desde o início em "Marcada", um espantoso derramamento de desilusões sobre a vida: *"Sofrendo calada/ Chorando sozinha/ Trazendo comigo a dor que é só minha/ Procuro em vão na fantasia/ Um pouquinho só de alegria"*. Sua voz grave e soturna combinava com aquelas letras lamuriosas, onde pelo menos duas melodias eram no mínimo interessantes: "Resposta" e "Adeus". Esta foi composta na adolescência, enquanto a primeira traçava as intenções da mocinha: *"Ninguém pode calar dentro em mim/ Esta chama que não vai passar/ É mais forte que eu/ E não quero dela me afastar.../ Se alguém não quiser entender/ E falar, pois que fale/ Eu não vou me importar com a maldade/ De quem nada sabe"*. Soava como uma resposta dela para suas próprias indagações. Todavia, além de amigos e familiares, quem compraria tal disco?

Entre esse primeiro LP e o primeiro 78 rotações na RGE,[26] dois fatos significativos causaram uma verdadeira reviravolta no curso de quem se integrava no universo de cantoras novas. O primeiro foi o trabalho de promoção por iniciativa do proprietário da gravadora RGE, José Scatena, ao contratar o radialista Walter Silva, o Pica-Pau, para incentivar as emissoras cariocas a programarem faixas do disco de uma moça da sociedade paulista casada com milionário que, além de cantar bem, deixava embasbacados os radialistas com sua beleza e desenvoltura nas entrevistas. Maysa ganhou elogios sem conta na crítica especializada, sendo levada às alturas pelo renomado jornalista Henrique Pongetti numa celebrada crônica intitulada "Quando canta um Matarazzo".[27] Da noite para o dia, a RGE encomendou lotes e mais lotes do disco que já deixara para trás a sina de um novo encalhe da gravadora. Pode-se imaginar: enquanto Scatena esfregava as mãos, André Matarazzo gelava.

O segundo fato foram as divergências cada vez mais acentuadas entre Maysa e o marido, um conservador que, além das exigências, via per-

---

[26] Nesse período de indefinição tecnológica, as gravadoras lançavam tanto LPs de dez polegadas como discos no antigo formato de 78 rotações; estes, com uma música de cada lado, eram apelidados "bolachões", e serviam também para testar a receptividade no mercado.

[27] Publicada na revista *Manchete* em 19 de janeiro de 1957.

A iniciante gravadora RGE apostou suas fichas na também estreante Maysa Matarazzo, que conquistou seu primeiro sucesso com o samba-canção "Ouça", lançado em maio de 1957.

der as rédeas diante das mais e mais constantes atividades radiofônicas da esposa. Ao invés de passar o tempo jogando cartas, estava ela decidida a todo risco a integrar-se no meio dos cantores profissionais e não destinar-se a ser uma moça de sociedade cantando para se distrair. O sobrenome Matarazzo na crônica de Pongetti, que tinha repercussão nacional, ferveu o leite a ponto de derramar. A situação escapava do controle de André.

Conjugados, os dois fatos resultaram numa guinada nas letras das novas canções de Maysa. Em lugar das lamúrias anteriores, assumiu o que centenas de mulheres casadas, noivas ou namoradas carregavam engasgadas sem jamais ter clamado contra os mal-estares com seus maridos, noivos ou namorados.

Certa noite, ao abrir a porta do quarto, André se depara com o que a sua voluntariosa esposa escrevera em uma folha de papel, que ela mesma lhe entrega, com a letra de sua nova canção. O primeiro verso: "*Ouça, vá viver a sua vida com outro bem*". Pronto. O casamento ia pro brejo. Ou, como diria Millôr Fernandes, "The cow went to the swamp". Sentada na cama e pensando nele, Maysa escrevera com sofreguidão "como uma carta, um recado, quase um bilhete para o marido".[28] Dava à sua vida o rumo que desejava. No samba-canção "Ouça", lançado em maio de 1957 em disco de 78 rotações, ela fornecia indiretamente às casadas, noivas ou namoradas o direito de decidir, assumindo o que não tinham coragem: jogar na cara dos dito-cujos o certificado de alforria. Dar o fora.

"Ouça" se torna um hino de liberação feminina no Brasil inteiro. Dava "Ouça" nos programas de rádio, nas lojas de disco e no seu programa da TV Record,[29] em que o *close* dos olhos, em preto e branco na tela, eram a marca registrada de sua beleza: "*Hoje eu já cansei/ De pra você não ser ninguém.../ Quando a lembrança/ Com você for morar*". Era um bilhete duro de receber, conquanto interpretado como suave declaração de amor, que não era. Com arranjos de Puglielli na mesma formação instrumental, Maysa canta com segurança e nitidamente mais amadurecida, sem agressividade, mas como alguém que só carinho pedira. Para a RGE, Maysa passou a ser o mesmo que Carmen Miranda décadas antes fora para a RCA Victor. Tirou a gravadora do ostracismo.

Nesse momento de franca ascensão, Maysa começa a agregar à sua carreira a fama da qual não se livraria até o fim da vida: a de artista complicada. Ela entra em conflito com um produtor de shows, enfrenta a luta contra a tendência de engordar, aumenta gradualmente os *shots* de bebida alcoólica antes de entrar em cena e desafia os setores mais conservadores da imprensa, inconformados com sua postura considerada nociva às famílias bem constituídas. Em suma, Maysa era sinônimo de encrenca. Contudo, sua determinação pela carreira independente, sua ine-

---

[28] Depoimento de Maysa a Aramis Millarch em dezembro de 1976.

[29] Em fevereiro de 1957 foi encerrado o contrato do programa semanal de Elizeth Cardoso com a Rádio e TV Record. A substituição por Maysa Matarazzo foi imediata, em programas gravados originalmente no auditório da Federação Paulista de Futebol, na avenida Brigadeiro Luís Antônio, arrendado à emissora, e posteriormente no estúdio da avenida Miruna, próximo ao aeroporto de Congonhas. Com uma esmerada produção de Eduardo Moreira, o Moreirinha, o programa de Maysa ia ao ar às quartas-feiras.

Reportagem sobre Maysa na revista *O Cruzeiro* de janeiro de 1958.

gável condição de atrativo como pauta de reportagens ilustradas e suas novas composições não acompanharam tais incômodos pessoais. Maysa alcançava o patamar de estrela.

Aproveitando o momento favorável, a RGE lançou em 1957 um novo LP, *Maysa*, reunindo material lançado anteriormente em discos simples, caso de "Ouça", e completando as oito faixas com novas gravações, como "Franqueza", o samba-canção que, embora tivesse a sua cara, era composição do jornalista campineiro Denis Brean em parceria com Osvaldo Guilherme.[30]

Em 1958 a gravadora lança *Convite para ouvir Maysa nº 2*, então com outro arranjador, o italiano Enrico Simonetti, merecidamente o in-

---

[30] A letra de "Franqueza" dizia: "*Você passa por mim e não olha/ Como coisa que eu fosse ninguém.../ De uma coisa eu tenho certeza/ Foi o tempo que me confirmou/ Seus melhores momentos na vida/ Nos meus braços você desfrutou*".

cansável móveis e utensílios da RGE.[31] Na primeira faixa veio mais uma bomba, "Meu mundo caiu". Foi a conta. Podia ser entendido como o *making of* do fim do casamento com André: *"Meu mundo caiu/ E me fez ficar assim/ Você conseguiu/ E agora diz que tem pena de mim"*. Eram doze versos que terminam com esta bofetada de luvas de pelica: *"Sei que você me entendeu/ Sei também que não vai se importar/ Se meu mundo caiu/ Eu que aprenda a levantar"*. Nestes dois versos, estava embutida a corajosa autoadvertência: ao alcançar a independência, a mulher teria que tomar conta de si mesma.

O sucesso do disco mais vendido da RGE, onde a cantora permaneceu até 1962, repercutiu na vida pessoal de Maysa, ocasionando reportagens sensacionalistas, verdadeiras ou não, que a colocaram na berlinda. Uma mulher de atitudes extravagantes era assunto com retorno garantido para a imprensa brasileira, estando ela em Lisboa, Paris ou Buenos Aires, onde, cantando em perfeito francês e espanhol, dava seus primeiros passos para futuros circuitos internacionais. Seu inglês, também perfeito, seria ouvido na sua estreia em Nova York, ao ser contratada para o sofisticado clube Blue Angel, no East Side de Manhattan. Em que pesem suas atuações terem sido exaltadas mais que o devido no Brasil, o que poderia ser o trampolim para uma consagração nos Estados Unidos foi se desmanchando aos poucos, por culpa de inconfessáveis ausências aos shows, causadas pelas maciças doses de álcool que já faziam parte de seu dia a dia.

A essa altura, algumas faixas de seus novos discos revelam uma renovação no repertório, asseverando que Maysa flertava com a bossa nova. "O barquinho" começou a navegar nas águas de Maysa através de Ronaldo Bôscoli. A cantora, que já admirava Antonio Carlos Jobim desde "Se todos fossem iguais a você", de seu segundo LP, também ficara fascinada com João Gilberto, a ponto de levá-lo de automóvel para São Paulo a fim de participar do programa da cantora na TV Record. Ligava-se agora com a turminha de garotos cariocas que faziam uma música diferente.

Havia um vácuo entre a postura *dark* das letras de seus sambas-canção e a luminosidade que exaltava o amor, o sol e o mar das parcerias de Ronaldo Bôscoli com Carlos Lyra e Roberto Menescal. Com sua sagaci-

---

[31] Puxado por "Meu mundo caiu", o LP *Convite para ouvir Maysa n° 2* incluía "Por causa de você" de Tom Jobim e Dolores Duran, "Caminhos cruzados" de Tom, e "Bom dia tristeza" de Adoniran Barbosa e Vinicius de Moraes.

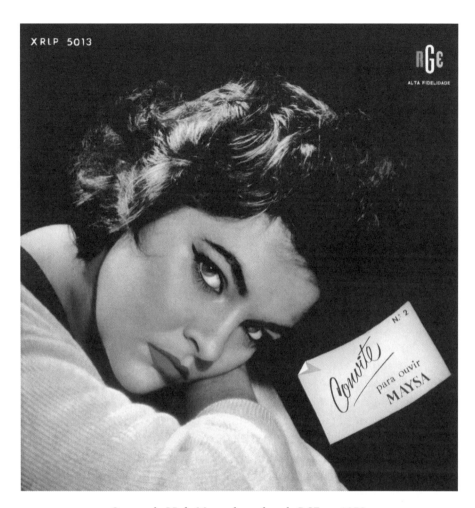

O segundo LP de Maysa, lançado pela RGE em 1958,
que incluía "Meu mundo caiu".

dade, Ronaldo percebeu que, mesmo assim, Maysa poderia ser um tremendo escudo para propagar o estilo musical a que se atirara de corpo e alma; de corpo na promoção de espetáculos e reportagens que escrevia, e de alma nos versos de suas canções. "E foi exatamente o abismo estético que separava Bôscoli e Maysa que despertou o interesse de um pelo outro", observa com argúcia Lira Neto em sua indispensável biografia sobre Maysa, completando: "Ela [...] andava em busca de novas sonoridades que a libertassem do rótulo de cantora datada. [...] Por seu lado, Bôscoli adivinhou em Maysa a oportunidade de atrair de vez para os quadros da bossa nova uma cantora de renome".[32] Foi o que deu origem às gravações do LP *Barquinho*, visto como um mergulho de Maysa na bossa nova, com arranjos de Luizinho Eça, estreando no comando de uma orquestra de cordas e na companhia de seus comparsas Menesca, Vinhas, Hélcio e Bebeto, a turma dos garotos.

"Maysa, assim não dá", interferiu Ronaldo, diante da dificuldade da cantora em se adaptar ao balanço da bossa nova.[33] Se a feliz ideia da capa — com a foto panorâmica de Maysa e seus rapazes sarados a bordo de um barco velejando no mar com o Pão de Açúcar ao fundo — era uma perfeita tradução da faixa de abertura, o texto de Ronaldo no verso não combinava com o que se ouvia. Sua voz sombria favorecia interpretações menos ensolaradas e as repuxadas vocais ao final das frases feriam de morte a lição de João Gilberto. O timbre da cantora de fossa não casava com a luminosidade da bossa nova, nem com o piano jazzístico de Luizinho Eça, nem com a levada rítmica de Hélcio Milito, nem mesmo com as cordas. Por mais que se esforçasse, sua interpretação não tinha a leveza do balanço da bossa, ao contrário, era um "prozac total". A cantora e o instrumental eram dois trens se cruzando em direção oposta. Carlos Lyra a via como "uma mulher linda e corajosa. Largou tudo para viver de música, mas quando saiu de seu estilo para cantar bossa nova, foi um tremendo erro".[34]

Após embarcar por certo tempo nessa onda — *Maysa e a nova onda* era o título original do disco —, a cantora e compositora ascende nos vinte anos seguintes em vitoriosa atividade artística, de um lado, e embrenha-se em complicada vida pessoal, de outro. Na roda-viva do show business, foi estrela de primeira grandeza ao participar dos festivais da canção brasileira, mas também não aturava desaforos, chegando a arremessar o microfone em algum engraçadinho que perturbasse seus espetáculos; foi cotada como estrela internacional atuando no palco do Olympia de Paris, no Cassino Estoril em Portugal, em Montevidéu, em Luanda e Lobito, na África, no México e no King's Club de Buenos Aires, onde aprontou todas no elegante Hotel Alvear. Após uma discussão com Ronaldo Bôscoli, agora seu namorado, chegou a virar a mesa com talhe-

---

[32] Lira Neto, *Maysa: só numa multidão de amores*, Rio de Janeiro, Globo, 2007, p. 161.

[33] Ibidem, p. 164.

[34] Ibidem, p. 181.

res, pratos e comida em um restaurante da cidade. Como atriz, participou com destaque da novela *O Cafona*, na TV Globo, num papel em que interpretava praticamente a si mesma. Por outro lado, enfrentara anos antes o cancelamento de uma nova série de programas pela TV Record, por atuar completamente embriagada no primeiro deles. Era uma diva gravando em diversos selos, nacionais ou não, cantando música brasileira de diferentes estilos e épocas, escolhidas por ela própria. Com essa liberdade, da qual se jactava, podia embaralhá-las com canções norte-americanas como "I love Paris" ou francesas como "Ne me quitte pas", seu maior sucesso internacional. Por outro lado, ao ser perseguida por elementos da imprensa sedentos em bisbilhotice, desvencilhava-se com categoria de armadilhas disfarçadas em perguntas capciosas, não se furtando a dizer na lata o que pensava, nem que fosse para desancar algum colega. Os mesmos repórteres viravam vespas para descobrir onde encontrá-la quando ela sumia, às vezes por semanas, para não dar qualquer pista sobre suas internações em clínicas de desintoxicação alcoólica. Uma foto sua em qualquer circunstância ou simplesmente seu nome já eram matéria suficiente para uma nota na imprensa. Tratava-se de uma diva.

Enfim, da mesma forma que conduzia sua carreira um tanto errática no Brasil e no exterior, Maysa desembaraçava-se de sua síndrome de mulher traída e rejeitada afogando-se na bebida em doses cavalares. Essa montanha-russa entre o endeusamento e o buraco negro da vida pessoal de uma cantora que tinha pavor da solidão, valeu até meados dos anos 1970, quando ela própria deu um basta e começou a fazer planos e mais planos para uma vida nova, mais zen. Quase todos naufragaram, inclusive a abstinência.

Em seu último disco, de 1974, *Maysa*, a cantora chega a não emitir (ou não conseguir emitir) certas notas, possivelmente com o intuito de expor seu sofrimento, como se cada canção exprimisse um pouco de sua vida. O disco soa como uma despedida, um réquiem que provocou no produtor Aloysio de Oliveira um comentário no texto de contracapa do LP: "Estranha mulher, essa Maysa. Que tem um mundo de amor pra dar, e se esconde numa incerteza que é medo puro".

Fugindo do repertório que a consagrou e que marcou um estilo, o triste é constatar a perda em definitivo da Maysa compositora. Perdera a mão? Por mais que tenha brilhado em palcos nacionais e internacionais, em telas de televisão, em alto-falantes de rádios e toca-discos, mercê de inegáveis atributos que a tornaram a diva que foi, a transgressora Maysa deu as costas à sua vocação original, a criação de canções chanceladas

As damas e as divas

com seu timbre sombrio de contralto, sua interpretação soluçante e irônica, no que não teve rival.

Em dezembro de 1976, com voz segura e escondendo habilmente as mazelas, a inteligente Maysa declarou ao ativo e conceituado jornalista Aramis Millarch que pretendia vender seu refúgio na praia de Maricá, que fazia projetos de um novo disco, que alugaria um trailer para viajar a esmo pela Europa, que iria entregar-se a fazer entalhes em madeira e que havia convidado a artística plástica Maria Bonomi, com quem já tivera duas reuniões, para a programação visual de um novo show. Não deu tempo para nada. Quarenta e dois dias depois perdeu o controle de seu modesto carrinho Brasília na ponte Rio-Niterói, esborrachando-o de encontro à mureta. Tinha quarenta anos.

Em 1956, quando fora colocado no mercado o álbum *Convite para ouvir Maysa*, Dolores Duran já era um nome bem conhecido nas boates do Rio. Tendo gravado nove discos de 78 rotações e um LP,[35] era *lady crooner* do Vogue cantando em francês, espanhol e inglês no primeiro set, às sete da noite, quando a mais badalada boate de Copacabana abria suas portas. Seu destino de cantora traquejada em língua estrangeira parecia traçado aos olhos dos que dançavam embalados pela voz daquela "menina moreníssima, tipo da cabocla brasileira. Modesta, simples, de vestidinho comprado em Bangu... que canta em inglês, francês e castelhano".[36] Era lícito supor que a suburbana Dolores seguisse adiante na especialidade de canções estrangeiras tal qual Rosita Gonzalez, sua colega na Rádio Nacional, onde já atuava desde março de 1950.

Essa versatilidade, que impressionava vivamente a crônica, deixa gradualmente de ter tanta importância ante suas primeiras interpretações de música brasileira. Em maio de 1952 estava na praça seu segundo disco em 78 rotações, com a melancólica "Outono", do ex-namoradinho Billy Blanco. "Conheci ela em casa do Raul Azevedo e começamos a sair, eu levava a Dolores em casa dos meus amigos, ela cantava, fazendo sucesso, Dolores falava francês, falava bem inglês, falava espanhol, era uma autodidata. A Dolores era uma costureirinha chamada Adileia Silva da

---

[35] O primeiro disco é de 1951, e o LP *Dolores viaja* é de abril de 1955, pela Copacabana, com sete músicas estrangeiras e uma brasileira, "Canção da volta" (de Antonio Maria e Ismael Neto).

[36] Depoimento de Acyr Boechat no jornal *A Noite*, de 3 de agosto de 1949, citado por Rodrigo Faour em *Dolores Duran: a noite e as canções de uma mulher fascinante*, Rio de Janeiro, Record, 2012.

Dolores Duran na época do show *No país dos Cadillacs*, na boate Beguin do Hotel Glória, em 1954.

Rocha, que o meu compadre Lauro Paes de Andrade botou o nome de Dolores Duran. Onde ela ia, ela cantava. Depois ela descobriu nela mesma a veia musical, ela era muito musical. A veia poética e musical dela começou a fazer frente a nós todos."[37]

Quando encarava de frente música brasileira, Dolores não era uma cantora qualquer. No seu quarto disco 78 rotações legitimou o entusiasmo de seus admiradores ao gravar o que seria um clássico, "Canção da volta", de Ismael Neto, o líder de Os Cariocas, com letra do já consagrado Antonio Maria. Havia algo de nostálgico em sua voz, que dava o caráter adequado para uma composição em modo menor cuja letra contra-

---

[37] Depoimento de Billy Blanco a Zuza Homem de Mello em 31 de maio de 2005.

dizia o que o coração mandava. "*O coração fala muito e não sabe ajudar/ Sem refletir qualquer um vai errar, penar/ Eu fiz mal em fugir, eu fiz mal em sair/ Do que eu tinha em você.../ Hoje eu volto vencida a pedir pra ficar aqui/ Meu lugar é aqui, faz de conta que eu não saí*". A temática das imposições metafóricas do coração, o engano de ter rompido uma relação e o pedido para voltar tinham tudo a ver com a sensibilidade de alguém que aliava a insuficiência cardíaca a um talento poético em altíssimo grau, combinado com uma musicalidade indiscutível. Nessa gravação de 1954 se prenuncia o gênero em que Dolores Duran se consagraria como compositora, o samba-canção. Dolores estava pronta para sua grande missão. Para ela, respondendo a uma enquete de *A Noite*, o principal fator de sucesso de uma música residia na letra.

Embora ligeiramente gorducha, a moreninha nem tão alta, de rosto redondo, feição alegre e olhar muito vivo, levava ar entristecido. Todavia, mesmo se admitindo tímida, tinha uma facilidade fora do comum em cativar conhecidos e conquistar admiradores por força de sua alegria de viver. Tendo por amigo o maestro Antonio Carlos Jobim, recém-contratado pela Rádio Nacional, nada mais natural que saísse uma parceria de ambos. Ele, prestigiado arranjador, destacando-se em suas composições letra e música, por vezes feitas com parceiro; ela, cantora bem considerada na noite e na emissora, dada a escrever poesia. O samba-canção "Se é por falta de adeus", de ambos, foi gravado por Doris Monteiro em 1955, acompanhada por Tom Jobim e sua orquestra. Nada de grande repercussão, o que não alterou o desígnio dos dois.

Já existia uma letra de Vinicius de Moraes com seu recente parceiro Antonio Carlos Jobim para o samba-canção "Castelos de amor", ouvido por Dolores em uma reunião na casa do próprio Tom. Ouviu, elogiou mas, ousadamente, objetou que a melodia pedia outra letra, que ela mesma resolveu fazer. Dias depois, apresentou-a aos dois autores: "*Ah, você está vendo só do jeito que eu fiquei/ E que tudo ficou/ Uma tristeza tão grande nas coisas mais simples/ Que você tocou/ A nossa casa, querido, já estava acostumada/ Guardando você/ As flores na janela sorriam, cantavam/ Por causa de você*". Essa história de flores na janela sorrindo e cantando jamais poderia aparecer se fosse letra de um homem. Vinicius se rendeu.

Com a letra de Dolores Duran, para uma melodia nascida de um motivo de sete notas que se repete em várias modulações, "Por causa de você" é um extraordinário samba-canção que mostra a ótica da mulher sobre o desencanto amoroso, versos afetuosos em que o apelo para o re-

O LP *Dolores Duran canta para você dançar*, de 1957.

torno é expressado de forma amigável: "*Nós somos o amor/ Entre meu bem por favor/ Não deixe o mundo mau lhe levar outra vez*".[38] Mais

---

[38] A estrutura melódica é relativamente simples a partir do motivo de sete notas, inicialmente seis delas repetidas ("*Ah - vo - cê es - tá - ven - do - só*"), retomado na frase de outras sete notas iguais, mas num grau acima ("*U - ma - tris - te - za - tão - grande*"), seguida de mais sete, outro grau acima ("*A - nos - sa - ca - sa - que - rido*"), desenvolvido numa frase descendente ("*As - flo - res - na - ja*") que se resolve com a repetição das sete notas ("*ne - la - sor - ri - am - can - tando*"). Voltam as sete notas, agora um grau abaixo do motivo inicial ("*O - lhe, - meu - bem - nun - ca - mais*"), reutilizado dois graus acima ("*So - mos - a - vi - da - e o - sonho*"), e repetido mais dois graus acima ("*En - tre - meu - bem - por - fa - vor*") para o arremate final.

As damas e as divas

uma vez a dupla essencial na história do samba-canção, Chiquinho do Acordeon e Fafá Lemos, estabelece desde a introdução o ambiente instrumental para Dolores interpretar com ternura e intensidade a gravação que, como os discos de Dick Farney, reúne os elementos da sonoridade ideal das boates de Copacabana. Só que, agora, em versos de uma mulher para um homem.

Com dezenas de versões em 1958,[39] "Por causa de você" projetou-a como compositora, animando Tom e Dolores a nova investida, "Estrada do sol", que impulsionada pelo sucesso da primeira gravação com Agostinho dos Santos, tinha uma melodia incomum, que se rompia desde os primeiros compassos para a letra de uma manhã feliz inspirada em seus passeios matinais pela praia.

Segundo uma de suas grandes amigas, a cantora Marisa Gata Mansa, é de supor que "Castigo" seja uma das letras que reflitam um problema pessoal de Dolores. O drama com o próprio marido, o radialista Macedo Neto, com quem se casara felicíssima três anos antes, é espelhado numa confissão de arrependimento, de dúvida e, nas entrelinhas, de um ambíguo desejo de reconciliação: "*A gente briga, diz tanta coisa que não quer dizer/ Briga pensando que não vai sofrer/ Que não faz mal se tudo terminar.../ Eu tive orgulho e tenho por castigo/ A vida inteira pra me arrepender/ Se eu soubesse naquele dia o que sei agora/ Eu não seria esse ser que chora/ Eu não teria perdido você*". A música fora gravada por Nora Ney[40] às vésperas de seu embarque para uma controvertida viagem à Europa, da qual Dolores também participou. Era uma caravana de música popular em turnê por locais da União Soviética, montada com amparo do bloco comunista e sob a liderança de Jorge Goulart, ligado ao PCB. Dolores frequentava as reuniões semanais de politização realizadas num apartamento de Jorge e Nora nas quais ele, encantado com seu nível intelectual e posicionamento político, convidou-a para integrar o grupo. No entanto, à medida que a excursão avançava, Dolores foi se desencantando de tal forma com o regime que acabou se desligando da delegação, aproveitando para passar alguns dias felizes em Paris.

---

[39] Lançada originalmente por Sylvia Telles no LP *Carícia*, "Por causa de você" é a segunda faixa do LP *Dolores Duran canta para você dançar*, que saiu no final de 1957. Em 1958 foram gravadas mais de vinte versões diferentes do samba-canção.

[40] No mesmo ano de 1958 o samba-canção "Castigo" foi gravado por Nora Ney, Marisa Gata Mansa e Roberto Luna, e no ano seguinte recebeu dezessete novas versões vocais ou instrumentais.

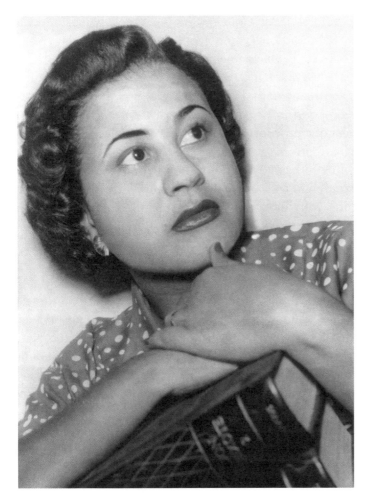

A cantora e compositora Dolores Duran em 1957.

Nada disso porém extravasava para suas músicas. Além de extraordinária cantora de canções norte-americanas, Dolores cuidava de cultivar nas suas composições aquilo que de melhor entendia: decepções amorosas e declarações românticas a cada namorado como se fosse o último.

"Ela se apaixonou muito, se apaixonava e de repente, quando as coisas não andavam muito bem, ela mudava e não ficava curtindo aquela depressão, aquela tristeza como as letras dela dizem. Por exemplo, 'Solidão', uma letra mais forte, uma letra tristíssima, ela escreveu conversando com o marido no carro. Disse: 'Estou sentindo uma coisa aqui'. Pegou um papel e escreveu, usava um lápis de sobrancelha chamado Sourcil para fazer o contorno dos olhos porque tem uma ponta muito macia e era ótimo para escrever. Com esse lápis e aquele papelzinho ela escreveu a letra de 'Solidão' conversando com o Macedo, uma das coisas mais lindas dela e sem ter problema nenhum de solidão na época".[41] De fato, o verso inicial, "*Ai a solidão vai acabar comigo*", é desesperador mas, logo depois, ao desanuviar na entrada para o modo maior, "*Vivendo na esperança de encontrar/ Um dia um amor sem sofrimento*", mostra um alento de alguém que procura "*Qualquer coisa verdadeira/ Um amor, uma saudade, uma lágrima, um amigo.*"[42]

Se antes Dolores cantava a torto e a direito, agora compunha em qualquer lugar, escrevendo com o que tivesse à mão. Vivia a todo vapor, frequentava a noite, convidava os amigos para jantar em sua casa, e quando todos saíam dizendo boa-noite, já era dia. Por quase um ano cantou no Little Club do Beco das Garrafas, onde chegava às seis da tarde, escolhia uma mesa de canto e ficava escrevendo.

"Dolores cantava no Little Club", recorda Billy Blanco, ao descrever como nasceu "A banca do distinto". E prossegue: "Ali tinha um cidadão que ia de segunda a quinta para assistir a Dolores. Ele gostava da voz da Dolores porque era poliglota, ela cantava em todas as línguas sem sotaque. Sexta e sábado não ia porque nós fazíamos bossa nova, era uma barulheira danada. Mas era um indivíduo esquisito, ele não se dirigia à Dolores, não falava com ela, não cumprimentava, sentava na mesa de lado, perto do microfone, chamava o garçom e dizia assim: 'Manda a negrinha cantar o 'Nunca''. Ele não dizia neguinha, era negrinha com todos os erres. O garçom ia lá e dizia: 'O homem mandou você cantar'. E ela cantava. Dali a pouco ele chamava o Alberico Campana, que naquele tempo era o maître, e dizia: 'Manda a negrinha cantar o 'Menino grande''. Alberico ia lá e dizia: 'Dolores, canta o 'Menino grande' que o cara está tomando uísque escocês, por favor faz a vontade dele'. E ela cantava. Quatro horas da manhã vinha um embrulho pra mesa dele, era um sanduíche de filé pra viagem, ele devia ser um solteirão ou similar. Ele pagava a conta, levantava e o garçom ia com o embrulho na mão e levava até o carro pra ele. A Dolores me contou isso e fiz a música numa noi-

---

[41] Depoimento de Marisa Gata Mansa para Zuza Homem de Mello em programa da série *O Fino da Música*, montado, produzido e dirigido por Zuza. O programa *Dolores, Sylvia e Maysa* foi ao ar em 28 de fevereiro de 1980 com audiência recorde, tendo que ser reprisado a pedido dos ouvintes em 8 de maio.

[42] "Solidão" foi gravada em 1958 por Dolores Duran e Nora Ney, e em 1960 por Marisa Gata Mansa.

Compacto duplo de Dolores Duran lançado em Portugal em 1957, pela Copacabana, com arranjos de Severino Filho.

te. No dia seguinte fui na casa da Dolores às sete horas da manhã, porque eu sabia que era dia de feira na General Osório. Quando cheguei, a Dolores, de guarda-chuva e bolsa na mão:
— Que é que você quer?
— Vim aqui para mostrar um samba.
— Agora? Eu estou saindo para ir à feira.
— Não. Tem que escutar essa música.
Peguei o violão e ali, em pé, ela com a bolsa na mão:
— Canta.

Aí eu comecei: 'Não *fala com pobre...*/ *O enfarte lhe pega e acaba essa banca*'. Ela disse para a empregada: 'Vai pra feira, está aqui o dinheiro, está aqui a bolsa, vai fazer a feira sozinha'. E para mim:

— Vou cantar para aquele sacana hoje, eu já sei que vai ficar feio.

Aprendeu durante o dia e à noite cantou pra ele essa música que eu fiz: '*Não fala com pobre, não dá a mão a preto*/ *Não carrega embrulho*'. Era 'A banca do distinto'. Foi feita por causa disso. Mas o cara nem se tocou."[43]

No Little Club, Dolores se entregou a um romance com um garoto bem mais moço, um de seus últimos casos de amor. O desfecho gerou outro samba-canção, "Fim de caso", em que a proposta de liquidar (*"Eu desconfio*/ *Que o nosso caso está na hora de acabar"*) se justifica no desgaste tão frequente em romances breves ou duradouros (*"Nós já tivemos a nossa fase de carinho apaixonado...*/ *Fomos ficando cada dia mais sozinhos*/ *Embora juntos...*/ *E já não temos nem vontade de brigar"*), que acaba por determinar uma proposta de rompimento com brandura e receio: *"Tenho pensado*/ *E Deus permita que eu esteja errada*/ *Mas eu estou, ah!, eu estou desconfiada*/ *Que o nosso caso está na hora de acabar"*). Não tem mais remédio, o caso de amor se acabou.

Marisa Gata Mansa conta ter visto Dolores terminar a composição no mesmo Little Club, antes de ser gravada num estúdio de São Paulo, próximo ao Mercado Municipal, com um técnico francês. Como não havia mesa de som com *reverb*, "a câmara de eco era conseguida com um microfone e um alto-falante no banheiro do estúdio. Quando alguém subia a escada do estúdio, o ruído perturbava a gravação e o francês interrompia dizendo 'Barrruulho no corredor!'. Dolores teve que repetir várias vezes, sempre em grandes intepretações, cada uma diferente da outra, até a definitiva em que ninguém subiu a escada", rememorou o guitarrista Heraldo do Monte.[44] É de Heraldo a expressiva introdução de guitarra elétrica que, com o piano de Walter Wanderley, faz o *background* para um dos mais finos improvisos de uma cantora brasileira.

Nessa ocasião, possivelmente na mesma data, seguramente no mesmo estúdio, Dolores foi acompanhada pelo conjunto de Walter Wanderley, com quem cantava em sua vitoriosa temporada paulistana de 10 de julho a 2 de agosto de 1959 no Bar Michel da rua Major Sertório. Dolo-

---

[43] Depoimento de Billy Blanco a Zuza Homem de Mello em março de 2005.

[44] Depoimento de Heraldo do Monte a Zuza Homem de Mello em julho de 2016.

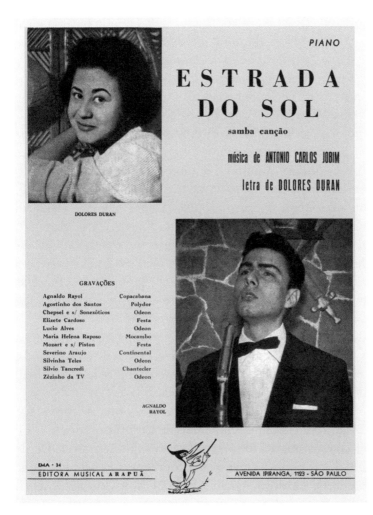

"Estrada do sol", samba-canção de Dolores Duran e Tom Jobim, foi gravado em maio de 1958 pelo cantor Agostinho dos Santos e depois teve inúmeras regravações, como a de Agnaldo Rayol.

res estava esplêndida ao gravar quatro músicas: "A banca do distinto", "My funny Valentine", "Fim de caso" e "A noite do meu bem",[45] composição recente na qual havia trabalhado exaustivamente. Marisa Gata Mansa conta que Dolores fez a música e um rascunho da letra em casa e, durante alguns dias, fosse na rua ou na boate, parava pensativa para burilar os versos.[46]

---

[45] Lançadas em novembro em um compacto duplo da Copacabana.

[46] Cf. artigo de Dirceu Soares na *Folha de S. Paulo* de 26 de junho de 1979.

Walter empregou celesta na introdução, estabelecendo o clima ideal para versos tão cálidos: *"Hoje eu quero a rosa mais linda que houver/ E a primeira estrela que vier/ Para enfeitar a noite do meu bem"*.

Ao lado de Dolores nessas quatro gravações estavam dois músicos excepcionais, naturais de Pernambuco, o guitarrista Heraldo do Monte e o tecladista Walter Wanderley. A par de sua triunfal carreira solo, Walter foi um excepcional acompanhante de cantores, antes de se transferir para os Estados Unidos, onde morreu aos 54 anos após anos de atuação. Fosse ao piano ou ao órgão Hammond, onde criou um estilo inconfundível, tão marcante como o do mago do instrumento no jazz Jimmy Smith, Walter contribuiu decididamente para propiciar impecável retaguarda em discos de João Gilberto, Isaura Garcia, Astrud Gilberto, Doris Monteiro e Marcos Valle, entre outros. Heraldo, por seu turno, tem uma relevância especial na história da música brasileira com incontáveis participações em gravações e históricas apresentações de palco. Membro do Quarteto Novo e líder de grupos sob seu nome, é reconhecido, inclusive por Joe Pass, como dos maiores guitarristas do planeta.

"A noite do meu bem" é possivelmente o mais romântico, o mais elevado entre os sambas-canção gravados nos treze anos de esplendor do gênero, quando o tema da relação amorosa é quase sempre focado no seu momento mais doloroso, o da separação.

Embora se possa estimar que Dolores previsse a boa receptividade da composição, não teve ela tempo de conhecer seu próprio disco, o EP (Extended Play) com as quatro últimas gravações que registrou. Desde essa versão original, "A noite do meu bem" foi regravada bem mais que cem vezes, por Elizeth Cardoso, Lucio Alves, Nelson Gonçalves, Dick Farney, Maysa, Elis Regina, Isaura Garcia, Clara Nunes, Angela Maria, Cauby Peixoto, Nana Caymmi e muitos outros.

Certa vez, no bar La Bodeguita, de Havana, o crítico de cinema Luiz Zanin Oricchio tomava seu mojito ao som de um trio de boleros quando em certo momento cantaram: *"Oye! Quiero la rosa perlada de rocío/ El mar, el sol y este cielo tan mío/ para brindar la noche de mi amor"*. Zanin logo reconheceu a melodia e, quando terminaram, não resistiu e resolveu informar orgulhosamente aos músicos:

— Essa música é "A noite do meu bem", de uma compositora brasileira!

Ao que foi contestado:

— No es posible. E de quién es?

— De Dolores Duran.

— Dolores Duran? Con ese nombre y me dice que es brasileña? Imposible.

Lucho Gatica foi um dos que gravaram "La noche de mi amor".

* * *

Pode-se imaginar Dolores no momento do estalo que só ela ouvia, revirando a bolsa no afã de achar o bendito lápis de sobrancelha e indo atrás de um guardanapo de papel para conservar aquilo. Tinha que agir ligeiro. Não podia perder nenhuma palavra, nem a frase que revolvia sua cabeça, escrever o quanto antes o novo verso, e mais outros, na ansiedade de não perder nada, de não jogar fora aquilo que faria com que ela fosse lembrada: uma canção de Dolores. Nos seus versos, as palavras "ternura" e "paz" tomam parte numa visão de encantamento própria do sexo feminino. Ao morrer de infarto fatal, como ela desconfiava que ocorreria, com pouco mais que 29 anos, só dois a mais que Noel, sua obra ficou incompleta para sempre. Foi com Dolores Duran que letras sobre relações amorosas passaram a ter a mulher como protagonista.

Historicamente, Maysa e Dolores descortinaram com pouca diferença de tempo um novo horizonte que tinha o rasgo do encanto e a percepção feminina nas letras das canções. Se quatro divas — Dalva de Oliveira, Angela Maria, Elizeth Cardoso e Nora Ney — devem o início de suas carreiras ao gênero que predominou nos anos 1950, e se a diva Nana Caymmi cultivou-o posteriormente como sua intérprete mais resplandecente, uma diva e uma dama respectivamente, ambas entre as maiores compositoras de todos os tempos, escolheram como ponto de partida de sua obra o samba-canção: Dolores Duran e Maysa.

O samba-canção propiciou efetivamente às damas e às divas a possibilidade da liderança na venda de discos, empatando ou até superando a supremacia dos cantores, que por anos exerceram franco domínio e a quem eram oferecidas invariavelmente em primeira mão tudo que produziam os compositores. Igualmente, damas e divas avocaram para si a missão da criação musical. Através de seus versos e melodias arcaram com a posição de fazer valer sua palavra, deixando claro sua igualdade no talento e acrescentando um aprofundamento especial ao encarar os temas amorosos. Desde então, revelaram elas em seus versos poder tomar as rédeas do rompimento amoroso, quando a relação não mais lhes conviesse ou quando pressentissem o fim do amor.

As damas e as divas

Herivelto Martins, compositor de "Segredo" e "Ave Maria no morro", duas obras-primas do samba-canção.

Capítulo 13

O refúgio barato
dos fracassados no amor[1]

Um tipo de samba-canção genuíno, de indiscutível valor estético, foi ganhando cada vez mais espaço no decorrer da história, de modo a conquistar perfil próprio. Os filhotes da vertente mais conservadora do gênero, menos preocupada com a inovação, geraram o que mais tarde ficou conhecido como música brega, depois de ter sido taxada de cafona.

Em razão desse verdadeiro caldeirão abrigar canções de categoria inferior e outras visivelmente superiores, cuja distinção situa-se no tênue limite da sutileza, a tendência mais cômoda é generalizar tudo como se tivesse o mesmo padrão, o mau gosto. É música brega, diz-se com desdém. Por trás desse desprezo fácil, ignora-se a necessidade de uma decomposição mais acurada dos três componentes essencialmente musicais — ritmo, melodia e harmonia —, bem como do quarto elemento que distingue a canção, a letra. Por fim, é indispensável agregar a interpretação, para cerrar o círculo da divergência entre as duas vertentes.

A vertente tradicional era musical e poeticamente inspirada em modelos consagrados da Época de Ouro, como registra o historiador Jairo Severiano em sua exemplar *Uma história da música popular brasileira*, destacando a seguir que "tinha como expoentes os veteranos compositores Lupicínio Rodrigues e Herivelto Martins".[2]

Pode-se afirmar, quase sem medo de errar, que se houve alguém com quem Herivelto Martins nunca tenha cruzado na vida foi com um xará. Na música brasileira toda é que não houve outro Herivelto.

---

[1] O título foi inspirado nos versos finais do samba-canção "Bar da noite", sucesso de Nora Ney composto por Bidu Reis e Haroldo Barbosa: "*Bar, tristonho sindicato/ De sócios da mesma dor/ Bar que é o refúgio barato/ Dos fracassados do amor*". A temática é a mesma da composição de Harold Arlen com letra de Johnny Mercer, "One for my baby", uma *torch song* carimbada por Frank Sinatra.

[2] Jairo Severiano, *Uma história da música popular brasileira*, São Paulo, Editora 34, 2008, p. 291.

Seu parceiro David Nasser descreveu-o como algo à parte: "Quase louro, olhos azuis ou quase, baixinho, sangue europeu, nascido no Vale do Paraíba, entre São Paulo e Rio, ninguém pode explicar o negro que há dentro dele". Dizem que foi o branco mais negro do Brasil, muito antes do autor dessa autodescrição, Vinicius de Moraes. Com tal DNA, era natural que criasse mais sambas que qualquer outro gênero, e que compensasse uma eventual frustração ao formar a Dupla Preto e Branco, sua primeira manifestação de inclinação para o show business, expressão que ele jamais utilizou. Nesse assunto, o que conhecia desde pequeno era o circo, era a rádio, era o palco, e em decorrência, o que atraía público. Era esse o mundo para o qual Herivelto, o introdutor do apito na marcação, inventava seus sambas.

Basta uma olhadela na sua gigantesca obra para se perceber que sua especialidade não era o samba-canção. Era compositor de respeito dos sambas "Praça Onze", "Laurindo", "Izaura", "Palhaço" e "Que rei sou eu" e do samba-canção "Ave Maria no morro", quando compôs "Segredo", uma obra-prima que o incluiu na rota dos compositores de primeira linha no gênero.

Embevecido com o potencial vocal inusitado de Dalva de Oliveira, não hesitou em convidá-la para agregar uma voz feminina ao duo. Os três se apresentavam como Dalva de Oliveira e a Dupla Preto e Branco quando César Ladeira acrescentou pelo microfone da Rádio Mayrink Veiga mais um de seus slogans: o Trio de Ouro! Embora se tornassem desde então assim conhecidos em discos e programas de rádio, não formavam um trio vocal convencional, mas a união de uma cantora solista, que se destacava pela limpidez nas notas agudas, apoiada por duas vozes masculinas (Herivelto e Nilo Chagas), vocalizadas geralmente em terças. Um *backing vocal* complementando a voz principal.

Mesmo não tendo passado do curso primário nem estudado música, Herivelto tinha uma impressionante facilidade para compor as vozes do conjunto que, aliada a uma notável intuição de organizar o *mise-en-scène* dos três componentes e seu apego à disciplina férrea, resultava em apresentações muito acima da média. Foi o que valeu para o Trio de Ouro se tornar uma das atrações no Cassino da Urca, desde 1941 até o seu fechamento cinco anos mais tarde. Daquele miserê em que se encontravam no duro início, pulando de lá para cá para viver em um quarto dividido por uma lona, os três conseguiram um padrão mais que decente. A família Herivelto/Dalva mudou-se para um apartamento próximo do cassino, onde reuniões festivas com astros e estrelas da música popular

"Ave Maria no morro", de Herivelto Martins, na gravação de Dalva de Oliveira com a Dupla Preto e Branco (Herivelto e Nilo Chagas), de junho de 1942, quando os três formaram o Trio de Ouro.

varavam a noite; durante o dia eram os mesmos amigos que carregavam no colo e apadrinhavam os dois garotinhos do casal, Pery e Ubiratan. De todo modo, dois terços do Trio de Ouro era uma extensão da vida familiar. Ou vice-versa.

O nó se formou quando as divergências do casal principiaram com as puladas de cerca de Herivelto. Atrações esquivas, rusgas, desgaste, ciúme e boatos no vulnerável ambiente da boemia noturna deram origem à advertência de Herivelto sob a forma de um samba-canção: "Segredo".

O refúgio barato dos fracassados no amor 349

"*Seu mal é comentar o passado/ Ninguém precisa saber/ O que houve entre nós dois*" era uma crítica aberta para abafar o diz que diz. Segue-se um dos mais inspirados versos da canção brasileira: "*O peixe é pro fundo das redes/ Segredo é pra quatro paredes*". E a primeira parte se encerrava num dito moralista: "*Primeiro é preciso julgar/ Pra depois condenar*". Faltando a letra da segunda parte, em singular modulação, seu parceiro Marino Pinto encaixou versos à sua revelia, guiado por Dalva entoando a melodia: "*Quando o infortúnio nos bate à porta/ E o amor nos foge pela janela/ A felicidade para nós está morta/ E não se pode viver sem ela/ Para o nosso mal não há remédio, coração/ Ninguém tem culpa da nossa desunião*". Herivelto aprovou na hora e Dalva gravou. Sozinha. O trio só entrou ao final e apenas na última palavra, "condenar". Estava selado o salve-se quem puder do casal num dos maiores êxitos de 1947, o mesmo ano de "Marina" (Caymmi), "Nervos de aço" (Lupicínio), "Fim de semana em Paquetá" (Braguinha) e "Se queres saber" (Peterpan), todos sambas-canção.

Atravessando "um período conturbado de sua vida sentimental, o compositor extravasava em sua música os problemas que o afligiam".[3] Os xingamentos haviam desandado em gritaria, agressões físicas, quebra-quebra, espancamentos com internação, flagrantes na cama, enfim, um inferno. Nesse torvelinho, Herivelto compôs outro fino samba-canção, "Caminhemos", que entregou a Francisco Alves: "*Não, eu não posso lembrar que te amei/ que tudo entre nós terminou...*".[4] A segunda parte flagra o estilo de Herivelto, assentado desde "Ave Maria no morro" e "Segredo": uma melodia dolente, com frases terminando em vogais esticadas, caracterizando um forte sintoma da vertente tradicional do samba-canção: "*Vida comprida, estrada alongada/ Parto à procura de alguém ou à procura de nada/ Vou indo, caminhando sem saber onde chegar/ Quem sabe na volta te encontre no mesmo lugar*".

Seria contudo o preâmbulo da celebrada sequência de lavagem de roupa suja, em grande parte sob a forma de samba-canção, que iria ser ouvida nas rádios do Brasil inteiro. E o pior, descreveu depois o filho mais velho do casal, Pery Ribeiro: "Estávamos em todos os jornais, todos os

---

[3] Jairo Severiano e Zuza Homem de Mello, *A canção no tempo, vol. 1*, São Paulo, Editora 34, 7ª ed., 2015, p. 272.

[4] "Segredo" foi gravado por Dalva de Oliveira em 6 de maio de 1947 e lançado em julho. "Caminhemos" foi gravado em 13 de junho e lançado em novembro do mesmo ano.

dias. As pessoas tomavam partido: havia quem fosse favorável a Dalva e quem fosse favorável a Herivelto".[5]

A separação do casal em definitivo e o fim do trio forneceram os argumentos para uma deliberação de Dalva de Oliveira: decidiu que iria cantar sozinha.

"Quando cheguei aqui em maio ou junho de 1950 eu fui na Odeon, porque o trio gravava na Odeon havia muitos anos. A Odeon não quis me receber.

— Não, não, o que interessa é o trio. Se você armar o trio de novo, está muito bem, caso contrário, não.

O Vicente era o diretor artístico da Odeon, eu cheguei e disse:

— Olha, você já me viu, nós trabalhamos esse ano todo juntos, vê se arranja para eu gravar sozinha porque com o trio eu não volto mais. Não há jeito, não há possibilidade de eu me entender com o Herivelto nem com o outro.

Ele tanto falou que eu gravei 'Tudo acabado', e foi uma aposta do Vicente Paiva com o diretor-geral Aníbal Conde. O Aníbal disse:

— Se não fizer sucesso essa moça com essa música, você não é mais diretor artístico da Odeon, e se fizer, você vai subir de posto.

Ele ficou e subiu de posto, porque 'Tudo acabado' foi uma glória."[6]

Dessa maneira Dalva descreveu o que lhe aconteceu após uma desastrosa excursão à Venezuela, na qual o trio desmoronou, seguida de cerca de três meses em Belém do Pará, onde, ao se apresentar acompanhada pelo maestro Vicente Paiva, recebeu seu cachê em dinheiro vivo pela primeira vez.

O ciumento Herivelto, cabeça e controlador das finanças do finado trio, que já vivia em outra casa, e com outra, ficou possesso. Dalva estreara na carreira solo com um sucesso estrondoso, dando de uma só vez o troco às suas letras de "Segredo", "Caminhemos" e "Cabelos brancos", de dois anos antes: *Não falem desta mulher perto de mim/ Não falem pra não aumentar minha dor...*".[7]

A letra de J. Piedade para o samba-canção "Tudo acabado" era de fato uma declaração de guerra: "*Tudo acabado entre nós/ Já não há mais*

---

[5] Cf. Pery Ribeiro e Ana Duarte, *Minhas duas estrelas: uma vida com meus pais Dalva de Oliveira e Herivelto Martins*, Rio de Janeiro, Globo, 2009.

[6] Depoimento da cantora no blog *Dalva de Oliveira*.

[7] "Cabelos brancos", de Herivelto Martins e Marino Pinto, foi gravada por Quatro Ases e um Coringa em 30 de novembro de 1948, e lançada em janeiro de 1949.

nada.../ Nosso apartamento agora/ Vive à meia-luz/ Nosso apartamento agora/ Já não me seduz.../ Todo o egoísmo/ Veio de nós dois/ Destruímos hoje/ O que podia ser depois".[8] A parceira com Oswaldo Martins nada devia às melhores de Herivelto que, tentando se defender, convocou o jornalista David Nasser — que não era flor que se cheirasse — para repicar uma letra colocando os pingos nos is a seu favor. Mas o tom rancoroso de "Caminho certo" deu errado. Ninguém acreditou e o disco com o Trio de Ouro reformado não aconteceu. Sobrou uma revolta, o início de uma desmedida disputa ofensiva de proporções nunca vistas na música brasileira.

Dois dias depois de gravar "Tudo acabado", Dalva retornou ao estúdio da Odeon para imortalizar o bolero de Mario Rossi e Marino Pinto, amigo íntimo do casal, "Que será", que acabou ficando mais conhecido por dois versos: *"Que será/ Da luz difusa do abajur lilás"*. Sem dar fôlego ao ex-marido, Dalva atacou em novo *round*, alcançando outro êxito espetacular com o samba-canção "Errei sim", de Ataulfo Alves, um dos vários compositores que se voltaram contra Herivelto em defesa da cantora. Se desse modo surgiram de parte a parte canções com letras injuriosas e melodias de pouca valia, esse não era o caso de "Errei sim". Sua letra começava com uma confissão de culpa, inusitada para uma mulher na época, *"Errei sim, manchei o teu nome"*, logo seguida de uma acusação, *"Mas foste tu mesmo o culpado/ Deixavas-me em casa me trocando pela orgia"*. Os versos finais sugerem um desafio: *"Mas se existe ainda quem queira me condenar/ Que venha logo a primeira pedra me atirar"*.[9]

A repercussão de "Errei sim" se redobrou quando Dalva foi convidada para estrelar no Teatro Recreio da praça Tiradentes uma revista musical de Walter Pinto cujo título empurrou ainda mais seu disco: É rei, sim. No espetáculo, Dalva também cantava "Olhos verdes", a ela dedicada por Vicente Paiva, e "Ave Maria", em que o coro fazia as vezes do duo masculino do Trio de Ouro, enquanto Dalva, aplaudidíssima, soltava os agudos que só ela alcançava. Chegava a precisar de escolta policial para atingir a entrada dos artistas no teatro, tal a ansiedade do povo para ver sua diva de perto.

---

[8] "Tudo acabado", de J. Piedade e Oswaldo Martins, foi gravada por Dalva de Oliveira em 11 de março de 1950 e lançada em maio.

[9] "Que será" foi gravada em 13 de março de 1950 e lançada em julho. "Errei sim" foi gravada em 17 de julho de 1950 e lançada em setembro.

Herivelto Martins foi casado com Dalva de Oliveira entre 1936 e 1947.

Herivelto cortou relações com Marino Pinto e quase brigou de soco com o colega Ataulfo por eles terem contribuído abertamente com tal munição a favor de Dalva.

Ataulfo Alves — respeitadíssimo como pessoa e como autor de pelo menos três sambas considerados clássicos, "Ai, que saudades da Amélia", "Atire a primeira pedra" e "Errei, erramos" — era pouco dado ao samba-canção. Por ter vivido até os dezoito anos no interior de Minas Gerais, onde nasceu, suas melodias são melancólicas, a maioria em modo menor, forte motivo para que sua autoria possa ser reconhecida sem dificuldade. Era um negro espigado cuja postura elegante lhe emprestava um ar pretensioso, o que tinha algum fundo de verdade. Sua vasta obra, assim como a de Herivelto, é francamente predominada por sambas e, dos raros sambas-canção, os de maior sucesso foram gravados por Dalva: "Errei sim" e "Fim de comédia".

Entre um e outro, no período de dois anos, novos discos atearam mais fogo ao conflito Dalva versus Herivelto.[10] Nem tudo porém teria grande importância no cenário musical. Com algumas exceções, o nível das letras que fazem parte dessa batalha improfícua, visando à difamação, não podia ser comparado com sambas-canção de uma vertente que crescia a olhos vistos na música brasileira. Entre as exceções, o precioso "Calúnia", que Dalva cantou esplendidamente efetuando variações melódicas na repetição. Inicia-se com um salto de uma oitava em descendência (Qui — seste o) para uma melodia muito bem conduzida (*"Quiseste ofuscar minha fama/ E até jogar-me na lama/ Só porque eu vivo a brilhar"*), que se abre em modulação na segunda parte (*"Deixa a calúnia de lado/ Que ela a mim não afeta"*). De Paulo Soledade e do pouco reconhecido Marino Pinto, "Calúnia" faz parte do rol de canções que seriam desencavadas por Caetano Veloso.

A outra exceção na contenda musical é o samba "Palhaço", uma joia que Nelson Cavaquinho deu de presente a Dalva. Embora esteja entre o que há de melhor nessa peleja, só forçando a barra é que se pode pretender que sua letra tenha sido construída em função do longínquo período em que o jovem Herivelto atuou em circo.

Destarte, "Fim de comédia" (*"Esse amor quase tragédia/ Que me fez um grande mal/ Felizmente essa comédia/ Vai chegando ao seu final"*), com a suplicante interpretação de Dalva, é o último samba-canção de valor na polêmica alimentada por reportagens sensacionalistas e discos que engordavam as gravadoras, acrescentando muito pouco à vertente tradicional do samba-canção.

Embora as músicas não sejam de sua autoria, prenuncia-se nas gravações de Dalva de Oliveira dessa guerra musical um indício de independência feminina. Movidas por esse corajoso propósito, "talvez para descontarem o período em que eram estereótipos convenientes à harmonia do lar, à ordem da sociedade, aos donos do poder",[11] as mulheres pressentiram, através de sua voz, poder se desvencilhar de um laço que, se

---

[10] "Falso amigo", de Benedito Lacerda e Marino Pinto; "Teu exemplo", de Herivelto Martins; "Calúnia", de Paulo Soledade e Marino Pinto; e "Consulta o teu travesseiro", de Benedito e Herivelto.

[11] Segundo as palavras da historiadora Maria Therezinha Janine Ribeiro, mãe do professor de filosofia Renato Janine Ribeiro.

teve amor e paixão, não mais despertava interesse. Minha mãe, escreveu Pery Ribeiro, "se tornou a imagem da reação feminina contra o homem que fere, maltrata e impõe suas convicções".[12]

"Fim de comédia" foi gravado em 1952 na Inglaterra, quando Dalva foi convidada pelo maestro Roberto Inglez a lançar um LP pela etiqueta Parlophone, pertencente à EMI. Sua carreira já era conduzida cuidadosamente por Tito Clement, seu novo marido, quando entrou no estúdio da Abbey Road em Londres a fim de gravar catorze fonogramas. Um dos dez aproveitados no disco ficou marcado por êxito colossal, o baião "Kalu".[13] Antes de Londres, Dalva havia cantado em Lisboa, Madri e Barcelona na excursão montada por Tito, um portenho de hábitos refinados que, durante os catorze anos em que viveram juntos, tentou fazer de Dalva uma mulher de classe, uma grande estrela internacional distante do brega. Dalva e Tito dividiam sua vida entre o Brasil e a Argentina, tendo morado numa casa requintada em Buenos Aires, onde ela aproximou seu gosto pelo tango e gerou novos êxitos em seu repertório.

No Brasil, Dalva era uma estrela fulgurante. A Rainha do Rádio de 1951 foi uma das mais queridas artistas da Rádio Nacional, onde chegava em seu Jaguar prateado, levando quase meia hora para atingir o elevador após a caminhada em meio aos fãs gritando "Dalva! Dalva!", que almejavam nada mais do que tocá-la. Sua impressionante legião de admiradores incluía, como Edith Piaf, os menos favorecidos, e como Nina Simone, os gays. Em suma, quem a endeusava era o povo mais humilde.

Por um tempo esteve distante desse povo. Após ter ficado mais próxima da Argentina, Dalva, em seu retorno ao Brasil e já separada de Tito, não encontrou o mesmo ambiente. A televisão engolira os programas de radioauditório. Em sua ausência, queixava-se, tudo mudou, incluindo a música. Era 1963. Teve a sensação de que seu estilo estava ultrapassado. "Se antes, na época do 'mau gosto', [a crítica intelectualizada] fazia restrições à sua voz estridente, aos agudos agressivos, à pronúncia artificial, agora em tempos em que a televisão comanda o espetáculo", escre-

---

[12] Cf. *Minhas duas estrelas.*

[13] Foram gravados "Kalu", "Fim de comédia", "Carinhoso", "Brasil saudoso", "Noite de Natal", "Lindo presente", "Folha morta", "Pequena", "Ai ioiô", "Distância", "Volta ao Estoril", "Triste reencontro", "Sem ele" e "Encontrei afinal". "Fim de comédia" e "Kalu" foram lançados no Brasil em disco de 78 rotações sob uma numeração especial, a série X-3000. Em 1955 a EMI Odeon lançou no Brasil um LP de dez polegadas com oito desses fonogramas.

O refúgio barato dos fracassados no amor

veu João Máximo no *Jornal do Brasil*, "o que se diz é que Dalva é uma figura pouco televisiva."[14]

Dalva se encolheu, ficou macambúzia, não vendo direção no futuro. Na companhia do filho Pery, seu olhar distante era de uma artista que, acostumada aos triunfos, se sentia perdida. Com seus convidados, em festas que não se cansava de promover, refugiava-se na bebida, da qual nunca se livrara.

O ocaso da antiga faxineira de um salão de danças em São Paulo, onde foi descoberta, ocorreu após gravar a marcha-rancho, "Bandeira branca", talvez um sinal de que no íntimo desejasse paz após tantos anos de infortúnio pessoal. Paz com Herivelto, paz com Tito, paz com os jornalistas impiedosos e até mesmo com os que criticavam suas escolhas, consideradas de mau gosto. Para ela esse "mau gosto" traduzia a razão de ser idolatrada na classe humilde, era o que a mantinha viva nos últimos anos de vida. Dalva nos deixou em agosto de 1972, em pleno reinado de "Bandeira branca", último clássico do Carnaval brasileiro.

Em suas interpretações, Dalva não poupava a voz, muito menos a entrega total aos dramas contidos nas letras. Sua facilidade em atingir agudos, próprios de cantoras líricas, levou-a a criar maviosos contracantos como nenhuma outra cantora brasileira se aventurava. Era um rouxinol, não um canário. Em seu variado repertório há quase de tudo, samba, samba-exaltação, samba-canção, baião, bolero, tango, valsa, marcha, marcha-rancho. A profusão de gravações de sucesso encarreirou ainda "Zum-zum", "Ave Maria", "Estrela do mar", "Rio de Janeiro", "Esta noite serenou", "Há um Deus", "Lembra" e "Máscara negra".

Quando canta, Dalva de Oliveira conta uma história com tamanha percepção da riqueza de detalhes que passa a sensação de ter uma câmera na mão para descrever a cena. Em "Pela décima vez", de Noel Rosa, ela mostra claramente saber onde está a chave, o ponto crucial da letra, no trecho "*Joguei meu cigarro no chão e pisei*". Dalva estica a conjunção "e" de tal forma que reforça o gesto daquele momento de raiva do sapato amassando a bituca. Sua intuição privilegiada é quase inexplicável dada a sua origem simples, filha de um carpinteiro de Rio Claro, no interior do estado de São Paulo. Na valsa "Teus ciúmes", de Lacy Martins e Aldo Cabral, ela volteia em torno do três por quatro do ritmo projetando a dolência da valsa brasileira, distinta da elegância de execução exigida nas

---

[14] Cf. João Máximo, "O canto de amor e de dor, de dentro para fora", *Jornal do Brasil*, 19 de agosto de 1982.

Mary Gonçalves e Dalva de Oliveira em 1952, quando Mary recebeu de Dalva a coroa de Rainha do Rádio no Teatro João Caetano, no Rio de Janeiro.

valsas vienenses de Johann Strauss. Por outro lado, a cantora alonga notas e faz pausas tais como se tivesse frequentado assiduamente bailes em Viena no século XIX, transportando-se depois para seu país, onde a referência era bem outra.

Dalva é o ponto de partida de uma escola que vinga até hoje na canção brasileira. Deixou um rastro de admiração em cantoras como Angela Maria, a ponto de moldar seu estilo. Núbia Lafayette, do chamado mundo brega, nunca escondeu seguir a linhagem de Dalva nas suas sugestivas interpretações, tão pouco reconhecidas. Muitas outras souberam beber no que Dalva deu início: Edith Veiga, Nalva Aguiar, Silvana, Sula Mazurega, Suzamar, dignas herdeiras da cantora.

No universo brega, repleto de erros e acertos, Dalva ocupa uma posição de supremacia. Seu vibrato característico, criticado como exagerado, é natural, faz parte da sua intuição, faz parte da sua verdade. É o que a diferença dos trinados levados ao paroxismo pelas duplas do sertanejo universitário dos anos 1990 em diante, responsáveis pela deformação de um gênero autêntico, confundindo-o com o breganejo. Essa expressão colabora para prejudicar a sinceridade da canção estabelecida no sertão, ao apelar para a pieguice e vulgaridade e impingir-se no mercado como representante da música brasileira do século XXI, engolindo o que verdadeiramente vale a pena. Engole mas não destrói.

* * *

Desiludido com o desmonte da obra de que tanto se orgulhava, Herivelto Martins tentava em vão reconstruir o Trio de Ouro. Não se conformava, mas teve que conviver com a realidade: ele de fato era o cérebro, mas Dalva era a alma do conjunto. Mesmo com toda a boa vontade, não seriam as substitutas Noemi Cavalcanti ou Lourdinha Bittencourt que poderiam trazer de volta a glória que seu egocentrismo teimava em querer recriar. A obra que construiu com méritos incontestáveis ruíra. Na gangorra da vida, Dalva estava no ponto mais alto, enquanto Herivelto estava no solo.

Havia montado um conjunto de mulatas, ritmistas e passistas que atuavam em shows e no Carnaval sob o nome de Escola de Samba de Salão, sem sua participação no palco. Sabia comandar exigindo disciplina, mas não era o bastante para sua atividade principal. Arrependido — pelo infeliz "Caminho certo" e pela série de episódios escritos por David Nasser publicada no *Diário da Noite*, cujo título já dizia a que vinha: "Herivelto narra sua desdita conjugal" — ele foi se reconciliar com os de sua classe, os compositores. Criar canções era o que sempre soube fazer, o que o tornava querido. É o que lhe daria perenidade. Afinal, Herivelto era um dos maiores compositores da Época de Ouro em atividade, ao lado de Caymmi, Ary, Ataulfo e Braguinha.

Sua intimidade com o universo do samba permitiu que constituísse uma das mais significativas obras da música brasileira na década de 1940. Além dos sambas que alcançaram tremenda popularidade, há algumas gemas a realçar sua inventividade melódica e poética.

"Vaidosa", de 1945, é um delicado samba carnavalesco louvando dois atributos femininos, a vaidade e a beleza: *"Tens razão/ Tens razão de ser assim vaidosa/ És de fato formosa/ Não há quem possa negar"*. A sequência, num jogo harmônico cativante, destaca que a formosura pode mexer com os sentimentos: *"Tens prazer/ De maltratar o coração de alguém/ Mas poderás um dia achar também/ Alguém que não te queira mais"*. Regravado bem menos do que merece, o samba foi lançado por Francisco Alves, que imprimiu o seu modelo de vozeirão nada condizente com o conteúdo dos versos. Herivelto, que teria se inspirado num fox-trot, fez letra e música, e Artur Morais, alcunhado Ré Menor, entrou na parceria para ser admitido na sociedade arrecadadora SBACEM.

"Izaura" e "Às três da manhã" são outros sambas excepcionais dessa época em que Herivelto Martins brilhou como autor, independente do Trio de Ouro. Gravados respectivamente por Francisco Alves e Aracy de Almeida, tiveram regravações ainda mais notáveis anos depois, dos baianos João Gilberto (com Miúcha) e Moraes Moreira.[15]

Herivelto Martins era fascinado pela Bahia quando participou com o Trio de Ouro da excursão que incluía Dorival Caymmi sob o comando de César Ladeira para um grandioso espetáculo no Cineteatro Jandaia, na Baixa do Sapateiro, que, após uma reforma nos anos 1930, se convertera no mais sofisticado centro de lazer da cidade de Salvador, com capacidade para 2.200 espectadores. Para agradar ao grande público, Herivelto compôs um prefixo: *"Pedimos tanto ao Senhor do Bonfim/ Para nos mandar na Bahia/ Bahia de São Salvador/ Senhor do Bonfim me atendeu/ Quem nasceu e morreu/ E não viu a Bahia, não viveu"*. Foi a conta. Os baianos adoraram, ovacionando o Trio de Ouro a ponto de serem solicitados a repetir o curto prefixo mais de cinco vezes.[16] Somente quando compôs a segunda parte, quase dez anos mais tarde, é que a nostálgica interpretação de "Senhor do Bonfim" foi gravada, no lado B de "Segredo". É uma das poucas interpretações em que o trio atua com três vozes harmonizadas.

Qualificado como samba, "Senhor do Bonfim" tem uma levada de samba-canção, surpreendentemente o gênero preferido de Herivelto Martins: "O samba-canção é o meu estilo predileto de composição, porque é o que melhor se identifica com o tipo de poesia que faço, uma poesia muito ligada à minha vida... Minha poesia é muito influenciada pela poesia rural, a poesia caipira, que conheci e amei desde menino, porque também sou do campo", afiançou em depoimento.[17]

Apesar do sucesso de suas músicas, o desgaste com a polêmica causaria, na década de 1950, uma significativa queda na fertilidade criadora do compositor. Amigo de Nelson Gonçalves desde o início da carreira

---

[15] João Gilberto gravou "Izaura" em 1973, no famoso álbum da capa branca, e Moraes Moreira gravou "Às três da manhã" em 1977, no álbum *Cara e coração*.

[16] Cf. Jonas Vieira e Natalício Norberto, *Herivelto Martins: uma escola de samba*, São Paulo, Ensaio, 1992.

[17] Idem.

O refúgio barato dos fracassados no amor

deste, no Rio de Janeiro, Herivelto começou a confiar-lhe novas composições, oferecendo em 1952 um samba-canção com título um tanto provocador, "A camisola do dia". Certamente a grande repercussão obtida não foi motivada pela melodia, nada excepcional, mas sim pela letra apelativa de David Nasser, ao resvalar na intimidade de roupas femininas e, subliminarmente, no corpo desnudo. Com um realismo inédito até então na canção brasileira, os versos tendendo para a vulgaridade proclamavam: "*A camisola do dia, tão transparente e macia/ Que eu dei de presente a ti/ Tinha rendas de Sevilha/ A pequena maravilha/ Que o teu corpinho abrigava/ E eu, eu era o dono de tudo/ Do divino conteúdo/ Que a camisola ocultava*". A interpretação convincente de Nelson colaborou para que a censura chegasse a proibir uma letra tão "indecorosa", mas depois rapidamente a liberasse. Mais um fator para aumentar as espetaculares vendas do disco, gravado em janeiro de 1953.

Estava descoberta uma nova trilha a ser explorada, a via das letras cafonas no samba-canção. Foi o bastante para que a dupla Herivelto Martins/David Nasser enveredasse para o tango, o gênero que combinava admiravelmente a intimidade da alcova com o pecado das casas de luz vermelha. Se "Carlos Gardel", título do seu primeiro tango, afastava-se dessa temática homenageando o rei do gênero, o sucesso do disco levou-os a repetir a dose com "Hoje quem paga sou eu", novamente na voz de Nelson Gonçalves e no ritmo portenho, porém ambientado onde os encontros se dão entre dois copos: o bar, a "sucursal do lar". David Nasser criou uma letra portentosa, caprichando na teatral descrição em torno do vermute, do conhaque e do traçado, o "oceano da bebida" da "estranha confraria". Acompanhado convenientemente por um bandoneón, Nelson dá uma verdadeira aula de interpretação no gênero que incorporou a seu repertório. Emplacou mais um êxito estrondoso no tango que foi o "principal precursor da chamada canção brega surgida no final dos anos 1950 em contraponto à bossa nova".[18]

Muito embora nenhuma das recentes parcerias com David Nasser tenha se destacado pela melodia, Herivelto Martins acertou a mão em cheio ao criar em 1957 o samba-canção "Pensando em ti", também gravado por Nelson Gonçalves. Com saudades de sua terceira mulher Lurdes, gaúcha que voltou a morar em sua terra, Herivelto deixou o coração falar mais alto, compondo letra e música da primeira parte: "*Eu ama-*

---

[18] Cf. *A canção no tempo*, vol. 1, 7ª ed., p. 331.

Nelson Gonçalves, que lançou várias composições de Herivelto Martins, e Lourdinha Bittencourt, que integrou o Trio de Ouro, em 1957.

nheço/ Pensando em ti/ Eu anoiteço/ Pensando em ti/ Eu não te esqueço/ É dia e noite pensando em ti/ Eu vejo a vida pela luz dos olhos teus/ Me deixe ao menos por favor pensar em Deus". Faltando a letra da segunda parte, recorreu a David, que completou: "*Nos cigarros que eu fumo, te vejo nas espirais/ Nos livros que eu tento ler, em cada frase tu estás*". "Pensando em ti" é um retorno ao romantismo natural onde Herivelto se sentia absolutamente à vontade, mais um destaque de relevo em uma obra que conta com mais de seiscentos títulos. Embora não tenha sido sua última criação, foi o canto do cisne de Herivelto, homenageado intensamente em seus últimos anos como um dos maiores compositores de sua época.

* * *

A exemplo das demais lojas de departamentos, como Mappin Stores e Mesbla, a Cassio Muniz se situava no centro da cidade de São Paulo e, em relação à Escola Caetano de Campos, ficava do lado oposto ao do edifício Esther, um marco da arquitetura modernista brasileira. Os negócios da empresa estabelecida na praça da República, n° 309, incluíam a importação de automóveis da General Motors, de aparelhos para uso doméstico como rádios e rádio-vitrolas, além de representar e distribuir os discos da RCA Victor na região. O responsável por esse setor resolveu dar uma oportunidade a um assíduo cantor de programas de rádio da Cultura, Cruzeiro do Sul e São Paulo: a chance de gravar um acetato, o demo da época anterior às fitas cassette, para ser encaminhado à matriz da gravadora na capital federal.

Em julho de 1941, o jovem de 21 anos juntou os trocados que recebia cantando em shows ocasionais, comprou uma passagem de segunda classe na Central do Brasil e embarcou na Estação do Norte rumo ao Rio de Janeiro, levando na bagagem o acetato e uma carta de recomendação ao diretor da RCA, Vitorio Lattari. Após uma penosa viagem alimentando-se com um sanduíche de pão com mortadela (ou mortandela, como se dizia em São Paulo), arranjou um quartinho numa pensão na rua da Alfândega, que dividia com três pés-rapados como ele, até conseguir o encontro na RCA Victor. Vitorio gostou do que ouviu e, confiando na garantia da carta que a Cassio Muniz venderia quinhentos discos, marcou a sessão de gravação, que deveria ter alguma música de Ataulfo Alves. No primeiro encontro com o cantor, Ataulfo entregara ao desconhecido e sem hesitar seu samba mais recente, "Sinto-me bem". Na segunda-feira, 4 de agosto de 1941, o cantor pisou pela primeira vez no estúdio da RCA da rua Visconde da Gávea, para gravar o samba de Ataulfo e mais três músicas, acompanhado pelo regional de Benedito Lacerda.[19] Cantava igualzinho a Orlando Silva. O próprio Orlando ficou intrigado quando ouviu a música no rádio semanas depois. "Ué!", exclamou. "Eu não gravei essa música!" Quando acabou é que decifrou a charada. "Acabamos de ouvir 'Sinto-me bem', com Nelson Gonçalves." Nelson Gonçalves começava a ser um nome.

Na mesma data da gravação ele havia assinado o mais relevante contrato de sua vida. Nem ele nem Vitorio Lattari tinham ideia da impor-

---

[19] "Sinto-me bem", de Ataulfo Alves, ficou no lado B do disco de Nelson Gonçalves lançado em outubro de 1941.

"Sinto-me bem", de Ataulfo Alves, na gravação de Nelson Gonçalves, de 1941, o primeiro de muitos discos do cantor pela RCA Victor.

tância que o acordo teria no futuro. A RCA Victor acabara de contratar o que seria o mais lucrativo artista para seu *cast* nacional, onde já estavam Linda Batista, Carlos Galhardo, Orlando Silva, Ciro Monteiro, Aracy de Almeida e Silvio Caldas, a nata dos cantores de rádio. Nenhum deles propiciaria à gravadora retorno tão elevado por tanto tempo. Nesse caso raro na história do disco, Nelson assinou aos 22 anos um compromisso que se estenderia praticamente até o final de sua vida.

Sua projeção aconteceria de fato em agosto do ano seguinte, quando a Victor lançou um fox brasileiro de Roberto Martins e Mario Rossi,

"Renúncia". No dia marcado para gravar, Nelson chegou ao estúdio sem conhecer a melodia. "Temendo que ele errasse na gravação, a ser realizada após breve ensaio, Roberto Martins gratificou o saxofonista Luís Americano para que antecedesse a entrada do cantor com um solo do tema. No final saiu tudo certo."[20]

Como a valsa vienense e a polca da Boêmia que, irradiadas para o mundo atingiram o Brasil no século XIX, o fox dos Estados Unidos foi, a partir da chegada dos filmes falados norte-americanos, adotado como um gênero frequente no repertório de Francisco Alves e de Orlando Silva. O fox, ou fox-canção ou fox-blue, como era chamado no Brasil, passou a frequentar o repertório de Nelson Gonçalves em 1944, depois de "Dos meus braços tu não sairás", quando sua voz ainda podia ser confundida com a de Orlando Silva. No que se refere ao samba-canção, seriam três anos mais tarde, com "Segredo" e "Marina", cada qual numa face do mesmo disco, e nenhum com repercussão igual às gravações de Dalva de Oliveira e Dick Farney. O samba-canção entra de fato no seu repertório de sucessos com "A camisola do dia" e "Última seresta", esta uma composição de um novo e fundamental personagem na vida de Nelson, Adelino Moreira.

Nos anos seguintes a 1953, Nelson desfrutou a glória da coroa como Rei do Rádio e artista do primeiro time na Rádio Nacional. Uma das figuras de maior projeção no meio artístico, era recordista na vendagem de discos de 78 rotações,[21] antes de gravar quatro LPs de dez polegadas, o novo formato que desbancaria os bolachões.[22] Disputado pelas mulheres sempre que viajava em temporadas de shows pelo Brasil, o cantor estava cada vez mais rico, chegando a retornar de uma excursão pelo interior de São Paulo com cinco malas recheadas de notas de mil cruzeiros. Esse foi também o período em que Nelson esteve envolvido até o pescoço com várias mulheres, com quem conviveu simultaneamente numa ina-

---

[20] Cf. *A canção no tempo, vol. 1*, 7ª ed., p. 217. Além de Luís Americano (no sax alto), participaram da gravação Carolina Cardoso de Menezes (piano), Garoto (violão tenor), Faria (contrabaixo) e Duca (bateria).

[21] "A volta do boêmio" vendeu mais de 1 milhão de discos; "Carlos Gardel", 250 mil; "Hoje quem paga sou eu", 70 mil.

[22] Seu primeiro LP de dez polegadas foi *Noel Rosa na voz romântica de Nelson Gonçalves* (1956); o segundo, *O tango na voz de Nelson Gonçalves* (1956), o terceiro, *Caminhemos*, com músicas de Herivelto Martins (1957); e o quarto, *Pensando em ti* (1957).

Nelson Gonçalves, eleito Rei do Rádio e disputado pelas mulheres, personificava a própria boemia.

creditável ginástica para dar conta de tudo, inclusive filhos, com os quais não se preocupava muito como pai. Casado com Elvira Gonçalves, com quem teve dois filhos e de quem se desquitou, convivia com Lourdinha Bittencourt no edifício Sevilha, em Copacabana, com quem adotou um menino e duas meninas; com a costureira portuguesa Maria Isabel, ela com 17 anos e ele com 37, e, mais tarde, com a bailarina cubana e ex--vedete Nanci Montez, 17 anos mais moça. Dava piruetas mudando de endereço a toda hora, para sustentar esse pequeno harém com sua voz. Como se não bastasse, tinha atração irrefreável por corridas de cavalos, por pif-paf, pela bebida e, mais tarde, foi dependente de cocaína, o ne-

O refúgio barato dos fracassados no amor

fasto traço de união entre ele e Orlando Silva. O período mais terrível de sua vida.

"Meu vício é você" era um samba-canção do novo fornecedor de composições para seu repertório, Adelino Moreira. Português e filho de pai rico, trabalhava como um boi de carga, levantava-se às quatro da manhã, pegava o trem de Campo Grande e lá ia ele com os discos de Nelson debaixo do braço para divulgá-los nas emissoras cariocas. "Enquanto Nelson dormia, eu trabalhava pra mim e pra ele. Quando ele acordava, já era sucesso. Ele dizia pra mim: 'Adelino, agora eu não escolho mais música. Quem escolhe é você'."[23]

Afora a determinação e visão comercial, o gosto musical de Adelino se casava com o de Nelson, sua estética era regida por régua semelhante, a da canção suburbana cuja temática amorosa, narrada sem a mais leve sofisticação, é temperada com dramaticidade em ambiente cotidiano. É o que lhe deu condições de abastecer durante anos o repertório do cantor, numa demonstração de fidelidade inusitada. "Meu vício é você", gravada em agosto de 1955, atingiu a marca de 100 mil discos vendidos em um ano. Com melodia pouco mais que sofrível, tem uma letra habilidosa e apelativa ao tratar da paixão por uma mulher da vida noturna, mascarada como boneca de trapo: "*Boneca de trapo, pedaço da vida/ Que vive perdida no mundo a rolar/ Farrapo de gente que inconsciente/ Peca só por prazer, vive para pecar.../ Eu quero esse corpo que a plebe deseja/ Embora ele seja prenúncio do mal.../ Eu quero para mim seu amor, só porque/ Aceito seus erros, pecados e vícios/ Pois, na minha vida, meu vício é você*".

O disco, que teve a participação de Jacob do Bandolim, deve seu sucesso à notável interpretação de Nelson, em detalhes que merecem ser destacados. Por exemplo, ao incluir uma *appoggiatura*[24] na vogal "e", quando entoa a palavra "boneca" pela segunda vez, mostra a aguda percepção de ornamentar a canção através do procedimento que seria uma das marcas de seu estilo, aperfeiçoado com uma dicção caprichada e uma leve acentuação à gaúcha nos *eles*.

Após abandonar a boemia na letra de "Última seresta" ("*Sigo triste por deixar a boemia/ Digo adeus às serenatas/ Adeus, adeus minha gen-*

---

[23] Marco Aurélio Barroso, *A revolta do boêmio*, Rio de Janeiro, Editora do Autor, 2001.

[24] *Appoggiatura* é um ornato da melodia que consta de uma ou mais notas sem valor real colocadas acima ou abaixo da nota ordinária que se lhe segue.

Adelino Moreira, Ramalho Neto, diretor da RCA Victor, e Nelson Gonçalves comemoram as vendas do cantor pela gravadora.

te/ Uma canção diferente/ Vai o boêmio cantar"), porque não dar sequência à historia fazendo o boêmio retornar à boemia? Foi o que pensou Adelino Moreira ao escrever na varanda de sua casa, como numa novela, o capítulo seguinte, um novo samba-canção, "A volta do boêmio": "*Boemia aqui me tens de regresso/ E suplicando lhe peço/ A minha nova inscrição/ Voltei pra rever os amigos que um dia/ Eu deixei a chorar de alegria*". Os amigos boêmios o recebem de volta: "*Ele voltou, o boêmio voltou novamente/ Partiu daqui tão contente/ Por que razão quer voltar?*". O boêmio, conclui Adelino, voltou para os braços da mulher que compreendeu sua partida e soube esperar: "*Pois me resta o consolo e alegria/ De saber que depois da boemia/ É de mim que você gosta mais*".

Adelino estava certo ao convencer Nelson que seria outro estouro. "A volta do boêmio" atingiu a marca de 1 milhão de discos vendidos. "Um clássico da música sentimental/popularesca, é um dos grandes sucessos de Nelson Gonçalves, o cantor que tem o maior número de gravações na discografia brasileira."[25] Nesse momento, Adelino assume a agenda e os negócios de Nelson Gonçalves, abrindo um escritório na rua Alcântara Machado, nº 36, e fechando a ourivesaria herdada. Formou-se a dupla responsável pelo maior faturamento dos discos da RCA Victor no Brasil.

"Escultura" foi mais uma criação de Adelino Moreira sobre um tema inopinado, invadindo cada vez mais o terreno do samba-canção ao gosto de seu público, isto é, o mesmo dos fãs de Nelson Gonçalves.

Nem foi preciso um ano para que mais dois novos discos emplacassem nas paradas de sucesso: "Deixe que ela se vá", do cearense Evaldo Gouveia, e "Deusa do asfalto", de Adelino Moreira.[26] Cantando um samba-canção atrás do outro, a sequência de sucessos parecia não ter fim.

No final dos anos 1950 e início dos 1960, as emissoras de São Paulo haviam optado por um esquema que substituía a badalação dos auditórios das rádios por programas de estúdio, onde despontaram os *disc jockeys*, que destrinchavam, em seus comentários quase sempre pertinentes, as músicas executadas, promovendo-as e, de certa forma, sugerindo aos rádio-ouvintes os discos a serem comprados. Foi assim que radialistas como Henrique Lobo, Moraes Sarmento, Walter Silva (o Pica-Pau), Humberto Marçal, Fausto e Ricardo Macedo, Enzo de Almeida Passos, entre outros, se tornaram respeitáveis autoridades na música popular brasileira, tocando os discos que eles mesmo escolhiam. Adelino Moreira não perdeu tempo. Convidou Enzo para parceiro do seu samba-canção "Negue", gravado seguidamente por Roberto Vidal, Carlos Augusto, Linda Rodrigues e Nelson Gonçalves. Foi a gravação de Nelson que estourou, sendo tocada a torto e a direito a pedido dos ouvintes do programa *Telefone Pedindo Bis*, apresentado por... Enzo de Almeida Passos.

Com o tempo tornou-se um samba-canção emblemático e dos mais elogiados na obra de Adelino Moreira. Do começo provocador (*Negue seu amor, o seu carinho/ Diga que você já me esqueceu/ Pise machucando com jeitinho/ Este coração que ainda é seu*"), chega ao final num desafio irrefutável: "*Diga que já não me quer!/ Negue que me pertenceu,/ Que eu mostro a boca molhada/ E ainda marcada/ Pelo beijo seu*". Es-

---

[25] Cf. *A canção no tempo*, vol. 1, 7ª ed., p. 351.

[26] "Escultura" foi gravada em 27 de dezembro de 1957 e lançada no começo de 1958; "Deixe que ela se vá" foi lançada em janeiro de 1959, e "Deusa do asfalto", em março, logo após o Carnaval.

tourou a banca, e, posteriormente, foi um dos grandes êxitos de Maria Bethânia no LP *Álibi*, de 1978, que suplantou 1 milhão de cópias, recorde nacional de uma cantora. "Negue" é um clássico.[27]

Antes da gravação, Nelson havia retornado da América do Norte, onde participara de um monumental espetáculo em Nova York. Em 22 de setembro de 1960 viajei aos Estados Unidos pela TV Record para concretizar novas contratações internacionais, uma de minhas funções junto a Paulinho Machado de Carvalho. Em Nova York, onde me hospedei no The Gotham, descia descuidadamente a Sexta Avenida quando vi com surpresa na marquise do Radio City Music Hall o título do show em cartaz: *Brazil!* Quase não acreditei. No elenco do espetáculo, dirigido por Carlos Machado e produzido pelo todo-poderoso Leon Leonidoff, autoridade máxima no templo do show business norte-americano, lá estavam, ao lado das fabulosas The Rockettes, os nomes dos patrícios no show a que assisti excitadíssimo: Farroupilha Quintet, Senhor Russo's Carioca Ensemble (Russo do Pandeiro), Jonas Moura and his Brazilian Folk Dancers (dançarinos de frevo, o grupo mais aplaudido), Salomé Parísio (vestida de baiana), Sérgio Vieira e Arthur de Oliveira (capoeiristas), e Nelson Gonçalves, cantando três canções no último quadro, *Pescadores*. No *grand finale* o principal elemento cênico era uma gigantesca xícara de café; ao mesmo tempo, por um artifício técnico, o sistema de ar-condicionado exalava o delicioso aroma do café. A voz de Nelson Gonçalves foi ouvida sob aplausos no mais fabuloso palco do mundo.[28]

A curiosidade pelo erotismo disfarçado prevaleceria mais uma vez no êxito do samba-canção cujo título era um convite e o prenúncio de uma noite de amor inesquecível: "Fica comigo esta noite".[29] O erotismo se confirmaria ao ser incluído como tema de um filme erótico com o mesmo título, mas agora em levada de bolero.

Nelson era o artista que mais faturava no Brasil, juntando o que recebia da RCA (20 mil discos vendidos por semana) com o dos shows e temporadas na Argentina e no Brasil (50 mil cruzeiros por show), além

---

[27] A versão de Nelson Gonçalves integrou o LP *Seleção de ouro, vol. 2*, de 1960. "Negue" foi gravada até pelo grupo de rock Camisa de Vênus, em 1985.

[28] O show estreou no dia 20 de setembro de 1960, permanecendo seis semanas em cartaz, com quatro sessões diárias, após as quais era exibido o filme *Midnight lace*, com Doris Day.

[29] "Fica comigo esta noite", de Adelino Moreira e Nelson Gonçalves, foi gravada em setembro de 1961 e lançada no mês seguinte.

O refúgio barato dos fracassados no amor

do que recebia da Rádio Nacional. Vivia o apogeu de sua carreira. O apogeu da carreira e a corda bamba da vida.

Rios de dinheiro correndo a rodo começaram a evaporar para sustentar o vício que levou seu nome das páginas de fofocas da *Revista do Rádio* às páginas policiais dos jornais. As consequências dessa derrocada desesperadora incluíam a magreza inevitável, o afastamento da Rádio Nacional, compromissos descumpridos, bate-bocas entre Lourdinha, Maria Isabel e Nanci (as três morando no mesmo bairro de Copacabana), queixas na polícia, ameaças de despejo, discussões sobre mesadas levadas a público, constantes mudanças de domicílio, perseguições, brigas que chegaram até a rua com revólver em punho, traficantes transitando em sua casa, enfim, as mais inconcebíveis situações na vida pessoal de um ídolo que chegou a ter de pedir dinheiro emprestado à sua nova emissora, Rádio Mayrink Veiga, para comprar uma passagem de ônibus a fim de fazer um show em São Paulo.

Sem eira nem beira, era um farrapo humano quando foi preso em maio de 1966 como traficante no seu 11º domicílio, no Brooklin Paulista, em São Paulo, para onde se mudara dois anos antes, vivendo com os dois filhos legítimos e a nova companheira Maria Luiza. Nelson nunca fora traficante. Seus doze dias na prisão marcaram o início de uma lenta recuperação, que atravessou meses de batalhas, inenarráveis de tão cruentas, até finalmente o artista se considerar recuperado, quando se apresentou no *Programa Silvio Santos*.

Seus discos, que haviam sido rebaixados para a Camden, a etiqueta econômica da RCA, voltaram a ser gravados em grande escala. Entre 1968 e 1998, gravou 33 LPs ou CDs, dos quais o último, *Ainda é cedo*, de 1997, continha composições de roqueiros dos anos 1980 adaptadas ao estilo do cantor. No conjunto do CD sua voz não tem mais a mesma convicção nem a mesma segurança de antes, mas mostra seu lado romântico para uma geração que o desconhecia, especialmente na surpreendente versão de "Nada por mim", de Herbert Vianna e Paula Toller, fazendo valer com seu *pathos* admirável o conteúdo de uma canção que para muitos passara despercebida. Um ano depois desse último disco o cantor desapareceu de cena.

A professora Regina Machado observou sobre Neslon Gonçalves que "a constituição física do aparelho fonador do cantor certamente proporcionava condições muito adequadas para que se configurasse uma projeção vocal de qualidade indiscutível. Além disso, ele fazia uso de uma grande habilidade técnica, possivelmente consolidada no exercício da

Luta-exibição entre Nelson Gonçalves, pugilista na juventude, e Éder Jofre, no Ginásio do Ibirapuera, em São Paulo, em 1966, celebrando a volta do cantor aos palcos após sua prisão. Nelson treinou na academia do pai de Éder Jofre para se recuperar fisicamente.

profissão, que o possibilitava trabalhar sobre a qualidade vocal, criando um leque significativo de expressividades que davam vida às canções e intensificavam o poder do artista sobre seu público".

Em sua carreira, Nelson Gonçalves cantava com uma segurança incomum a ponto de gravar de prima, isto é, dispensando uma segunda tomada. Em geral a "boa" era a da primeira tentativa. Longe de ser um galã, julgava-se irresistível na conquista de qualquer mulher bonita que cruzasse sua frente, estivesse ela acompanhada ou não. Embora enfrentasse um problema de taquifrasia,[30] embolando as palavras no anseio de

---

[30] Segundo os dicionários, "fala rápida e volúvel".

falar rápido e não gaguejar, Nelson confiava cegamente em suas cantadas usando o dom de que se orgulhava, sua voz. Seu timbre de barítono, com impressionante limpidez nas notas mais graves, transferia uma sensação de virilidade que ampliava seu poder de convencimento, alastrando-se a um dom-juanismo perturbador entre as mulheres. Esse dom se multiplicava quando cantava, podendo-se afirmar que poucos cantores brasileiros tenham voz tão francamente sedutora.

* * *

Nelson Gonçalves teria sido o último dos moicanos caso Cauby Peixoto não existisse. Classificados no estilo conhecido popularmente como cantores de vozeirão — o bel canto dos barítonos de voz empostada apurado com tal êxito por Francisco Alves, a ponto de ser apelidado Rei da Voz —, o modo desses cantores de expor uma canção contrastava com os "que não tinham voz", como Mario Reis. Lógico que Mario tinha voz, sua maneira de encarar a interpretação é que o distinguia. Na outra ponta, francamente influenciado no início de sua carreira por Vicente Celestino, Chico Alves tinha os arroubos de cantor lírico que foram sendo domados para combinar com o jeito *diseur* de Mario. Mario tinha bossa enquanto Chico tinha voz, era o que se dizia para simplificar a diferença. De todo modo, a escola de Chico se prolonga no estilo de Nelson. Contudo, como Cauby existiu, ele é que foi o último dos moicanos.

Quando tudo indicava que o jovem *crooner* da boate Oásis, de 22 anos, estatura acima da média, esguio, simpático, estampa de galã e membro da família Peixoto, da elite na música popular, fosse enveredar para o repertório norte-americano por cantar "Tudo lembra você" (uma versão do fox "These foolish things") como seu ídolo Nat King Cole, eis que surge em sua vida um advogado bem-sucedido em sua firma de construção, Edson Colaço Veras, o Di Veras. Estava atrás de alguém para satisfazer um possível *hobby*, paralelo à sua atividade profissional: ser empresário de cantores.

Ao fisgar Cauby Peixoto, que o deixou muito bem impressionado, Di Veras deu início à construção de um ídolo: levou-o de São Paulo para o Rio, fê-lo morar num apartamento de sua construtora, trocou todo o seu guarda-roupa no Alfaiate Otelo & Cordeiro e conseguiu-lhe uma temporada na boate Casablanca. Além disso, passou a controlar suas amizades, aprimorou seu gestual, mandou confeccionar ternos que se desfaziam ao menor puxão das fãs, fez um seguro de sua voz por 3 milhões de cruzeiros, o que garantiu a primeira grande reportagem na *Re-*

Cauby Peixoto, de uma família de músicos (era irmão de Moacyr e Araken Peixoto), gravou seu primeiro disco em 1951.

vista do Rádio, com o título que ele mesmo inventou: "Quando Cauby canta as garotas desmaiam". Di Veras assegurou-se ainda que Cauby estivesse nas fotos das revistas sempre rodeado de fãs que o assediavam, armou um noivado artificial para excitá-las e conseguiu aumentar geometricamente sua correspondência, termômetro de popularidade dos ídolos do auditório da Rádio Nacional, com um estratagema enganoso e de grande eficácia: as respostas às cartas das fãs incluíam um disco com sua última gravação, antecedida da voz de Cauby agradecendo e finalizando: "Aqui vai minha última gravação que ainda será lançada na praça... essa melodia me faz lembrar o teu sorriso". Só que a voz era do radioator Gerdal dos Santos, que atuava no programa *Consultório Sentimental*, da Rádio Nacional.[31]

Em tempo recorde Di Veras construiu o ídolo. Para atingir seu sonho contou com a docilidade de Cauby, que chegou a trocar todos os dentes para melhorar seu sorriso e, mais que tudo, contou com a base sólida que assegurava essa quantidade de procedimentos fabricados: a voz de Cauby.

Foi o que deu confiança a Di Veras quando decidiu levar seu pupilo à América do Norte e, com a cara e a coragem, apresentá-lo como "O maior cantor do Brasil" a gringos do meio musical que dele nunca tinham ouvido falar. Em Los Angeles, Cauby Peixoto era flagrado ao lado de artistas em encontros breves conseguidos através de correspondentes brasileiros nos Estados Unidos. Quando o empresário Di Veras apertava um botão, Cauby desandava a cantar fosse onde fosse, diante do cantor Bing Crosby ou "no táxi, no elevador, em qualquer canto".[32] Sua voz impressionou bem a quem era do ramo, a ponto de gravar uma versão de "Blue gardenia" com a orquestra do renomado arranjador e regente Paul Weston. Quem ouvisse as primeiras notas juraria que era Nat King Cole. Cerca de um mês depois, Cauby voltou com a mala recheada de fotos ao lado de celebridades do cinema e da música, de valor zero em termos de carreira.

Di Veras não se entendia muito bem com Roberto Côrte Real, o diretor da Columbia, contratante de Cauby. Quer fosse por indicação da Columbia ou de Di Veras, o fato é que nos primeiros discos Cauby parecia dançar conforme a música. Eram forrados de bobagens como a tarantela "Ci-ciu-ci", o "Mambo do galinho", entremeadas de versões de hits norte-americanos de segunda categoria. Em resumo, com exceção de "Blue gardenia", o repertório não tinha pé nem cabeça, não apontava para direção alguma.[33]

A inflexão que poderia dar um novo rumo à sua carreira ocorreu em 1956 quando, em setembro, foi lançado o samba-canção "Conceição".

---

[31] Cf. Rodrigo Faour, *Cauby Peixoto, 50 anos da voz e do mito*, Rio de Janeiro, Record, 2001.

[32] Idem.

[33] A primeira gravação de "Blue gardenia" por Cauby está no seu quarto disco de 78 rotações, lançado em maio de 1954. A versão com a orquestra de Paul Weston foi lançada no primeiro LP de Cauby, em setembro de 1955.

Matéria sobre Cauby Peixoto na revista *Manchete* de 10 de julho de 1954.

Nas primeiras notas, as da palavra *"Con - cei - ção"*, quando sua voz crescia alongando a terceira delas, Cauby já tinha o ouvinte nas mãos. Sem nada de extraordinário, a composição de Dunga caía como uma luva para quem desejasse impressionar pela grandiloquência de voz. Cauby, aos 24 anos, conquistou o Brasil, entrando para o panteão dos maiorais. A letra de Jair Amorim, não propriamente original, dramatiza a história daquela que, não conseguindo realizar seu sonho na cidade, quer voltar à origem no morro: *"Só eu sei/ Que tentando a subida desceu/ E agora daria um milhão/ Para ser outra vez Conceição"*.[34] Desde então, por mi-

---

[34] "Conceição" foi lançada em disco de 78 rotações em setembro de 1956 e, em seguida, no LP *Você, a música e Cauby*.

O refúgio barato dos fracassados no amor

lhares de vezes repetida, o samba-canção estaria em seus shows até o fim da vida. Sendo que ninguém mais gravou "Conceição". Ou se gravou, foi inútil.

Mas qual o quê. Cauby Peixoto não sabia dizer não, aceitando o que lhe indicavam para gravar e fazendo tudo para não desagradar seu fã--clube. Nessas condições, como queria Di Veras, livrou-se da Columbia trocando-a pela RCA, voltou para a Columbia, retornou à RCA e depois à Columbia, pela terceira vez, mas o repertório continuou na mesma. Tinha baião, fox, samba, bolero, fado, calipso, cançoneta, tango, versões caboclas do American Songbook, dramalhões disfarçados de canções românticas, o que caísse na rede, causando a impressão de que não havia o menor critério na escolha. Anos depois chegou a admitir: "Tive de reconhecer meus erros. Meu repertório era cafona mesmo, eu exagerava nos gritos".[35]

Apesar das tentativas, a ideia fixa de firmá-lo como cantor brasileiro de sucesso nos Estados Unidos, que era o grande projeto de Di Veras, nunca se concretizou, mesmo com as sucessivas viagens àquele país. Ron Coby, o nome artístico inventado para o mercado norte-americano, não aconteceu mesmo.

No Brasil, Cauby nunca perdeu o costume de cativar as mocinhas de quem se despedia, fossem operárias ou secretárias de uma emissora de televisão, dizendo com seu jeito alegre e inconfundível: "Bons negócios para vocês, meninas". Ou rapazes a quem tratava indistintamente de "professor", com a voz pausada e peculiar que remetia à maneira como seus irmãos, o pianista Moacyr e o trompetista Araken Peixoto, contavam histórias engraçadíssimas que, repetidas por outro qualquer, nunca tinham a mesma graça.

Por outro lado, o caminho aberto pelo samba-canção "Conceição" foi posto de lado e Cauby voltou a seu repertório zigue-zague, em que os poucos zigues — clássicos brasileiros e norte-americanos já gravados e portanto vinculados aos intérpretes originais — eram eclipsados pelos desprezíveis zagues — "Enrolando o rock", "Meu filho", "Minhas namoradas", entre dezenas de outras gravações de valor musical igualmente desprezível. Di Veras fê-lo gravar "Prece de amor", "Primeiro mandamento" e "Nono mandamento", comentadas pelo biógrafo do cantor, Rodrigo Faour, como "de uma cafonice sem par [sobre 'Prece de amor'], lacrime-

---

[35] Declaração do cantor na reportagem "Cauby, o que desceu e já subiu", *Folha de S. Paulo*, 10 de fevereiro de 1985.

"Ninguém é de ninguém", bolero de Umberto Silva, Toso Gomes
e Luiz Mergulhão gravado por Cauby Peixoto em 1960.

jantes e de letras apelativas... uma tríade extremamente cafona".[36] Por vários anos aquela voz privilegiada não se fixava em nenhuma canção que valesse a pena. Satisfazendo seu ego, Di Veras provou sim que sabia transformar um excelente cantor em ídolo popular, mas mostrou que não sabia como conduzir a carreira musical de um grande artista.

A combinação do repertório cafona com clássicos brasileiros, uma mistura *sui generis*, difícil de engolir, constituiu a base de seus shows pelo Brasil por vários anos. Com o tempo Cauby foi apurando sua perfor-

---

[36] Cf. *Cauby Peixoto, 50 anos da voz e do mito*.

mance no palco, não se importando a mínima com atitudes consideradas ridículas ao distribuir beijos e bajular a plateia. Ao final era inevitável uma ovação, com o público feminino de pé gritando "Cauby! Cauby!". Contudo a plateia masculina ficava dividida, porque havia uma dupla mensagem com trejeitos que os deixava atrapalhados.

Embora nunca tenha tido a preocupação de se afirmar como gay, nem se declarar abertamente e jamais mencionar qualquer de seus bofes, Cauby apresentava no palco atitudes e gestos francamente efeminados. Pode-se conjecturar que sem sua atuação performática ele não teria causado tal furor entre as fãs.

A canção cafona, quando não exagera na vulgaridade em sua mensagem apelativa explícita e, por outro lado, quando tem apelo melódico revelado pela autenticidade de seu intérprete, pode ficar adormecida com o passar do tempo, pois não tem estofo para permanecer. Contudo, não fica esquecida, e quando ressurge, vem a lembrança do que foi, do que representou, causando nostalgia advinda do sentimento do que fomos e da consciência de que já não somos mais. E assim o sucesso é revivido em todas as classes sociais.

Quando se pensava que, após 24 anos, a voz de Cauby continuasse sendo desperdiçada numa carreira de mega idolatria e, na maior parte, com conteúdo vazio, surge na sua vida uma canção salvadora, de um compositor de categoria, seu admirador Chico Buarque de Holanda, autor de "Bastidores".

Ouça-se *"Cantei, cantei/ Com é cruel cantar assim"*. Neste trecho em que Cauby enche os pulmões para soltar a voz pode-se jurar que a música fora feita para ele. A letra parecia de encomenda sobre sua vida artística: *"Amaldiçoei o dia em que te conheci/ Com muitos brilhos me vesti/ Depois me pintei.../ Te vi pelo salão a caçoar de mim.../ Nem sei como eu cantava assim/ Só sei que todo o cabaré/ Me aplaudiu de pé/ Quando eu cheguei ao fim.../ Jamais cantei tão lindo assim/ E os homens lá pedindo bis, bêbados e febris/ A se rasgar por mim/ Chorei, chorei/ Até ficar com dó de mim"*.

Chico havia feito "Bastidores" para sua irmã Cristina, que a gravou. Uma cópia chegou às mãos de Cauby: "Essa música é para mim", deve ter pensado. E ao cantá-la, aplicava-se àquilo que sabia fazer como poucos. Em determinadas notas da parte superior, na extensão do barítono, é que Cauby alcança a região que lhe possibilita usar a voz a pleno volume, o que caracteriza o chamado vozeirão. Neste ponto, "Bastidores" remete inevitavelmente a "Conceição".

Era a faixa de abertura do álbum *Cauby! Cauby!*, de 1980, que veio a público com uma repercussão extraordinária. O LP do cantor, que brilhou como nunca em suas interpretações, deu um novo gás à sua carreira. O produtor executivo do disco, Ezequiel Neves, tivera a ideia de compilar canções de grandes compositores montando um repertório nitidamente superior à anarquia do que ele vinha gravando. O LP tinha ainda uma música de Tom Jobim, seu admirador, de Caetano Veloso, seu admirador, de Roberto e Erasmo Carlos, seus admiradores, e de Jorge Ben, também seu admirador. Seria possível que a nata de compositores brasileiros, da bossa nova em diante, admirasse Cauby? Como justamente os que tiveram João Gilberto como mestre na forma de cantar louvassem quem era o seu oposto? Cauby Peixoto era do mundo *kitsch*, mas tinha musicalidade.

O disco fez Cauby abrir os olhos para sua própria carreira. Compreendeu que prestígio tem mais valor que popularidade, como declarou a Bella Stall e Marcos Sá Corrêa, jornalistas que o entrevistaram para as "Páginas Amarelas" da revista *Veja* após o lançamento do disco. E elucidou: "O prestígio é mais difícil de conseguir, mas a popularidade passa. Foi por causa do prestígio que eu talvez não tenha desaparecido em momento algum. Agora sei que estou no caminho certo".[37]

O lado extrovertido de Cauby, que adorava cantar, veio à tona numa viagem que eu fiz ao Recife, onde passaria o Carnaval, quando a aeromoça anunciou, aos que ainda não tinham se dado conta, que ele estava a bordo e iria cantar uma música ali mesmo, diante de todos. Recebeu o microfone e atacou um de seus êxitos. Foi tão aplaudido que cantou mais uma, depois outra e assim foi cantando até chegarmos ao destino, onde os passageiros se sentiram privilegiados por assistir no ar e de graça um show extra de Cauby Peixoto. Cantando *a cappella* e sem desafinar uma nota sequer. Um luxo.

Nesses anos em que renasceu e foi reconhecido como extraordinário cantor, atuou em espetáculos memoráveis no Salão Assyrio do Teatro Municipal do Rio de Janeiro, na reinauguração do Golden Room do Copacabana Palace, no Projeto Seis e Meia do Teatro João Caetano, no Beco e no Flag em São Paulo. Atuou também em programas de televisão especiais complementados por novos discos, reedições de suas gravações anteriores, outros em duo com Angela Maria e novas interpretações ho-

---

[37] "Eu sou o ídolo deles", *Veja*, 29 de outubro de 1980.

O refúgio barato dos fracassados no amor

menageando Sinatra, Roberto Carlos e as mulheres. Foram os anos que proporcionaram a Cauby a fase mais gratificante de sua vida.

Possivelmente nenhum dos felizardos que assistiu a seu show nas temporadas do Bar Brahma em São Paulo, na histórica esquina da Ipiranga com São João, se esquecerá da noitada. Realizados às segundas-feiras, com casas superlotadas por semanas a fio, a figura inesquecível de Cauby, com sua peruca avantajada e roupas extravagantes que ninguém se atreveria a usar mesmo em palco, ele apontava ao fundo, de onde vinha caminhando com muita dificuldade, pelo meio da plateia, mesmo que sustentado por dois auxiliares. Subia ao palco e sentava-se numa grande poltrona, sob intensos aplausos de seu público que vinha de longe para vê-lo, do interior do estado, dos bairros nobres ou da periferia, num congraçamento democrático de entusiasmo e felicidade. Após a caminhada lenta sorrindo para os lados e agradecendo, nenhum de nós poderia imaginar como o ídolo iria conseguir cantar. Pois depois de acomodado, recebia o microfone, acenava para o lado onde estava o fiel acompanhante Juarez Santana, que atacava a introdução e lá vinha o inacreditável: sua voz tomava conta da sala lotada, limpa, plena, nota por nota no seu lugar, um verdadeiro mistério comparado com a figura claudicante de minutos atrás. Cauby nos presenteava com um show inesquecível. Mais que isso, um acontecimento memorável que se repetia a cada semana. Ao final era inevitável a ovação, com o público de pé e cheio de amor para dar gritando: "Cauby! Cauby!".

* * *

Afinal, o que explica a existência de duas porções distintas da chamada música brega? Essa diferença pode estar no tratamento vulgar ou não vulgar sobre temas de vulgaridade. Ou, como avaliou especificamente o poeta Augusto de Campos, "suas músicas podem lidar com o banal, mas não são banais", referindo-se a Lupicínio Rodrigues, numa das melhores peças escritas sobre o compositor gaúcho.[38]

Na hipótese de um repórter indagar-lhe: "De onde vêm suas músicas?", provavelmente Lupicínio responderia: "Da vida". Nenhum outro compositor brasileiro estaria esclarecendo a questão com tanta propriedade. Poderia até acrescentar: "Felizmente". Estaria certo e satisfeito consigo mesmo.

---

[38] Cf. Augusto de Campos, "Lupicínio esquecido?", em *Balanço da bossa e outras bossas*, São Paulo, Perspectiva, 2ª ed., 1974, pp. 219-32.

Nos bares, bordéis e dancings que frequentou em Porto Alegre, e no próprio lar, encontrou o que o instigava a fixar os personagens e as atitudes de uma obra singular e significativa na cronologia da canção brasileira. Sabiamente, sem nunca se fixar no Rio como seus pares, Lupicínio Rodrigues encontrou o gênero mais adequado para romancear sobre o assunto que dominou suas canções: o samba-canção.

Após seu triunfal espetáculo de estreia em 29 de abril de 1932, os Ases do Samba terminaram sua performance no Cine Teatro Imperial, na rua da Praia, e se espalharam avidamente pela Cidade Baixa em busca dos bares da capital gaúcha para aproveitar a boemia madrugada adentro. Era a primeira vez que um grupo tão expressivo do samba carioca se exibia com tamanha repercussão em Porto Alegre. Convocados no Rio por Francisco Alves, os que logo se enturmaram com os boêmios locais foram o pianista Nonô, Mario Reis e Noel Rosa, de longe o mais desorganizado da turma. "Chegam à praça Garibaldi... são atraídos pela música que vem do interior de um botequim. Entram. Lá dentro, boêmios porto-alegrenses se embriagam de vinho e música... Os Ases do Samba surpreendem-se com a qualidade da voz de dois recrutas, a afinada voz do 415 e as composições do 417... Noel presta atenção nos sambas do moreno. Vira-se para os companheiros e vaticina: 'Esse garoto é bom... Esse garoto vai longe'."[39] Era Lupicínio Rodrigues.

Foi um incentivo para que o tímido gauchinho, mulato de 18 anos de folga do Exército naquela noite, se aventurasse sete anos mais tarde a viajar ao Rio. Ganhando 200 mil réis mensais como bedel da Faculdade de Direito, comprou uma passagem de terceira classe de navio por 170, sobrando 30 para custear a pensão barata de uma baiana na Lapa. Um amigo gaúcho levou-o ao Café Nice, o ponto dos compositores onde, tendo na bagagem um trunfo para se enturmar, foi apresentado a Ary Barroso, Haroldo Lobo, Nássara e Francisco Alves. O trunfo era o samba "Se acaso você chegasse", que, com o esforço de Felisberto Martins, contemplado como coautor, fora gravado um ano antes por Ciro Monteiro, com farta repercussão, tornando familiar à turma do Nice e ratificando a previsão de Noel sobre o gaúcho de nome desusado, o mesmo de um militar que o pai admirava.

Quando ouviu do próprio Lupicínio "Nervos de aço" e "Esses moços", Francisco Alves chamou-o de lado, convidou-o para entrar no seu

---

[39] Cf. João Máximo e Carlos Didier, *Noel Rosa: uma biografia*, Brasília, Editora UnB, 1990.

O refúgio barato dos fracassados no amor

Buick vermelho, levou-o ao clube Turf no Flamengo e disse, cuspindo com era seu hábito: "Não dá isso pra ninguém. Vou gravar tudo".[40]

Lupi permaneceu no Rio alguns meses e retornou animado a seus pagos, pois nos anos subsequentes outras músicas gravadas por Orlando Silva, Moreira da Silva, Ciro Monteiro e o conterrâneo Caco Velho projetaram-no como o mais bem-sucedido compositor nativo do Rio Grande do Sul.

O esperto ponta-direita Tesourinha, do Internacional de Porto Alegre e da Seleção Brasileira,[41] e o artista da música popular Lupicínio Rodrigues eram os dois gaúchos mais populares que, na década de 1940, enchiam de orgulho o povo dos pampas. Descontando a cor da pele, ambos eram antípodas um do outro nas duas paixões do povo brasileiro. Habituado ao ar livre como atleta do Colorado, farta cabeleira, rival de vida e morte do tricolor gaúcho, Tesourinha vivia sua atividade durante o dia. Notívago e boêmio, altura em torno do metro e setenta, coroado por careca reluzente completando o perímetro de seu rosto arredondado, olhar ligeiro, bigodinho fino e fala mansa, entremeada de um sorriso tímido que fazia despontar duas covinhas, Lupicínio era torcedor do Grêmio, para o qual comporia inclusive o hino oficial do clube.

Em 1947 o estilo que vingava nas massas populares era o do cantor de grande voz. Eram ídolos indisputáveis e, entre eles, o que se mantinha firmemente na ponta era por isso chamado de rei, o rei da voz, ou seja, o que tinha mais voz. Qualquer canção que caísse no seu gosto e fosse gravada por ele tinha o destino do sucesso praticamente assegurado. Mesmo que a ideia da composição clamasse por outro tipo de interpretação, Francisco Alves não abria mão de seu consagrado padrão, tão bem-sucedido. Confirmando a previsão, foi o que transcorreu com "Nervos de aço": êxito nacional.[42]

---

[40] Trechos da entrevista de Lupicínio Rodrigues ao jornal *O Pasquim* em outubro de 1973.

[41] Até então os convocados para o escrete nacional eram requisitados nos clubes do eixo Rio-São Paulo. Dessa forma, Tesourinha foi um pioneiro como titular da seleção. Driblador fenomenal pela lateral direita, anterior a Julinho e Garrincha, foi transferido em 1949 para o Vasco da Gama do Rio mas, sem condições físicas, não participou da equipe da Copa de 1950.

[42] Em arranjo do Lyrio Panicali, Francisco Alves gravou "Nervos de aço" em 13 de junho de 1947, pouco depois da primeira gravação, de 29 de maio, com Déo, que não obteve tanta repercussão.

Quem ha de Dizer

Samba-Canção

LETRA E MÚSICA DE
LUPICINIO RODRIGUES
e
ALCIDES GONÇALVES

Gravado em disco
« O D E O N »

POR

FRANCISCO
ALVES

•

Edição I. M. L.
Distribuída por EDIÇÕES TUPY

Editada em Agosto de 1948   No de Cat. 112

Partitura de "Quem há de dizer", samba-canção de Lupicínio Rodrigues e Alcides Gonçalves lançado por Francisco Alves em julho de 1948.

Mas o padrão desse samba-canção foi de certa forma subvertido na interpretação de Francisco Alves, principalmente se esta for confrontada com a versão de Paulinho da Viola, realizada muitos anos mais tarde. "Quando eu gravei essa música ela foi bem divulgada, bem executada", revelou Paulinho em um show acústico para a MTV, referindo-se à sua gravação de 1973. "Eu cantei essa música e não tive o cuidado de ouvir o autor, porque essa música teve muitas gravações de muitos cantores. Um dia, em Porto Alegre, eu ia fazer um show e um senhor me procurou e disse: 'Olha, eu queria te falar uma coisa: essa música é um pouquinho diferente do que você canta. Eu sou parceiro do Lupicínio, muito amigo dele, na noite aqui de Porto Alegre a gente estava sempre junto, e eu queria te mostrar, ele falava muito disso, que muitas músicas que ele fazia e depois um gravava de um jeito, outro de outro e tudo'. Aí ele me mostrou como era. Eu levei um susto. Aí fui ouvir depois outros cantores. Descobri que vários cantores cantavam de forma diferente, cada um dando a sua interpretação e puxavam às vezes a melodia prum lado. Aí falei, e agora? Aí procurei cantar a música como ele me falou. Também tive a oportunidade de, através de um vídeo, ver o Lupicínio cantando. Aí procurei decorar bem e passei a cantar assim." Paulinho da Viola faz uma pausa, concentra-se e, canta sua extraordinária versão de "Nervos de aço" como se deve: um samba-canção.

Analisado longa e brilhantemente por Luiz Tatit, "Nervos de aço" era a retratação de "um estado disjuntivo com toda a tensão provocada pela perda do ser amado e com todo o desejo sucumbido à força da realidade implacável. Dilema da base: desejo de conjunção e consciência da disjunção".[43] A intrigante contradição no título já induz à letra de seu conteúdo: os nervos transmissores de sensações aos órgãos sensitivos jamais poderiam estar relacionados com o aço, metal duro e rígido. A não ser numa situação tal qual a criada por Lupicínio. Com sua impressionante capacidade de síntese, a letra descreve queixas de um indivíduo a quem talvez nem seja tão seu amigo. Mesmo pessoas sem sangue nas veias e sem coração não conseguem deixar de reagir diante da situação exposta nas duas primeiras estrofes: uma mulher por quem se tem loucura a ponto de quase morrer, é vista nos braços de alguém, de um alguém desprezível, de um outro qualquer. Aí já se mostra o tormento que vem à tona provocado pelo outro, o personagem que desperta um dos múltiplos sentimentos que mistura ódio com a desilusão pela traição e a descrença pela sensação de inferioridade na relação amorosa.

De sorte que ingressam nessa composição apenas alguns dos estados de espírito que estarão presentes na formidável obra de Lupicínio Rodrigues, avançando como um leque de 360 graus sobre as nuances que regem o relacionamento amoroso, tema central da quase totalidade dos sambas-canção.

No ano seguinte Francisco Alves repete a dose: novo sucesso de Lupi. "Esses moços" é o modelo de outra faceta na sua obra, a de conselheiro nas questões de amor. Como em suas composições, a letra de "Esses moços" foge do rebuscamento ao praticar um português enxuto com

---

[43] Luiz Tatit, *O cancionista: composição de canções no Brasil*, São Paulo, Edusp, 1995, p. 128.

Ao interpretar seus próprios sambas-canção, Lupicínio Rodrigues indicava um canto mais suave, sem empostação da voz.

adjetivação comedida, como salientam Maria Izilda Matos e Fernando Faria em seu estudo sobre a obra de Lupicínio Rodrigues.[44] "Utilizando-se das frases feitas mas colocadas de maneira incomum, [Lupicínio] encontrava a mais perfeita tradução num samba-canção abolerado, tudo embalado numa melodia simples, porém incisiva", analisam os autores sobre o conjunto de sua obra.

Mais uma vez a voz empolada de Chico quase desmerece a singeleza natural de "Esses moços". O próprio Lupicínio o registraria em gravação: ao cantar suavemente, sem empostar a voz, fez uma clara demonstração de como um intérprete deve abordar seus sambas-canção.[45] Ainda assim Francisco Alves se torna uma espécie de intérprete oficial de Lupicínio, o que facilitaria enormemente sua projeção em emissoras do Rio e

---

[44] Maria Izilda Matos e Fernando Faria, *Melodia e sintonia em Lupicínio Rodrigues: o feminino, o masculino e suas relações*, Rio de Janeiro, Bertrand Brasil, 1996.

[45] Gravação especial para o volume 10 da série de fascículos da Abril Cultural feita no estúdio da RCA em 4 de julho de 1970.

São Paulo. Na mesma sessão no estúdio da Odeon, Chico grava de uma só vez outro samba-canção, que seria lançado dois meses antes que "Esses moços". É "Quem há de dizer", uma de suas mais belas melodias, que por isso merece uma atenção especial.[46]

A primeira frase, de cinco notas, contém uma das mais perfeitas consonâncias entre melodia e letra de toda a obra lupiciniana: "*Quem - há - de - di - zer*". Na parceria de Lupi com o violonista e compositor Alcides Gonçalves[47] a melodia é conduzida de forma *sui generis*, não obedecendo a qualquer critério-padrão da canção brasileira. Não tem estrofe nem estribilho, não tem recitativo, nem primeira parte, nem segunda parte. É uma melodia que se desenvolve em seis blocos de alguns compassos ligados um ao outro sem interrupção.

O primeiro, com o motivo inicial, é resolvido de modo insinuante: "*Quem há de dizer/ Que quem vocês estão vendo/ Naquela mesa bebendo/ É o meu querido amor*". A melodia do segundo bloco não é um desenvolvimento do primeiro: "*Reparem bem que toda vez que ela fala...*", bem como a do terceiro, "*O cabaré se inflama quando ela dança...*". Em nova melodia que também nada tem a ver com os anteriores, vem o quarto bloco: "*E eu, o dono, aqui no meu abandono/ Espero morto de sono...*", seguido do quinto, com outra melodia: "*Rapaz, leva essa mulher contigo...*", e finalmente do sexto, também diferente, "*Vocês se amam/ O amor dever ser sagrado...*", que poderia perfeitamente fechar a canção, caso a última nota do verso "*Vai construir o teu lar*", a nota sob "lar", fosse a tônica. No entanto a nota escolhida é a dominante,[48] a que provoca uma continuação que vem a ser a mesma melodia do quinto e do sexto bloco: "*Palavra, quase aceitei o conselho.../ Ela nasceu com o destino da lua...*", quando a composição atinge seu final: "*Pra todos que andam na rua/ Não vai viver só pra mim*".

---

[46] "Quem há de dizer" foi gravado em 25 de maio de 1948 e lançado em julho. "Esses moços" foi gravado na mesma data e lançado em setembro.

[47] Alcides Gonçalves estudou música, foi violonista na Rádio Nacional, nas orquestras de Simon Bountman e Radamés Gnattali, e foi também parceiro de Lupicínio Rodrigues em "Cadeira vazia".

[48] A tônica, primeiro grau de uma escala, tem um sentido de repouso, enquanto a dominante, quinto grau, o de tensão. Quando colocada no final de uma frase, a dominante cria uma sensação de suspensão, de melodia inacabada, compelindo a busca pela tônica que, se ocorrer, dará a sensação da melodia ter sido resolvida e finalizada, segundo o padrão ortodoxo. Como nos tangos, por exemplo.

Como um diretor de cinema, Lupi faz uma tomada geral do cabaré com a câmera se aproximando da dançarina bebendo e falando, atraindo a atenção de todos. O mesmo poder de atração se dá quando, na segunda tomada, ela dança provocando olhares de esperança dos homens, ao passo que sozinho num canto, justamente o dono, tem que aguardar morrendo de sono até as quatro ou cinco da manhã para levá-la. Entra em cena um amigo que, percebendo seu sentimento de amor, aconselha-o a construir um lar com ela. Indeciso, porém, ele reflete e desiste da ideia, ao reconhecer que a dançarina "tem o destino da lua". E a lua é para todos, não é destinada só a ele, ela vai é viver para os outros, com os homens que andam na rua.

Entre as interpretações desse samba-canção, é inegável que a de Nelson Gonçalves, de 1975, é uma das mais convincentes, mas a que mais chama a atenção nunca foi gravada em disco. É a de João Gilberto em um programa da TV Tupi em 1971, cantando sentado sob os olhares de Augusto de Campos, Gal Costa e Caetano Veloso, que se deliciavam com o que ouviam. Vivendo nos Estados Unidos na ocasião, João viera ao Brasil e mostrou que estava mais do que atento ao que de melhor existia na música brasileira.

Lupi e Alcides foram ainda parceiros em outro reputado samba-canção, "Maria Rosa". "Foi para exemplo de outras Marias, que se julgam adoradas por todos os homens, que eu fiz esta música, e que gosto de cantar para todas as mulheres que usam demais a sua vaidade", justificou Lupi na descrição da beleza de uma mulher com quem havia brigado e que, tempos depois, "foi acometida de uma doença que lhe fez cair os cabelos... e de uma hora para outra ficou que parecia uma velha."[49] Numa descrição que ele mesmo considerou exagerada, o que sobrava daquela mulher de despertar paixões, abatida pelo tempo e vestida em trapos, representando lembranças de tantos amores, encarregou uma amiga de procurá-lo. Ao mesmo tempo em que foi ajudada "no que foi possível, apesar de não a querer mais para mim", Lupi aproveitou a ocasião "para dizer-lhe algumas verdades e [revelando uma curiosidade que não consegue reprimir] perguntar por seus admiradores que tanto me incomo-

---

[49] Cf. "Conselho às Marias", uma das crônicas de Lupicínio Rodrigues publicadas aos sábados no jornal *Última Hora*, de Porto Alegre, entre fevereiro de 1963 e fevereiro de 1964. As crônicas foram depois reunidas por Lupicínio Rodrigues Filho no livro *Foi assim* (Porto Alegre, L&PM, 1995).

O refúgio barato dos fracassados no amor

daram".[50] Finaliza concebendo uma capa de recordações para enfatizar a lição de moral de quem não admite mulher de vários homens: "*E então dos velhos vestidos/ Que foram outrora sua predileção/ Mandou fazer uma capa de recordação/ Vocês, Marias de agora/ Amem somente uma vez/ Para que mais tarde/ Esta capa não sirva em vocês*".

A despeito do nível de qualidade musical, a parceria Lupicínio/Alcides não vingaria por muito tempo. No rótulo do disco Odeon de outra composição de ambos, "Cadeira vazia",[51] foi omitido o nome de Alcides Gonçalves que, magoado, decidiu separar-se de Lupi. Foi comentado que Alcides julgava ter havido desleixo de Lupicínio (mormente, é bom lembrar, que ele era fiscal da SBACEM), mas poderia ter ocorrido uma falha eventual da própria gravadora.

"Cadeira vazia" aborda o ato do perdão e, por enaltecer apenas quem perdoa, "não parece um perdão verdadeiro", destaca a professora e pesquisadora de Literatura Portuguesa da USP, Lilian Jacoto, afirmando que, em Lupicínio, o perdão "ainda está atravessado de mágoa, de ressentimento que nunca leva ao retorno dos dias felizes ao lado da mulher amada. Nunca".[52]

Com efeito, quando ela volta ("*Entra meu amor, fica à vontade/ E diz com sinceridade o que desejas de mim/ Podes entrar, a casa é tua/ Já que cansaste de viver na rua/ E os teus sonhos chegaram ao fim*"), ele parece preparado para conceder o perdão, associando-se ao pai protetor ("*Tu és a filha pródiga que volta/ Procurando em minha porta/ O que o mundo não te deu/ E faz de conta que sou teu paizinho/ Que tanto tempo aqui ficou sozinho/ A esperar por um carinho teu*"). Contudo, os tempos são outros: "*Voltastes, estás bem, estou contente/ Mas me encontraste muito diferente*". E reafirma sem dó nem piedade, deixando claro quem manda: "*Mas eu não te darei carinho, nem afeto/ Mas para te abrigar podes ocupar meu teto*". "O perdão não dissolve as mágoas", completa Lilian Jacoto, "esse perdão é enviesado e não liberta quem cometeu a injustiça."

No início da década de 1950, o nome de Lupicínio Rodrigues alastrou-se pelo Brasil como o consagrado autor de "Vingança", samba-can-

---

[50] Lupicínio Rodrigues, "Conselho às Marias".

[51] "Maria Rosa" foi gravado por Francisco Alves em 2 de dezembro de 1949 e lançado em maio de 1950. "Cadeira vazia" foi gravado na mesma data e lançado em março de 1950.

[52] Depoimento de Lilian Jacoto a Zuza Homem de Mello.

"Cadeira vazia", samba-canção de Lupicínio Rodrigues e Alcides Gonçalves (não creditado na partitura) gravado por Francisco Alves em dezembro de 1949 e lançado em março do ano seguinte.

ção que ainda é o mais celebrado de sua obra, particularmente pelo reconhecimento dele próprio como a "maior praga que eu roguei na minha vida, quando disse que ela havia de rolar qual as pedras que rolam nas estradas".[53]

O êxito instantâneo foi de tal ordem que, no ano de 1952, gerou o convite para que Linda Batista, a intérprete original da canção, realizasse uma vitoriosa turnê europeia, começando com dez dias no recém-inaugurado Cine Teatro Monumental de Lisboa, onde estreou em 23 de fevereiro, em pleno Carnaval. Tendo ao fundo do palco um painel com a le-

---

[53] Crônica "Do amor ao ódio", publicada no *Última Hora* de Porto Alegre.

O refúgio barato dos fracassados no amor

tra de "Vingança", ela chegava a repetir o samba-canção de duas a três vezes para uma entusiasmada plateia cantando em coro. A turnê de Linda prosseguiu com enorme sucesso na boate Carroll's de Paris, seguida, no final do mês de abril, por cerca de duas semanas no clube Open Gate de Roma.[54]

Além de dezenas de gravações posteriores, inclusive uma segunda pela própria Linda, "Vingança" simboliza um ponto culminante e representativo da obra de Lupi.

Em "Vingança", define Augusto de Campos, "a fenomenologia da 'cornitude' tem todo um desenvolvimento elaborado", antes de distinguir as três partes: a do monólogo interior (*"Eu gostei tanto/ Tanto quando me contaram/ Que lhe encontraram bebendo e chorando/ Na mesa de um bar.../ Que tive mesmo de fazer esforço pra ninguém notar"*), a da explosão do ciúme (*"O remorso talvez seja a causa do seu desespero/ Ela há de estar bem consciente do que praticou"*) e a frase patética (*"Me fazer passar essa vergonha com um companheiro/ E a vergonha é a herança maior que meu pai me deixou"*). E a maldição final: *"Mas enquanto houve força em meu peito.../ Sem ter nunca um cantinho de seu pra poder descansar"*.[55]

"Identifico, no entanto, em Lupicínio um modo original, um modo frágil de tratar a 'cornitude', com uma ponta de autocomiseração que pode ser validada como apreço, pois ele não teme tornar-se risível ou mesmo ridículo pelos chifres, estado teoricamente depreciativo, mas que, ao contrário, é nele inspiração poderosa."[56]

Sem *parti pris*, os dois símbolos marcantes da vida noturna paulistana nos anos 1950 foram a boate Oásis, na praça da República, e a Baiuca, na praça Roosevelt, quase esquina com a Consolação. A Baiuca, aberta em 1956, era um bar no andar térreo com música tocada pelo que havia de melhor em São Paulo em formação de trio, sendo contíguo ao restaurante de mesmo nome.

A Oásis, primeira casa sofisticada da noite paulista, com entrada pela rua Sete de Abril no edifício Esther, gozava de um local ideal, como seus equivalentes de categoria, os destinados à boemia noturna espalha-

---

[54] Linda Batista atuou em Roma até 10 de maio de 1952, e no dia 16 estava de volta ao Brasil, sendo recebida por fãs no aeroporto do Galeão. A turnê foi promovida por Geraldo Pithon.

[55] Augusto de Campos, "Lupicínio esquecido?".

[56] Zuza Homem de Mello, *Música com Z*, São Paulo, Editora 34, 2014, p. 525.

Anúncio da gravação de "Vingança", de Lupicínio Rodrigues, pelo Trio de Ouro, na contracapa da *Revista do Rádio* em agosto de 1951. O trio era formado na época por Nilo Chagas, Herivelto Martins e Noemi Cavalcanti.

dos pelo mundo: um subsolo. Justifica-se: os instantes de chegada em busca do divertimento percorridos em declive ao longo de uma escada íngreme ou, como no Oásis, suave em curva larga, surtem o mesmo efeito de excitação que os instantes das cortinas se abrindo num palco antes do espetáculo.

A mais prestigiosa boate de seu tempo foi fundada em 1949 por dois abastados elementos da alta sociedade paulistana, Julinho Pimenta e Alberto Alves, diretor e proprietário da loja Mappin. Não tendo nenhuma concorrente à altura tornou-se ponto de encontro obrigatório do high society de tendências boêmias sob o comando da locomotiva Bia Coutinho, de representantes da cultura como a formosa escritora Lygia Fagundes Telles, a pintora Tarsila do Amaral, o arquiteto e artista plástico Flavio de Carvalho, escritores de renome e de jornalistas como Tavares de Miranda e Helena Silveira, que publicavam em suas colunas os "potins" desse verdadeiro escrete de celebridades.

Contratado como diretor artístico da Oásis, o competente trompetista e maestro Georges Henry soube montar uma orquestra com músicos de destaque da cidade: o pianista Robledo, o trombonista/arranjador Osmar Milani, o baterista Gafieira, o baixista e cantor Caco Velho, o saxofonista Bolão e o misto de *crooner* e assobiador William Fourneaut. Dessa maneira a Oásis harmonizava admiravelmente a fina flor da música da noite tocando para a elite da sociedade que, embaralhada em alegre caravana com a elevada intelectualidade e a mais aferrada boemia, proseava, dançava, assistia a shows, namorava, bebia e comia as iguarias do *chef* Garcia, entre as quais o patê de fígado importado de Périgord.

Esse o ambiente que, em abril de 1952, abriu um novo ciclo na vida artística de Lupicínio Rodrigues, motivado pelo sucesso de "Vingança": o de atração de palco. Ilustre desconhecido na noite paulistana, Lupicínio fora contratado para audições de inusitada repercussão no auditório da Rádio Record, à rua Quintino Bocaiuva, nº 22, e para uma curta temporada na Oásis, competindo com atrações consagradas que o público se acostumara a ver nos shows. O sucesso de Lupi foi de tal monta que o obrigou a estender sua estada na capital por dois meses, sempre com casa lotada. Virou xodó da alta sociedade paulistana, tornando-se uma espécie de porta-voz das mazelas escondidas na vida íntima de casais e namorados que se envergonhavam de declarar abertamente seus revezes na relação amorosa.

Ao cantar suas músicas nessa histórica temporada, Lupicínio dividia o palco com a cumplicidade de uma parte considerável da plateia masculina. E da feminina também. Dotado de voz franzina, superava o tipo consagrado de voz potente, segundo os cânones de então, com interpretações delicadas e contundentes que calavam fundo, acrescidas da emoção infalível ao serem ouvidas com o autor de suas próprias criações. Para os que se julgavam corneados era mais que um alívio; para os amantes furtivos, um abono; para os namorados, um espelho; para os casados com noivas de véu e grinalda, uma lição de vida. Não sobrava ninguém na plateia que não aplaudisse entusiasticamente os sambas-canção de Lupicínio Rodrigues. A cornitude foi consagrada.

É possível que tal sucesso tenha animado a Star (que depois seria absorvida pela Copacabana Discos) a gravar em 1952 uma série de quatro discos de 78 rotações reunidos no álbum intitulado *Roteiro de um boêmio*, com Lupicínio cantando suas próprias canções acompanhado pelo Simonetti Trio.[57] Assim se fez ouvir pela primeira vez em disco a voz de Lupicínio Rodrigues, tal como ele concebia sua obra, embora o pianista italiano Enrico Simonetti parecesse não ter compreendido muito bem o que tinha nas mãos. No repertório do álbum figurava "Nunca", lançado dois meses antes por Dircinha Batista, que, apoiada por um pequeno conjunto no qual se pode identificar Fafá Lemos (violino) e Garoto (guitarra elétrica), assegura afinação irrepreensível e intenção diversa da versão de Lupi.[58]

"Nunca" tinha o destino da consagração. Facultou a cantoras de épocas distintas e pontos de vista diferentes mostrarem suas maneiras de interpretar Lupicínio. No mesmo ano de 1952, Isaura Garcia demonstrou nitidamente em seu disco tê-lo compreendido melhor que Dircinha Batista.[59] Ao longo dos anos o samba-canção foi sucessivamente cantado por Zizi Possi, Gal Costa, Joanna, Adriana Calcanhotto e, mais recentemente, por Bruna Caram, Rita Gullo e outras cantoras da nova geração.

As notas para a letra de "Nunca" propõem a linda frase melódica na sequência da primeira parte (*"Nem que o mundo caia sobre mim"*), base de toda a canção ao ser aproveitada com mínimas alterações mais três vezes na primeira parte (*"Nem se Deus mandar/ Nem mesmo assim"*) e outras quatro na segunda (*"Diga a essa moça, por favor"*). A diferença fundamental entre cada parte reside no início de cada uma delas. Na primeira, as duas notas iniciais em intervalo descendente recaem sob a palavra "nunca"; na segunda, são três em intervalo ascendente sob "saudade", ideal para uma cantora tirar proveito da nota sobre a sílaba "da". Lupi, por exemplo, alonga o "da", no que é seguido por algumas canto-

---

[57] O trio era formado por Enrico Simonetti (piano), Paulo Mezzaroma (violino) e Paulo Pes (baixo).

[58] O disco de Dircinha Batista foi gravado em 7 de fevereiro de 1952. Em junho a Star lançou o álbum *Roteiro de um boêmio*, de Lupicínio Rodrigues, com: "Vingança", "Eu não sou de reclamar", "Eu e meu coração", "Sombras", "Nunca", "Felicidade", "As aparências enganam" e "Eu é que não presto".

[59] O disco de Dircinha foi lançado em abril de 1952, e o de Isaura, em julho.

O refúgio barato dos fracassados no amor

ras, enquanto outras dão ênfase encurtando a nota para esticar a última sílaba. Enfim, "Nunca" é um dos sambas-canção preferidos por cantoras e cantores, quer seja pela melodia, quer pela letra. Seu tema retorna ao ato do perdão, que desta vez não se realiza pela intransigência a todo custo ("*Nem se Deus mandar/ Nem mesmo assim/ As pazes contigo eu farei*"). A palavra "saudade" da segunda parte sugere um interlocutor, a quem Lupi transmite seu sentimento causado por um amor aviltado de tal forma que jamais admitirá qualquer complacência. Nos últimos versos aparece um *post scriptum* em que, surpreendentemente, ele revela: "*Não se esqueça também de dizer/ Que é você quem me faz adormecer/ Pra que eu viva em paz*". São versos que reafirmam a ambiguidade em que suas lembranças são ainda muito fortes, mas que ainda lhe dão paz ao adormecer. E faz questão que ela saiba disso ao mesmo tempo em que nega peremptoriamente uma reaproximação.

Lembrando que em "Nunca mais", de Dorival Caymmi, houve de fato traição para provocar a atitude definitiva, em "Nunca", de Lupi, há uma desilusão não explícita mas que provoca idêntica decisão, convicta e menos cordial. Ambos são radicais.

Após o sucesso do programa de Lupicínio Rodrigues no auditório na Rádio Record, intitulado *Roteiro de um Boêmio*, o espetáculo foi remontado em junho com novo título, *Poeta do Samba*, na Rádio Farroupilha de Porto Alegre, onde Lupicínio também interpretava suas próprias composições. Mas o preconceito com sua forma intimista de interpretação existiu até mesmo em sua cidade natal. Inconformado, o jornalista local Túlio Amaral reportou na *Revista do Rádio* "ser lastimável que um compositor, cuja fama atravessou o continente, se exponha assim ao ridículo, cantando pior do que um calouro".[60]

"Querem saber por que me chamam de o criador da dor de cotovelo? Eu às vezes até mesmo nem sei, eu sei que fazia um programa na Rádio Record e quando terminava de fazer o programa todo mundo chorava. E quem apresentava esse programa na época era esse nosso grande deputado, o Blota Júnior, e ele começou desde aquela época a me pôr esse slogan, do criador da dor de cotovelo, e desde aí até hoje me chamam de criador de dor de cotovelo, porque naquela época de fato eu andava sofrendo muito, andavam me fazendo algumas sujeirinhas por aí e eu fazia músicas muito tristes, como essas músicas que cantam até hoje, como

---

[60] Cf. *Revista do Rádio*, nº 147, 1º de julho de 1952.

Roteiro de um boêmio, título do primeiro LP de Lupicínio Rodrigues, lançado em 1952.

as que vocês vão ouvir de agora em diante", detalhou Lupicínio sobre o epíteto ligado à sua obra.[61]

A sensação de dor na expressão "dor de cotovelo" tem fundamento. Sua origem está no lance que leva o indivíduo a gemer e a xingar quando seu cotovelo se choca com uma superfície dura, por exemplo, a borda de uma mesa. Por extensão, é a dor moral simbolizada pela postura de apoiar os cotovelos numa mesa de bar com a cabeça largada sobre as mãos e o olhar perdido, devastada por um profundo sentimento que mis-

---

[61] Declarações de Lupicínio Rodrigues no programa *Ensaio*, dirigido por Fernando Faro, em 8 de agosto de 1973, na TV Cultura de São Paulo.

tura rejeição, abandono, humilhação, ciúme, podendo chegar à raiva e até ao ódio. Essa, a dor de cotovelo no samba-canção, não muito distante da temática das *torch songs* norte-americanas. Tudo parece girar em torno do tormento.

As letras das sentimentais *torch songs* abordam sempre a falta de alguém, a falta de um amor não correspondido ou perdido para sempre. Não é um gênero propriamente dito, como o samba-canção, mas um nicho na canção norte-americana representada por alguns clássicos como "The one I love belongs to somebody else" e "Angel eyes", ambos gravados esplendidamente por Frank Sinatra, que pode ser considerado o grande intérprete das *torch songs*.[62] Pelo lado feminino, Billie Holiday e Nina Simone são vozes bem identificadas com as lamentosas baladas de amor perdido, como "Solitude", outra marcante *torch song* que ambas gravaram. O termo, de provável origem nos anos 1930, nasce da expressão "carregar a tocha", para manter acesa a chama de um amor não retribuído, reforçando a ideia de serem canções de perdedores.

Na língua portuguesa, a cantiga de amigo, entoada nos séculos XII e XIII por trovadores, tinha um forte componente lírico amoroso, que podia até abordar o amor físico rompido pelo abandono. "Lupicínio tem uma típica cantiga de amigo, sem tirar nem pôr: é 'Volta'", reconhece a professora Lilian Jacoto, ilustrando com a letra: "*Quantas noites não durmo/ A rolar-me na cama/ A sentir tanta coisa/ Que não pode explicar quando ama/ O calor das cobertas/ Não me aquece direito*". "Essa carência é física, o calor que o ser amado deixou. Esse lamento e a sofrida carência desse corpo que estava ali ('*Volta, vem viver outra vez ao meu lado/ Não consigo dormir sem teu braço/ Pois meu corpo está acostumado*') é um tipo de cantiga que eu identifico como a espécie de alba, a cantiga de amigo, medieval e normalmente composta numa ambiência em que o dia amanhecia e a mulher se vê abandonada. O amigo tinha ido embora, ela sente frio e desabafa, lamenta esse amor que normalmente não volta nunca mais. 'Volta' tem uma situação de abandono, tristeza, saudade, lamento de algo que se foi. A situação é a mesma dos homens que saíam de navio para outros mundos, e daí vem aquela ideia de que ela ficou a ver navios".[63]

---

[62] Registradas nas belas versões dos LPs *The rare Sinatra*, em arranjo de Gordon Jenkins, e *Only the lonely*, em arranjo de Nelson Riddle, respectivamente.

[63] Depoimento de Lilian Jacoto a Zuza Homem de Mello. "Volta" foi gravada por

Lupi compunha "ao ritmo de uma caixa de fósforos, tendo como orquestra uma mesa qualquer. Suas letras sofridas, a descrição, principalmente dos sentimentos, fazia dele um homem de paisagens, um paisagista da interioridade humana".[64] Como Cerenita, sua esposa por 21 anos e mãe de seu filho, também Inah (inspiradora de "Nervos de aço" e "Inah"), Mercedes (a carioca de "Vingança"), Isabel (de "Bairro de pobre"), Juraci, Adelaide (a "Dona do bar"), Mariazinha (inspiradora de "Dona Divergência"), além de outras, foram musas que o fizeram sofrer porque se considerava muito sentimental, como reconheceu em sua crônica "Ela e o meu sucesso". Mas também ganhou fortunas "com o que elas me fazem", prossegue ele. "Cada uma que faz uma sujeira, me deixa inspiração para compor algo. Meu primeiro automóvel foi comprado com o dinheiro de um samba... minha casa foi adquirida com o dinheiro de um samba que eu fiz para outra, também por causa de uma traição. Se eu tivesse que dividir meus direitos autorais com as inspiradoras das minhas músicas, nada sobraria para mim."[65]

Os dancings que frequentava na rua Voluntários da Pátria, os bordéis como o Beco do Oitavo, os bares e casas noturnas — American Boite, Balalaica, Maipu, Marabá,[66] Oriente, Bar dos Artistas, Bar Adelaide's — foram as esferas ao seu redor para desventuras e aventuras em Porto Alegre. As alcovas também: "*Vá embora/ Vais me prejudicar/ Ele pode chegar/ Está na hora*", avisava ela apavorada. Não obstante, sem conseguir resistir, ele insistia em ficar mais um pouco, caindo de novo em seus braços. Foi a conta. O marido volta e, não lhe dando tempo para escapulir, encontra os dois na cama. Ela paga o pato, era a mulher adúltera. Para o amante sobrou o remorso, torturando-o por ter feito a loucura que fez. É a moral na história de "Ela disse-me assim", lindamente gravado por Jamelão acompanhado pela Orquestra Tabajara, de Severino Araújo.[67]

Linda Batista em 28 de março de 1957 e lançada em junho. "Foi assim" foi lançada cinco anos antes, em 1952, com Linda acompanhada pelo Trio Surdina.

[64] Cf. texto de Lupicínio Rodrigues Filho no livro *Foi assim*.

[65] Segundo a crônica de Lupicínio Rodrigues, "Ela e o meu sucesso", publicada no jornal *Última Hora* de Porto Alegre.

[66] Onde Alcides Gonçalves era pianista.

[67] "Ela disse-me assim" foi gravada em 16 de março de 1959 na Continental. Em 1972 o cantor regravou-a para o LP *Jamelão interpreta Lupicínio Rodrigues*.

O refúgio barato dos fracassados no amor

Interpretado anos depois por Adriana Calcanhotto, "Ela disse-me assim" roça em emoções diferentes como ciúme, adultério, infidelidade e remorso, todas elas filhas da garantia narcísica, como conta o psicanalista Jorge Forbes, um dos principais introdutores do pensamento lacaniano no Brasil. Na sua análise sobre a obra de Lupicínio do ponto de vista psicanalítico, essas emoções que impedem a satisfação e causam sofrimento são expostas. "Ao mesmo tempo", esclarece, "são sensações narcísicas, o que pode causar espécie ao bom-senso, porque as pessoas acham que não têm satisfação no sofrimento. Se não houvesse satisfação no sofrimento, o samba-canção não teria nenhum tipo de público", afirma categórico Jorge Forbes.

"É uma situação de expressões do sofrimento", continua, "especialmente quando eu descubro que não consegui tal coisa porque uma pessoa me roubou, me fez mal, não me compreendeu etc. Aí eu nomeio o que me falta para ter uma satisfação completa. A nomeação daquilo que me falta, embora seja dolorosa, é altamente satisfatória: é um princípio religioso. Saber que não estou no mundo dos deuses porque eu pequei é por um lado doloroso, porque, se pequei, tenho que pedir desculpas. Por outro lado, é prazeroso, porque se eu pedir desculpas eu volto ao paraíso. O duro numa análise é quando você descobre que não tem mais a quem pedir desculpas."[68]

Após a morte de Chico Alves, Jamelão se torna, a partir de 1959, o intérprete extraoficial de Lupicínio, simultaneamente à sua carreira de puxador de samba-enredo na Mangueira. Por seu turno, Lupi havia recebido da companhia Copacabana um *upgrade* em relação ao álbum da Star, gravando seu primeiro LP com o mesmo título e novas canções.[69] E fica claro que, pelo menos em disco, as canções de Lupi faziam mesmo sucesso era com cantores de voz forte.

Frequentador de gafieiras, José Bispo Clementino dos Santos, o Jamelão, fez amizade com os músicos, foi se entrosando ora num conjunto, ora numa orquestra, até se converter em cantor conhecido na gafieira do Jardim do Meyer, antes de se efetivar como *crooner* de dancings, atuando sucessivamente no Eldorado, Avenida e no Brasil Danças, onde se firmou no conjunto de Luís Americano. Após discos em diferentes grava-

---

[68] Depoimento de Jorge Forbes a Zuza Homem de Mello.

[69] Gravado em 1956 com o título de *Roteiro de um boêmio*, o LP incluía "Os beijos dela", "Jardim da saudade", "Aves daninhas", "Se acaso você chegasse", "Nossa Senhora das Graças", "Inah", "Namorados" e "Amor é só um".

O cantor Jamelão, que a partir de 1959 torna-se o grande
intérprete das composições de Lupicínio Rodrigues,
ocupando a posição que foi de Francisco Alves.

doras, foi contratado em 1954 pela Continental, a mesma da Orquestra Tabajara, com a qual já tinha uma história há dois anos, como vocalista na decantada festa dos Tecidos Bangu na França, num castelo próximo a Paris. Passou assim a atuar como *crooner* da orquestra e, numa excursão ao Sul, conheceu a obra de Lupicínio Rodrigues, de quem se tornaria intérprete notório por meio de inúmeros sambas-canção. Sua fama de rabugento era contestada por vários amigos, mas fazia uma cara de emburrado sempre que alguém lhe dirigia a palavra. Esperar dele um sorriso, nem pensar. Nos bailes, pela noite adentro, aproveitava para dar umas dormidinhas no fundo do palco, acordando lépido justo no momento de intervir. "E no tom certo", acrescenta Jards Macalé, que copiava as partituras de Severino Araújo.[70]

Entre dois gêneros tão opostos, como intérprete de samba-canção e de samba-enredo na Mangueira — e não puxador, que ele maldizia alegando que puxador é quem "puxa" carro —, Jamelão se constituiu numa voz incomum com seu timbre ardido, potência de volume, *erres* guturais (como os de Elizeth) e marcante personalidade, a despeito do apelido sem relação musical alguma, sendo o nome de uma planta de uso medicinal.

Afora três discos de 78 rotações cantando Lupicínio, Jamelão gravou dois LPs a ele dedicados, sempre com a Orquestra Tabajara em arranjos de Severino Araújo: em 1972, *Jamelão interpreta Lupicínio Rodrigues*, e em 1987, *Recantando mágoas*.[71]

No primeiro ele interpreta quatro clássicos já consagrados, entre os quais "Ela disse-me assim", em nova gravação, e alguns inéditos: "Cigano" é o mais antigo (1938); "Sozinha" (ou "Bicho de pé") arrasa com as mulheres; em "Um favor" chama até músicos para pedir-lhes que a façam voltar, pois está rastejando; em "Meu pecado" reconhece que merece sofrer e que *"Bem feliz é todo aquele que erra/ E aqui mesmo na terra/ Pode seu crime pagar"*; em "Amigo ciúme" atira contra o causador de todas as brigas do casal.

No LP *Recantando mágoas*, o repertório de Lupi é farto de histórias insólitas, que provocam risos contidos tal a sua capacidade inventiva. Em "Pra São João decidir" ele culpa o santo pela traição, ao ser preterido na incrível disputa com o vizinho, resolvida com papeizinhos deixados ao relento; em "Eu e o meu coração" ele briga no diálogo com seu próprio coração, por insistir em convencê-lo de que deve procurá-la novamente; em "Rosário de esperança" o desfecho ocorre quando chega todo feliz a uma festa e dá de cara com a ex numa mesa com outro; em "Ex-filha de

---

[70] Declaração registrada em "Intérprete foi a voz oficial da Mangueira", texto de Lauro Lisboa Garcia publicado em *O Estado de S. Paulo* em 15 de junho de 2008, dia seguinte ao falecimento de Jamelão, aos 95 anos de idade.

[71] O repertório do LP de 1972 tinha "Meu recado", "Homenagem", "Sozinha", "Um favor", "Exemplo", "Quem há de dizer", "Cigano", "Amigo ciúme", "Torre de Babel", "Nervos de aço" e "Vingança". O de 1987, "Maria Rosa", "Eu e meu coração", "Castigo", "Esses moços", "Cadeira vazia", "Pra São Jorge decidir", "Volta", "Ex-filha de Maria", "Rosário de esperança" e "Nunca".

Maria" ele dirige-se a Deus indagando que, se Ele não mais a quiser, pode lhe dar que ele aceita.

Esse segundo disco, cujo subtítulo é *Lupi, a dor e eu*, é o de um autêntico *crooner* de orquestra, aos 74 anos, cantando um samba-canção atrás do outro, na trilha ideal para os pares bailarem romanticamente no salão de festas, deslizando pela pista sob o ritmo manso e o jogo dos metais com os músicos de sopro. Enlaçados silenciosos, com os rostos colados e os corpos se enroscando, as coxas penetrando sem receio as profundezas de cada um, o braço direito do cavalheiro envolvendo sensualmente a cintura da dama, enquanto ela lhe faz um carinho provocador roçando sua nuca, a mão esquerda de um abrigando a do outro numa prova de amor afetuoso, cada um deles sem se importar a mínima com vizinhos dançando ao lado ou com o que eventuais assistentes possam pensar da cena. É o lado dançante do samba-canção — na voz de Jamelão, com a Orquestra Tabajara — na obra de Lupicínio Rodrigues.

O primeiro LP de Lupicínio, *Roteiro de um boêmio*, é um disco luxuoso, com grande orquestra e arranjos caprichados, com destaque para o naipe de cordas. Apenas uma composição conhecida — "Se acaso você chegasse", onde Lupi não fica devendo à bossa do Ciro Monteiro — e sete novidades, quase todas de 1952. "Aves daninhas" é dirigida aos engraçadinhos que vendo-o chegar sozinho por estar brigado, ficam a beliscar seu coração, ao lhe perguntarem maldosamente: "Porque ela não veio?". Em "Os beijos dela" compara os beijos da atual com os da ingrata que o maltratou, mas de quem não consegue se esquecer. Enquanto a valsa "Jardim da saudade" é um retrato da paisagem do seu Rio Grande, o fox "Inah", de bela melodia, é um canto apaixonado a quem, para ele, foi o céu. Outros dois sambas-canção mostram a capacidade de Lupi tratar do tema amoroso sob ângulos originais, com uma retórica do patético que chega a escorregar para o humor. Apela a Nossa Senhora das Graças, pois é casado, tem um filho e resolveu brincar com o pecado de ficar apaixonado por outra. Mesmo sabendo ser o culpado, é a Virgem quem tem que devolver à verdadeira dona seu perverso coração. Em "Namorados", também em bonita orquestração, ele recorda os felizes dias de um namoro. Uma vez casados... tudo muda. Em vez de "meu amado", é agora chamado de "desgraçado", sem conseguir entender como foi que um casal de pombinhos transformou-se em dois gaviões.

No penúltimo ano de vida, Lupi gravou com vozinha tristonha seu segundo LP, *Dor de cotovelo*, acompanhado por um dolente conjunto regional, aproximando sua audição a uma noitada casual em algum bar de Porto Alegre. Lançou novas composições que se tornaram clássicos, a partir de interpretações que vieram a público "como um singelo roteiro musical (o primeiro de uma série), visando facilitar aos cantores e intérpretes do meu país que se interessam pelas composições", assina ele no texto da contracapa, ponderando para que "possam ouvi-las como nasceram e possam, possivelmente, recriá-las a seu modo, com orquestrações a seu gosto, sentindo-as a seu jeito e gravando-as se tanto merecerem. Não se trata de um disco de cantor. É um autor — entre tantos — vendendo o seu peixe".[72]

Nessa modesta apresentação, datada de 1973, Lupi ainda não parecia tão ciente da importância de sua obra, possivelmente abatido pelo ostracismo involuntário nos períodos da bossa nova e dos festivais, que só seria quebrado meses antes de sua morte, após Caetano Veloso gravar "Felicidade". Foi quando começou-se a dar o devido valor a Lupicínio.

Pelo menos oito das doze faixas — "Judiaria", "Rosário de esperança", "Carlúcia", "Castigo", "Homenagem", "Caixa de ódio", "Dona do bar" e "Loucura" — são repletas de situações bem mais inusitadas que as da grande maioria das letras do gênero samba-canção. Contudo, quase nenhuma delas obteve repercussão semelhante às gravadas mais frequentemente, embora nessas derradeiras composições encontrem-se marcas poderosas da personalidade poética e melódica de Lupi.

Na guarânia "Judiaria", quando ele já se sentia quase curado de uma ingratidão sofrida, eis que a mulher ressurge em sua vida para... aborrecê-lo. Num acesso de puro destempero, aponta-lhe a porta da rua para que ela saia antes que ele resolva lhe bater. É ódio acumulado.

Nessa leva de sambas-canção, Lupicínio reafirma ser um sujeito de amor tão puro que não consegue se satisfazer com mulher alguma. "Ele acaba até revertendo esse amor puro numa misoginia, então a mulher é aquela atração fatal mesmo", ressalta a professora Lilian Jacoto, exemplificando que "a canção que representa bem essa situação é 'Homenagem', porque ele é o cancionista que vai ser homenageado pelo público, vão à casa dele levar flores para homenageá-lo, e ele responde: '*Levem estas flores para aquela que deve estar chorando/ Por não poder estar no momento aqui perto de mim*'. Aquela é a amante. '*Para receber estas honras que a outra está desfrutando*'. A outra é a mulher que está ao seu

---

[72] Cf. texto de contracapa do LP *Dor de cotovelo*, lançado pela Rosicler, uma etiqueta da Chantecler.

Lupicínio Rodrigues compunha com uma caixa de fósforos, o que não o impediu de criar canções extremamente sofisticadas.

lado, que não merece desfrutar das honras que o talento dele conquistou. Quem merece é aquela que o ouve, está do lado dele na dor, para quem ele desabafa. Ele ainda diz 'O *nosso amor clandestino é que obrigava a vivermos assim*'. Essa clandestinidade é que não permite que o amor verdadeiro aconteça, para que ele possa viver as honras de artista ao lado da mulher verdadeira."[73]

Outro singular samba-canção desse disco é "Dona do bar", em que Lupi se declara abertamente siderado pela mulher que, sendo beijada por

---

[73] Depoimento de Lilian Jacoto a Zuza Homem de Mello.

cada cliente que entra e sai do seu bar, lhe acena a voltar sempre, não com gestos mas, na sua fantasia, pela imagem de seus cabelos longos. Não aguentando viver o martírio que o deixa sem dormir rolando na cama, jura não só nunca mais voltar ao bar mas até deixar de beber. Jura em vão. É o ciúme se acumulando.

Um dos mais originais inícios em suas composições é o *"E aí..."* de "Loucura". Começa como se fosse uma conclusão e prossegue com outra letra hiperbólica, cultivando mais uma vez certa particularidade de sua obra, a de dialogar com Deus, a quem não hesita em recorrer. Após confessar que cometeu loucuras (*"Era um verdadeiro inferno/ Uma tortura"*), ele roga: *"Oh, Deus, será que o Senhor não está vendo isto?/ Então por que é que o Senhor mandou Cristo/ Aqui na terra semear amor?/ Quando se tem alguém/ Que ama de verdade/ Serve de riso para a humanidade/ É um covarde, um fraco, um sonhador"*. Nessa relação com Deus, que acontece inclusive em "Há um Deus" (*"Há um Deus, sim, há um Deus/ E este Deus lá do céu/ Há de ouvir minha voz"*), Lilian Jacoto aponta o que acha ser importante: "É como se o mundo estivesse degradado e ele fosse o detentor de um amor verdadeiro. E isso é muito romântico. Dá pra dizer que Lupicínio é um romântico de carteirinha, romântico no sentido da história, da poesia, de que o sujeito tem sentimentos tão puros que ele se eleva muito além da humanidade". Quando Lupi termina "Loucura" nos versos *"Se é que hoje tudo está tão diferente/ Por que não deixa eu mostrar a essa gente/ Que ainda existe o verdadeiro amor?"*, Lilian conclui: "É como se ele, o cancionista, estivesse dotado de uma missão de mostrar para essa gente o que é o verdadeiro amor. Então ele tem uma missão, ele é um missionário que leva uma vida de sacrifício, sacrifica-se por um amor verdadeiro. E a dor o purifica, o torna puro, é a pureza do sujeito contra o mundo degradado".[74]

Quando tomei conhecimento de que o último parceiro de Lupicínio Rodrigues, Rubens Santos, ainda vivia em Porto Alegre, tratei de procurá-lo para ser o principal convidado de uma série de espetáculos que seria realizada em 1996 no Sesc Pompeia. Minha proposta era reunir novamente alguns dos componentes do show de confraternização anual que eu dirigira em 11 de dezembro do ano anterior. O espetáculo se chamou *Felicidade* e tinha apresentação de Blota Júnior, que anunciava um a um os artistas do elenco que reuni no palco: o Coral Baccarelli, o cantor lí-

---

[74] Idem.

Rubens Santos, o último parceiro de Lupicínio Rodrigues.
Juntos compuseram "Aposta", "Beijo fatal" e "Você não sabe",
entre muitas outras canções.

rico Adur Kiulhtzian, o duo de saxofone e gaita de ponto com Paulo Moura e o acordeonista gaúcho Renato Borghetti, Paulinho da Viola e Joanna.[75]

A segunda homenagem a Lupicínio recebeu um título bem mais sugestivo: *Lupicínio às Pampas*. Encostados num balcão de bar, os números musicais eram costurados nos diálogos que eu mantinha com Rubens Santos. Rubens descreveu os bares que Lupi frequentava, falou de suas parcerias e sobre o que e quanto bebiam, rememorou suas grandes paixões, enfim, narrou episódios que testemunhou e vivenciou. Entre nossas

---

[75] O repertório do espetáculo incluía "Se acaso você chegasse" com o coral; "Vingança" e "Volta" com Adur; "Amargo" e "Bicho de pé" com Paulo Moura e Borghetinho; "Quem há de dizer", "Maria Rosa", "Cadeira vazia", "Nervos de aço" e "Ela disse-me assim" com Paulinho da Viola; "Foi assim", "Nunca" e "Loucura" com Joanna; e "Felicidade", com todo o elenco.

prosas, as composições de Lupi eram interpretadas pelo tenor Adur, o cantor gaúcho Victor Hugo, Paulo Moura e Borghettinho, Adriana Calcanhotto e Luiz Melodia.[76]

No programa do show escrevi: "Lupicínio criou uma linguagem antimetafórica integralmente afinada com temas e situações do mundo boêmio e noturno de qualquer cidade brasileira, mais especialmente o Rio de Janeiro. Amores arrebatados ou proibidos, traições e martírios, arrependimentos torturantes, desventuras e vinganças eram abordados com uma naturalidade nunca vista, seguindo uma linha melódica em ritmo de samba-canção igualmente espontânea, constituindo dezenas de canções de pleno sucesso nacional naqueles anos 40 e 50, e até mesmo depois da bossa nova, embora representassem a antítese do movimento".[77]

Do ponto de vista histórico, o que torna a obra de Lupicínio Rodrigues tão original é a interveniência do terceiro personagem em letras de samba-canção. O terceiro homem não havia entrado em "Pela décima vez" de Noel, em "Risque" de Ary, em "Não tem solução" de Caymmi, em "Segredo" de Herivelto, em "Negue" de Adelino, em "Ouça" de Maysa, em "Por causa de você" de Dolores, em "Ponto final" de Jair Amorim, e nas centenas de letras em que os diálogos ou monólogos giravam sempre em torno de dois personagens. O terceiro personagem aparece no verso *"E depois encontrá-lo em um braço, que nem um pedaço do seu pode ser"* em "Nervos de aço", na surpresa da festa em "Rosário de esperança", no flagra de "Ela disse-me assim", nos clientes da "Dona do bar", no companheiro de "Vingança", no desespero de "Loucuras".

O triângulo amoroso, em torno do qual se construía o drama de amor e da paixão, como registram Maria Izilda Matos e Fernando Faria nas suas considerações em torno de "Homenagem", "coloca-se no vértice... destaca as virtudes da mulher amada — a outra". E complementam: "nas situações do triângulo amoroso emerge uma trama de sentimentos

---

[76] Adur cantou "Volta", "Cadeira vazia" e "Vingança"; Rubens Santos, "Não faça promessas"; Victor Hugo, "Foi assim", "Aves daninhas" e "Quem há de dizer"; Paulo Moura e Borghettinho, "Amargo", "Sozinha", "Minha história" e "Judiaria"; Adriana Calcanhotto, "Nunca", "Ela disse-me assim", "Castigo", "Loucura" e "Se acaso você chegasse"; Luiz Melodia, "Se acaso você chegasse", "Exemplo", "Nervos de aço", "Torre de Babel" e "Esses moços". Os artistas foram acompanhados pela banda montada por Humberto Araújo, arranjador das músicas, e o cenário era de J. C. Serroni.

[77] Texto de Zuza Homem de Mello para o programa dos espetáculos *Lupicínio às Pampas*, apresentado no Sesc Pompeia de 29 de fevereiro a 3 de março de 1996.

que consomem ambiguamente o sujeito amoroso: ciúme, despeito, amizade, horror, desejo de morte".[78] Infidelidade, ingratidão, falsidade, separação, mentira, desilusão, amargura e mágoa são outros tantos estados por que podem passar os personagens no samba-canção. E sobram outros: o ressentimento, a melancolia, o desamparo, a solidão, a saudade, a obsessão, o arrependimento, o sonho...

Lupi aproveita ditados populares sem formalidade, com um tratamento métrico dos versos, carregando a canção que assim vai saindo com naturalidade, a mesma facilidade que se encontra no trovador. "Trovar vem de *trouver*, aquele que acha... a letra é o carro-chefe e a gente tem que ficar atento à letra. Não tem graça nenhuma ouvir Lupicínio se não se prestar atenção à letra."[79]

As letras de Lupi são diretas, menos preocupadas com o lirismo que aparece na melodia. Esse giro quase ininterrupto em torno de uma só temática poderia pôr em risco a grandeza de sua obra, não fosse sua percepção melódica. A essência boêmia no espírito de Lupicínio impelia-o intuitivamente às melodias que se encaixavam e se combinavam admiravelmente com suas descrições.[80] De fato, o drama dos sambas-canção de Lupi é atenuado pelo tratamento melódico e também, é importante ressaltar, pelas suas interpretações, em que se percebe uma candura, como se ele estivesse contando uma outra história. Dotado de uma voz débil, supera a impropriedade de um grande cantor, segundo cânones ultrapassados, com interpretações embargadas e contundentes nas poucas mas preciosas gravações que deixou. E é sempre emocionante ouvir o próprio autor cantar suas canções.

Lilian Jacoto destaca: "Lupicínio deve ter sido mesmo aquele boêmio, boa-praça, que animava as noites com seus dramas ressentidos, animava as noites com o ressentimento. De bar em bar e de amores em amores, ele teceu canções e fez da mágoa uma fonte de lazer. É muito bonito, muito próprio, essa mágoa virar fonte de lazer. Vira entretenimento, é gostoso ouvi-lo cantar a mágoa. E por que será? Acho que o sucesso na sua época pode ser explicado de certo modo por um efeito de catarse, porque aquele que sente a mágoa vê ali exposta a sua ferida, sente desabafo e se livra. Ele usa a ficção para se livrar de um sentimento

---

[78] Cf. *Melodia e sintonia em Lupicínio Rodrigues.*

[79] Depoimento de Lilian Jacoto a Zuza Homem de Mello.

[80] Cf. *Música com Z.*

O refúgio barato dos fracassados no amor

ruim, nocivo, negativo. A ficção tem mesmo essa função, para que a gente possa viver de mentirinha aquilo que não se consegue viver na realidade. Então é bom de ouvir porque, sentindo com ele esse fundo do poço, essa caixa de ódio, ficamos livres de todos esses maus sentimentos, eles viram ficção".[81]

Por seu turno, Jorge Forbes adiciona que "os outros compositores de samba-canção constatam o fim e o amor se dissolve. Em Lupicínio não é essa a questão, não é a dissolução do amor, mas o drama do amor. Poderíamos dizer que nos outros há a constatação do limite, do impossível: não deu mais. E em Lupicínio constata-se a impotência: não está dando. A constatação da impotência leva à esperança do conserto, a constatação do impossível leva à esperança do acaso. É diferente. O que faria Lupicínio cantar mais a impotência e outros cantarem mais o impossível? Para mim, psicanalista, é um elemento cultural importante e diferente entre ele e os outros. Os outros vêm de culturas muito mais flexíveis que as de Lupicínio. A cultura carioca e a cultura baiana são muito mais miscigenadas, muito mais confrontadas ao estrangeiro, muito mais mistura de raças do que a cultura farroupilha. A farroupilha é uma cultura mais hierarquizada, muito mais na ordem do pai do que a baiana. Não é o coronelismo baiano ou a cultura carioca. E eu vivi isso quando assisti a um jogo de futebol em Porto Alegre e eles tocaram o Hino Farroupilha. Pensei, será que estou num outro país? Os centros de tradições gaúchas estão absolutamente inseridos na cidade, é uma organização da terra, da tradição agrícola e do lugar do pai, da hierarquia piramidal. Ora, dentro dessa hierarquia piramidal, a presença do terceiro personagem é muito maior que no mundo flexível. Então Lupicínio estaria mais bem preparado para cantar o terceiro personagem porque ele vem de uma tradição hierárquica farroupilha. E é claro que a impotência dá muito mais satisfação que a impossibilidade".[82]

Lupicínio Rodrigues construiu uma obra de caráter nacional com tamanha originalidade, que os desamparos passionais de suas letras em torno de um único gênero, o samba-canção, fixaram-se praticamente como sua propriedade. O conjunto de suas composições é uma verdadeira sessão de terapia vivida pelos três personagens do triângulo amoroso, sua marca inovadora.

---

[81] Depoimento de Lilian Jacoto a Zuza Homem de Mello.

[82] Depoimento de Jorge Forbes a Zuza Homem de Mello.

Suas canções, em discurso direto, com letras espantosamente cruas e naturais, facultam comunicação imediata e externam sentimentos amorosos delimitados por dois extremos, a paixão e o ódio, abarcando a imensa gama dos miseráveis estados de espírito vividos pelos personagens de seus sambas-canção.

Remoer amarguras é o fundamento em que Lupicínio foi encontrar o esteio poético, testemunhado ou vivenciado por ele mesmo, para conceber a mais significativa obra musical num gênero em que ele supera qualquer um com quem possa ser confrontado.

O refúgio barato dos fracassados no amor

Oscar Niemeyer, Tom Jobim, Vinicius de Moraes e Lila Bôscoli
nos bastidores da peça *Orfeu da Conceição*, em 1956,
que trazia as primeiras parcerias de Tom e Vinicius.

Capítulo 14

Os modernistas

"Isso de ser moderno é como ser elegante: não é uma maneira de vestir, mas sim uma maneira de ser. Ser moderno não é fazer caligrafia moderna, é ser o legítimo descobridor da novidade."

José de Almada Negreiros

"A explosão de Copacabana, do ponto de vista sociocultural, é de uma gente diferente dos cariocas ligados tradicionalmente ao centro, a uma certa cultura da Belle Époque francesa, da qual o símbolo é até hoje a Confeitaria Colombo no centro do Rio. É uma gente nova que vai inaugurar hábitos que nada têm a ver com os hábitos antigos, vão se criar condições novas de sociabilidade na cultura, que está sofrendo um trânsito da europeia para a americana e da língua francesa para a língua inglesa", analisa com seu olhar crítico o historiador José Ramos Tinhorão ao se debruçar sobre as mudanças sociais que acabam se refletindo na música em Copacabana. "E aí", sustenta ele, "o cinema tem um papel importantíssimo, porque é a grande era dos musicais. O jazz tem influência no Brasil desde o início do século XX, mas as formas mandadas pelo disco americano, sugeridas pelo cinema americano, coexistiam com formas tradicionais brasileiras. Nesse Rio de Janeiro, essa mudança social vai trazer uma mudança cultural. O surgimento de Copacabana dentro de um *boom* imobiliário foi tão rápido que gerou uma coisa nova. O prédio de apartamentos representava a modernidade, não mais a velha casa de bairro com as famílias".[1]

Qual o motivo da atração pelo moderno, uma expressão que valia "entre as últimas décadas do século XIX e as primeiras do XX, mais ou menos para o mundo todo", como afiança Roberto Pompeu de Toledo em *A capital da vertigem*? No mesmo livro, o brilhante historiador elucida que "o encanto com as novas invenções e fórmulas de relacionar

---

[1] Depoimento de José Ramos Tinhorão a Zuza Homem de Mello.

com a cidade, novos tipos de exibicionismo, novos prazeres e novas formas de sociabilidade, compõe o conjunto de ações e de aparatos a que se dá o nome de 'vida moderna'".[2]

A modernidade da vida em Copacabana se estende para propósitos, hábitos, necessidades, atitudes, atividade, relacionamento e, de forma inequívoca, como atesta Tinhorão, para a própria música popular. Ela tem giro intenso na vida noturna do bairro a ponto de criar uma estética própria. É uma nova postura dos intérpretes, dos letristas e dos compositores, que tinham domínio sobre a principal ferramenta de que se utilizavam para ir ao encontro da modernidade, a harmonia. No vasto campo harmônico os compositores abriam horizontes na canção brasileira, em que o samba-canção era um terreno propício para suas aventuras. Valiam-se do andamento mais lento que o do samba, o que ajudava a melhor expressar os versos, das letras voltadas para as relações amorosas, e assim deitavam e rolavam em melodias que caminhavam por novos mares. Por trás das melodias, a harmonia. Na harmonia, a modulação.

Ernesto Nazareth, o primeiro gênio na linha do tempo da música popular, pode ser considerado seu pioneiro modernista ao aplicar, entre outros procedimentos, modulações em suas valsas, como "Elegantíssima" e "Eponina", e em seus choros, como "Odeon". Utilizava-as com tal engenhosidade que sua obra pode ser confundida com um verdadeiro tratado do assunto, e revelavam a intimidade de Nazareth com a chamada modulação cromática.[3]

Que vem a ser modulação? Na área da canção popular é principalmente um processo de compor abandonando a tonalidade de uma parte para estabelecer outra tonalidade na parte seguinte. O procedimento era tão frequente no choro, gênero instrumental por excelência, que pode-se até aventar ter sido um forte motivo para que Heitor Villa-Lobos — que amava a música popular, era amigo do violonista João Pernambuco e frequentava o morro da Mangueira — tenha se atraído tanto pelo gênero.

---

[2] Roberto Pompeu de Toledo, *A capital da vertigem: uma história de São Paulo de 1900 a 1954*, Rio de Janeiro, Objetiva, 2015.

[3] A modulação cromática, que se desenvolveu largamente no século XIX — nas polcas e valsas, entre os gêneros mais populares —, pode ser efetuada para uma tonalidade próxima, denominada relativa e que pode ser a relativa menor (de dó maior para lá menor) ou a relativa maior, a tonalidade da dominante da escala (na de dó maior é a de sol maior). Porém, as modulações mais provocantes são as que soam estranhas, por serem efetuadas entre tonalidades denominadas distantes (de dó maior para si menor, por exemplo).

Villa foi chorão e o choro professa com absoluta naturalidade modulações entre as partes, da primeira para a segunda e para a terceira.

Faz sentido que a vertente tradicional do samba-canção, destinada à população suburbana de exigências mais simples, tenha se mostrado indiferente à inquietação incitada pela modernidade. O atrevimento formal não constava do decálogo de propósitos de quem preferia o que era reputado depreciativamente como de mau gosto. Abrir caminho para a modernidade na música brasileira, com melodias mais ousadas, tinha peso entre os modernistas no período de 1948 a 1957, quando 1.008 sambas-canção foram gravados, uma tradução em números do destaque do gênero no cenário musical.[4]

Talvez o mais ousado compositor oriundo de uma época anterior a essa seja Custódio Mesquita, um inquieto de corpo e alma. Órfão de pai, mimado desde menino pela mãe, de saúde bastante frágil, poderia ser confundido com um galã do cinema norte-americano, com seu metro e oitenta e seus cabelos ondulados, como pedia o irresistível modelo masculino daqueles anos. Custódio foi um homem bonito, estiloso e exigente no vestir a ponto de, num mesmo dia, trocar a camisa de cambraia importada e o elegante terno branco de linho S120 por outro igual.[5] Era completamente obcecado por música, tendo intimidade com a obra de Nazareth, da qual gravou cinco discos com dez valsas ou choros como pianista. De família abastada, o meio de sua subsistência não foi o piano, que estudara com Luciano Gallet, e sim a atividade como um misto de compositor, arranjador e regente. Tinha pois tudo para ser assediado por lindas mulheres e possivelmente invejado pela turma do Café Nice, que frequentava sem assiduidade. Sua boemia ferrenha era cercada de mistérios e lendas, tais como o hábito da cocaína e o amparo a prostitutas na pior, sem nada pedir em troca. Lendas ou fatos. O que consumia com frequência eram comprimidos do barbitúrico Luminar para evitar crises epilépticas, não se importando com o que dele diziam, pois queria mesmo era manter sua doença em segredo absoluto, o que conseguiu. Nem amigos íntimos como Mário Lago, seu parceiro no fox "Nada além", sucesso de Orlando Silva, desconfiavam.

---

[4] Segundo levantamento realizado por Jairo Severiano. Entre 1948 e 1950 foram gravados 84 sambas-canção, e nos sete anos seguintes, entre 1951 e 1957, mais 924.

[5] Cf. Bruno Ferreira Gomes, *Custódio Mesquita, prazer em conhecê-lo*, Rio de Janeiro, Funarte, 1986.

Era ligado ao teatro e amigo de atores como Sady Cabral, letrista de outra obra-prima, "Mulher", um fox-canção, como foi registrada a bem elaborada composição em tom maior (*"Não sei que intensa magia/ Teu corpo irradia/ Que me deixa louco assim/ Mulher..."*), com a modulação para tom menor na frase "*O teu amor tem um gosto amargo/ E eu fico sempre a chorar nesta dor*" — o que "o credenciou como um precursor da moderna música brasileira por seu sofisticado jogo harmônico".[6]

Avaliado como pretensioso e vaidoso, Custódio era de uma generosidade impulsiva ao convidar mendigos para uma canja na mesa de fundo do restaurante Chave de Ouro, às vezes abrigando-os em pousadas, ao presentear um retirante nordestino com seu próprio relógio de ouro, ao ajudar colegas em dificuldade e ao libertar mulheres do *trottoir* presas pelos delegados.[7]

Sua vida pessoal era "um túmulo", como confirmou um de seus parceiros, David Nasser, acrescentando: "escrevia as próprias melodias, adiantou-se em harmonia ao seu tempo, as suas peças eram avançadas. Compunha todos os gêneros, mas gostava de valsas".[8] De valsa ("Velho realejo" também com Sady Cabral e "Enquanto houver saudade" com Mário Lago), mas também de marchinha ("Se a lua contasse"), de fox ("Rosa de maio"), e de samba ("Promessa", "Algodão", "Noturno em tempo de samba"), recheados de acordes inusitados, encadeamentos harmônicos originais e modulações. "Com as diversas modulações tonais nas frases melódicas de 'Noturno', Custódio como que prenuncia as grandes modificações ocorridas na música brasileira a partir dos anos 50."[9]

De vida breve, Custódio Mesquita, o menos citado dos grandes compositores da Época de Ouro, não teve tempo de ouvir a gravação de seu mais conhecido samba-canção, "Saia do caminho", na voz de Aracy de Almeida, de fevereiro de 1946. Havia falecido um ano antes, aos 34 anos, de crise hepática. "Seu velório aconteceu no Cemitério de São João Batista. Às três da madrugada, surpreendentemente, uma legião de prosti-

---

[6] Jairo Severiano e Zuza Homem de Mello, *A canção no tempo, vol. 1*, São Paulo, Editora 34, 7ª ed., 2015, p. 194.

[7] Alcir Lenharo, *Cantores do rádio: a trajetória de Nora Ney e Jorge Goulart e o meio artístico de seu tempo*, Campinas, Editora Unicamp, 1995.

[8] Cf. David Nasser, *Parceiro da glória: meio século na MPB*, Rio de Janeiro, José Olympio, 1983.

[9] Cf. texto de Paulo César de Andrade no encarte do LP *Custódio Mesquita: prazer em conhecê-lo* (Funarte, 1986).

Matéria na revista *O Cruzeiro*, de abril de 1934, sobre o compositor Custódio Mesquita (abaixo à esquerda, então com 24 anos de idade) e o cantor João Petra de Barros (à direita, com o chapéu).

tutas e mendigos tomou conta do velório. Espantaram-se somente os que não conheciam Custódio de fato: os que chegavam eram amigos e admiradores a prestar-lhe o último adeus."[10]

Por ter sido encarregado de divulgar suas composições cantando-as em dancings e cabarés, Jorge Goulart recebera de Custódio, então diretor artístico da RCA Victor, a oferta para gravar "Saia do caminho", chegando a fazer um teste acompanhado pelo próprio autor. Seria seu primeiro disco. A inesperada morte do compositor na véspera da data da gravação mudou os planos. Segundo Jorge, Evaldo Rui rotulou a composição de samba-canção e fez alterações em alguns versos. O trecho *"Mas prefiro viver sozinha/ Nosso amor já morreu/ E a saudade, se existe, é minha/ Fiz até um projeto/ No futuro, um dia/ O nosso mesmo teto/ Mais uma vida abrigaria/ Fracassei novamente"* era originalmente assim: *"Mas prefiro viver sozinho/ Fico eu e meu eu/ E a saudade do seu carinho/ Tinha até um projeto/ No futuro, querida/ O nosso mesmo teto/ Abrigaria uma outra vida/ Fracassei novamente"*, portanto destinado a um cantor.[11]

"Saia do caminho" foi então entregue a Aracy de Almeida, que precedeu as inúmeras outras cantoras que gravaram o samba-canção nos anos seguintes, destacando-se, entre elas, a gravação de Isaura Garcia acompanhada por Walter Wanderley.[12] A maneira como a ruptura amorosa é tratada nos versos definitivos sugere mesmo uma intérprete feminina, capaz de envolver com mais sensibilidade a letra da melodia plangente criada pelo vanguardista da modernidade na canção brasileira, o galã de vida efêmera Custódio Mesquita.

José Maria de Abreu também cultivou valsas. Foi até "Rei da Valsa". Nasceu um ano depois de Custódio, também estudou música, porém com seu pai, o maestro Juvenal Roberto de Abreu, em Jacareí, sua cidade natal. Passou a juventude em Itapetininga, onde tocava trompete e violino na orquestra do Cine Iris; quando o pianista da casa se recusou a tocar num filme impróprio para menores, aprendeu piano em uma semana e se efetivou. Foi maestro no Teatro Boa Vista de São Paulo e pia-

---

[10] Cf. Alcir Lenharo, *Cantores do rádio*.

[11] Fascículo 29, sobre Custódio Mesquita, da série *Música Popular Brasileira* da Abril Cultural.

[12] Aracy gravou "Saia do caminho" com o trio do pianista Lauro Araújo. Dalva de Oliveira, Zezé Gonzaga, Angela Maria, Marisa Gata Mansa, Gal Costa, Miúcha, Nana Caymmi e Áurea Martins também gravaram a composição.

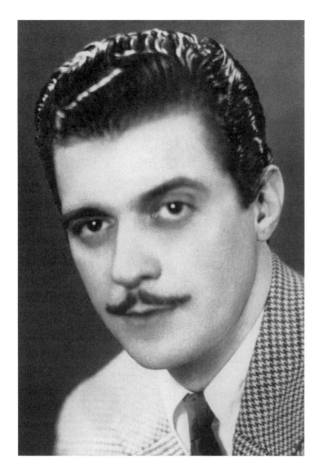

Com sua morte precoce, em 1945, Custódio Mesquita não teve tempo de comemorar o sucesso de seu samba-canção "Saia do caminho", lançado no ano seguinte.

nista de uma tradicional loja de discos paulistana, a casa Sotero da rua São Bento, cujo slogan seria anunciado nos intervalos dos jogos de futebol no Estádio do Pacaembu nos anos 1940: "Tudo mais é lero-lero. Discos de fato? Casa Sotero".

Aos 22 anos mudou-se para o Rio de Janeiro, onde foi pianista da Rádio Mayrink Veiga, premiado num concurso de músicas juninas, parceiro em duas composições de Noel Rosa[13] e do carioca Francisco Mattoso, que além de grande letrista criou, pouco antes de morrer, aos 28 anos, a melodia de "Eu sonhei que tu estavas tão linda", com letra de Lamartine Babo. Da fértil parceria Abreu & Mattoso saíram valsas e fo-

---

[13] "Morena sereia" (marcha) e "Na Bahia" (samba de roda).

Os modernistas

xes, como "Boa noite amor" e "Ao ouvir esta canção hás de pensar em mim", ambos gravados por Francisco Alves.

De cabelos lisos repartidos pelo lado direito, o maestro José Maria de Abreu era de família de músicos, tinha hábitos refinados e bom padrão de vida. Foi arranjador e diretor da orquestra da gravadora Continental, pianista da Rádio Clube (depois Mundial), regente da orquestra na companhia de Dercy Gonçalves, autor de músicas para o teatro de revista, para a companhia de Walter Pinto e diretor artístico da Rádio Mundial do Rio de Janeiro. Um *workaholic* na música.

Tendo perdido seu primeiro grande parceiro, José Maria de Abreu se desencantou, até que encontrou outro tão bom quanto, Jair Amorim, um capixaba que em 1941 também veio morar no Rio. Nas mãos de ambos, o samba-canção deu-se bem por vários anos nas interpretações definitivas de Dick Farney, repetidas até o final da vida do intérprete em shows e discos.

Ao estrear no seu repertório com as duas faces de um disco, José Maria de Abreu foi reconhecido pela sua modernidade, emplacando ambas. No lado A figurava "Ser ou não ser", uma parceria com o doutor Alberto Ribeiro, médico homeopata, esquerdista declarado como Mário Lago e o mais constante parceiro de Braguinha. No lado B, "Um cantinho e você", a primeira parceria com Jair Amorim, um samba-canção amoroso, com acompanhamento da orquestra do próprio José Maria, que obviamente é o arranjador e está ao piano. Ambas de estrutura relativamente simples, sem segunda parte, com a repetição da primeira parte diferenciada em certo momento para o encaminhamento final. Um ano mais tarde, com sua voz envolvente que foge aos padrões da época, Dick regrava "Um cantinho e você" na V-Disc, etiqueta destinada às Forças Armadas norte-americanas, sendo acompanhado pela orquestra de Charles Lichter em novo arranjo exemplar.[14]

A segunda produção entregue a Dick Farney pela dupla Abreu & Amorim é a obra-prima "Ponto final", seguramente um ponto culminante na história do samba-canção. No mesmo ano, 1949, Dick gravou com

---

[14] "Ser ou não ser" foi gravado em 24 de maio de 1948, e "Um cantinho e você", em 4 de junho de 1948, ambos no disco lançado em julho pela Continental. A V-Disc foi criada durante a Segunda Guerra Mundial pelo Serviço Especial do Departamento de Guerra, com o intuito de produzir, com os principais artistas norte-americanos, discos destinados às tropas do Exército e da Marinha. Em 1975 Dick regravou "Um cantinho e você" pela terceira vez, em arranjo de Júlio César de Figueiredo.

"Fecho meus olhos... vejo você", de José Maria de Abreu, na gravação de Doris Monteiro lançada em outubro de 1951, lado B de "Se você se importasse".

acompanhamento da orquestra do saxofonista Copinha outra composição dos dois, "Sempre teu", no lado B do disco cujo lado A tinha "Junto de mim", também de Abreu, mas em parceria com Alberto Ribeiro.[15] Eis aí um samba-canção caracterizado pelo cromatismo melódico decididamente avançado para a época, o que, talvez por isso mesmo, não lhe tenha conferido a mesma repercussão de "Sempre teu". Todavia, "Junto de mim" reafirma que José Maria estava na vanguarda.

É de chamar a atenção o que aconteceu no disco de estreia de Doris Monteiro, onde o lado A, "Se você se importasse", foi o que emplacou, ao passo que o lado B, "Fecho meus olhos... vejo você", não teve a repercussão merecida. A própria cantora reconheceu a superioridade do samba-canção de José Maria de Abreu, um dos poucos com letra e música de sua autoria. O recitativo cumpre fielmente sua função, a de preparar a entrada da melodia quando atinge o verso *"Fugir de um grande amargor"* para desembocar em *"Longe de mim, na minha dor"* em me-

---

[15] O disco com "Junto de mim" e "Sempre teu" foi lançado em junho de 1949.

Os modernistas

lodia com soluções de bom gosto a cada nova frase. Ligada desde a adolescência à modernidade, Doris gravou ainda o lindo bolero "Nunca te direi", mais uma criação com o carimbo do nível melódico de José Maria de Abreu em parceria com Jair Amorim.[16]

Uma das mais inspiradas melodias de José Maria de Abreu foi o samba-canção "Alguém como tu", que fechou o ciclo dos discos de Dick Farney dedicados ao compositor. A romântica letra de Jair Amorim é a declaração a um amor incomparável e perdido para sempre: *Alguém como tu/ Assim como tu, eu preciso encontrar.../ Amores eu sei/ Na vida eu achei e perdi/ Mas nunca ninguém desejei/ Como desejo a ti.../ Eu sei que outro amor posso ter/ E um novo romance viver/ Mas sei que também/ Assim como tu/ Mais ninguém*. A gravação foi realizada em Buenos Aires com acompanhamento do organista Jorge Kenny e orquestra.[17] O futuro de uma canção desse naipe era evidente. Bastava ouvir uma só vez. Foi um dos grandes sucessos de Dick, que interpretou-o no filme *Carnaval Atlântida* e regravou-o novamente em várias versões com arranjos diferentes, sempre com a marca de suas interpretações: a delicadeza envolvente.[18]

Comenta-se que José Maria de Abreu, tão competente e respeitado, não era preocupado com a popularidade, sendo arredio e avesso a entrevistas.[19] "Não era comunicativo", descreveu Doris Monteiro, que o admirava desde os dezesseis anos. Por isso a importância da reportagem de quatro páginas na *Revista do Rádio*, em que ele revela que escrevia música "por gosto, por inclinação, por temperamento", mostrando desprendimento inusitado. "Mais ou menos em 1927", continua, "tive minha primeira gravação por Francisco Alves. Se hoje, 24 anos depois, continuo compondo, não é simplesmente porque minhas músicas tenham feito sucesso ou porque algumas delas tenham oferecido bom resultado financeiro. É antes de mais nada porque gosto de compor."[20] Essa extensa re-

---

[16] "Nunca te direi" foi gravado na Todamérica em 3 de julho de 1952, lançado em agosto e reeditado em 1954 no seu LP de dez polegadas *Minhas músicas*.

[17] A canção ocuparia, mais uma vez, o lado B do disco de 78 rpm, lançado entre setembro e outubro de 1952. No lado A, "Sem esse céu", de Luís Bonfá, também gravado em Buenos Aires.

[18] Foi também gravada por Dircinha Batista, Elizeth Cardoso, Pery Ribeiro (acompanhado por Luís Bonfá), Gal Costa e Emílio Santiago.

[19] Segundo comentário de seu sobrinho a Jairo Severiano.

[20] Cf. *Revista do Rádio*, nº 75, 13 de fevereiro de 1951.

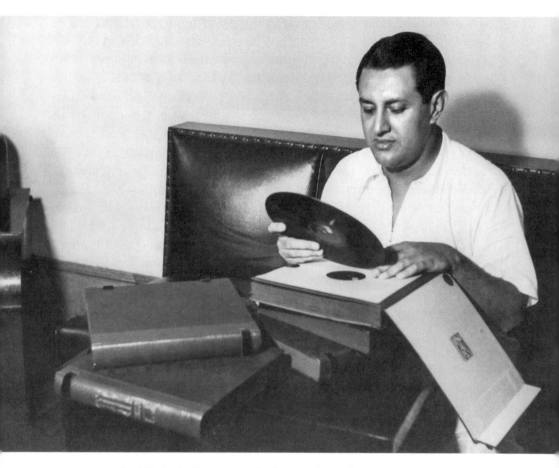

José Maria de Abreu, autor de clássicos do samba-canção como "Ponto final" e "Alguém como tu", manuseando álbuns de discos de 78 rotações, o formato da grande maioria das gravações do gênero.

portagem, que inclui uma foto do pianista ensinando sua filhinha Marilena a tocar piano e confessando sua preferência por Debussy, é uma das poucas matérias jornalísticas sobre José Maria de Abreu em sua atividade de pianista e especialista em direito autoral, já que na de compositor a obra fala por si. É um conjunto de respeito, com 237 gravações em discos de 78 rotações, onde além de algumas com letra e música suas, predominam as parcerias, em particular com Oswaldo Santiago, Alberto Ribeiro e Luís Peixoto, com quem compôs "Isso é Brasil", gravado por Déo e Jorge Goulart. Seus parceiros mais frequentes foram mesmo Francisco Mattoso, com 37 canções gravadas, valsas em grande parte, e Jair

Amorim, com 29 composições em discos de 78 rotações. Sete na voz de Dick Farney.[21]

Falecido aos 55 anos, foi homenageado em sua cidade, Jacareí, com um busto na praça José Maria de Abreu e, em justo tributo que dá um exemplo a outras cidades brasileiras, com o título de patrono da Fundação Cultural de Jacarehy. Para orgulho dos jacareienses, ficou até mais famoso que os biscoitos Jacareí, vendidos em grandes latas azuis à beira da Via Dutra na época em que a rodovia não tinha canteiro central.

Enquanto José Maria cultivou o samba-canção, Custódio foi um dos compositores mais próximos do gênero norte-americano que, no Brasil, a partir da primeira composição no estilo, gravada em 26 de setembro de 1929, foi denominado de fox-blue. O disco com a canção de Joubert de Carvalho e Olegário Mariano, "Dor de recordar", gravado por Francisco Alves, trazia estampado no selo Odeon a indicação de fox-blue logo abaixo do título. Nesse ano foi exibido em junho, no Cine Teatro Palácio do Rio de Janeiro, *Broadway melody*, o primeiro longa-metragem sonoro sincronizado, possivelmente o ponto de partida da influência norte-americana que contaminou a canção brasileira através do cinema de diversas formas. Imediatamente essa influência foi repelida ainda nos anos 1930, com grande dose de ironia, por dois eméritos letristas, Noel Rosa e Lamartine Babo. Posteriormente, em 1941, uma nova postura se afirma através de Assis Valente, que convida os norte-americanos a aderirem à música brasileira em "Brasil pandeiro". Ainda nessa década, num rasgo de extrema ousadia, Denis Brean convida, em "Boogie woogie na favela", cantores e músicos a abrasileirarem a nova moda que surgiu entre os pianistas de jazz. Uma atitude quase impensável, pois o boogie woogie era a versão em alta velocidade do blues, a mais expressiva estrutura musical da história da música norte-americana. Por fim, em 1959, Jackson do Pandeiro grava "Chiclete com banana", do baiano Gordurinha, que, tachado de samba-rock, propunha uma antropofagia: "*Eu só ponho bebop no meu samba/ Quando o Tio Sam tocar no tamborim/ Quando ele pegar num pandeiro e na zabumba/ Quando ele entender que o samba não é rumba/ Aí eu vou misturar Miami com Copacabana/ Chiclete eu misturo com banana*". Nesse ano a influência norte-americana na canção brasileira já tinha sido assimilada através do samba-canção, executado nas boates de Copacabana.

---

[21] "Um cantinho e você" e "Ser ou não ser" (1948); "Ponto final", "Sempre teu" e "Junto de mim" (1949); "Sonhar" (1951); e "Alguém como tu" (1952).

"A boate era relativamente pequena, poucas mesas, não podia ser a música brasileira tradicional, que é muito percussiva", retoma a palavra José Ramos Tinhorão, em sua análise sobre o vínculo de Copacabana com o samba-canção. "Nas boates a figura principal era o pianista, que não podia explorar um tipo de canção em que o cantor fosse cantar muito alto. Então aparece o *crooner*, que canta baixinho. O que se dançava com essa música silenciosa e lenta? Blue, o fox-blue, lento, nada de agitação. Isso determina o cantor com timbre de voz de cantor americano, que faz o grande sucesso de um cara que eu julgo fantástico, o Dick Farney. Porque Dick Farney tinha um timbre de voz espetacular, tocava piano, se acompanhava e cantava exatamente para aquele público. Era um sujeito refinado."[22] Refinado, ligado à música norte-americana e voltado para a modernidade.

Igualmente paulista e tão voltado para a modernidade quanto José Maria de Abreu, o violonista e compositor, nascido Aníbal Augusto Sardinha, também estabeleceu carreira no Rio de Janeiro aos 23 anos, após espantosa atividade para um menino mal saído das calças curtas, ao atuar profissionalmente em emissoras de rádio de São Paulo. Rapidamente, constatou-se que se estava diante de um prodígio, o que lhe valeu seu primeiro apelido, o Moleque do Banjo. Sua precocidade no mundo das cordas dedilhadas permitiu relacionar um arsenal de treze instrumentos que executava sem muito esforço, entre eles violão, banjo, bandolim, cavaquinho, guitarra havaiana e violão tenor, que ele mesmo se orgulhava de ter lançado no Brasil.[23] Ao que se sabe nenhum outro superou Garoto, o apelido pelo qual ficou conhecido, em tamanha versatilidade.

No Rio acompanhou os grandes cartazes em emissoras de rádio e em gravações, nos Estados Unidos foi o melhor músico do Bando da Lua de Carmen Miranda, nos cassinos brasileiros era atração e na Rádio Nacional, solista de proa quer na orquestra principal, regida por seu admirador Radamés Gnattali, quer em programas de tudo que é título e formato. Constituiu um marcante duo com a pianista Carolina Cardoso de Menezes, tomou parte ou liderou vários conjuntos, um deles denominado Bossa Clube. Deles todos, a patente mais marcante é o Trio Surdina, com Fafá Lemos no violino e Chiquinho do Acordeon, uma trinca de

---

[22] Depoimento de José Ramos Tinhorão a Zuza Homem de Mello.

[23] O violão tenor é menor que o violão tradicional e tem quatro cordas. Segundo Garoto, é o triolin (ou *triolian*), de origem norte-americana, como consta no livro *Gente humilde: vida e música de Garoto*, de Jorge Mello (São Paulo, Edições Sesc, 2015).

Os modernistas

músicos excepcionais exibindo timbre único de excelência. Um conjunto fundamental no samba-canção.

A atividade incessante de Garoto era dividida entre os estúdios cariocas, quase diariamente, e os programas da Rádio Nacional,[24] na condição do mais requisitado solista num time de violonistas que dispunha ainda de Bola Sete, Luís Bittencourt, Luís Bonfá, Valzinho e José Menezes. Não havia músico no cenário instrumental do Rio que não o considerasse um fora de série, eventualmente o mais avançado de seu tempo pela sua proposição de melodias elaboradas e harmonias intrincadas em obra pouco prestigiada pelas gravadoras na época. "Garoto estava à frente de seu tempo", reconhecia quem entendia de música.

De saúde frágil, evidenciada pelas primeiras dores no coração aos trinta anos, viveu um casamento turbulento com Duge (Dugenir), cujas mágoas daí sofridas não estão registradas no copioso diário onde anotava o clima e as gravações de que participava. O casamento naufragou de vez em consequência da paixão por Ceci, mulher de seu amigo Hélio Rosa, irmão de Noel. Foi correspondido e passaram a viver juntos.[25]

Apesar de constantemente solicitado pelos estúdios, os choros de sua lavra permaneciam praticamente inéditos em disco. Participava das gravações de Orlando Silva, Francisco Alves, Dorival Caymmi, Nelson Gonçalves, orquestra de Fon-Fon, num repertório de ritmos e gêneros, algumas vezes distante de seu valor. Não fosse a iniciativa de Ronoel Simões, grande autoridade do violão brasileiro, de gravá-lo tocando violão em processo caseiro, não fossem os acetatos de ensaios ou programas da Rádio Nacional que Paulo Tapajós recuperou, não se saberia como o autor executava suas composições. Foi com esse material que alguns violonistas de outra geração puderam dar fiéis interpretações à obra de seu ídolo. Grande parte da obra de Garoto, a que constitui motivo da maior admiração dos músicos pelas suas inovações harmônicas, permanece contudo pouco conhecida até nossos dias. É que não têm letra.

Com mais de cinquenta fonogramas, "Gente humilde" é pois uma das exceções. Foi concebida em agosto de 1945, "durante uma visita de Garoto a um subúrbio carioca. De repente, ao observar aquelas pessoas

---

[24] Entre 1942 e 1954, Garoto atuou nos programas *Um Milhão de Melodias, Gessy, All Star, Divertimentos Toddy, O Que é Nosso, Rádio Almanaque Kolynos, Dona Música, Aquarela das Américas, Aquarelas do Brasil, Garoto e seus Instrumentos, Canção Romântica, Senhor Violão, Rádio Melodias Ponds* e *Nada Além de Dois Minutos*.

[25] Cf. *Gente humilde: vida e música de Garoto*.

Aníbal Augusto Sardinha, o Garoto, mestre do violão, cujo método prático é usado até hoje.

e suas casas modestas, ele resolvera homenageá-las numa canção. Tempos depois, acabaria gravando-a num acetato para o professor mineiro Valter Souto, registro que possibilitou a sobrevivência da composição que se mantinha inédita em disco comercial".[26] Foi ouvida pela primeira vez em 1951 no programa *Ondas Musicais* da Rádio Nacional com o coral de astros e estrelas Cantores do Céu, em arranjo do violonista Badeco, com a letra de Valter Souto: "*Em um subúrbio afastado da cidade/ Vive*

---

[26] Cf. Jairo Severiano e Zuza Homem de Mello, *A canção no tempo*, vol. 2, São Paulo, Editora 34, 6ª ed., 2015, p. 174.

João e a mulher com quem casou/ Em um casebre onde a felicidade/ Bateu à porta foi entrando e lá ficou".[27] Mais de vinte anos mais tarde, ao ouvir a melodia executada por Baden Powell, Vinicius de Moraes decidiu fazer uma letra, mas empacou antes do final, recorrendo a Chico Buarque, que resolveu a questão: "*Tem certos dias em que eu penso em minha gente/ E sinto assim todo o meu peito se apertar/ Porque parece que acontece de repente/ Como um desejo de eu viver sem me notar.../ E eu não creio/ Peço a Deus por minha gente/ É gente humilde, que vontade de chorar*".

Garoto, que fazia arranjos e escrevia música freneticamente à noite em sua casa, começara a fazer letras para suas músicas em 1946, possivelmente animado com "Gente humilde". Uma delas foi "Duas contas": "*Teu olhos/ São duas contas pequeninas/ Qual duas pedras preciosas/ Que brilham mais que o luar/ São eles/ Guias do meu caminho escuro/ Cheio de desilusão e dor/ Quisera que eles soubessem/ O que representam pra mim/ Fazendo que eu prossiga feliz/ Ai, amor/ A luz dos teus olhos*". Letra curta e sem rima, o que passa totalmente despercebido tal a naturalidade da construção melódica, a despeito de alguns momentos de um jogo harmônico avançado, como a passagem do tom menor para maior em "e dor" para "Quisera", e uma nova modulação no sentido inverso ao final, de "feliz" para "Ai, amor".[28]

A primeira gravação de "Duas contas" surgiu no LP de dez polegadas com o Trio Surdina, em vocal original do violinista Fafá Lemos, emérito improvisador melódico na linha jazzística do francês Stéphane Grappelli ou do argentino Hernán Oliva. Um cantor casual, isto é, um músico que ocasionalmente cantava sem se preocupar em empostar a voz. Cantava tocando. É diferente de Dick Farney.

Dick Farney também era músico, pianista, mas não era cantor casual. De certa maneira o pianista de jazz Dick Farney está para o cantor romântico Dick Farney assim como o pianista de jazz Nat King Cole está para o cantor romântico Nat King Cole. Fafá não era nem cantor nem romântico, era violinista e não se tem notícia de alguma gravação vocal de "Duas contas" semelhante à sua. Despreocupado em projetar a voz,

---

[27] Cf. *Gente humilde: vida e música de Garoto*.

[28] Segundo Ronoel Simões, apesar de ser em mi maior, a melodia principal se inicia no segundo grau do tom de fá sustenido maior, formando acordes de sétima e nona, que se repetem no segundo grau de mi maior, como escreveu no encarte do LP de Radamés Gnattali e Raphael Rabello, *Tributo a Garoto* (Funarte, 1982).

O violinista Fafá Lemos, que no Trio Surdina também cantava em algumas músicas. Sua interpretação de "Duas contas", de Garoto, no primeiro LP de dez polegadas do trio lançado em 1953, pode ser considerada uma antecipação do jeito de cantar que consagraria João Gilberto na bossa nova.

queria era mostrar a canção, delicadamente, como a letra pedia, respeitando a composição do violonista que estava a seu lado. Seu interesse era dar o recado sem aparecer. Diante de tais elementos, fazendo-se as contas, pode-se afirmar que até então nada no terreno do samba-canção tenha chegado tão próximo à bossa nova quanto o Trio Surdina em "Duas contas". Era uma canção concisa, tinha melodia e harmonia inusitadas, ritmo leve, letra esperançosa e uma interpretação insólita. Uma dica sobre o que poderia ocorrer entre outros modernistas no futuro.[29]

Se um grande improvisador no violino, na vida Fafá era genioso e imprevisível. Na nossa breve convivência durante a gravação do disco

---

[29] Entre dezenas de gravações de "Duas contas" podem ser mencionadas as de Wilson Simonal, Toquinho e Paulinho Nogueira, Cauby Peixoto, Carolina Cardoso de Menezes e Fafá Lemos, Radamés Gnattali e Zé Menezes.

Fafá e Carolina, que tive a honra de produzir para o selo Eldorado, Fafá nos surpreendeu ao viajar para o Rio, sem dar satisfação a ninguém, antes da última sessão agendada. A grande dama do piano brasileiro, Carolina Cardoso de Menezes, manteve a classe que ostentava no teclado. Embora profundamente desgostosa, colaborou executando na sessão desse dia alguns solos não previstos que completaram o disco. Aliás, o último, tanto dela quanto dele.

Durante o ano que passara em São Paulo, em 1950, Garoto tinha incrementado sua amizade com o humorista José Vasconcelos, formando a dupla de um espetáculo bizarro que tinha violão solo de um lado e humorismo de outro. Programado para o interior do estado, viajavam com Ceci no Jaguar de Vasconcelos quando tiveram um contratempo mecânico. Enquanto ele tentava resolver, Garoto encostou-se sob a sombra de uma árvore à beira da estrada e pôs-se a tocar violão. Foi como nasceu a melodia, com a letra elaborada mais tarde sobre o bar que ambos frequentavam em São Paulo. Chamou-se "Nick Bar", foi sucesso de Dick Farney e a primeira de uma série de parcerias dos dois.[30]

Nos treze anos de Rádio Nacional, interrompidos por períodos de licença sempre recebidos com desagrado pela direção da emissora, Garoto era uma das atrações mais requisitadas para solos que exigissem conhecimento e virtuosismo. Dessa maneira atravessou cerca de treze anos na atividade do dia a dia executando, sem distinção de gênero e com o pé nas costas, números musicais que projetavam seu virtuosismo através do rádio. De acordo com o biógrafo de Garoto, Jorge Mello, restam perto de cinquenta gravações e setenta partituras de composições suas executadas nos programas da Rádio Nacional. Fora da emissora, Garoto sabia onde estaria seu futuro. Silenciosamente, em sua casa, pelas madrugadas adentro, ele plasmava uma obra que permaneceu por anos a fio fora de circulação.[31]

Mais de vinte anos depois de sua morte por infarto, aos 39 anos, essa obra de primeira grandeza foi sendo gradualmente reconhecida através das gravações dos violonistas Geraldo Ribeiro, Baden Powell, Raphael Rabello, Turíbio Santos, Zé Menezes, Henrique Cazes e Marcello

---

[30] Cf. depoimento de José Vasconcelos a Jorge Mello publicado em *Gente humilde: vida e música de Garoto*.

[31] Dos 217 registros de composições de Garoto, Jorge Mello relaciona, além de valsas como "Esperança" e sambas como "Lamentos do morro", 72 choros e 21 sambas-canção.

Garoto no alto do edifício Banespa, em São Paulo, em 1954.

Gonçalves, entre outros, que registraram respeitosamente fonogramas das peças que elevam a admiração pelo Garoto compositor. Merece destaque especial o violonista Paulo Bellinati, de cuja dedicação resultaram os dois cadernos de partituras do CD *The guitar works of Garoto*, de 1991, que irradiou para o exterior as pérolas do compositor.

Outro violonista da Rádio Nacional, Valzinho (Norival Carlos Teixeira), foi um marginalizado, rotulado de "maldito" por Hermínio Bello de Carvalho, seu admirador junto com Radamés Gnattali. "Ele fazia aqueles acordes de nona, de décima primeira", descreveu Radamés. "Ele fazia sem saber por que estava fazendo, ele achava bonito... o Garoto também fez muita coisa diferente. Mas o Garoto era músico."[32]

No único LP dedicado à obra de Valzinho, produzido por Hermínio com o quinteto de Radamés e a voz de Zezé Gonzaga, há onze sambas-canção nas quinze faixas. Entre os destaques, "Óculos escuros" é uma

---

[32] Cf. texto do encarte do LP *Tributo a Garoto*.

composição de harmonia bem original, com letra do poeta Orestes Barbosa: "*Teus óculos escuros colocaste e me fitaste/ Tentando assim o pranto disfarçar/ Mas eu vi pelo vidro enfumaçado/ Do outro lado/ O cristal de uma lágrima a rolar*". Orestes também foi parceiro de Valzinho em "Imagens", de versos metafóricos: "*A lua é gema de ovo/ No copo azul lá do céu.../ O beijo é fósforo aceso/ Na palha seca do amor/ Morena, foi o teu desprezo/ Que me fez compositor*". Orestes e Evaldo Rui (parceiro em "Quando o amor foi embora") são inegavelmente os melhores letristas da reduzida obra de Valzinho, o que ajuda a explicar em parte por que ele nunca conquistou uma popularidade maior.

A composição mais regravada de Valzinho é "Doce veneno", samba--canção cuja temática, na letra de Carlos Lentini ("*O meu sofrimento é infinito/ Não suporto tanta dor/ Coração já não existe em mim/ Ai! Meu Deus, que amargor*"), é um modelo que se repete em outros do próprio Valzinho, com letras depressivas: "Amar é sofrer", "Tormento" e "Fantasia" — possivelmente outra razão para ter sido tão pouco prestigiado em vida.[33]

Escultor premiado, boêmio errante, Valzinho "bebeu, teve amores violentíssimos e sempre foi mão aberta", como descreve Hermínio no encarte do disco que produziu, sem revelar a paixão do violonista por Emilinha Borba, e reconhecendo que seus caminhos melódicos são tortuosos, a definição que melhor combina com sua obra. Os acordes são ousados e realmente, à primeira vista, as melodias seguem por caminhos de árdua assimilação. A complexidade de uma peça de Debussy, um dos compositores favoritos de Valzinho e de Garoto, não é notada diante da sensação de encantamento que se desfruta ao ouvi-la. No caso de Valzinho é preciso um esforço, motivado pela tortuosidade dos caminhos melódicos. Era "conhecido como 'futurista' (apelido pejorativo pra quem era de vanguarda), mas não exatamente popular", complementa seu admirador Hermínio, que batalhou dez anos para produzir o disco *Valzinho: um doce veneno*, lançado em 1979.

"Tenho uns sete ou oito discos, daqueles em que só davam duas músicas", comentou Valzinho na reportagem publicada no *Jornal do Brasil* quando seu LP foi posto à venda. "Hoje eu vivo em casa, numa vida mais

---

[33] Mais de vinte anos depois da morte de Valzinho, "Óculos escuros" foi gravado por Paulinho da Viola e Antonia Adnet; "Imagens", por Jards Macalé; "Quando o amor foi embora", por Nora Ney; "Doce veneno", por Jamelão, Paulinho da Viola, Elizeth Cardoso e Maria Creuza, entre outros.

Valzinho (1914-1980), violonista da Rádio Nacional e autor do samba-canção "Doce veneno".

tranquila, não bebo e não fumo desde que tive um enfarte, há catorze anos. Mas fui um grande boêmio, atravessava a noite e perdi a saúde. Deixei o violão porque as tristezas foram muitas... Hoje sou um compositor aposentado. Cheguei a fazer quase cinquenta músicas... Eu tenho saudade, mas não para voltar, estou sem coragem, meus companheiros todos já se foram, me sinto sozinho", confessou ele nessa entrevista que veio à tona em 10 de fevereiro de 1979. Onze meses depois, também ele se foi. Solitário e triste, discreto e introvertido.

Na Rádio Nacional havia portanto esse grupo de músicos que, não gozando de popularidade tão explícita entre as *habituées* do auditório, teve decisiva participação na trilha da modernidade. A transição, durante os dez anos em que nossa música foi pouco a pouco mudando de cara, ocorria pela via do samba-canção, sendo compartilhada, ao menos na emissora, por maestros, músicos, compositores e cantores: Radamés

Gnattali, Lyrio Panicali, Leo Peracchi, Valzinho, Garoto, Fafá Lemos, Chiquinho do Acordeon, Nora Ney, Dick Farney e um grupo que estreou em 14 de fevereiro de 1946: Os Cariocas.

O líder Ismael Neto e seu irmão Severino Filho eram admiradores de dois grupos vocais da época das big bands norte-americanas: os Modernaires, na orquestra de Glenn Miller, e os Pied Pipers, na de Tommy Dorsey. Ambos tinham uma particularidade em comum: a primeira voz vinha de uma cantora, o que resultava numa sonoridade bastante diferente dos demais concorrentes. Paula Kelly atuava com os quatro rapazes dos Modernaires e Jo Stafford era a voz feminina dos Pied Pipers.[34] Dessa combinação é que surgiu o som dos Cariocas, revolucionando o que existia em matéria de grupo vocal brasileiro. Seus arranjos e interpretações em nada se pareciam com os dos demais: Anjos do Inferno, Quatro Ases e um Coringa, Vocalistas Tropicais, Trigêmeos Vocalistas (que também sapateavam e eram idênticos) e até mesmo os Namorados da Lua, de Lucio Alves. Nos Cariocas havia uma novidade.

"Uma vez na Tijuca o Ismael me falou: 'Ô, mano, estou com vontade de fazer uns acordes diferentes'. Vimos que não tem mulher no conjunto", relata Severino Filho em depoimento para este livro. "E passou a fazer falsete",[35] revela ele como nasceu o som original d'Os Cariocas. "Ele fazia a primeira voz em falsete, eu fazia a segunda em falsete, éramos um quinteto. O Badeco [Emmanoel Furtado] fazia a terceira, o Quartera [Jorge Quartarone] era a quarta e o Waldir [Viviani] fazia os solos, dobrava ou fazia o gravão no baixo. Foi uma inovação. Quando ouviu aquilo Lucio Alves disse: 'O que é isso?'. Os maestros não acreditavam que a gente pudesse cantar sem saber uma nota de música. Ismael não sabia música, nada, nada. De orelha. Era incrível. Pegava o violão e dizia: 'Severino, faz essa voz, Badeco você faz essa'. Tudo era tirado no violão, ensaiando três a quatro horas."[36] As performances exaustivamen-

---

[34] Os Modernaires gravaram "Perfidia", "Chattanooga choo choo", "Kalamazoo" e "Serenade in blue" com a orquestra de Glenn Miller. Os Pied Pipers gravaram "I'll never smile again", "Dream" e muitas outras com a orquestra de Tommy Dorsey.

[35] Na definição de Henrique Autran Dourado, o falsete resulta de uma técnica vocal também conhecida como voz de cabeça. Consiste no emprego de um modo de vibração reduzido das cordas vocais e simula principalmente, no canto adulto masculino, as vozes tipicamente femininas. Os Beatles e Milton Nascimento, por exemplo, fazem uso do falsete.

[36] Depoimento de Severino Filho a Zuza Homem de Mello.

O conjunto vocal Os Cariocas, formado em 1942. Da esquerda para a direita: Emmanoel Furtado (Badeco), Jorge Quartarone, (Quartera), Waldir Viviani, Severino Filho e Ismael Neto.

te ensaiadas pelos Cariocas resultavam em execuções irrepreensíveis a despeito dos acordes dissonantes nos arranjos vocais de Ismael Neto, outro modernista nato.

Após a vitória no programa de calouros *Papel Carbono*, os rapazes da Tijuca realizaram um teste para a Rádio Nacional, cujo resultado lhes seria informado dali a um mês. Não se passaram dez dias quando receberam o comunicado de Haroldo Barbosa para assinarem contrato com salário de 5 mil cruzeiros mensais a serem divididos entre os cinco. Permaneceram na Nacional de 1º de fevereiro de 1946 até 1967, atuando nos principais programas da emissora mais ouvida no Brasil.

Com um ano de rádio foram convidados por Braguinha para o integrar o *cast* da etiqueta Continental, estreando com sucesso no primeiro disco: no lado B o samba "Adeus América", uma réplica aos que queriam aderir aos ritmos norte-americanos: "*Não posso mais, ai que saudade do Brasil/ Ai que vontade que eu tenho de voltar/ Adeus América, essa terra é muito boa/ Mas não posso ficar porque/ O samba mandou me chamar*". Desejando voltar para "*Bater na barrica/ Tocar tamborim*", por estarem fartos de expressões em inglês, Os Cariocas atacavam súbito num irônico "*Hey bap ri bap*" lascado. No lado A havia uma composição de seus dois colegas violonistas da Nacional, José Menezes e Luís Bittencourt, o samba-canção "Nova ilusão", que também foi sucesso.[37]

Nenhum outro grupo vocal demonstrou entender tão bem o samba-canção como Os Cariocas nessa gravação. Após a introdução do trompete com surdina destacado pelo *backing* do grupo, a doce voz solo de Waldir apresentava a melodia, com os demais ao fundo mantendo o *backing* harmonizado: "*Foi o destino talvez, causador deste sonho feliz/ Ter você junto a mim outra vez/ Relembrar todas juras que fiz/ Tão satisfeito fiquei ao sentir nosso amor reviver/ Que nem sei se sorri ou chorei/ Custei até mesmo a crer*". Abrindo as quatro vozes com a primeira em falsete, o grupo assumia então a melodia em "*Recomeçamos assim*", entregando ao solista em "*A nossa felicidade*" para prosseguirem em uníssono: "*Jamais alguém pensaria que aquela amizade/ Viesse de novo a ter fim*". Na continuação retorna o solista com o *backing*: "*Mas durou pouco afinal/ E essa nova ilusão terminou*", para arrematar em "*Eu não sei se por bem ou por mal/ Você foi e não voltou*". Waldir repete a melodia porém assobiando e tendo os quatro em *backing* entoando dessa vez o tema de Vincent Youmans, "Tea for two", mantido durante o pequeno solo de trompete com surdina que se segue. Aí chega o grande momento: as cinco vozes aparecem plenas, com os falsetes e os acordes inovadores, uma sequência de intervalos de quinta, na contramelodia de frases substituindo ou se revezando com as originais. "*Recomeçamos assim a nossa felicidade*", que segue até o final. Este é o trecho que tem tudo a ver com o Rio de Janeiro, é o som de Copacabana nas vozes d'Os Cariocas, o grupo que fazendo jus ao nome identifica-se com a paisagem de montanhas, sol e mar de sua cidade. É o som que durante anos manteria Os Cariocas

---

[37] Os Cariocas tiveram acompanhamento de José Menezes (violão), Pedroca (trompete), Vidal (baixo), Luciano Perrone (numa leve bateria) e Centopeia (piano). Centopeia foi um legendário pianista brasileiro que se instalou em Buenos Aires e, fazendo jus ao apelido, se tornou um ídolo dos músicos argentinos de jazz por mais de vinte anos. Ele faleceu na capital portenha.

sempre modernos, o grupo vocal que anteciparia o que viria depois do samba-canção.[38] "O impacto que essa gravação provocou no espírito dos jovens da classe média — se cabem confrontos — só pode ser comparado ao conquistado dois anos antes por Dick Farney, com seu 'Copacabana' e dez anos depois por João Gilberto, com seus discos na Odeon."[39]

Dois anos mais tarde, gravaram outro samba-canção carimbado por Ismael Neto, "Marca na parede" de sua autoria.[40] Praticamente ele utilizou o mesmo procedimento de "Nova ilusão" em ordem diferente, uníssono na primeira parte, abrindo as vozes com o falsete na segunda, *back* para o assobio e o solo de Waldir. Em 1951 um novo sucesso colocou Os Cariocas no auge, o samba de Haroldo Barbosa e Geraldo Jacques "Tim tim por tim tim", que se tornou um clássico. Seis anos mais tarde "Valsa de uma cidade" acabou sendo a melodia que melhor projetou seu vínculo com a cidade do Rio de Janeiro. A gravação no LP em homenagem a Ismael Neto era uma leve e alegre exaltação à cidade maravilhosa lançada originalmente por Lucio Alves. Com Os Cariocas essa primeira parceria de Ismael Neto com Antonio Maria tornou-se o novo hino não oficial do Rio, fora do Carnaval. Por anos a fio Os Cariocas se manteriam como o mais avançado conjunto vocal da música brasileira.

Quando os artistas de rádio representavam o máximo que se podia almejar, era voz corrente acreditar que casamentos entre eles não davam certo. À boca pequena alguns até desconfiavam que flashes de beijos e carinhos entre casais de radialistas estampados na *Revista do Rádio* disfarçavam desavenças conjugais reforçadas pelo sucesso de um deles eclipsando o outro. Todavia, aconteceu nas dependências de emissoras como Nacional e Mayrink um número respeitável de romances que davam em noivado e terminavam em casamento. O maestro Gaya e a cantora Stelinha Egg, nascida no Paraná, formaram um par estável e duradouro que floresceu nos ensaios para programas da Nacional. Dorival Caymmi fi-

---

[38] Antes dos Cariocas, os grupos vocais, embora quintetos, cantavam geralmente em três vozes. A primeira e a última em oitava e às vezes uma intermediária reforçando outra. Quando muito faziam acordes de sexta. Os Cariocas introduziram acordes de sétima e de quinta.

[39] Texto de J. L. Ferrete no encarte do LP *Os Cariocas*, reunindo doze interpretações da fase de 78 rotações do conjunto vocal.

[40] "Marca na parede", de Ismael Neto e Mario Faccini, era o lado B do disco número quatro com a marca da Capitol brasileira, a Sinter, lançado em agosto de 1950. Em 1957 foi regravado para o LP da Columbia em homenagem a Ismael Neto.

Os modernistas

cou perdido de amor quando assistiu a mineira Stella Maris no palco da Mayrink Veiga, casaram-se tiveram três filhos maravilhosos e morreram quase ao mesmo tempo. Nelson Gonçalves e Lourdinha Bittencourt também se conheceram nas dependências da Rádio Nacional. Foram para o altar mas a união acabou em desquite, que naquela época tinha que ser oficializado no Uruguai. Em meio a romances passageiros, o de Lucio Alves com Neusa Maria é mais um caso; outro célebre casal surgido nas salas e corredores da Nacional, que acabou em casório, foi Luiz Delfino e Marlene.[41]

Em dezembro de 1951 consumou-se o festejado casamento nascido de outro romance desenrolado em ensaios na Rádio Nacional. Ismael Neto se apaixonou por Heleninha Costa, do time de cantoras versáteis na emissora, do agrado dos maestros/arranjadores por saberem dar conta do recado quando escaladas. Como Neusa Maria, admirada por suas interpretações sem vibrato, como a bonita Julie Joy, a luso-brasileira Vera Lucia e até mesmo a afinadíssima Zezé Gonzaga, Heleninha atuava em programas de prestígio. Não era nem expoente nem apagada, era correta. Seu repertório eclético abrangia sambas e baiões, toadas e marchinhas, tangos e boleros, como "Afinal" de Ismael Neto e Luís Bittencourt, violonista canhoto que também era letrista. Deixou de gravar "Sassaricando" por achar que a marchinha poderia ofender os famosos galanteadores postados à porta da Confeitaria Colombo. Mas compensou com o sucesso carnavalesco do samba "Barracão" (Luís Antonio e Oldemar Teixeira), que acabou se fixando no repertório de Elizeth. Além de requisitada pelas gravadoras, era uma das mais queridas pelos colegas, diferenciando-se pelo seu visual de franjinha tomando conta da testa.

Nas fotos das reportagens na *Revista do Rádio*, Heleninha Costa e Ismael Neto viviam num mar de rosas e de música antes e depois do casamento. Contudo essa imagem de Ismael contrastava com a boemia de suas noitadas na Taberna da Glória ou na Lapa, quando abusava do álcool sem medir consequências. Contrastava ou combinava, ao tempo em que a boemia desenfreada não perdoava? Não conseguiu sobreviver. Aos trinta anos, Ismael Neto deixou um vazio na modernidade da música brasileira, sendo enterrado no Cemitério de São João Batista, no Rio de Janeiro, em 31 de janeiro de 1956. Os descuidos com a vida haviam chegado a tal ponto que à pergunta sobre a causa de sua morte dizia-se: Ismael morreu de tudo.

---

[41] Cf. reportagem de Borelli Filho na *Revista do Rádio* em 8 de julho de 1952.

Com a morte de Ismael Neto em 1956, Os Cariocas incorporaram Hortensia Silva, irmã de Ismael e Severino Filho, como primeira voz do grupo. Aqui ela aparece rodeada por Badeco, Quartera, Severino e Waldir.

Severino Filho desabou. E assumiu o lugar do irmão. Convocou uma voz feminina, sua irmã Hortensia, que repondo a voz de falsete permaneceu no grupo por seis anos. Logo após sua saída, Waldir também se afastou, deixando o conjunto com três vozes, Severino, Badeco e Quartera. Com uma tríade seria impossível manter os arranjos d'Os Cariocas. Severa precisava de uma quarta voz.

"O Lyrio Panicali e o Radamés me falaram: você tem que estudar música, procura minha irmã Aida Gnattali", recorda Severino do período em que se tornou arranjador. "Aprendi um pouco de piano, que é um instrumento de trabalho para mim, para minhas orquestrações e para Os Cariocas. Terminei o curso de teoria e solfejo e, para saber se tinha dom mesmo, pedi uma partitura a um músico da Rádio Nacional. Fiz 'Blue moon' para cinco saxes, três trompetes, dois trombones e a base. Quando ouvi ficou tão bonito que eu disse: tenho jeito pro negócio. Fechei os livros e nunca mais fiz arranjo até terminar meu curso com Koellreutter. O que eu fiz em dois ou três anos levaria quase sete. Era o saber ligado à música pela ajuda."

Severino passou a fazer arranjos para orquestra nos estúdios da Continental e da Copacabana, ambas no terceiro andar de um edifício da avenida Rio Branco. "Estava gravando com a minha orquestra Panamerica na Continental e num intervalo vi um garoto tocando violão e cantando, seu nome era Luiz, ficou meu amigo, e começou a ensaiar conosco."[42] Foi como Severino encontrou Luiz Roberto, a nova voz solo que completaria o quarteto e ainda tocava contrabaixo. Ensaiaram na casa de Tom Jobim, na Barão da Torre, para preparar o célebre show do Bon Gourmet, O Encontro.

A partir daí Os Cariocas não precisavam nem de acompanhantes, Badeco era violonista, Quartera, baterista, e Severino, pianista. Com harmonização adequada para quatro vozes e Severa nos falsetes, suas gravações se tornariam fundamentais na modernidade da canção brasileira por meio de discos de bossa nova.[43]

O grupo viveu sua fase de esplendor até 1967, quando aconteceu um estremecimento sério entre os quatro, provocando o que foi noticiado como o fim dos Cariocas. Consta que havia divergências causadas pela rigidez de Severino nos ensaios e, de outra parte, depressão e gênio forte dos demais, criando uma situação considerada insustentável entre os quatro, ainda que concentrada entre Severa e Luiz Roberto, o que não é novidade no meio dos conjuntos vocais de todo o mundo. O grupo foi dissolvido sem chance de reatamento. Todas as tentativas de reuni-los para discos ou shows foram infrutíferas por mais de vinte anos. Até que o produtor Raymundo Bittencourt conseguiu colocá-los frente a frente no estúdio Carlão, em Botafogo, em uma discussão de quatro horas que quase chegou às vias de fato. Raymundo deu um basta: "Os Cariocas precisam voltar de qualquer maneira e ponto final". Abraços e beijos selaram a reconciliação.

O retorno seria comemorado com verdadeira festa no bar Jazzmania, em Ipanema. O destino, porém, foi cruel demais: após ensaiarem

---

[42] Depoimento de Severino Filho a Zuza Homem de Mello.

[43] Nesse período o grupo gravou seis LPs na Philips: A bossa dos Cariocas (1962), Mais bossa dos Cariocas (1963), A grande bossa dos Cariocas (1964), Os Cariocas de quatrocentas bossas (1965), Passaporte (1966) e Artes e vozes (1966).

Os Cariocas na formação com Luiz Roberto (contrabaixo), Quartera (percussão), Badeco (violão), e Severino Filho (piano).

quase um ano[44] para a espetacular *rentrée* que movimentou a classe musical carioca em peso, Luiz Roberto, que era cardíaco, sentiu fortes dores no peito no segundo set, retirou-se do palco no meio de uma música e foi direto para o camarim, onde morreu de um infarto fulminante em 20 de outubro de 1988.

---

[44] Período em que gravaram o LP *Minha namorada* pela Som Livre, com composições inéditas em seu repertório, como "Wave", "Você e eu" e "Águas de março". Produzido por Raymundo Bittencourt, gravado no estúdio Synth do tecladista Luiz Avellar com a participação de Hélio Delmiro (guitarra), Nico Assumpção (baixo) e Carlos Bala (bateria), o disco foi editado inicialmente no México e na Venezuela, conforme relata Tárik de Souza na crítica "Cariocas no salto do tempo" do *Jornal do Brasil* em 4 de junho de 1990. Este foi o ano em que *Minha namorada* foi lançado no Brasil, sendo portanto o último disco do qual Luiz Roberto participou.

Os modernistas 439

No meio de cantores corre a máxima de que "conjunto vocal é uma cachaça; você não consegue se livrar nunca". Severa se recompôs pela segunda vez seguindo o conselho de Luiz Roberto: "Se eu morrer coloquem o Edson no meu lugar", ele havia dito, antevendo o que poderia suceder.[45] Dessa maneira, Edson Bastos assumiu sua posição desde a nova apresentação no mesmo Jazzmania, outras no bar Zais, da Vila Mariana, e no Opera Room, em São Paulo, e na gravação do LP *Reconquistar*.[46] Com o passar dos anos mais substituições foram efetuadas para as posições de Badeco e Quartera, a fim de pelo menos manter vivo o conjunto vocal. A tampa se fecharia de vez no dia em que Severino Filho, líder, arranjador e voz em falsete, também se foi em 1º de fevereiro de 2016. Aí não teve remédio. A alma do conjunto não existia mais. Acabou a saga d'Os Cariocas.

* * *

Revoltado ao detectar o cartel que vigorava entre as emissoras paulistas oferecendo um teto baixo, e previamente combinado entre si, a título de salário para artistas que recusassem uma proposta na renovação de contrato, Tito Madi percebeu que não tinha mais chance em São Paulo e tomou uma decisão drástica e corajosa.

"Quando terminou meu contrato com a Tupi, fui chamado por um senhor para fazer um novo contrato. 'Eu gostaria de uma equiparação a artistas mais antigos, uma coisa como sete ou oito mil.' Ele falou: 'Nós vamos te dar quatro mil'. Eu: 'Não, assim eu não quero'. Eu queria ficar nas Associadas, eu adorava aquilo lá. O último programa que fiz foi o *Antarctica no Mundo dos Sons*", rememora ele no depoimento para este livro. E revela: "Andando pela cidade, o produtor Júlio Nagib me falou: 'Vou te levar para a Bandeirantes'. Uma noite, na avenida Ipiranga, nós encontramos o Walter Forster, que propôs ao Júlio deixar que eu fosse para a TV Paulista. O Júlio concordou: 'Claro, melhor que a Bandeirantes'. No dia seguinte ao último programa na Tupi, fui procurar o Walter, que me atendeu muito bem e disse: 'Olha, Tito, eu fiz isso para te arru-

---

[45] Cf. "Os Cariocas não podem parar", *Jornal do Brasil*, 12 de julho de 1989.

[46] Gravado em 1991 e lançado no ano seguinte pela WEA, o LP *Reconquistar*, com Edson Bastos no lugar de Luiz Roberto, teve a participação de Tom Jobim, João Bosco, Caetano Veloso, Ivan Lins, Roberto Menescal e Guilherme Arantes como convidados. Também foi produzido por Raymundo Bittencourt.

mar uma coisa de quatro mil'. Aí eu fiquei sabendo que as rádios combinavam não oferecer uma mais que a outra ao artista que saísse".[47]

Tito pensou e decidiu: "Quer saber de uma coisa? Eu vou para o Rio". Iria para ficar até que se acabassem os quatro mil cruzeiros. Foi de ônibus com uma carta de apresentação do diretor da Tupi de São Paulo, Teófilo de Barros Filho, para J. Antônio D'Ávila, diretor da Tupi do Rio, outra carta de Henrique Lebendiguer, seu editor da Fermata, para a Mayrink, e mais a chave de um apartamento na avenida Nossa Senhora de Copacabana, emprestado por um amigo de seu primo. "Eu preferi a Tupi e o D'Ávila falou: 'Vou te contratar'. Achei que com o sucesso que tinha com o 'Não diga não' eu estaria bem no Rio de Janeiro. Mas foi um engano terrível."[48]

Fazia tempo que havia adotado seu nome artístico, ao perceber que o de batismo, Chauki Maddi, não era bem captado pelos ouvintes de rádio. Suprimiu o segundo "d" do sobrenome e elegeu Tito, ficando Tito Madi, quatro vogais e quatro consoantes, fácil de lembrar. Era seu apelido de infância em Pirajuí, pequena cidade do interior de São Paulo onde nasceu, filho de libaneses. Foi onde começou, na emissora local ZYD 6, e onde também compôs seu primeiro sucesso, "Não diga não", uma das três músicas cantadas diante do maestro Georges Henry no teste que determinou sua contratação pela Rádio Tupi de São Paulo.

A melodia mostra a sofisticação romântica que perduraria em sua obra: "*Não diga não, não me deixe sozinho/ Sofro demais longe de seu carinho/ Não diga não, me faz sofrer/ Chegue-se a mim assim, assim/ Se disser não isto será meu fim*". Gravado em junho de 1954 no estúdio carioca da Continental, Tito foi acompanhado pelo Trio Tupi, certamente um nome fantasia que resguardava a participação de dois músicos excepcionais, Chiquinho do Acordeon (do Trio Surdina) e o pianista Ribamar, seu futuro acompanhante. Quase quarenta anos mais tarde, Tito achou que o samba-canção estava muito curto e resolveu compor um recitativo, "como fazem os compositores americanos".[49] Foi como o interpretou no programa *Ensaio*[50] e na gravação em que é acompanhado por Roberto Menescal à guitarra, com o acréscimo da abertura em andamento livre:

---

[47] Depoimento de Tito Madi a Zuza Homem de Mello em julho de 2004.

[48] Idem.

[49] Informação do próprio Tito Madi em 29 de novembro de 2016.

[50] Produzido e dirigido por Fernando Faro na TV Cultura de São Paulo em 1992.

"Não faz sentido essa briga/ Nem tem razão esta dor/ A nossa história é tão antiga/ São mais de mil anos de amor".[51] Daí seguia-se a consagrada melodia já gravada dezenas de vezes sem o recitativo.

Apesar de ter sido contratado pela Tupi do Rio e atuado como *freelancer* na Rádio Nacional, Tito Madi direcionou sua carreira no sentido da noite carioca, consolidando-se como o mais emblemático cantor das boates de Copacabana. Fez carreira trazendo bom público às várias que percorreu. Do Scotch Bar, onde estreou a convite do pianista húngaro Don Al Bibi, e cantava de segunda a sábado, caminhando sem microfone entre as mesas, foi convidado pelo pianista Ribamar para o Jirau, ponto de referência e de final de noite de artistas, garotas famosas, atrizes, compositores e jornalistas que noticiavam os acontecimentos da noite. Foi onde ganhou projeção ao ser acompanhado por Ribamar, formação inseparável que duraria anos como atração romântica na noite carioca. Ao receberam o convite dos italianos Mario Pautasso e Pino Lamarca, proprietários do Little Club no Beco das Garrafas, Tito e Ribamar mudaram de endereço pela primeira vez, permanecendo cerca de seis meses, mesmo que incomodados com o vozerio da clientela.[52] Assim que os sócios adquiriram o Bar Cangaceiro na rua Fernando Mendes, o cantor e o pianista receberam de Pino o convite para atuarem na nova casa, estreando em fevereiro de 1958. Dois shows por noite, mas em condições à altura, como atração e sendo anunciado pela cantora Miriam Roy como "O melhor compositor de 1957".[53] Era consequência de seu novo sucesso, "Chove lá fora", que, embora seja por vezes classificado como samba-canção e até como beguine, é de fato uma sutil valsa, e bem lenta. O próprio Tito, em emocionante interpretação, foi o primeiro a gravá-la.[54]

Êxito fulminante, fora composta num período de férias em Pirajuí e regravada no mesmo ano de 1957 por Rosana Toledo, Agostinho dos

---

[51] Gravação registrada no CD *Tito Madi*, da CID, de 1996.

[52] Acompanhado por José Ribamar, Tito Madi cantou no Little Club em junho de 1957, revezando com Miriam Roy. Natural de Turim, Mario Pautasso chegou ao Brasil em 1953 e, antes de seu falecimento em 2015, dirigiu o restaurante La Trattoria no Rio de Janeiro.

[53] Tito Madi foi eleito o melhor compositor de 1957 pelo jornal *O Globo* e pelo Clube dos Artistas.

[54] Acompanhado por Ribamar, Chiquinho, Zé Menezes e orquestra de cordas. "Chove lá fora" foi lançada em março de 1957 no lado A do disco da Continental, tendo no lado B o samba-canção "Gauchinha bem querer".

Tito Madi e o pianista Ribamar se apresentam na noite carioca, após o sucesso de "Chove lá fora" nos Estados Unidos.

Santos, Ribamar, Nora Ney e Elizeth Cardoso, uma verdadeira avalanche. No exterior é a famosa balada "It's raining outside", com o mais bem-sucedido grupo vocal do *doo-wop style*, The Platters, na versão de seu produtor Buck Ram. Seguindo a trilha de "Twilight time", atingiu o *hit parade* em 1959 ainda com a voz solo do incomparável Tony Williams, o primeiro a desfalcar o conjunto, dois anos depois.[55]

[55] Para mais detalhes sobre The Platters, ver o texto "Buck Ram" no meu livro *Música com Z* (São Paulo, Editora 34, 2014, pp. 487-90).

Trata-se de letra melancólica sobre uma melodia espontânea sem rebuscamento, jogando com a harmonia habilidosamente em duas partes quase idênticas, a não ser a partir dos três acordes menores que recaem no trecho "*Saber lá fora/ Onde estás, como estás*", a chave para o final, "*Com quem estás agora*". Na primeira parte, "*A noite está tão fria, chove lá fora/ E esta saudade enjoada não vai embora/ Quisera compreender por que partiste/ Quisera que soubesses como estou triste*", Tito procede com um jogo de acordes empregando diminutas, a sétima e a nona que conferem a modernidade em sua obra. A originalidade de suas soluções melódicas, levemente intrigantes, pode ter origem remota na sua infância em Pirajuí, animada pela música de sua família libanesa, em que o pai tocava alaúde e os irmãos mais velhos, violão e bandolim.

Nos três anos entre "Não diga não" e "Chove lá fora", Tito compôs dois ternos sambas-canção de elevado nível, "Fracassos de amor" e "Cansei de ilusões". Embora pouco regravado, o primeiro tem uma melodia muito bem elaborada sob a letra de um derrotado nas questões de amor: "*As questões de amor são meu fracasso/ Quantas vezes já eu fracassei/ Tantas vezes já tive em meus braços/ Quantas vezes já me enganei.../ Afinal por quem tanto procuro/ Se esse alguém que eu quero, já nem sei/ Tantos, tantos foram meus fracassos/ Que a eles já me acostumei*". Exceto pela gravação do autor, quem melhor soube extrair a beleza do samba-canção não foi um cantor, e sim o consagrado violinista Fafá Lemos, no LP *Trio do Fafá*.[56]

"Cansei de ilusões" foi lançado pela cantora da Rádio Nacional Vera Lucia e, bem depois, gravado pelo autor acompanhado de orquestra.[57] Seus versos são um primor sobre a despedida sincera e dolorosa ao final de um romance, tudo o que o samba-canção tem como marca registrada: "*Mentira foi tudo mentira, você não me amou/ Mentira foi tanta mentira, que você contou/ Tão meigos seus olhos, por Deus, eu nem desconfiei/ História tão triste você contou, e acreditei, pois quase chorei*" é a primei-

---

[56] "Fracassos de amor" foi gravado inicialmente em 9 de janeiro de 1957 por Orlando Corrêa, depois por Carlos Augusto em 11 de fevereiro e por Zilá Fonseca em seguida. A versão de Tito Madi só foi lançada em setembro-outubro de 1958, acompanhado por Fafá Lemos, Chiquinho do Acordeon e Zé Menezes. A gravação do trio de Fafá, também com Chiquinho e Zé Menezes, está no LP *Trio do Fafá*, que, a se julgar pela numeração, pode ter sido o sétimo doze polegadas da RCA Victor, de 1958.

[57] Ambos na Continental, o de Vera Lucia saiu entre agosto e setembro de 1956, o de Tito entre janeiro e setembro de 1959, portanto após a gravação de Elizeth Cardoso no LP *Retrato da noite*, de 1958.

O LP *Tito Madi*, de 1963, que reuniu os grandes sucessos do cantor.

ra parte, expondo constatações da separação. Na segunda, o desfecho: "*E agora desfeita a farsa, só resta esquecer/ Mentiras que calam na alma fazendo sofrer/ Rasguei suas cartas, queimei suas recordações/ Mentiras, cansei de ilusões*". Um clássico.

De uma elegância discretíssima, que prima por se apresentar de blazer claro e camisa social com a gola aberta por sobre a lapela, Tito Madi, um *gentleman* de fala suave e educação primorosa, foi um dos mais queridos cantores no repertório romântico do qual a boemia carioca não abria mão. Com sua voz acetinada, por vários anos seguidos era atração noturna predileta no Rio de Janeiro.

"No Leme tinha duas casas, uma chamada Hawai, de bom gosto, de uma senhora Cacilda, espécie de *disk jockey*", discorre Tito Madi sobre as boates de Copacabana. "Houve um ano", relembra ele, "em que eu e Lucio Alves fomos os mais tocados lá. E do lado tinha uma outra chamada Texas Bar, onde me lembro que fiz muitas temporadas e onde a Elza Soares começou em boate. Eram tão juntas que o Sérgio Porto dizia ser o único lugar do mundo em que o Hawai fazia limite com o Texas. A minha permanência nas boates era para ter um ponto de referência. Depois fui inaugurar uma boate chamada Fossa com o Ribamar e a Waleska [em 1967]. 'Fossa' era uma expressão carioca que veio substituir a 'dor de cotovelo'. Foi aí que começou. Fizemos um ambiente de música boa, calma. Eu e a Waleska fomos apelidados de Rei da Fossa e Rainha da Fossa. Eu não gostei. Era na praça do Lido. Embaixo tinha uma choperia alemã chamada Bierklause com música de dança, duas coisas completamente diferentes. A capacidade da Fossa era de 120 lugares. Eram as mesmas pessoas do Cangaceiro que iam se juntando à gente e até hoje me seguem. Ia aumentando cada vez mais. Muitos frequentavam mas não com as suas esposas. Quando eles iam com as esposas diziam: 'Olha, você não me conhece, hein? Não fala sobre minhas vindas aqui'. A Fossa era um templo de música romântica, bonita. Foi a última boate em que atuei. De segunda a sábado durante sete anos. Saí e o Ribamar ficou mais três. Eu briguei com o Elias Abifadel, que era o dono, e saí. A Fossa é quase isso, um epílogo da minha vida noturna."[58]

A temporada na boate Fossa gerou a Tito Madi uma série de discos LP denominados *A Fossa*, volumes de 1 a 4, com composições suas, de autores de sambas-canção dos anos 1950 combinadas com as dos criadores de sambas-canção da geração das décadas de 1960 e 1970.[59]

Sua obra se alonga em sambas e outros sambas-canção que solidificaram sua posição na galeria dos mais relevantes compositores brasileiros: "Carinho e amor" ("*Se você quer voltar/ Você manda amor/ Nem tudo está perdido em nossa vida*"), "Sonho e saudade" ("*Tantos sonhos eu tive/ E eu sonhei com você/ Foram sonhos tão tristes/ Que eu sonhei com você*") e "Balanço Zona Sul" ("*Balança toda pra andar/ Balança até pra falar/ Balança tanto que já balançou meu coração*"). Tito Madi é o único sobrevivente do samba-canção em sua fase de supremacia na can-

---

[58] Depoimento de Tito Madi a Zuza Homem de Mello. Elias Abifadel era o proprietário das duas casas, foi dono da Infantil Modas e teve participação na casa de shows Oba-Oba.

[59] Fernando Lobo, Marino Pinto, Tom Jobim, Billy Blanco, Dolores Duran, Antonio Maria, Chocolate, João Donato, Ary Barroso e Ismael Neto são alguns autores dos anos 1950. Silvio César, Edu Lobo, Torquato Neto, Dori Caymmi, Chico Buarque, Francis Hime e Sidney Miller são alguns dos anos 1960. Os discos foram lançados entre 1971 e 1974 pela Odeon, com orquestrações de Luiz Eça nos três primeiros e de Meirelles no quarto.

ção brasileira. "Meu tipo de música é o samba romântico; eu sou do samba-canção", definiu-se.[60]

Após suas jornadas noturnas nos tempos do Scotch Bar, Tito Madi costumava sair a pé, e quando passava em frente à casa de uma amiga, que costumava assisti-lo embevecida, assobiava "Não diga não", senha para que descesse. Passeavam e conversavam de madrugada percorrendo a avenida Atlântica toda. Era Sylvia Telles, uma cantora que traria um sopro feminino diferente à canção brasileira.

Seu primeiro LP, *Carícia*, ainda de dez polegadas, é exaltado como uma ponte entre o que havia na modernidade e o que surgiria em breve, a bossa nova. É um disco francamente de sambas-canção, mas curiosamente no texto de contracapa apenas três faixas são identificadas como tal, "Por causa de você", "Tu e eu" e "Foi a noite", embora as oito sejam executadas e cantadas como manda o figurino do gênero.[61]

Fotografada para a capa em pose de bailarina, de sapatilhas rosadas e tutu azulado, a alegre, simpática e dentucinha Silvinha, que efetivamente estudara *ballet*, ganharia fama da cantora mais moderna do momento. Sua voz juvenil escondia alguns tiques das interpretações sombrias de Maysa, mas o frescor determinava gigantesca diferença.

O que mais chamou a atenção de Aloysio de Oliveira, recém-nomeado diretor artístico da Odeon, foi um disco de 78 rotações da promissora cantora com o samba-canção "Foi a noite", de Newton Mendonça em parceria com o arranjador e compositor Antonio Carlos Jobim. "Chegava eu no Rio depois de dezoito anos de ausência", escreveria Aloysio sobre sua sensação ao ouvir, pela primeira vez, "uma gravação que já havia sido preparada pela direção anterior, 'Foi a noite', de Antonio Carlos Jobim e regência de Leo Peracchi. A intérprete era Sylvia Telles. Entrei no estúdio ignorando a música, o arranjo e a intérprete... Foi meu primeiro contato direto com a bossa nova. O impacto que tive é até hoje quase indescritível. A construção melódica da música era uma coisa inteiramente nova dentro dos padrões brasileiros. O arranjo simples, impecável, fornecia uma sequência harmônica que enaltecia a melodia de um modo incomum. A interpretação era genial, Sylvia Telles conseguia com sua voz

---

[60] Depoimento de Tito Madi a Zuza Homem de Mello.

[61] *Carícia* foi gravado no estúdio da Odeon entre 11 de março e 20 de maio de 1957. "Por causa de você" na primeira sessão e "Se todos fossem iguais a você" na última. "Foi a noite" já fora gravado para um 78 rotações em 7 de agosto de 1956 e lançado nesse mesmo mês.

rouca e suave penetrar dentro da gente e mexer com todas as nossas emoções."[62]

Após dezoito anos fora do Brasil é compreensível que Aloysio não imaginasse encontrar o que encontrou, tantas novidades de uma só vez. Melodias e sequências harmônicas incomuns faziam parte do universo do samba-canção desenvolvido durante sua ausência. Ainda que não fosse bossa nova, havia traços tão inusitados em "Foi a noite" que lhe pareciam abrir um caminho mais amplo e profundo que as demais faixas. Teve o faro de perceber o que a suavidade das interpretações de Silvinha Telles significava no ambiente musical, materializada pela admiração de jovens amadores que faziam música com ares de Rio de Janeiro. Rapidamente ela se tornou a voz feminina dos mesmos, tendo seu nome posto em destaque em um anúncio do celebrado show promovido por Moysés Fuks no Hebraico, por ser a única profissional. Foi quando pela primeira vez alguém utilizou a expressão "bossa nova", referindo-se ao grupo do espetáculo.[63] Com *Amor de gente moça*, de 1959, Silvinha tornou-se a primeira cantora profissional a lançar um disco inteiro de bossa nova.

No seu arranjo para "Foi a noite" Jobim concentrou-se nos instrumentos de cordas, permitindo as intervenções das flautas e, no final, oboé, fagote e trompa. Apelidado de Tom, era pianista bastante familiar na noite carioca, respeitado nos estúdios da Continental no Rio como o mais promissor arranjador e admirado como compositor em franca ascensão, após o sucesso de "Tereza da praia", e sambas-canção — os da *Sinfonia do Rio de Janeiro* e ainda "Solidão", "Outra vez", "Se é por falta de adeus" — que de fato ofereciam novidades.[64] Suas primeiras composições gravadas deixavam claro: Antonio C. Jobim ou Antonio Carlos Jobim, como foi desdobrado seu nome, era então compositor de sambas-canção.

As recordações do que o levou a compor estão nas entrelinhas do extenso depoimento que me concedeu: "Até que um dia veio um piano

---

[62] Texto de Aloysio de Oliveira no livreto encartado no álbum *Bossa nova, sua história, sua gente*, lançado pela Philips em 1975.

[63] Realizado no Grupo Universitário Hebraico do Brasil, em 1958, com Ronaldo Bôscoli dirigindo Nara Leão, Roberto Menescal, Carlos Lyra e Chico Feitosa, entre outros. No local, uma inscrição estampava: "Hoje Silvinha Telles e um grupo bossa nova".

[64] A *Sinfonia do Rio de Janeiro* foi lançada em dezembro de 1954; "Solidão" foi gravada em maio de 1954 por Nora Ney; "Outra vez" por Dick Farney em junho; "Se é por falta de adeus" por Doris Monteiro em maio de 1955.

Contracapa do primeiro LP de Sylvia Telles, *Carícia*, gravado em 1957, que trazia sambas-canção de Tito Madi, Tom Jobim e outros.

alugado lá para casa, um piano velho para minha irmã estudar. O professor era Koellreutter, que depois se tornou famoso no Brasil. Ele tinha chegado aqui muito pobre e aqui ficou, começou lecionando piano. A minha irmã, depois de se aborrecer com aquelas escalas, acabou deixando, e eu vinha da praia, sentava lá ao piano e comecei a brincar. E descobri que aquilo era um grande brinquedo, que tinha enormes possibilidades", contou-me Tom Jobim em sua casa na rua Codajás.[65]

---

[65] Depoimento gravado em 27 de novembro de 1968 e publicado em meu livro

Depois de participar da Escola Livre de Música em São Paulo, Hans Joachim Koellreutter foi professor da Escola de Música da Universidade Federal da Bahia, dirigida por Edgard Santos, onde deixou um rastro marcante, exercendo influência em outros alunos seus como Severino Araújo, Moacir Santos, Severino Filho, Tom Zé e, indiretamente, sobre Gilberto Mendes, Paulo Moura, Diogo Pacheco, Júlio Medaglia, Nico Nicolaiewski e Nelson Ayres, entre tantos outros. São dados reveladores da importância que o ínclito educador alemão Koellreutter teve na modernidade da música brasileira. Por seu turno, Jobim foi depois aluno de piano da professora Lucia Branco e, graças à confiança de seu padrasto Celso Frota Pessoa ao custear seus estudos, discípulo por quase três anos de quem abriu seu conhecimento sobre harmonia e a obra de Villa-Lobos, o espanhol Tomás Terán, que também lhe indicou o mestre maior e amigo por toda a vida, Radamés Gnattali.

Nesse tempo defendia-se como pianista da noite carioca, tendo rodado por tudo que é bar — Tudo Azul, Posto Cinco, Tasca, Mocambo, French Can-Can, Bambu Bar, Studio do Teo e especialmente o Clube da Chave —, inserindo-se na turma mais respeitada dos que animavam as boates de Copacabana, como sempre sentados, às vezes de costas para o público, diante de um teclado que poderia ser até um piano armário. "Foi dentro da noite que ouvi os primeiros acordes de Tom, tentando se pegar ao moderno, procurando fugir do clássico, somente se utilizando desse estilo para compor e orquestrar, para emitir sensibilidade. E a gente ficava em volta de Tom acompanhando-se por uísque e mulher, ouvindo, até que o sol entrasse e viesse dar bom-dia com o seu calor. Os bares do Rio, todinhos, conheceram Tom", saiu publicado na coluna "Perfil", de Jayme Negreiros, na revista *Manchete*.[66] Tom era um rapagão comedido e inteligente, leitor contumaz de poesia, sensível à natureza das matas do Rio que o rodeavam, e bonito de deixar moças e mulheres casadas caídas de paixão, sem medir consequências. Com os cabelos caídos na testa, era um galã de cinema em potencial, até em Hollywood, fosse o caso. Nunca foi, nem poderia ser. Tom Jobim era devotado à música, só se preocupa-

---

Música popular brasileira cantada e contada... (São Paulo, Melhoramentos, 1976; nova edição: *Eis aqui os bossa-nova*, São Paulo, Martins Fontes, 2008).

[66] Considerado o primeiro perfil de Tom Jobim na imprensa, foi publicado em novembro de 1953. Seu autor, Israel Jayme Trifler, que se assinava Jayme Negreiros, é tido por Sérgio Cabral como um dos mais brilhantes jornalistas de sua geração, tendo falecido prematuramente.

Tom Jobim, aqui com seu filho Paulo, estudou muito
antes de se tornar um grande compositor.

va em arranjar o suficiente para pagar o aluguel do apartamento onde vivia com a linda e dedicada Tereza. Vivia para a música.

Também atuavam na noite naquela época os pianistas Britinho, Bené Nunes, Chuca-Chuca, Centopeia, Fats Elpídio e Francisco Scarambone, admirador das harmonias de Tom e que lhe deu um sábio conselho: "Por que você não estuda orquestração?".

"Depois de conversar com Tereza, esperou a chegada do padrasto do trabalho para conversar com ele sobre seus planos. 'Quanto tempo você precisa para estudar?', quis saber Celso. 'Seis meses', informou. 'Então, trate de aprender a orquestrar.' Mais uma vez Celso Frota Pessoa abriu o seu guarda-chuva para o enteado, que, dali a alguns dias, estava atracado com o livro *Princípios de orquestração*, de Rimsky-Korsakov. Procurou também os maestros Alceo Bocchino e Radamés Gnattali para

Os modernistas

darem aulas."[67] Em suma, Tom Jobim teve a mais esmerada educação musical que se poderia almejar no Rio de Janeiro.

Convidado por Paulo Soledade, foi trabalhar na Continental como arranjador, uma atividade que aos poucos o livrava das cansativas madrugadas em bar onde, ainda por cima, tinha que sapecar a pedido dos clientes músicas que detestava. E mais: o contrato com a gravadora possibilitou acercar-se de Radamés Gnattali, numa "relação tão útil quanto a do mestre e do aluno e tão doce quanto a do pai e o filho".[68]

O nome de Antonio C. Jobim, assim grafado, foi impresso pela primeira vez em selo de disco como compositor na gravação do samba-canção "Incerteza", parceria com Newton Mendonça, amigo de infância e companheiro de instrumento. No Clube da Chave conheceram o cantor santista da noite paulistana Mauricy Moura, do tipo vozeirão e ligeiramente cicioso, que acabou gravando a canção. A fornada dos três primeiros sambas-canção se completa com "Pensando em você" e "Faz uma semana", mas nenhum deles chegou a ser gravado pela segunda vez.[69]

O ano seguinte, 1954, é que de fato daria impulso à carreira do compositor Antonio Carlos Jobim. Em maio foi lançado o apurado samba-canção "Solidão", na gravação de seu próprio arranjo para Nora Ney.[70] Um mês depois foram postos à venda dois discos de efeito fora do comum, quer seja pela repercussão, quer pelos atributos como composição. Na primeira categoria está "Tereza da praia", nas vozes dos modernos e galantes cantores Dick Farney e Lucio Alves, em diálogo musical encenado na disputa pela mesma garota, com letra bem urdida de Billy Blanco, que atua como cachimbo da paz na inexistente rivalidade entre os dois. "Esta singular composição foi valorizada pelo charme e a categoria dos cantores — que passaram a impressão de realmente compartilhar do amor da volúvel Tereza —, e por Tom e seu conjunto, o que beneficiou de fato a carreira dos quatro participantes do projeto."[71]

---

[67] Cf. Sérgio Cabral, *Antonio Carlos Jobim: uma biografia*, Rio de Janeiro, Lumiar, 1997.

[68] Idem.

[69] "Incerteza", gravado por Mauricy Moura, foi lançado em abril de 1953; "Pensando em você" e "Faz uma semana" foram gravados por Ernani Filho em junho e julho de 1953, respectivamente. Todos com acompanhamento da orquestra de Lyrio Panicali.

[70] Nora Ney foi acompanhada pela Orquestra de Vero, isto é, Radamés Gnattali. Veja os detalhes sobre "Solidão" no capítulo 6 deste livro.

[71] Cf. *A canção no tempo, vol. 1*, 7ª ed., p. 323.

Na segunda categoria surge "Outra vez", também com Dick Farney, o primeiro sinal de uma técnica de composição pousada em motivo de pouquíssimas notas, lustrada pelo encadeamento harmônico que, se suprimido, revela uma composição falsamente elementar. Exatamente o mesmo que "Samba de uma nota só" (com Newton Mendonça) e "Águas de março", dois pontos culminantes na obra de Jobim. De fato a primeira parte de "Outra vez" é baseada em três notas, "Ou - tra - vez", semeando as demais três notas, que vão sendo reviradas na mesma ordem ("*Sem - vo - cê, ou - tra - vez, sem - a - mor, ou - tra - vez, vou - so - frer, vou - cho - rar*") até o final da primeira parte ("*a - té - vo - cê - vol - tar*"), em sucessão cromática descendente. Repete-se a primeira parte com outra letra, e segue-se a segunda parte em blocos de divisão rítmica quase iguais ("*Todo mundo me pergunta/ Porque ando triste assim/ Ninguém sabe o que é que eu sinto/ Com você longe de mim/ Vejo o sol quando ele sai/ Vejo a chuva quando cai/ Tudo agora é só tristeza/ Traz saudade de você*"). Gravada por Dick Farney em junho de 1954, seria quatro anos mais tarde uma das duas músicas em que João Gilberto apresentaria pela primeira vez a batida da bossa nova acompanhando Elizeth Cardoso. A outra era "Chega de saudade". Desse modo, o samba-canção vai se aproximando cada vez mais da bossa nova.

No final do ano de 1954, sai o disco da *Sinfonia do Rio de Janeiro* com cinco sambas-canção da parceria Tom Jobim/Billy Blanco[72] antecedendo em seis meses a primeira das três parcerias de Tom com Dolores Duran, "Se é por falta de adeus", gravada por Doris Monteiro.[73]

Simultaneamente o prestígio do arranjador Tom Jobim crescia a olhos vistos, sendo reconhecido como um dos melhores de 1955 e convidado para o cargo de diretor artístico da Odeon. O ano seguinte estava destinado a uma significativa mudança na sua carreira.

Era ele quem estava certa vez no bar Vilariño, o mais procurado no centro do Rio por escritores, pintores e o pessoal da música no final da tarde após o trabalho, horário que se tornaria expressão de coluna social como *happy hour*.[74] Quando Vinicius de Moraes manifestou ao crítico

---

[72] Veja os detalhes da *Sinfonia do Rio de Janeiro* no capítulo 11 deste livro.

[73] Gravado em maio de 1956 com arranjo do próprio Jobim, que também regeu a orquestra, foi lançado em outubro. Veja o capítulo 12 deste livro para detalhes sobre as outras duas parcerias, "Por causa de você" e "Estrada do sol".

[74] Em conhecida foto de 1956 batida no Vilariño, figuram, entre outros: Antonio Bandeira, Di Cavalcanti, Fernando Lobo, Dolores Duran, Elizeth Cardoso, Flavio Porto,

Os modernistas

Lúcio Rangel estar necessitando de um compositor para o musical que tencionava levar adiante sobre um Orfeu negro, Tom foi chamado. Acertaram os ponteiros e se entregaram a compor canções, formando uma nova dupla.

Por demais conhecidos, estes são os detalhes que me foram relatados por um dos três personagens do encontro, Vinicius de Moraes, no seu apartamento em 1967:

"Um dia, no bar Vilariño, onde tínhamos uma mesa grande de escritores e artistas, conversando com Lúcio Rangel, disse que precisava de um compositor jovem que tivesse ideias mais avançadas. Ele me disse:

— Porque você não tenta esse rapaz, Antonio Carlos Jobim, que me parece ter um talento muito grande?

Lembrei-me de Tom, do nosso tempo no Clube da Chave. E ocasionalmente ele estava lá. Estava no bar. Então eu o chamei e propus a coisa a ele. Lembro que ele perguntou:

— E tem dinheirinho nisso?

Ele vivia duro, naquela vida de tocar em inferninho.

— Claro que tem. Tem dinheirinho para você aí.

Dei-lhe a peça para ler, ele gostou e uns quinze dias depois me telefonou para ir à casa dele. Já tinha feito várias anotações no texto e me mostrou alguns temas. Tudo o que eu queria ele tinha feito. Aí começamos a trabalhar juntos. Foi feito o primeiro samba da peça, 'Se todos fossem iguais a você', quase paralelamente, ele no piano e eu escrevendo a letra. Depois fizemos os outros sambas."[75]

"Tom ensaiou no piano os primeiros acordes de 'Se todos fossem iguais a você'. O samba saiu ali mesmo, na hora, procurando juntos as harmonias, o encadeamento das frases musicais como fazemos comumente, sem que com isso queira dizer que participei de sua feitura, pois é sempre Tom que encontra a melhor solução harmônica. E ali mesmo fiz a letra, logo que a composição ficou estruturada",[76] rememorou o poeta com

---

José Sanz, Lamartine Babo e Evaldo Rui, faltando Lúcio Rangel, Sérgio Porto, Haroldo Barbosa, Irineu Garcia, Lygia Clark, Ary Barroso e Antonio Maria, também *habitués* do bar.

[75] Depoimento de Vinicius de Moraes a Zuza Homem de Mello gravado em 2 de setembro de 1967 e publicado no livro *Música popular brasileira cantada e contada...*, de 1976 (nova edição: *Eis aqui os bossa-nova*, 2008).

[76] Depoimento de Vinicius de Moraes em *Antonio Carlos Jobim: uma biografia*, de Sérgio Cabral.

Matéria na revista *O Cruzeiro*, de novembro de 1959,
sobre a dupla Vinicius de Moraes e Antonio Carlos Jobim,
incluindo a presença de Sylvia Telles e Antonio Maria.

a franqueza que lhe era comum, sobre os detalhes do que aconteceu no primeiro encontro dos dois, no apartamento 201 da rua Nascimento Silva, nº 107, no princípio de uma parceria que seria reverenciada como parte da santíssima trindade da bossa nova.

Essa canção, a de maior repercussão da peça *Orfeu da Conceição*,[77] soa como uma despedida de Tom ao samba-canção, mas não um adeus. Marcaria um distanciamento, não um afastamento, pois em anos poste-

---

[77] Levada à cena de 25 a 30 de novembro no Teatro Municipal, o musical despertou inusitado interesse na classe artística, gerou críticas desfavoráveis e se constituiu em relevante acontecimento de 1956. Em seu livro sobre Tom Jobim, Sérgio Cabral esmiúça *Orfeu da Conceição* com riqueza de detalhes.

riores "Caminhos cruzados" ou "Lígia" ilustram as frequentes reaproximações com sua primeira opção como compositor, o samba-canção.

Antes mesmo da estreia do musical, Aloysio de Oliveira decidiu gravar o disco, escolhendo para intérprete Roberto Paiva, um cantor afinado e correto, porém sem a mais leve familiaridade com a obra de Jobim, o que fez desse LP, apesar de marco histórico, carente de interpretação vocal à altura. Nada menos que quinze regravações de "Se todos fossem iguais a você" se seguiram em apenas dois anos, elevando a composição à expressiva reverberação como hit de *Orfeu da Conceição*. Quase todas passaram à frente de Roberto Paiva: Maysa, Agostinho dos Santos, Elizeth Cardoso, Sylvia Telles, puxando do Brasil uma corrente que incluiria Frank Sinatra, Sarah Vaughan e Bobby Short, nos Estados Unidos.

O recitativo de "Se todos fossem iguais a você", quase todo em modo apropriadamente menor, é uma despedida amiga ("*Vai tua vida, teu caminho é de paz e amor/ A tua vida é uma linda canção de amor/ Abre os teus braços e canta/ A última esperança, a esperança divina/ De amar em paz*"), abrindo-se no tom maior da sequência, uma elegia ("*Uma cidade a cantar, a sorrir, a cantar, a pedir/ A beleza de amar, como o sol, como a flor, como a luz.../ Amar sem mentir, nem sofrer/ Existiria a verdade/ Verdade que ninguém vê/ Se todos fossem no mundo iguais a você*"). O monumental nesta canção destoa das características do samba-canção, como o intimismo, por exemplo; mas colaborou para que ela se tornasse uma das mais frequentes opções em encerramento de shows. Bastava alterar para o plural o "você" do último verso para induzir a plateia a se sentir alvo da louvação, cantando então alegremente em coro.

Para a execução instrumental da peça, Jobim fez questão de contar com o gaúcho de origem Luís Bonfá, o que lhe garantiria um violonista seguro nos acompanhamentos com ou sem orquestra. Músico de sólida formação e velho companheiro de Tom, fora seu parceiro em três composições, das quais a mais destacada fez sucesso com Angela Maria, a toada "A chuva caiu". Era também o compositor de "Menina flor", tema apreciado por jazzistas, e de sambas-canção de projeção, como "De cigarro em cigarro" e o delicado "Perdido de amor", que ele próprio gravou cantando com ternura envolvente por ser, como autor, quem conhece a música melhor que ninguém.[78]

---

[78] No disco *Solo in Rio 1959*, gravado por Emory Cook para a Smithsonian Folkways Collection.

O samba-canção "Se todos fossem iguais a você", lançado na peça *Orfeu da Conceição*, em 1956, foi o primeiro grande sucesso da dupla Tom Jobim/Vinicius de Moraes, com inúmeras gravações, incluindo a de Angela Maria.

Às vésperas de viajar para os Estados Unidos após sua atuação como violonista em *Orfeu da Conceição*, peça e disco, foi convidado pelo diretor de cinema Marcel Camus a compor um tema para o filme que estava realizando, a versão cinematográfica da peça, intitulada *Orfeu negro*.[79] Rapidamente fez uma composição que o francês não só rejeitou como convenceu-o a tentar novamente, apesar da pressão dos prazos. Bonfá foi bem-sucedido, mas argumentou que a rejeitada era melhor que

---

[79] O filme *Orfeu negro* (*Black Orpheus* na versão norte-americana) recebeu a Palma de Ouro em Cannes em 1959 e o Oscar de melhor filme estrangeiro em 1960.

a nova, conseguindo fazê-lo mudar de opinião. Nessas condições adversas, depois que Antonio Maria concluiu a letra, também de afogadilho (*"Manhã, tão bonita manhã/ Na vida, uma nova canção"*), nasceu "Manhã de Carnaval" para conquistar o mundo. Literalmente, pois é uma das canções mais gravadas até hoje. A clareza na definição da progressão harmônica do tema era tudo o que os jazzistas queriam, atraindo não só Stan Getz, Dexter Gordon e Modern Jazz Quartet, como também improvisadores de todos os cantos, em simultâneo às versões vocais que, a partir de Agostinho dos Santos cantando com Johnny Mathis, incluem Sinatra, Joan Baez, Placido Domingo, Luciano Pavarotti e outras centenas, em estilos antes inimagináveis, como o de Vicente Celestino.

Nos Estados Unidos, para onde foi pela primeira vez em 1957, é que conheci Luís Bonfá pessoalmente durante meu estágio no estúdio da Atlantic Records da rua 56. Atencioso e gentil, recém-chegado a Nova York, animado com a possibilidade de lá viver, compunha uma fantasia dedicada à cidade com um trecho intitulado "Walk, don't walk", expressão que se vê em toda esquina piscando em vermelho e branco, o que à época impressionava vivamente os turistas brasileiros.[80] Bonfá gravou mais de cinquenta discos e viveu quase todo esse tempo nos Estados Unidos, até retornar em definitivo para seu amado Rio de Janeiro em 1971. "Um músico nato; um homem que podia transmitir a beleza de forma fácil e íntima, e que não tinha medo de nada ao violão", escreveu o violonista e jornalista Anthony Weller.[81]

Quase que de caminho semelhante a "Se todos fossem iguais a você", uma nova canção se destacou no disco *Canção do amor demais*, o da segunda porção da obra de Jobim & Vinicius, propagando, pelo menos no Brasil, a assinatura da dupla e dando a público, no texto de Vinicius da contracapa, o apelido de família de Antonio Carlos Jobim. Ou por outra, Tom Jobim.

Desta vez havia uma cantora condizente, a já "Divina" Elizeth Cardoso, que desde o início elevou ao pedestal "Chega de saudade". Eventualmente rotulado como samba-canção, é na verdade como o próprio Tom define "um samba-choro, com as características tradicionais desse gênero, um sambinha que fiz para o treinamento de uma empregada de

---

[80] Gravada no disco *Solo in Rio 1959* como "A Brazilian in New York", com as indicações de cada tema para a orquestração.

[81] No encarte do CD *Solo in Rio 1959*.

Com o sucesso do filme *Orfeu negro*, de Marcel Camus, a composição "Manhã de Carnaval", de Luís Bonfá, viajou o mundo.

minha mãe que estudava violão".[82] Pois o tal sambinha, rodeado nesse disco de belezas arrebatadoras, foi a faixa mais comentada do seminal LP da acanhada gravadora Festa, e apresentou pela vez primeira a pedra de toque da bossa nova, o violão do baiano João Gilberto.

Tom teve seu segundo encontro determinante na carreira quando o fotógrafo Chico Pereira levou-o ao seu apartamento para que o visse tocar violão. "O que é isso, João?", indagou, atônito com o que ouvira.[83] Era a batida da bossa nova, que tomou o lugar de um violão formal do samba para ser, por iniciativa do próprio Tom, registrado em dezembro de 1957 no estúdio da Columbia, no acompanhamento de Elizeth na mencionada gravação de "Chega de saudade".

A sequência desses episódios denuncia etapas da passagem de "Se todos fossem iguais a você", um samba-canção, para "Chega de saudade", um samba-choro, assim comentado pelo historiador Jairo Severiano: "Na minha opinião, João Gilberto ignorou tais características e 'joãogilbertizou' a composição, transformando-a no marco zero da bossa nova, ou seja, num samba-canção bossa nova".

Os sambas, em sua grande maioria, é forçoso reconhecer, eram feitos até os anos 1950 com apenas três notas em cada acorde, a chamada tríade, cursando procedimentos harmônicos com alguma homogeneidade. Ademais, o samba costuma usar o mesmo motivo da primeira parte na segunda, passando por vezes para um tom próximo mas dificilmente para uma tonalidade distante, apesar de exceções encontradas, por exemplo, em Paulinho da Viola e Elton Medeiros. Pode-se até ventilar tal procedimento harmônico como quase embrionário no meio dos sambistas, ou seja, guardadas as proporções, algo semelhante ao que se encontra na raiz da poderosa sequência harmônica do blues, latente entre compositores, músicos e cantores dos estados do Sul dos Estados Unidos.[84]

Passemos a palavra ao professor Sérgio Molina: "No samba-canção é mais comum acontecerem acordes estranhos ao campo harmônico da tonalidade principal. O nosso samba sempre teve uma harmonia mais simples, muito mais ligada à canção cantada, enquanto o jazz, sendo mais instrumental, evoluiu muito forte harmonicamente. Mais nos anos 50 do

---

[82] Declaração registrada por Jairo Severiano.

[83] Cf. *Antonio Carlos Jobim: uma biografia.*

[84] Um bom exemplo é a interpretação da tradicional canção natalina "Silent night" ("Noite feliz") por Mahalia Jackson, cognominada Rainha da Gospel Music.

que no jazz dos anos 30 e 40, com exceção daquele rapaz chamado Duke Ellington, que fez de tudo desde sempre. Você ouve temas de Duke Ellington do final dos anos 30 onde já há modulações radicalíssimas. As segundas partes são modulações que significam 'fui para outro tom' e às vezes para um tom difícil de ir. E depois tem de voltar. Então tem dois saltos. O truque é a volta, você vai mas se precisar voltar é um problema. O que é encantador é o jeito como ele escorrega e volta. Como é que ele voltou? Como em 'In a sentimental mood', em 'Sophisticated lady'. No Brasil a consolidação de harmonias mais sofisticadas ocorre a partir dos anos 50. Caymmi, por exemplo, sofistica sua harmonia quando vai compor samba-canção, experimenta questões de harmonia que ele mesmo não tinha experimentado nos primeiros sambas dos anos 30 e 40. 'Dora' tem, mesmo 'Marina' tem. Algumas das canções praieiras foram compostas nos anos 50. Outras são antigas. Essas dos anos 50 são um braço do samba--canção, quer dizer, é via samba-canção que ele chega às canções praieiras mais lentas, talvez o ponto culminante de Caymmi, que vai gerar o disco *Canções praieiras*. Aí tem sofisticações melódicas e harmônicas para além de 'O que é que a baiana tem'. Certamente Caymmi conhecia jazz, assimilou no mínimo de ouvido e pôs em execução".[85]

Efetivamente, no depoimento que me foi concedido, Caymmi mostrou surpreendente conhecimento de jazz: "Os ataques de Jimmie Lunceford, as entradas dos metais e das palhetas, eu tive discos em 78 rotações de gravações extraordinárias... Foi uma cachaça de coisas boas. Sy Oliver é um grande arranjador. Ele fazia o negócio com uma sensibilidade, escrevendo para aqueles instrumentos jogando os trombones e pistons, aquele jogo de metais... Eu e Haroldo Barbosa encontrávamos as pessoas que gostavam dessas coisas como a gente, íamos atrás dos filmes, amigos de São Paulo e até fora do jazz, sem falar daqueles primeiros, sem falar de Scott Joplin do ragtime nem do Jelly Roll Morton".[86] Estes dois foram certamente os inspiradores de Sinhô, o "Rei do Samba", como se intitulava, a compor nos anos 1920 o inusitado rag "Pianola".

Chega-se à conclusão de que tanto o emprego de modulação quanto o de harmonias sofisticadas não é exclusividade de quem tem formação musical. Seria, como no caso de Caymmi, uma prerrogativa dos familiarizados com o jazz? Carlos Lyra aborda a questão a partir de sua expe-

---

[85] Depoimento de Sérgio Molina a Zuza Homem de Mello.

[86] Entrevista de Dorival Caymmi a Zuza Homem de Mello, "Eu vim da Bahia", *O Estado de S. Paulo*, 27 de abril de 2014.

riência como autor: "Quando você acaba de fazer a exposição do tema, você vê uma segunda parte que depois dá uma volta para a primeira. E a segunda é outra coisa, é outro tom, tem essa modulação que é a riqueza harmônica do samba-canção, você fazer uma modulação. Essa volta é que é bonito, sai bonito e volta mais bonito ainda. O cara que faz música de ouvido faz, é capaz. Eu fazia música de ouvido e fazia isso. O Zé Kéti faz muito isso, inclusive de você ficar besta com as modulações que ele faz na música dele, no retorno. Impressionante. Cartola também tinha um pouco disso. O Cartola tinha uma informação harmônica de violão. O Zé Kéti só tocava caixa de fósforo, não tocava instrumento nenhum, era tudo na cuca e ele tinha aquela cuca harmônica que ele mesmo dava os baixos com a boca, o caminho para onde ia a melodia dele. O Zé Kéti me impressionou muito como compositor. A minha influência antes de ouvir música brasileira era Cole Porter, Gershwin. Quando eu ouvi o Dick Farney cantando, era parecido com aquilo que eu gostava. Foi um resgate para mim da música brasileira. Passei a ser nacionalista, o que eu não era", confessa um dos maiores melodistas da canção brasileira.[87]

Voltemos a Sérgio Molina: "Se você pega as harmonias de bossa nova, se você troca, o que a gente chama de inversão de acordes, se colocar a terça no baixo como um jazzista faz, mexendo nos acordes, se você faz a inversão, não altera. No Jobim se você mexe fica pior porque ele já escolheu. Esse acorde tem a terça no baixo, esse aqui tem sexta, é sexta, não é para você pôr nona, isso aqui está escolhido. Não é para você vir aqui com uma postura jazzista e ficar mudando. Você pode mudar mas vai ser pior, ele já fez. As músicas do Tom estão prontas. O Tom Jobim é um compositor de música que já vem acabada".[88]

É a obra do mais preparado compositor de sua geração e, consequentemente, o principal. Ele vive a chegada do um novo formato de disco, o vinil. Sem embargo, o avanço da tecnologia do disco Long-Playing, que pouco a pouco foi dominando o mercado com enormes vantagens (bem ao contrário do CD), possibilitou uma reprodução sensivelmente mais nítida e abrangente que o modelo anterior nos extremos da curva sonora, os graves e os agudos. Recursos interpretativos impossíveis de serem captados antes passaram a ser possíveis e, de mais a mais, serem ouvidos sem esforço, acarretando até uma nova estética. A frustração de

---

[87] Depoimento de Carlos Lyra a Zuza Homem de Mello.

[88] Depoimento de Sérgio Molina a Zuza Homem de Mello.

Com "Chega de saudade", através das gravações de Elizeth Cardoso (dezembro de 1957) e João Gilberto (julho de 1958), conclui-se a transição do samba-canção para a bossa nova.

mal se conseguir ouvir nos discos de 78 rotações — os da grande maioria da auspiciosa fase do samba-canção — instrumentos como o contrabaixo, caiu por terra. Com o LP arranjos mais sofisticados eram favorecidos por uma reprodução mais fiel, a High Fidelity, abrindo espaço para a inclusão de instrumentos até então pouco aproveitados como o fagote, o clarone (clarinete baixo), o oboé e a trompa. É o que os arranjadores comemoraram. O jovem Jobim foi um deles. Arranjos e composições suas transpuseram o formato dos 78 para o do vinil. E mais: o samba-canção "Se todos fossem iguais a você" saiu em um LP de dez polegadas, enquanto "Chega de saudade" saiu em um de doze. Até mesmo no tocante à tecnologia, o samba-canção se despede cedendo lugar à bossa nova. Despede-se apenas como o preferido do mercado, é importante frisar. A evolução da tecnologia se integra de forma inequívoca na modernidade da música brasileira.

Não se pode desprezar o aspecto geográfico em que se desenvolveu o samba-canção. Nenhum outro bairro era tão distinto dos demais como o de Copacabana no Rio de Janeiro. Talvez como em nenhuma outra cidade isso ocorra. Com seu crescimento instantâneo, o bairro tinha uma personalidade totalmente diferenciada, que veio a ser a "praia" dos copacabanenses. Praia no sentido figurado, vale dizer.

"Quem era o morador de Copacabana?", indaga Tinhorão. "Em grande parte era o funcionário público que ganhava bem, tinha um cargo bom numa repartição e queria morar em Copacabana. Era uma aspiração porque aí o filhinho e a filhinha dele iam para a praia, já nasciam num outro clima que não era aquele da Tijuca ou do Centro ou de Botafogo ou da própria Gávea. Era Copacabana. Uma vez eu escrevi: quando você abdica da sua cultura você se contempla no equivalente da cultura do outro. É o gosto, o figurino, a música, porque esta representava a modernidade. Se ele morava num bairro que estava ficando moderno ele tinha que ser coerente com essa modernidade. As velhas famílias tinham um piano, as famílias de habitação vertical não podiam ter piano. Já pensou o que é levar um piano para o último andar? Então desaparece a civilização que tocava piano, as senhoras que tocavam piano. E vem as que usam o rádio, as que vão ao cinema, as que vão usar a televisão em casa, o grande programa."[89]

Jairo Severiano, que morava em uma pensão no bairro de Botafogo em 1950, ia à noite aos cinemas em Copacabana e, no fim de semana, à praia, frequentando os barzinhos de Copacabana como todo mundo que quisesse se divertir. "Não havia possibilidade de ir me divertir no centro da cidade", rememora ele. "Pegava o ônibus em Botafogo e ia direto para Copacabana. 'Sábado em Copacabana', do Dorival Caymmi, cujos sambas-canção transferem importância à vertente moderna do samba--canção, é bem representativo do que estava acontecendo lá. Copacabana é o suprassumo do cara que quer se divertir, a meta dele é um sábado em Copacabana", recorda Jairo sobre os alegres momentos por que passou desde sua chegada ao Rio de Janeiro em 28 de abril de 1950, vindo do Ceará. A data marcante de sua vida na música.

---

[89] Depoimento de José Ramos Tinhorão a Zuza Homem de Mello.

O que se criou e cantou nos anos 1950 foi determinante para dar ao Brasil o reconhecimento de sua canção como destacada forma de arte na gênese da música popular. Ao primeiro sinal de seu toque rítmico e melódico, o pensamento voa evocando a saudade da terra, reconhecendo o talento musical e distinguindo o afeto do brasileiro comum.

Se é compreensível que Dick Farney tenha sido tachado de "americanizado", afinal no início ele só cantava em inglês; se Assis Valente com seu "Brasil pandeiro" em 1941 valorizava o samba brasileiro, ao asseverar que o Tio Sam estava querendo conhecer a nossa batucada; se Denis Brean sacava que o blues do negro norte-americano já estava lá na favela, pois "toda batucada já tem boogie-woogie", com as cabrochas aderindo à política da boa vizinhança; é também verdadeiro que à frente dos "americanismos" havia uma nova música de raiz fundamentalmente brasileira, desde "Linda flor", passando por "Na batucada da vida", "Três apitos", "Segredo", "Por causa de você", "Ponto final", "Você não sabe amar", "Cadeira vazia", "Perdido de amor", "As rosas não falam", "Franqueza", "Poema do olhar", "Negue", "Encontro com a saudade", "Cansei de ilusões", "Duas contas", "Outra vez" e "Copacabana".

É pois inevitável concluir que o samba-canção não é bolero, nem simplesmente uma música de fossa, nem de dor de cotovelo. É um gênero essencialmente brasileiro, é a plataforma da modernidade na nossa música.

Após ter dirigido a gravação do disco de Elizeth Cardoso no pequeno selo Festa, ao insistir para que a grande Odeon gravasse o primeiro disco de João Gilberto, Tom Jobim percebeu que a transição se findava e o Brasil estava pronto para aceitar a grande novidade. A transição era o samba-canção, e a grande novidade, a bossa nova.

Agradecimentos

Aos que gentilmente me atenderam com inusitada paciência, possibilitando registrar valiosos depoimentos contendo análises judiciosas ou informações que poderiam se perder no pé do tempo, meu agradecimento do coração:

Boris Fausto em 23/12/2010 em sua casa no Butantã, em São Paulo;

Carlos Lyra em 2/9/2004 no lobby do Hotel Fasano, em São Paulo;

Danuza Leão em 6/3/2006 no seu apartamento em Ipanema, no Rio de Janeiro;

Doris Monteiro em 9/12/2004 no lobby do Holiday Inn, em São Paulo;

Gogô (Hilton Jorge Valença) em 9/3/2015 em sua casa no Cambuci, em São Paulo;

José Ramos Tinhorão em 29/9/2010 no seu apartamento nos Campos Elísios, em São Paulo;

Jairo Severiano em 6/7/2011 no seu apartamento em Ipanema, no Rio de Janeiro;

James Gavin em 22/2/2015 em depoimento realizado por e-mail;

João Donato em 11/10/2014 no Hotel Laghetto, em Porto Alegre;

Jorge Forbes em 8/11/2015 em seu apartamento nos Jardins, em São Paulo;

José Mário Paranhos do Rio Branco em 15/6/2015, por telefone;

Lilian Jacoto em 17/6/2016 no meu apartamento em Pinheiros, em São Paulo;

Marcos Napolitano em 20/7/2015 no meu apartamento em Pinheiros, São Paulo;

Paulo Marcondes Ferraz em 1/9/2010 no seu apartamento em Copacabana, no Rio de Janeiro;

Regina Machado em 9/6/2015 no seu estúdio no Alto da Lapa, em São Paulo;

Rosa Passos em 26/6/2015 no meu apartamento em Pinheiros, São Paulo;

Sérgio Molina em 27/8/2015 no meu apartamento em Pinheiros, São Paulo;

Tito Madi em 8/7/2004 no seu apartamento em Copacabana, no Rio de Janeiro.

In memoriam:

Adalija Moreira da Fonseca em 15/3/2013 no seu apartamento em Ipanema, no Rio de Janeiro;

Billy Blanco em 31/5/2005 no seu apartamento em Copacabana, no Rio de Janeiro;

Dick Farney em 18/2/1980 no Museu da Imagem e do Som de São Paulo, e em abril de 1980 em São Paulo;

Gaó (Odmar Amaral Gurgel) em 11/12/1976 em sua casa na cidade de Mogi das Cruzes, SP;

Jorge Goulart em 29/7/2004 em sua casa no Humaitá, no Rio de Janeiro;

Mariozinho de Oliveira em 12/8/2011 no seu apartamento em Copacabana, no Rio de Janeiro;

Radamés Gnattali em 27/9/1984, em São Paulo;

Sabá em 16/6/2001 em seu apartamento em Vila Clementino, em São Paulo; Severino Filho em 2/2/2005 no bar do Hotel Ipanema, no Rio de Janeiro.

Tendo sido acolhido prontamente, com gentileza e desvelo, por aqueles a quem recorri quando a exigência de esclarecimentos de toda sorte se fazia necessária, ou quando opiniões sobre o conteúdo eram essenciais, ou quando foi necessário autorização para o uso de imagens, registro meu mais profundo agradecimento a Abel Silva, Aldir Blanc, Augusto Rodrigues, Bartolomeo Gelpi, Carlos Freitas, Celina Muylaert, Claudia Fialho, Estevão Herman, Euler Corradi Jr., Fernanda Bianchi Junqueira Santos, Georgina Staneck, Gerdal José de Paula, Gilda Mattoso, Heraldo do Monte, Hermínio Bello de Carvalho, Isadora Macedo, Jairo Severiano, James Gavin, João Carino, João Donato, João Máximo, Jorge Carvalho de Mello, José Mário Paranhos do Rio Branco, Leonecir A. Dantas, Lucas Nóbile, Luiz Avellar, Luiz Fernando Vianna, Luiz Zanin Oricchio, Luizito Toledo, Lupicínio Rodrigues Filho, Marcos Maciel, Maria Bonomi, Maria Claudia Junqueira Santos Pessoa, Maria Fernanda Virgínia da Rocha Macedo, Maria Helena Sobral, Maria Lucia Rangel, Maria Tereza Madeira, Maúcha Pereira de Queirós, Monica Blanco, Mônica Lobo Vidigal, Pasquale Cipro Neto, Paula Febrot, Paulo Jobim, Patrícia Scalzo Legey, Raymundo Bittencourt, Ricardo Boechat, Ricardo Cravo Albin, Rô Caetano, Roberto Menescal, Roberto Muylaert, Rodrigo Faour, Rodrigo Naves, Ruth Aranha Blanco, Sérgio Cabral, Sérgio Molina, Sérgio Raposo, Sonia Machado Guimarães, Theodoro Carvalho de Freitas e Thiago Marques.

Não posso deixar de destacar a tarefa de formiguinha de Samuel Machado Filho, que ainda espero conhecer pessoalmente para cumprimentá-lo pela sua abnegada dedicação à música. Sua contribuição pode ser encontrada nas utilíssimas e cuidadosas informações disponíveis em centenas de gravações do site YouTube, uma ferramenta indispensável para pesquisadores, músicos e jornalistas que desejam saber como é que eram as coisas noutros tempos.

Faço questão de acrescentar a desprendida colaboração do pesquisador nota dez Antônio Sergio Ribeiro, que por anos e anos tem sido o companheiro nessa atividade de busca, aquele que consegue vir sempre com a solução, isto é, a informação rigorosamente correta. Além das imagens nas suas coleções de jornais, revistas, partituras e correspondência, dignas de um modelar instituto de pesquisa sobre a vida brasileira.

Também sou grato ao Arquivo Público do Estado de São Paulo, setor de iconografia, onde o atendimento por meio de Aline Fátima de Souza, Bruno Chiappetta, Geovane de Souza e Wellington Teixeira foi exemplar

Finalmente não posso deixar de salientar a elegância, paciência e admirável competência pela forma com que o editor Paulo Malta, da Editora 34, cuidou com carinho desta edição. Também um muito obrigado ao ministro informal da cultura brasileira, Danilo Santos de Miranda, do Sesc São Paulo, e seus respectivos colaboradores, que souberam compreender o intuito deste livro, agora concretizado para chegar às suas mãos, prezado leitor. Sem você não teria eu a mesma querença.

No lado familiar e profissional contei novamente com a mais ilustre companheira, Ercilia Lobo, que, mesmo sem pretensão, conhece mais músicas do que eu. E dou fé.

Zuza Homem de Mello

Angela Maria, Luiz Ernesto Kawall, Zuza Homem de Mello, Nora Ney e Jorge Goulart na comemoração dos dez anos do *Programa do Zuza* no bar Inverno & Verão, em São Paulo, em 1987.

Índice das músicas citadas

SAMBAS-CANÇÃO CITADOS NO LIVRO
(título, autores, intérpretes, páginas)

"A camisola do dia" (Herivelto Martins e David Nasser), Nelson Gonçalves, 360, 364
"A dor de uma saudade" (Luís Bonfá e Aor Ribeiro), Miltinho, 247
"A montanha (Sinfonia do Rio de Janeiro)" (Tom Jobim e Billy Blanco), Emilinha Borba, 286
"A noite do meu bem" (Dolores Duran), Dolores Duran, Elizeth Cardoso, 343, 344, 345
"A volta do boêmio" (Adelino Moreira), Nelson Gonçalves, 364, 367
"Acontece" (Cartola), Cartola, 290, 291, 295
"Adeus" (Dorival Caymmi), Ivon Curi, 278
"Adeus" (Maysa), Maysa, 326
"Alguém como tu" (José Maria de Abreu e Jair Amorim), Dick Farney, 143, 145, 149, 153, 265, 420, 421, 422
"Amigo ciúme" (Lupicínio Rodrigues), Jamelão, 400
"Arpoador (Sinfonia do Rio de Janeiro)" (Tom Jobim e Billy Blanco), Lucio Alves, 286
"As rosas não falam" (Cartola), Cartola, 292, 293, 465
"Ave Maria no morro" (Herivelto Martins), Trio de Ouro, 346, 348, 349, 350
"Ave Maria" (Vicente Paiva e Jaime Redondo), Dalva de Oliveira, 352, 356
"Aves daninhas" (Lupicínio Rodrigues), Dalva de Oliveira, Lupicínio Rodrigues, Victor Hugo, 398, 401, 406
"Balada triste" (Dalton Vogeler e Esdras Silva), Angela Maria, 322
"Bar da noite" (Haroldo Barbosa e Bidu Reis), Nora Ney, 302, 303, 304, 347
"Caco velho" (Ary Barroso e Luís Peixoto), Elisa Coelho, 56, 252
"Cadeira vazia" (Lupicínio Rodrigues e Alcides Gonçalves), Francisco Alves, Elis Regina, Jamelão, Paulinho da Viola, Joanna, Adur Kiulhtzian, 386, 388, 389, 400, 405, 406, 465
"Caixa de ódio" (Lupicínio Rodrigues), Lupicínio Rodrigues, 402
"Calúnia" (Paulo Soledade e Marino Pinto), Dalva de Oliveira, Caetano Veloso, 354
"Caminhemos" (Herivelto Martins), Francisco Alves, 185, 350, 351
"Canção da manhã feliz" (Haroldo Barbosa e Luiz Reis), Elizeth Cardoso, 312
"Canção da volta" (Ismael Neto e Antonio Maria), Lucio Alves, Dolores Duran, Elizeth Cardoso, 96, 312, 334, 335
"Canção de amor" (Chocolate e Elano de Paula), Elizeth Cardoso, 310, 311, 318
"Cansei de ilusões" (Tito Madi), Vera Lucia, Elizeth Cardoso, Tito Madi, 444, 465
"Carlúcia" (Lupicínio Rodrigues), Lupicínio Rodrigues, 402

"Castigo" (Dolores Duran), Marisa Gata Mansa, Roberto Luna, 338

"Castigo" (Lupicínio Rodrigues), Lupicínio Rodrigues, Jamelão, Adriana Calcanhotto, 400, 402

"Chove lá fora" (Tito Madi), Tito Madi, Agostinho dos Santos, Nora Ney, Elizeth Cardoso, The Platters, 442, 443, 444

"Chuvas de verão" (Fernando Lobo), Francisco Alves, Caetano Veloso, 268

"Cigano" (Lupicínio Rodrigues), Jamelão, 400

"Como os rios correm para o mar" (Custódio Mesquita e Evaldo Rui), Silvio Caldas, 185

"Conceição" (Dunga e Jair Amorim), Cauby Peixoto, 374, 375, 376, 378

"Confidência" (Raul Sampaio e Benil Santos), Miltinho, 247

"Copacabana" (João de Barro e Alberto Ribeiro), Dick Farney, 125, 130, 131, 132, 134, 136, 141, 149, 153, 185, 251, 252, 264, 280, 294, 465

"Coqueiro velho" (Fernando Martinez Filho e José Marcilio), Orlando Silva, 185

"Cor de cinza" (Noel Rosa), Aracy de Almeida, Zezé Gonzaga, 257, 259

"Coração" (Noel Rosa), Noel Rosa, Ione Papas, 257, 258

"Cordas de aço" (Cartola e Elton Medeiros), Cartola, 292, 294

"De cigarro em cigarro" (Luís Bonfá), Nora Ney, 302, 456

"Deixe que ela se vá" (Evaldo Gouveia e Gilberto Ferraz), Nelson Gonçalves, 368

"Deusa do asfalto" (Adelino Moreira), Nelson Gonçalves, 368

"Dó-ré-mi" (Fernando César), Doris Monteiro, 308, 309

"Doce veneno" (Valzinho e Carlos Lentini), Zezé Gonzaga, Jamelão, Paulinho da Viola, Elizeth Cardoso, Maria Creuza, 430, 431

"Dona do bar" (Lupicínio Rodrigues), Lupicínio Rodrigues, 397, 402, 403, 406

"Dora" (Dorival Caymmi), Dorival Caymmi, 185, 278, 280

"Duas contas" (Garoto), Trio Surdina, Cauby Peixoto, Maria Bethânia, Wilson Simonal, Fafá Lemos e Carolina Cardoso de Menezes, Toquinho e Paulinho Nogueira, Radamés Gnattali e José Menezes, Sivuca, Paulo Belinatti, 100, 426, 427, 465

"E eu sem Maria" (Dorival Caymmi e Alcir Pires Vermelho), Alcides Gerardi, 265, 278

"Ela disse-me assim" (Lupicínio Rodrigues), Jamelão, Joanna, Adriana Calcanhotto, Paulinho da Viola, 397, 398, 400, 405, 406

"Encontro com a saudade" (Billy Blanco e Nilo Queiroz), Hebe Camargo, Elizeth Cardoso, 288, 465

"Errei sim" (Ataulfo Alves), Dalva de Oliveira, 185, 352, 354

"Escultura" (Adelino Moreira e Nelson Gonçalves), Nelson Gonçalves, 368

"Escuta" (Ivon Curi), Angela Maria, 322

"Esperança perdida" (Tom Jobim e Billy Blanco), Lucio Alves, João Gilberto, 287, 288

"Esses moços" (Lupicínio Rodrigues), Francisco Alves, Lupicínio Rodrigues, Jamelão, Luiz Melodia, 185, 381, 384, 385, 386, 400

"Estrada do sol" (Tom Jobim e Dolores Duran), Agostinho dos Santos, Dolores Duran, 338, 343, 453

"Eu e o meu coração" (Lupicínio Rodrigues), Jamelão, 400

"Eu e o rio" (Luís Antonio), Miltinho, 244, 246

"Ex-filha de Maria" (Lupicínio Rodrigues), Jamelão, 400

"Exemplo" (Lupicínio Rodrigues), Jamelão, Joanna, Luiz Melodia, 400, 406

"Faz uma semana" (Tom Jobim e João Stockler), Ernani Filho, 452

Índice das músicas citadas

"Fecho meus olhos... vejo você" (José Maria de Abreu), Doris Monteiro, 306, 419

"Feitiço da Vila" (Noel Rosa e Vadico), João Petra de Barros, Orlando Silva, Aracy de Almeida, Elizeth Cardoso, 60, 236, 257

"Feitio de oração" (Noel Rosa e Vadico), Francisco Alves, Aracy de Almeida, Elizeth Cardoso, 60, 257, 294, 312

"Fica comigo esta noite" (Adelino Moreira e Nelson Gonçalves), Nelson Gonçalves, 369

"Fim de caso" (Dolores Duran), Dolores Duran, 342, 343

"Fim de comédia" (Ataulfo Alves), Dalva de Oliveira, 265, 354, 355

"Fim de semana em Paquetá" (Braguinha e Alberto Ribeiro), Nuno Roland, 185, 264, 350

"Fim de tarde" (Radamés Gnattali), Quarteto de Radamés Gnattali, 96

"Foi a noite" (Tom Jobim e Newton Mendonça), Sylvia Telles, 447, 448

"Foi assim" (Lupicínio Rodrigues), Linda Batista, Jamelão, Joanna, 397, 405

"Folha morta" (Ary Barroso), Dalva de Oliveira, Jamelão, Nelson Gonçalves, 254, 255, 256, 355

"Fósforo queimado" (Roberto Lamego, Paulinho Menezes e Milton Legey), Angela Maria, 8, 320, 321

"Fracassos de amor" (Tito Madi), Orlando Corrêa, Carlos Augusto, Zilá Fonseca, Tito Madi, Trio do Fafá, 444

"Franqueza" (Denis Brean e Oswaldo Guilherme), Nora Ney, Maysa, 304, 329, 465

"Gauchinha bem querer" (Tito Madi), Conjunto Farroupilha, Tito Madi, 442

"Gente humilde" (Garoto, Vinicius de Moraes e Chico Buarque), Chico Buarque, Angela Maria, Baden Powell, Paulinho Nogueira, Paulo Belinatti, 424, 425, 426

"Homenagem" (Lupicínio Rodrigues), Jamelão, Lupicínio Rodrigues, Adriana Calcanhotto, 400, 402, 406

"Imagens" (Valzinho e Orestes Barbosa), Zezé Gonzaga, Jards Macalé, 430

"Inah" (Lupicínio Rodrigues), Lupicínio Rodrigues, 397, 398, 401

"Incerteza" (Tom Jobim e Newton Mendonça), Mauricy Moura, 452

"Inquietação" (Ary Barroso), Silvio Caldas, 61, 62

"João Valentão" (Dorival Caymmi), Dorival Caymmi, 280

"Junto de mim" (José Maria de Abreu e Alberto Ribeiro), Dick Farney, 419, 422

"Lama" (Paulo Marques e Alice Chaves), Linda Rodrigues, 265

"Laura" (Braguinha e Alcir Pires Vermelho), Jorge Goulart, 264, 265

"Lembranças" (Raul Sampaio e Benil Santos), Miltinho, 247

"Linda flor" (Henrique Vogeler e Luís Peixoto), Aracy Cortes, Elizeth Cardoso, 47, 48, 49, 50, 51, 52, 54, 312, 465

"Loucura" (Lupicínio Rodrigues), Lupicínio Rodrigues, Joanna, Adriana Calcanhotto, 402, 404, 405, 406

"Madrugada, três e cinco" (Ismael Neto, Antonio Maria e Reinaldo Dias Leme), Nora Ney, 304

"Mãe Maria" (Custódio Mesquita e David Nasser), Orlando Silva, 185

"Manhã de Carnaval" (Luís Bonfá e Antonio Maria), Agostinho dos Santos, Luís Bonfá, Stan Getz, Modern Jazz Quartet, Frank Sinatra, Joan Baez, Placido Domingo, Luciano Pavarotti, 458, 459

"Marca na parede" (Ismael Neto e Mario Faccini), Os Cariocas, 435

"Marcada" (Maysa), Maysa, 326

"Maria Rosa" (Lupicínio Rodrigues e Alcides Gonçalves), Francisco Alves, Jamelão, Elis Regina, Paulinho da Viola, 387, 388, 400

"Maria" (Ary Barroso e Luís Peixoto), Silvio Caldas, 54, 55, 59, 252

"Marina" (Dorival Caymmi), Francisco Alves, Nelson Gonçalves, Dorival Caymmi, Dick Farney, 132, 134, 135, 136, 139, 153, 185

"Meia luz" (Hianto de Almeida), João Gilberto, 282

"Menino grande" (Antonio Maria), Nora Ney, 267, 300

"Mensagem" (Aldo Cabral e Cícero Nunes), Isaura Garcia, 280, 281

"Meu barracão" (Noel Rosa), Mario Reis, 257

"Meu mundo caiu" (Maysa), Maysa, 330, 331

"Meu nome é ninguém" (Haroldo Barbosa e Luís Reis), Miltinho, 247

"Meu pecado" (Lupicínio Rodrigues), Jamelão, 400

"Meu vício é você" (Adelino Moreira), Nelson Gonçalves, 366

"Mulato bamba" (Noel Rosa), Mario Reis, 58, 59, 257, 258

"Na batucada da vida" (Ary Barroso e Luís Peixoto), Carmen Miranda, Dircinha Batista, Zaíra Cavalcanti, Elis Regina, 56, 57, 66, 252, 294, 465

"Na madrugada" (Nilo Sérgio), Trio Surdina, 100

"Namorados" (Lupicínio Rodrigues), Lupicínio Rodrigues, 398, 401

"Não diga não" (Tito Madi e Georges Henry), Tito Madi, Nora Ney, 96, 441, 444, 447

"Não tem solução" (Dorival Caymmi), Dick Farney, Trio Surdina, Dorival Caymmi, Jean Sablon, 100, 140, 265, 276, 406

"Não tem tradução" (Noel Rosa), Aracy de Almeida, 257

"Negue" (Adelino Moreira e Enzo da Almeida Passos), Roberto Vidal, Carlos Augusto, Linda Rodrigues, Nelson Gonçalves, Maria Bethânia, 368, 369, 406, 465

"Nem eu" (Dorival Caymmi), Dorival Caymmi, Trio Surdina, Angela Maria, 100, 265, 277, 318, 319

"Nervos de aço" (Lupicínio Rodrigues), Francisco Alves, Déo, Roberto Paiva, Jamelão, Paulinho da Viola, 96, 185, 350, 381, 382, 384, 397, 400, 405, 406

"Nick Bar" (Garoto e José Vasconcelos), Dick Farney, 142, 143, 265, 428

"Ninguém me ama" (Antonio Maria e Fernando Lobo), Nora Ney, 266, 267, 268, 269, 270, 297, 300, 302

"No rancho fundo" (Ary Barroso e Lamartine Babo), Elisa Coelho, Elizeth Cardoso, 54, 55, 61, 231, 252, 312

"Noites do Rio (Sinfonia do Rio de Janeiro)" (Tom Jobim e Billy Blanco), Doris Monteiro e Os Cariocas, 286

"Nono mandamento" (René Bittencourt e Raul Sampaio), Cauby Peixoto, 376

"Nossos momentos" (Haroldo Barbosa e Luís Reis), Elizeth Cardoso, 312

"Nova ilusão" (José Menezes e Luís Bittencourt), Os Cariocas, 434, 435

"Nunca mais" (Dorival Caymmi), Lucio Alves, Dorival Caymmi, 185, 271, 273, 274, 394

"Nunca" (Lupicínio Rodrigues), Dircinha Batista, Lupicínio Rodrigues, Jamelão, Zizi Possi, Gal Costa, Joanna, Adriana Calcanhotto, 265, 393, 394, 400, 405, 406

"O mar (Sinfonia do Rio de Janeiro)" (Tom Jobim e Billy Blanco), Elizeth Cardoso e Dick Farney, 286

"O morro (Sinfonia do Rio de Janeiro)" (Tom Jobim e Billy Blanco), Nora Ney, 286, 304

Índice das músicas citadas

"O mundo é um moinho" (Cartola), Cartola, 292

"O X do problema" (Noel Rosa), Aracy de Almeida, 224

"Óculos escuros" (Valzinho e Orestes Barbosa), Zezé Gonzaga, Paulinho da Viola, Antonia Adnet, 429, 430

"Ocultei" (Ary Barroso), Elizeth Cardoso, 311

"Onde anda você" (Antonio Maria e Reinaldo Dias Leme), Nora Ney, 302

"Orgulho" (Nelson Wederkind e Waldir Rocha), Angela Maria, 320

"Os beijos dela" (Lupicínio Rodrigues), Lupicínio Rodrigues, Lucio Alves, 398, 401

"Ouça" (Maysa), Maysa, 327, 328, 329, 406

"Outra vez" (Tom Jobim), Dick Farney, Elizeth Cardoso, João Gilberto, 448, 453, 465

"Peito vazio" (Cartola e Elton Medeiros), Cartola, 292

"Pela décima vez" (Noel Rosa), Aracy de Almeida, Dalva de Oliveira, 224, 257, 260, 261, 356, 406

"Pensando em ti" (Herivelto Martins e David Nasser), Nelson Gonçalves, 360, 361

"Pensando em você" (Tom Jobim), Ernani Filho, 452

"Perdido de amor" (Luís Bonfá), Dick Farney, Luís Bonfá, 143, 149, 456, 465

"Poeira do chão" (Klecius Caldas e Armando Cavalcanti), Dalva de Oliveira, 265

"Poema das mãos" (Luís Antonio), Miltinho, 244

"Poema do adeus" (Luís Antonio), Miltinho, 244, 245, 247

"Poema do olhar" (Luís Antonio e Evaldo Gouveia), Miltinho, 247, 465

"Ponto final" (José Maria de Abreu e Jair Amorim), Dick Farney, 138, 139, 149, 153, 185, 406, 418, 421, 422, 465

"Por causa de você" (Tom Jobim e Dolores Duran), Dolores Duran, Sylvia Telles, Maysa, 330, 336, 338, 406, 447, 453, 465

"Pra que mentir" (Noel Rosa e Vadico), Silvio Caldas, Aracy de Almeida, 224, 225, 257, 261, 262, 263

"Pra São João decidir" (Lupicínio Rodrigues e Francisco Alves), Francisco Alves, 400

"Prece de amor" (René Bittencourt), Cauby Peixoto, 376

"Preconceito" (Antonio Maria), Nora Ney, 302

"Primeiro mandamento" (René Bittencourt), Cauby Peixoto, 376

"Quando o amor foi embora" (Valzinho e Evaldo Rui), Nora Ney, Zezé Gonzaga, 430

"Quando o samba acabou" (Noel Rosa), Mario Reis, 257, 258

"Quanto tempo faz" (Fernando Lobo e Paulo Soledade), Nora Ney, 300

"Quem há de dizer" (Lupicínio Rodrigues e Alcides Gonçalves), Francisco Alves, Albertinho Fortuna, Nelson Gonçalves, Jamelão, Paulinho da Viola, Victor Hugo, Joanna, Adriana Calcanhotto, 97, 185, 383, 386, 400, 405, 406

"Resposta" (Maysa), Maysa, 326

"Rio de Janeiro" (Oscar Belandi), Dick Farney, 138

"Risque" (Ary Barroso), Linda Batista, 252, 253, 254, 256, 406

"Rosário de esperança" (Lupicínio Rodrigues), Jamelão, Lupicínio Rodrigues, 400, 402, 406

"Sábado em Copacabana" (Dorival Caymmi), Lucio Alves, Dorival Caymmi, 266, 276

"Saia do caminho" (Custódio Mesquita e Evaldo Rui), Aracy de Almeida, Isaura Garcia, Dalva de Oliveira, Zezé Gonzaga, Angela Maria, Marisa Gata Mansa, Gal Costa, Miúcha, Nana Caymmi e Áurea Martins, 185, 414, 416, 417

"Saudade" (Dorival Caymmi e Fernando Lobo), Orlando Silva, Heleninha Costa, 270, 271

"Se é por falta de adeus" (Tom Jobim e Dolores Duran), Doris Monteiro, 336, 448, 453

"Se eu morresse amanhã" (Antonio Maria), Aracy de Almeida, Dircinha Batista, Nora Ney, 268, 269, 270

"Se eu pudesse" (José Maria de Abreu e Jair Amorim), Elizeth Cardoso, 310

"Se o tempo entendesse" (Marino Pinto e Mario Rossi), Elizeth Cardoso, 312

"Se queres saber" (Peterpan), Emilinha Borba, Nana Caymmi, 185, 282

"Se todos fossem iguais a você" (Tom Jobim e Vinicius de Moraes), Roberto Paiva, Maysa, Agostinho dos Santos, Elizeth Cardoso, Sylvia Telles, Angela Maria, Frank Sinatra, Sarah Vaughan, Bobby Short, 152, 330, 447, 456, 457, 458, 460, 463

"Se você se importasse" (Peterpan), Doris Monteiro, 282, 306, 419

"Segredo" (Herivelto Martins e Marino Pinto), Trio de Ouro, Nelson Gonçalves, Dalva de Oliveira, 185, 251, 297, 346, 348, 349, 350, 351, 359, 364, 406, 465

"Sem esse céu" (Luís Bonfá), Dick Farney, 143, 149, 420

"Sem querer..." (Ary Barroso e Luís Peixoto), Zaíra Cavalcanti, 66

"Sempre teu" (José Maria de Abreu e Jair Amorim), Dick Farney, 419, 422

"Senhor do Bonfim" (Herivelto Martins), Trio de Ouro, 359

"Ser ou não ser" (José Maria de Abreu e Alberto Ribeiro), Dick Farney, 138, 185, 418, 422

"Serra da Boa Esperança" (Lamartine Babo), Noite Ilustrada, 61

"Silêncio de um minuto" (Noel Rosa), Aracy de Almeida, 60, 225, 257

"Só louco" (Dorival Caymmi), Dorival Caymmi, Nora Ney, Nana Caymmi, Gal Costa, 96, 275, 277, 278

"Solidão" (Dolores Duran), Nora Ney, Marisa Gata Mansa, Dolores Duran, 340

"Solidão" (Tom Jobim e Alcides Fernandes), Nora Ney, Gal Costa, João Gilberto, Dick Farney, 152, 448, 452

"Somos dois" (Klecius Caldas, Armando Cavalcanti e Luís Antonio), Dick Farney, 138, 141, 149, 153, 185, 244

"Sonhar" (José Maria de Abreu e Jair Amorim), Dick Farney, 422

"Sozinha" (Lupicínio Rodrigues), Jamelão, Paulo Moura e Renato Borghetti, 400, 406

"Suas mãos" (Antonio Maria e Pernambuco), Sylvia Telles, Maysa, Nat King Cole, 269, 270

"Tão só" (Dorival Caymmi), Dorival Caymmi, 278

"Tereza da praia" (Tom Jobim e Billy Blanco), Dick Farney e Lucio Alves, 146, 150, 287, 448, 452

"Teu exemplo" (Herivelto Martins e David Nasser), Trio de Ouro, 354

"Três apitos" (Noel Rosa), Aracy de Almeida, Maria Bethânia, 257, 260, 465

"Tu e eu" (Altamiro Carrilho e Armando Nunes), Sylvia Telles, 447

"Tu" (Ary Barroso), Silvio Caldas, Gal Costa, 56, 252

"Tudo acabado" (J. Piedade e Oswaldo Martins), Dalva de Oliveira, 185, 351, 352

"Tudo é magnífico" (Haroldo Barbosa e Luís Reis), Elizeth Cardoso, 312

"Última seresta" (Adelino Moreira e Sebastião Santana), Nelson Gonçalves, 266, 364, 366

"Último desejo" (Noel Rosa), Aracy de Almeida, Elizeth Cardoso, 224, 257, 261, 262, 263, 312

Índice das músicas citadas

"Um cantinho e você" (José Maria de Abreu e Jair Amorim), Dick Farney, 136, 138, 141, 185, 418, 422

"Um favor" (Lupicínio Rodrigues), Jamelão, 400

"Uma loira" (Hervê Cordovil), Dick Farney, 141, 142, 149, 153

"Vamos falar de saudade" (Mário Lago e Chocolate), Nora Ney, 304

"Vestida de adeus" (Luís Antonio), Miltinho, 244

"Vida de bailarina" (Chocolate e Américo Seixas), Angela Maria, 96, 321, 322

"Vingança" (Lupicínio Rodrigues), Linda Batista, Lupicínio Rodrigues, Trio de Ouro, Jamelão, Joanna, Adriana Calcanhotto, Adur Kiulhitzian, 220, 253, 388, 390, 391, 392, 393, 397, 400, 405, 406

"Você não sabe amar" (Dorival Caymmi), Francisco Carlos, Sylvia Telles, João Gilberto, Chico Buarque, 274, 275, 277, 465

"Volta" (Lupicínio Rodrigues), Linda Batista, Jamelão, Gal Costa, Adur Kiulhitzian, 396, 400, 405, 406

CANÇÕES DE OUTROS GÊNEROS CITADAS NO LIVRO
(título, autores, intérpretes, páginas)

"A banca do distinto" (Billy Blanco e Dolores Duran), Dolores Duran, Billy Blanco, 340, 343

"A chuva caiu" (Tom Jobim e Luís Bonfá), Angela Maria, 322, 456

"A jardineira" (Benedito Lacerda e Humberto Porto), Orlando Silva, 105

"A saudade mata a gente" (João de Barro e Antonio Almeida), Dick Farney, 138

"A... E... I... O... Urca!" (Paulo Magalhães), Fernando Alvarez, 113

"Abrázame así" (Mario Clavel), Pedro Vargas, 199

"Acércate más" (Oswaldo Ferrés), Pedro Vargas, 193, 199

"Adeus América" (Haroldo Barbosa e Geraldo Jacques), Os Cariocas, 434

"Afinal" (Ismael Neto e Luís Bittencourt), Heleninha Costa, 436

"Águas de março" (Tom Jobim), Elis Regina e Tom Jobim, Os Cariocas, 439, 453

"Ai, Gegê" (Braguinha e José Maria de Abreu), Jorge Goulart, 184

"Aí, hein!" (Lamartine Babo e Paulo Valença), Mario Reis e Lamartine Babo, 61

"Ai, que saudades da Amélia" (Ataulfo Alves e Mário Lago), Ataulfo Alves, 118, 353

"Ain't misbehavin'" (Fats Waller, Harry Brooks e Andy Razaf), Fats Waller, 207

"Alegria" (Cartola), Cartola, 290

"Algodão" (Custódio Mesquita e David Nasser), Silvio Caldas, 414

"Alma mía" (Maria Grever), José Mojica, 198

"Alvorada" (Cartola, Carlos Cachaça e Hermínio Bello de Carvalho), Cartola, 290

"Amapola" (Ernesto Lecuona), Lecuona Cuban Boys, 209

"Amor proibido" (Cartola), Cartola, 290

"Andalucia" (Ernesto Lecuona), Ernesto Lecuona, Jimmy Dorsey, 192

"Angel eyes" (Matt Dennis e Earl K. Brent), Frank Sinatra, 396

"Ao ouvir esta canção hás de pensar em mim" (José Maria de Abreu e Francisco Mattoso), Francisco Alves, 418

"Aquarela do Brasil" (Ary Barroso), Jorge Goulart, 131, 180, 252

"Aquellos ojos verdes" (Nilo Menéndez e Adolfo Utrera), Jimmy Dorsey, 194, 209

"As praias desertas" (Tom Jobim), Elizeth Cardoso, 314

"Às três da manhã" (Herivelto Martins), Aracy de Almeida, Moraes Moreira, 359

"At last" (Mack Gordon e Harry Warren), Totó e sua Orquestra, 130

"Atire a primeira pedra" (Ataulfo Alves e Mário Lago), Orlando Silva, 118, 353

"Aurora" (Mário Lago e Roberto Roberti), Joel e Gaúcho, 105

"Ausencia" (Jaime Prats), Fernando Albuerne, 193

"Ave Maria" (Vicente Paiva e Jaime Redondo), Dalva de Oliveira, 352

"Babo... zeira" (Lamartine Babo), Lamartine Babo, 61

"Baião" (Luiz Gonzaga e Humberto Teixeira), Quatro Ases e um Coringa, 105

"Bairro de pobre" (Lupicínio Rodrigues), Francisco Egydio, 397

"Balanço Zona Sul" (Tito Madi), Tito Madi, 446

"Bandeira branca" (Max Nunes e Laércio Alves), Dalva de Oliveira, 356

"Barqueiro do São Francisco" (Alberto Ribeiro e Alcir Pires Vermelho), Dick Farney, 130

"Barracão" (Luís Antonio e Oldemar Teixeira), Heleninha Costa, Elizeth Cardoso, 244, 436

"Bastidores" (Chico Buarque), Cristina Buarque, Cauby Peixoto, 378

"Batuque no morro" (Russo do Pandeiro e Sá Roris), Linda Batista, Trio de Ouro, 105

"Begin the beguine" (Cole Porter), Artie Shaw, 105, 204

"Besame mucho" (Consuelo Velázquez), Ruy Rey, Pedro Vargas, Lucho Gatica, 96, 115, 194, 198, 199, 201, 203

"Bicharada" (Djalma Ferreira), Djalma Ferreira, 242

"Blue gardenia" (Bob Russell e Lester Lee, versão de Antonio Carlos), Cauby Peixoto, 374

"Boa noite amor" (José Maria de Abreu e Francisco Mattoso), Pedro Vargas, Francisco Alves, 199, 418

"Boneca de pixe" (Ary Barroso e Luiz Iglesias), Carmen Miranda e Almirante, 112

"Boogie woogie na favela" (Denis Brean), Ciro Monteiro, 105, 422

"Brasil pandeiro" (Assis Valente), Anjos do Inferno, Novos Baianos, 422, 465

"Bruxinha de pano" (Vicente Paiva e Luís Peixoto), Carmen Miranda e Almirante, 112

"Cabelos brancos" (Herivelto Martins e Marino Pinto), Quatro Ases e um Coringa, 351

"Caminho certo" (Herivelto Martins e David Nasser), Trio de Ouro, 358

"Caminhos cruzados" (Tom Jobim e Newton Mendonça), João Gilberto, 456

"Camisa listada" (Assis Valente), Carmen Miranda, 113

"Canção para inglês ver" (Lamartine Babo), Lamartine Babo, 61

"Carinho e amor" (Tito Madi), Tito Madi, 446

"Carlos Gardel" (Herivelto Martins e David Nasser), Nelson Gonçalves, 360, 364

"Cem mil réis" (Noel Rosa), Noel Rosa e Marilia Batista, 259

"Chega de saudade" (Tom Jobim e Vinicius de Moraes), Elizeth Cardoso, João Gilberto, 453, 458, 460, 463

"Cheiro de saudade" (Luís Antonio e Djalma Ferreira), Djalma Ferreira, 243, 244

"Chiclete com banana" (Gordurinha), Jackson do Pandeiro, 422

"Ci-ciu-ci" (Saverio Seracini e Ettore Minoretti, versão de Nadir Pires), Cauby Peixoto, 374

"Cidade maravilhosa" (André Filho), Aurora Miranda, 76

"Cidade vazia" (Baden Powell e Milton Nascimento), Elizeth Cardoso, 312

Índice das músicas citadas

"Com que roupa" (Noel Rosa), Aracy Cortes, Aracy de Almeida, 58, 225
"Consulta o teu travesseiro" (Benedito Lacerda e Herivelto Martins), Trio de Ouro, 354
"Contigo en la distancia" (César Portillo de La Luz), Lucho Gatica, Trio Irakitan, 96, 192, 204
"Conversa de botequim" (Noel Rosa), Aracy de Almeida, Trio Surdina, 225
"Cordiais saudações" (Noel Rosa), Silvio Caldas, 58
"Corra e olhe o céu" (Cartola e Dalmo Castello), Cartola, 290
"Cuando vuelva a tu lado" (Maria Grever), Eydie Gormé e Trio Los Panchos, Libertad Lamarque, Maria Grever, 198
"Cubanacan" (Ernesto Lecuona), Lecuona Cuban Boys, 192
"De conversa em conversa" (Haroldo Barbosa e Lucio Alves), Lucio Alves, 273
"Deep purple" (Peter DeRose e Mitchell Parish), Dick Farney, 134
"Desesperadamente" (Gabriel Ruiz e Ricardo López Méndez), Elvira Ríos, 197, 198
"Despedida de Mangueira" (Benedito Lacerda e Aldo Cabral), Francisco Alves, 280
"Devaneio" (Luís Antonio e Djalma Ferreira), Djalma Ferreira, 243, 244
"Dinah" (Harry Akst, Sam M. Lewis e Joe Young), Bing Crosby, 116
"Disfarça e chora" (Cartola e Dalmo Castello), Cartola, 290
"Divina dama" (Cartola), Francisco Alves, Cartola, 290
"Dois pra lá, dois pra cá" (João Bosco e Aldir Blanc), João Bosco, 213
"Dona Divergência" (Lupicínio Rodrigues e Felisberto Martins), Linda Batista, 397
"Dor de recordar" (Joubert de Carvalho e Olegário Mariano), Francisco Alves, 422
"Dos almas" (Domingo Fabiano), Gregorio Barrios, 202, 206
"Dos meus braços tu não sairás" (Roberto Roberti), Nelson Gonçalves, 364
"É luxo só" (Ary Barroso e Luís Peixoto), Elizeth Cardoso, 312
"El Cumbanchero" (Rafael Hernández), Xavier Cugat, Ruy Rey, 96, 206
"El Manisero" (Moisés Simons), Don Azpiazu y Orquesta Habana Casino, Xavier Cugat, Stan Kenton, 207
"El reloj" (Roberto Cantoral), Lucho Gatica, 206
"Elegantíssima" (Ernesto Nazareth), Maria José Carrasqueira, 412
"Elizete" (Clare Fischer), Clare Fischer, Carl Tjader, 316
"Enquanto houver saudade" (Custódio Mesquita e Mário Lago), Orlando Silva, 414
"Enrolando o rock" (Betinho e Heitor Carrilho), Cauby Peixoto, 376
"Eponina" (Ernesto Nazareth), Maria José Carrasqueira, 412
"Errei, erramos" (Ataulfo Alves), Orlando Silva, 353
"Escandalosa" (Moacir Borba e Djalma Esteves), Emilinha Borba, 96, 281, 282
"Esquece" (Gilberto Milfont), Dick Farney, 138
"Esta noite serenou" (Hervê Cordovil), Dalva de Oliveira, 356
"Estrada branca" (Tom Jobim e Vinicius de Moraes), Elizeth Cardoso, 314
"Estrela do mar" (Marino Pinto e Paulo Soledade), Dalva de Oliveira, 356
"Eu bebo sim" (Luís Antonio), Elizeth Cardoso, 244
"Eu sonhei que tu estavas tão linda" (Lamartine Babo e Francisco Mattoso), Francisco Alves, 417
"Falso amigo" (Benedito Lacerda e Marino Pinto), Dalva de Oliveira, 354
"Flores negras" (Sergio De Carlo), Elvira Ríos, 196
"For sentimental reasons" (Ivory Watson e William Best), Dick Farney e The Skylarks, 134

"Frenesi" (Alberto Domínguez), Pedro Vargas, Xavier Cugat, Artie Shaw, Tommy Dorsey, Woody Herman, Benny Goodman, Anita O'Day, Frank Sinatra, June Christy, Chet Baker, Ray Charles, Plácido Domingo, Oscar D'Leon, 115, 208, 209, 210, 211

"Frio en el alma" (Miguel Angel Valladares), Gregorio Barrios, 202, 252

"Gago apaixonado" (Noel Rosa), Mesquitinha, 58

"Garota de Ipanema" (Tom Jobim e Vinicius de Moraes), João Gilberto, 252

"Gosto que me enrosco" (Sinhô), Luísa Fonseca, Mario Reis, 52

"Granada" (Agustín Lara), Mario Lanza, 116, 196

"Há um Deus" (Lupicínio Rodrigues), Dalva de Oliveira, 356, 404

"Hino do Clube dos Cafajestes" (Paulo Soledade), 162

"Hipocrita" (Carlos Crespo), Fernando Fernandez, Gregorio Barrios, Fernando Albuerne, 115

"Historia de un amor" (Carlos Almarán), Lucho Gatica, 206

"Hoje quem paga sou eu" (Herivelto Martins e David Nasser), Nelson Gonçalves, 96, 360, 364

"I don't know why" (Fred E. Ahlert e Roy Turk), Dick Farney e The Skylarks, 134

"I love Paris" (Cole Porter), Maysa, 333

"I'll see you again" (Noel Coward), Frank Sinatra, 207

"I've heard that song before" (Jule Styne e Sammy Cahn), Leny Eversong, 130

"In a sentimental mood" (Duke Ellington, Manny Kurtz e Irving Mills), Ella Fitzgerald, Sarah Vaughan, 461

"In the mood" (Joe Garland), Glenn Miller, 105

"Inah" (Lupicínio Rodrigues), Lupicínio Rodrigues, 401

"Inutilmente" (Alfredo Nuñez de Borbón), Gregorio Barrios, 202

"Isso é Brasil" (José Maria de Abreu e Luís Peixoto), Déo, Jorge Goulart, 421

"Izaura" (Herivelto Martins e Roberto Roberti), Francisco Alves, João Gilberto, 348, 359

"J'ai deux amours" (Vincent Scotto, Géo Koger e Henri Varna), Josephine Baker, 115

"J'attendrai" (Jean Sablon), Jean Sablon, 108

"Janelas abertas" (Tom Jobim e Vinicius de Moraes), Elizeth Cardoso, 314

"Jardim da saudade" (Lupicínio Rodrigues), Lupicínio Rodrigues, 401

"João ninguém" (Noel Rosa), Elizeth Cardoso e Blecaute, Tom Jobim, 236

"Judiaria" (Lupicínio Rodrigues), Lupicínio Rodrigues, Paulo Moura e Renato Borghetti, 402, 406

"Jura" (Sinhô), Aracy Cortes, Mario Reis, 52

"Júrame" (Maria Grever), Maria Grever, José Mojica, 198

"Kalu" (Humberto Teixeira), Dalva de Oliveira, 203, 254, 355

"La barca" (Roberto Cantoral), Lucho Gatica, 204, 206

"La ultima noche" (Bobby Collazo), Pedro Vargas, Chucho Martínez, 116, 193, 200

"Lábios de mel" (Waldir Rocha), Angela Maria, 322

"Lamento" (Luís Antonio e Djalma Ferreira), Djalma Ferreira, 243, 244

"Lata d'água" (Luís Antonio e Jota Júnior), Marlene, 244

"Laurindo" (Herivelto Martins), Trio de Ouro, 348

"Lembra" (Tito Clement), Dalva de Oliveira, 356

"Lenço no pescoço" (Wilson Batista), Jorge Veiga, 258

"Let's get lost" (Jimmy McHugh e Frank Loesser), Totó e sua Orquestra, 130

Índice das músicas citadas

"Levanta Mangueira" (Luís Antonio), Zezinho, 244

"Lígia" (Tom Jobim), João Gilberto, 456

"Lili Marlene" (Hans Leip e Norbert Schultze), Marlene Dietrich, 188, 189

"Linda morena" (Lamartine Babo), Mario Reis e Lamartine Babo, 61

"Luciana" (Tom Jobim e Vinicius de Moraes), Elizeth Cardoso, 314

"Luna lunera" (Tony Fergo), Pedro Vargas, Gregorio Barrios, 115, 202

"Maladie d'amour" (Henri Salvador), Henri Salvador, 115

"Malagueña" (Ernesto Lecuona), Ernesto Lecuona, 192

"Malvadeza durão" (Zé Kéti), Angela Maria, 323

"Mamãe eu quero" (Vicente Paiva e Jararaca), Carmen Miranda, 105, 115

"Mambo do galinho" (Betinho Nazareno de Brito), Cauby Peixoto, 374

"Marchinha do amor" (Lamartine Babo), Francisco Alves e Mario Reis, 61

"Marchinha do grande galo" (Lamartine Babo e Paulo Barbosa), Almirante, 62

"María Bonita" (Agustín Lara), Chucho Martínez, 115, 196, 200, 252

"Maria Candelária" (Armando Cavalcanti e Klecius Caldas), Blecaute, 118

"Maria La O" (Ernesto Lecuona e Gustavo Sánchez Galarraga), Lecuona Cuban Boys, 116, 192

"Máscara negra" (Zé Kéti e Hildebrando Pereira Matos), Dalva de Oliveira, 356

"Menina flor" (Luís Bonfá), Trio Tamba, Luís Bonfá, Grover Washington Jr., 456

"Menina moça" (Luís Antonio), Miltinho, 244

"Mentir" (Noel Rosa), Mario Reis, 259

"Meu filho" (José Augusto e Antonio Damasceno), Cauby Peixoto, 376

"Minhas namoradas" (Oto Borges e Paulo Borges), Cauby Peixoto, 376

"Mocinho bonito" (Billy Blanco), Doris Monteiro, 309

"Mon homme" (Albert Willemetz e Jacques Charles), Mistinguett, 115

"Mona Lisa" (Ray Evans e Jay Livingston), Nat King Cole, 20

"Mujer" (Agustín Lara), Pedro Vargas, 196, 199

"Mulata assanhada" (Ataulfo Alves), Elizeth Cardoso, 312

"Mulher de trinta" (Luís Antonio), Miltinho, 244

"Mulher" (Custódio Mesquita e Sady Cabral), Orlando Silva, 414

"Murmúrio" (Luís Antonio e Djalma Ferreira), Miltinho, 243

"My funny Valentine" (Richard Rodgers e Lorenz Hart), Dolores Duran, 343

"Nada além" (Custódio Mesquita e Mário Lago), Orlando Silva, Lucio Alves, 64, 413

"Nada por mim" (Herbert Vianna e Paula Toller), Nelson Gonçalves, 370

"Namorados" (Lupicínio Rodrigues), Lupicínio Rodrigues, 401

"Ne me quitte pas" (Jacques Brel), Maysa, 333

"Nega do cabelo duro" (David Nasser e Rubens Soares), Anjos do Inferno, 105, 118

"Nega maluca" (Evaldo Rui e Fernando Lobo), Linda Batista, 220

"No boteco do José" (Augusto Garcez e Wilson Batista), Linda Batista, 220

"No me platiques" (Vicente Garrido), Los Tres Ases, Lucho Gatica, 204

"No tabuleiro da baiana" (Ary Barroso), Carmen Miranda, 62

"Noche de ronda" (Agustín Lara e Maria Tereza), Elvira Ríos, Pedro Vargas, 115, 196, 207

"Nós três" (Fafá Lemos), Trio Surdina, 100

"Noturno em tempo de samba" (Custódio Mesquita), Silvio Caldas, 414

"Nunca te direi" (José Maria de Abreu e Jair Amorim), Doris Monteiro, 420

"O apito do samba" (Luís Antonio e Luiz Bandeira), Marlene, 244

"O barquinho" (Roberto Menescal e Ronaldo Bôscoli), Maysa, 330
"O bonde de São Januário" (Wilson Batista e Ataulfo Alves), Ciro Monteiro, 180
"O orvalho vem caindo" (Noel Rosa), Almirante, Aracy de Almeida, 225
"O que é que a baiana tem" (Dorival Caymmi), Carmen Miranda e Dorival Caymmi, 461
"O que será de mim" (Ismael Silva, Nilton Bastos e Francisco Alves), Mario Reis e Francisco Alves, 174
"O relógio da vovó" (Chiquinho do Acordeon, Garoto e Fafá Lemos), Trio Surdina, 100
"O sol nascerá" (Cartola e Elton Medeiros), Cartola, 290, 292
"O teu cabelo não nega" (Lamartine Babo e Irmãos Valença), Lamartine Babo, Castro Barbosa, 61
"O trem atrasou" (Paquito, Estanislau Silva e Artur Vilarinho), Roberto Paiva, 180
"Odeon" (Ernesto Nazareth), Maria José Carrasqueira, 412
"Olhos verdes" (Vicente Paiva), Dalva de Oliveira, 352
"Onde o céu é mais azul" (João de Barro, Alberto Ribeiro e Alcir Pires Vermelho), Francisco Alves, 66
"Orgia" (Luís Peixoto e A. Neves), Zaíra Cavalcanti, 174
"Outono" (Billy Blanco), Dolores Duran, 334
"Palabras de mujer" (Agustín Lara), Pedro Vargas, Gregorio Barrios, 20, 202, 203, 252
"Palhaço" (Herivelto Martins e Benedito Lacerda), Francisco Alves, 348
"Palhaço" (Oswaldo Martins e Nelson Cavaquinho), Dalva de Oliveira, 354
"Palpite infeliz" (Noel Rosa), Aracy de Almeida, 225
"Paper doll" (Johnny S. Black), Jimmy Lester, 130
"Para que recordar" (Maria Grever), Maria Grever, 115, 198
"Para Vigo me voy" (Ernesto Lecuona), Ernesto Lecuona, 192
"Parlez-moi d'amour" (Jean Lenoir), Lucienne Boyer, 115
"Pastorinhas" (Noel Rosa e João de Barro), João Petra de Barros, Silvio Caldas, 62
"Pecadora" (Agustín Lara), Don Alfonso Ortiz Tirado, 196, 200, 252
"Pelo telefone" (Donga e Mauro de Almeida), Baiano, 256
"Pennies from heaven" (Arthur Johnston e Johnny Burke), Dick Farney, 134
"Perfidia" (Alberto Domínguez), Xavier Cugat, Glenn Miller, Elvira Ríos, Benny Goodman, Julie London, Trini Lopez, Charlie Parker, Nat King Cole, Perez Prado, Andrea Bocelli, Ben E. King, The Modernaires, Alceu Valença, 115, 194, 196, 208, 209, 210, 211, 432
"Perfume de gardenia" (Rafael Hernández), Bienvenido Granda, 206
"Periquitinho verde" (Antonio Nássara e Sá Roris), Dircinha Batista, 108
"Pianola" (Sinhô), Augusto Vasseur, 461
"Piel canela" (Bobby Capó), Eydie Gormé e Trio Los Panchos, 193
"Pirata da perna de pau" (João de Barro), Nuno Roland, 105, 264
"Please" (Ralph Rainger e Leo Robin), Bing Crosby, 116
"Por quê?" (Dorival Caymmi), Jean Sablon, 276
"Praça Onze" (Herivelto Martins e Grande Otelo), Castro Barbosa e Trio de Ouro, 118
"Promessa" (Custódio Mesquita e Evaldo Rui), Silvio Caldas, 414
"Que rei sou eu" (Herivelto Martins e Waldemar Ressurreição), Francisco Alves, 348

Índice das músicas citadas 481

"Que será" (Mario Rossi e Marino Pinto), Dalva de Oliveira, 352
"Quem dá mais?" (Noel Rosa), Noel Rosa, 164
"Quem me vê sorrindo" (Cartola e Carlos Cachaça), Cartola, 289
"Quiéreme mucho" (Gonzalo Roig e Agustín Rodriguez), Pedro Vargas, 192, 199
"Quizás, quizás, quizás" (Oswaldo Ferrés), Gregorio Barrios, 192, 202
"Rapaz folgado" (Noel Rosa), Aracy de Almeida, 224, 258
"Recado" (Luís Antonio e Djalma Ferreira), Djalma Ferreira, 243, 244
"Renúncia" (Roberto Martins e Mario Rossi), Nelson Gonçalves, 364
"Rhapsody in blue" (George Gershwin), Tommy Dorsey, 84
"Rio de Janeiro" (Ary Barroso), Dalva de Oliveira, 356
"Riso de criança" (Noel Rosa), Aracy de Almeida, 224
"Rosa de maio" (Custódio Mesquita e Evaldo Rui), Carlos Galhardo, 414
"Sabor a mí" (Alvaro Carrillo), Lucho Gatica, Eydie Gormé e Trio Los Panchos, 204, 206
"Sabrá Dios" (Alvaro Carrillo), Gregorio Barrios, Lucho Gatica, 202, 206
"Salada política" (Alvarenga e Ranchinho), Alvarenga e Ranchinho, 170
"Samba de uma nota só" (Tom Jobim e Newton Mendonça), João Gilberto, 453
"Samba triste" (Baden Powell e Billy Blanco), Lucio Alves, Elizeth Cardoso, 284
"Santa" (Agustín Lara), Agustín Lara, Elvira Ríos, 196
"Sapato de pobre" (Luís Antonio e Jota Júnior), Marlene, 244
"Sassaricando" (Luís Antonio, Zé Mario e Oldemar Magalhães), Virginia Lane, 67, 244
"Se a lua contasse" (Custódio Mesquita), Aurora Miranda, 414
"Se acaso você chegasse" (Lupicínio Rodrigues e Felisberto Martins), Ciro Monteiro, Lupicínio Rodrigues, Adriana Calcanhotto, 381, 398, 401, 405, 406
"Se você jurar" (Ismael Silva, Nilton Bastos e Francisco Alves), Mario Reis e Francisco Alves, 174
"Século do progresso" (Noel Rosa), Aracy de Almeida, 224
"Sentimental journey" (Bud Green, Les Brown e Ben Homar), Les Brown Orchestra, Doris Day, 188
"September song" (Kurt Weill e Maxwell Anderson), Dick Farney, 143
"Seu condutor" (Herivelto Martins, Alvarenga e Ranchinho), Alvarenga e Ranchinho, 62, 113
"Siboney" (Ernesto Lecuona), Lecuona Cuban Boys, Xavier Cugat, 192, 206
"Siempre en mi corazón" (Ernesto Lecuona), Ernesto Lecuona, Plácido Domingo, 192
"Sim" (Cartola e Oswaldo Martins), Cartola, 290
"Sinceridad" (Rafael Gastón Pérez), Lucho Gatica, 186, 203
"Sinto-me bem" (Ataulfo Alves), Nelson Gonçalves, 362, 363
"Só dando com uma pedra nela" (Lamartine Babo), Mario Reis e Lamartine Babo, 61
"Solamente una vez" (Agustín Lara), José Mojica, Agustín Lara, 105, 116, 196
"Solitude" (Duke Ellington, Eddie DeLange e Irving Mills), Billie Holiday, 396
"Somebody loves me" (George Gershwin, Ballard MacDonald e Buddy DeSylva), Bing Crosby, 116
"Sonho e saudade" (Tito Madi), Tito Madi, 446
"Sophisticated lady" (Duke Ellington, Mitchell Parish e Irving Mills), Billie Holiday, Ella Fitzgerald, 461
"Stormy weather" (Harold Arlen e Ted Koehler), Leny Eversong, 130

"Strange fruit" (Abel Meeropol), Billie Holiday, 230
"Tantas palavras" (Chico Buarque e Dominguinhos), Chico Buarque, 274
"Te quiero dijiste" (Maria Grever), Carlos Ramírez, 198
"Tea for two" (Vincent Youmans e Irving Caesar), Os Cariocas, 434
"Tenderly" (Walter Gross e Jack Lawrence), Dick Farney, Trio Surdina, 100, 136
"Tenha pena de mim" (Ciro de Souza e Babaú), Aracy de Almeida, 175
"Tentação do inconveniente" (Augusto Mesquita e Manoel da Conceição), Elizeth Cardoso, Clare Fischer, 316
"Teus ciúmes" (Lacy Martins e Aldo Cabral), Dalva de Oliveira, 356
"That old black magic" (Harold Arlen e Johnny Mercer), Dick Farney, 143
"The Continental" (Con Conrad e Herb Magidson), Harry James, 105
"The music stopped" (Gregg Martin), Dick Farney, 130
"The one I love belongs to somebody else" (Isham Jones e Gus Kahn), Frank Sinatra, 396
"Tim tim por tim tim" (Haroldo Barbosa e Geraldo Jacques), Os Cariocas, João Gilberto, Rosa Passos, 435
"Tive sim" (Cartola), Cartola, 290
"Todo se acaba" (Don Fabian), Gregorio Barrios, 202
"Touradas em Madri" (João de Barro e Alberto Ribeiro), Almirante, 62
"Tres palabras" (Oswaldo Ferrés), Fernando Albuerne, 193, 200
"Tú me acostumbraste" (Frank Domínguez), Lucho Gatica, 193, 204
"Tudo lembra você (These foolish things)" (Eric Maschwitz, Jack Strachey e Harry Link, versão de Mario Donato), Cauby Peixoto, 372
"Twilight time" (Buck Ram e The Three Suns), The Platters, 443
"Un poquito de tu amor" (Julio Gutierrez), Fernando Albuerne, Carlos Ramírez, 115, 200
"Vai querer" (Hianto de Almeida e Fernando Lobo), Elizeth Cardoso, Clare Fischer, 316
"Vai, vai mesmo" (Ataulfo Alves), Nora Ney, 304
"Vaidosa" (Herivelto Martins e Artur Morais), Francisco Alves, 358
"Valsa de uma cidade" (Ismael Neto e Antonio Maria), Lucio Alves, Os Cariocas, 435
"Vanidad" (Armando G. Malbrán), Gregorio Barrios, 202
"Velho realejo" (Custódio Mesquita e Sady Cabral), Silvio Caldas, 414
"Venganza" (Fernando Alvarez e Bebo Valdés), Gregorio Barrios, 202
"Vereda tropical" (Gonzalo Curiel), Lupita Palomera, Elvira Ríos, 196, 199
"Você vai se quiser" (Noel Rosa), Noel Rosa e Marilia Batista, 259
"What a diff'rence a day made" (Maria Grever), Dinah Washington, 198
"What is this thing called love?" (Cole Porter), Artie Shaw, 207
"What's new?" (Bob Haggart e Johnny Burke), Dick Farney, 130
"Ya no me quieres" (Maria Grever), Maria Grever, 198
"Zé Marmita" (Luís Antonio e Brazinha), Marlene, 244
"Zum-zum" (Paulo Soledade e Fernando Lobo), Dalva de Oliveira, 10, 159, 356

Índice das músicas citadas

Índice onomástico

Abifadel, Elias, 446
Abreu, Brício de, 236
Abreu, José Maria de, 136, 138, 140, 143, 184, 251, 306, 310, 416, 418, 419, 420, 421, 422, 423
Abreu, Juvenal Roberto de, 416
Abreu, Marilena de, 421
Abreu, Valdo, 73
Accioly Neto, 236
Adelaide, 397
Adnet, Antonia, 430
Adolfo, Antonio, 213
Aguiar, Lia Borges de, 70
Aguiar, Nalva, 357
Aguinaga, Fernando, 159
Al Bibi, Don, 442
Albuerne, Fernando, 200
Alencar, Vera de, 276
Alex, Léone, 237
Alfredinho, 238
Allen, Woody, 244
Almarán, Carlos, 206
Almeida, Antonio, 138
Almeida, Aracy de, 60, 76, 81, 185, 220, 222, 223, 224, 225, 226, 256, 259, 260, 261, 262, 263, 268, 269, 279, 316, 359, 363, 414, 416
Almeida, Dulce de, 47
Almeida, Hianto de, 282, 283, 288
Almeida, Laurindo, 118, 289
Almeida, Murilinho de, 227, 229
Almeida, Renato, 172
Almeida, Sávio de, 238
Almirante (Henrique Foréis Domingues), 77, 81, 82, 83, 86, 94, 121, 304, 305
Alvarenga e Ranchinho, 62, 70, 77, 113, 118, 122, 170, 180, 181, 184

Alvarez, Irma, 235
Alves, Ataulfo, 180, 236, 237, 238, 240, 251, 304, 352, 353, 358, 362, 363
Alves, Bubi, 159, 164
Alves, Carmélia, 101, 105, 130, 231, 298
Alves, Francisco, 50, 60, 61, 66, 76, 92, 101, 108, 113, 134, 144, 174, 185, 199, 221, 258, 264, 268, 271, 280, 290, 350, 358, 359, 364, 372, 382, 383, 384, 385, 388, 389, 399, 418, 420, 422, 424
Alves, Gilberto, 78
Alves, Lucio, 96, 101, 146, 150, 185, 272, 273, 276, 284, 286, 287, 288, 304, 344, 432, 435, 436, 445, 452
Amado, Genolino, 76
Amaral, Arnaldo, 129
Amaral, Ricardo, 150
Amaral, Tarsila do, 392
Amaral, Túlio, 394
Americano, Luís, 364, 398
Américo, Don, 203
Amorim, Jair, 136, 138, 139, 143, 213, 310, 375, 406, 418, 420
Anastácia, 324
Andrade, Fabio de, 164
Andrade, Gilberto de, 82, 85
Andrade, Lauro Paes de, 335
Andrade, Mário de, 172, 174
Andrade, Paulo César de, 414
Anjos do Inferno, 245, 273, 432
Anjos, Augusto dos, 226
Anka, Paul, 230
Ankito, 63
Antonio, Luís, 243, 244, 246, 251, 328, 436

Aranha, Oswaldo, 173
Arantes, Guilherme, 440
Araújo, Humberto, 406
Araújo, Jaime, 83
Araújo, Juarez, 150
Araújo, Lauro, 416
Araújo, Manoel, 83
Araújo, Plínio, 83
Araújo, Severino, 82, 83, 84, 397, 400, 450
Arlen, Harold, 347
Armendáriz, Pedro, 198
Armstrong, Louis, 314
Ases do Samba, 258, 264, 381
Assumpção, Nico, 439
Astaire, Fred, 115
Atalaia, Duarte, 216
Augusto, Carlos, 368, 444
Augusto, Sérgio, 160
Austin, Claude, 105, 108, 218
Autran Dourado, Henrique, 432
Avellar, Luiz, 439
Ávila, 299
Avilés, Hernando, 200
Ayres, Nelson, 450
Azevedo Silva Júnior, Arnaldo de, 154
Azevedo, Artur de, 48
Azevedo, Raul, 334
Aznavour, Charles, 230
Babaú (Valdomiro José da Rocha), 174
Babo, Lamartine, 54, 55, 60, 67, 86, 93, 238, 417, 422, 454
Badeco (Emmanoel Furtado), 425, 432, 433, 437, 438, 439, 440
Badú, 63
Baez, Joan, 458
Baker, Chet, 144, 210
Baker, Josephine, 40, 112, 115, 187, 230, 233
Bala, Carlos, 439
Baliza, Oswaldo, 159
Bandeira, Antonio, 453
Bando da Lua, 76, 113, 114, 423
Barbosa, Abelardo (Chacrinha), 82, 264, 307
Barbosa, Adoniran, 330
Barbosa, Castro, 70, 76, 89, 90

Barbosa, Haroldo, 82, 86, 234, 302, 303, 312, 347, 433, 435, 454, 461
Barbosa, Orestes, 430
Barboza, Marília T., 276
Barcelos, Manoel, 78, 93, 249
Bardi, Pietro Maria, 81
Baron, Paul, 136
Barrios, Gregorio, 201, 202, 203, 204, 233
Barriquinha, 118, 218
Barros Filho, Teófilo de, 78, 441
Barros, João Petra de, 60, 76, 415
Barros, Luiz Alípio de, 238
Barroso, Ary, 10, 54, 55, 56, 57, 58, 59, 60, 61, 62, 66, 67, 79, 80, 82, 99, 100, 121, 125, 212, 234, 248, 249, 250, 251, 252, 253, 254, 255, 256, 266, 301, 311, 317, 358, 381, 406, 446, 454
Barroso, Inezita, 227
Barroso, Juarez, 291
Barroso, Marco Aurélio, 366
Barsotti, Rubinho, 146, 148
Barzie, Tino, 147
Basie, Count, 167
Bastos, Edson, 440
Bastos, Nilton, 174
Batista, Aurelio, 91
Batista, Dircinha, 57, 81, 108, 222, 268, 269, 299, 393, 420
Batista, Linda, 70, 81, 108, 118, 159, 178, 184, 185, 219, 220, 221, 222, 227, 236, 250, 253, 299, 363, 389, 390, 397
Batista, Odete, 222
Batista, Wilson, 180, 258
Beatles, The, 432
Beaton, Cecil, 228
Bebeto, 332
Bécaud, Gilbert, 230
Belandi, Oscar, 138
Belinzanski, Gregoire, 217
Bellinati, Paulo, 429
Ben, Jorge, 379
Bengell, Norma, 149, 231, 235
Bennett, Tony, 230
Bergman, Ingrid, 209
Berle, Milton, 136

Índice onomástico

Berlin, Irving, 188
Berrier, Annie, 218
Berry, Chu, 167
Berta, 227
Bethânia, Maria, 274, 369
Betinho, 118
Bianchi, Alberto, 40, 108, 111, 120, 121, 124
Bianchi, Cido, 152
Bide, 86, 238, 241
Bijou, 218
Bittencourt, Lourdinha, 358, 361, 365, 436
Bittencourt, Luís, 424, 434, 436
Bittencout, Raymundo, 438, 439, 440
Blanc, Aldir, 213, 293
Blanco, Billy, 146, 283, 284, 285, 286, 287, 288, 309, 334, 335, 340, 342, 446, 452, 453
Blecaute, 70, 96, 101, 236
Bloch, Pedro, 169
Blota Júnior, 394, 404
Bocchino, Alceo, 451
Bocelli, Andrea, 210
Boechat, Acyr, 105, 334
Boechat, Ricardo, 232
Bogart, Humphrey, 209
Bola de Nieve (Ignacio Villa), 193, 195
Bola Sete, 86, 97, 240, 424
Bolão, 114, 392
Bolenska, Olga, 148
Bombonatti, Waldemar, 159, 164, 165
Bonfá, Luís, 143, 251, 302, 322, 420, 424, 456, 457, 458, 459
Bonfil, Rodrigo Bazán, 194
Bonomi, Maria, 334
Borba, Emilinha, 70, 96, 101, 118, 163, 220, 281, 282, 283, 284, 286, 299, 318, 430
Borba, Oswaldo, 202
Borelli Filho, 436
Borges, Lauro, 65, 70, 89, 90
Borghetti, Renato, 405, 406
Borghi, Hugo, 169, 170
Bosco, João, 440
Bôscoli, Heber de, 93
Bôscoli, Lila, 410

Bôscoli, Ronaldo, 266, 330, 331, 332, 448
Bossa Clube, 423
Bountman, Simon, 105, 231, 386
Boyer, Lucienne, 79, 112, 115, 219
Braga, Rubem, 24, 125, 236, 248, 249
Bragança, Dom João de Orleans e, 159
Braguinha (João de Barro), 60, 66, 129, 130, 131, 132, 138, 184, 251, 264, 265, 276, 310, 350, 358, 418, 433
Branco, Lúcia, 450
Brandão Filho, 70, 89
Brandão, Leci, 324
Brás, Venceslau, 104
Brasilian Boys, 120
Brazilian Serenaders, 116, 118, 122, 134
Brean, Denis, 329, 422, 465
Bressane, Dulce, 274
Briamonte, José, 149
Britinho, 235, 238, 451
Brito, Hélio, 318
Brown, Les, 188, 325
Brubeck, Dave, 146
Bruzzi, Iris, 234
Buarque de Holanda, Chico, 101, 274, 378, 426, 446
Buarque, Cristina, 378
Bucchino, Victor, 143
Burke, Johnny, 154
Buti, Carlo, 79
Byington, Família, 44, 72, 129
Byington, Olivia, 226
Cabral, Aldo, 280, 281, 288, 356
Cabral, Sady, 414
Cabral, Sérgio, 56, 57, 253, 254, 450, 452, 454, 455
Caco Velho, 114, 240, 382, 392
Caçulinha, 316
Caetano, Pedro, 290
Caignet, Felix, 88
Calcanhotto, Adriana, 393, 398, 406
Caldas, Klecius, 243, 244, 251
Caldas, Silvio, 22, 55, 56, 58, 59, 61, 76, 101, 108, 121, 185, 224, 226, 227, 231, 236, 246, 248, 262, 274, 290, 312, 316, 363
Calheiros, Augusto, 289
Calhelha, Ramos, 22

Calmon, Waldir, 241, 242, 243
Camargo, Hebe, 288
Camisa de Vênus, 369
Campana, Alberico, 340
Campiglia, Ismael, 146
Campos, Augusto de, 380, 387, 390
Campos, Paulo Mendes, 24, 125, 249
Campos, Carlos Eduardo (Didu) Souza, 227
Campos, Tereza Souza, 227
Camus, Marcel, 457, 459
Canaro, Francisco, 115
Canhoto, 272, 294
Cantinflas (Mario Moreno), 198
Cantoral, Roberto, 206
Cantores do Céu, 425
Capó, Bobby, 193
Caram, Bruna, 393
Cardoso, Dulcídio, 317
Cardoso, Elizeth, 185, 226, 236, 274, 284, 286, 288, 310, 311, 312, 313, 314, 315, 316, 317, 318, 328, 344, 345, 400, 420, 430, 436, 443, 444, 453, 456, 458, 460, 463, 465
Cardoso, Ivan, 159
Cardoso, Silvio Túlio, 306
Carioca, 81, 86, 90, 324
Cariocas, Os, 96, 101, 284, 286, 335, 432, 433, 434, 435, 437, 438, 439, 440
Carlos Cachaça, 295
Carlos, Erasmo, 379
Carlos, Francisco, 274
Carlos, J., 54, 55
Carlos, Roberto, 101, 379, 380
Carmichael, Hoagy, 154
Carol, Martine, 20
Carrilho, Altamiro, 292
Carrillo, Alvaro, 206
Cartola (Angenor de Oliveira), 108, 213, 288, 289, 290, 291, 292, 293, 294, 295, 462
Carvalho, Flávio de, 392
Carvalho, Hermínio Bello de, 226, 317, 429, 430
Carvalho, Joubert de, 422
Carvalho, Paulinho Machado de, 369
Carvalho, Paulo Machado de, 78

Carvalho, Rui dos Santos, 159
Cascata, J., 238
Casé, 146
Casé, Ademar, 73, 77, 92
Castilho, Almira, 70
Castilho, Althemar Dutra de, 159
Cavalcanti, Armando, 243, 244, 251
Cavalcanti, Noemi, 358, 391
Cavalcanti, Zaíra, 66, 174
Cavallaro, Carmen, 106, 233
Caymmi, Dori, 282, 446
Caymmi, Dorival, 99, 100, 125, 132, 134, 135, 138, 139, 185, 194, 226, 234, 236, 251, 270, 271, 272, 273, 274, 275, 276, 277, 278, 279, 280, 318, 350, 358, 359, 394, 406, 424, 435, 461, 464
Caymmi, Nana, 282, 344, 345, 416
Caymmi, Stella, 272, 276, 280
Cazes, Henrique, 428
Cecéu, 324
Ceci, 260, 261, 262
Celestino, Vicente, 50, 144, 316, 372, 458
Centopeia, 434, 451
César, Fernando, 308, 309
Cézar, Silvio, 446
Chacal, Dom, 213
Chacrinha (ver Barbosa, Abelardo)
Chagas, Nilo, 348, 349, 391
Chambelland, Rodolfo, 36
Charles, Ray, 210
Chateaubriand, Assis, 78, 81, 82
Chaves, Luiz, 148
Chevalier, Lord, 237
Chevalier, Maurice, 230, 232
Chiozzo, Adelaide, 70, 101
Chiquinho, 282
Chiquinho do Acordeon, 86, 97, 98, 99, 100, 234, 253, 269, 338, 423, 432, 441, 442, 444
Chocolate, 227, 234, 310, 321, 446
Chopin, Frédéric, 295
Christy, June, 210
Chuca-Chuca, 248, 249, 451
Cintra, José de Copertino Coelho, 32
Cipó, 227
Clara, 260

Índice onomástico

Clement, Tito, 355
Coelho, Elisa, 54, 55, 56, 76, 231, 252
Coelho, Olga Praguer, 199
Colé, 63
Cole, Louis, 108, 218, 219, 220, 227, 325
Cole, Nat King, 20, 204, 210, 230, 270, 314, 372, 374, 426
Coleman, Cy, 147
Collazo, Bobby, 193
Conde, Aníbal, 351
Conjunto Farroupilha, 238, 369
Cook, Emory, 456
Copinha (Nicolino Copia), 105, 231, 298, 306, 419
Coral Baccarelli, 404
Cordeiro, Antonio, 90
Córdova, Arturo de, 198
Corradi, Euler, 111, 112
Corrêa, Horacina, 234
Corrêa, Marcos Sá, 379
Corrêa, Orlando, 444
Correia, Apolo, 89
Cortes, Aracy, 48, 49, 50, 51, 52, 54, 56, 58, 61, 66
Costa, Arthur Souza, 163
Costa, Candido, 47, 49, 50
Costa, Carmen, 231
Costa, Gal, 153, 387, 393, 416, 420
Costa, Haroldo, 310
Costa, Heleninha, 70, 270, 301, 436
Costa, Maria Della, 216
Costa, Reinaldo, 91
Costa, Suely, 324
Costa, Vitor, 87, 88
Costello, Frank, 128
Cotton Club Orchestra, 115
Coutinho, Bia, 392
Coward, Noel, 207
Cozzi, Oduvaldo, 18
Creuza, Maria, 430
Crosby, Bing, 116, 127, 130, 133, 134, 136, 144, 149, 276, 374
Cugat, Xavier, 200, 208, 233
Curi, Alberto, 91
Curi, Ivon, 70, 96, 101, 231, 278, 282, 298, 322
Curi, Jorge, 90
Cury, Miguel, 300

Cyrino, 162
D'Arco, Jean, 114
D'Ávila, Emma, 89
D'Ávila, J. Antônio, 441
D'Ávila, Walter, 63, 89, 234
D'Leon, Oscar, 210
Dandridge, Dorothy, 231
Dauberson, Dany, 218
Davis Jr., Sammy, 128, 230
Davis, Miles, 98
Day, Doris, 369
De Marco, Gene, 238
Debussy, Claude, 421, 430
Del Rio, Dolores, 198
Delfim Netto, 304
Delfino, Luiz, 436
Delmiro, Hélio, 439
Dennis, Matt, 154
Déo, 382, 421
Desmond, Paul, 146
Desterro, Frei Antonio do, 31
Di Cavalcanti, Emiliano, 60, 224, 226, 453
Di Veras (Edson Colaço Veras), 372, 373, 374, 376, 377
Dias Garcia, Família, 34
Dias, Orlando, 267
Dias, Pedro, 63, 171
Didier, Carlos, 258, 259, 262, 381
Dietrich, Marlene, 188, 189, 230
Difini, 164
Dino Sete Cordas, 272, 290, 291, 294
Disney, Walt, 112
Dolabella, Vadinho, 159
Domingo, Placido, 210, 458
Domingues, Heron, 90
Domínguez, Alberto, 194, 208, 210, 211
Domínguez, Frank, 193
Donato, João, 213, 214, 446
Donga, 238, 240, 289
Dória, Marcelo, 249
Dorsey, Jimmy, 135, 209
Dorsey, Tommy, 83, 84, 133, 147, 210, 233, 432
Downey, Wallace, 129
Draper, Dorothy, 122
Drummond de Andrade, Carlos, 226
Duarte, Ana, 351

Duarte, Reginaldo, 162
Duca, 364
Duchin, Eddy, 106, 107, 134
Duge (Dugenir), 424
Dunga, 375
Dupla Preto e Branco, 348, 349
Dupré, Danielle, 227
Durães, Manoel, 70
Duran, Dolores, 10, 96, 101, 185, 226, 240, 297, 324, 330, 334, 335, 336, 337, 338, 339, 340, 341, 342, 343, 344, 345, 406, 446, 453
Dutra, Altemar, 213
Dutra, Eduardo, 133
Dutra, Eurico Gaspar, 44, 103, 124, 125, 159, 168, 169, 170, 171, 182, 183, 185
Dutra, Maria Luiza, 183
Duval, Dorinha, 234
Duvivier, Eduardo, 38, 166
Duvivier, Família, 34
Duvivier, Theodoro, 32
Eça, Luiz, 332, 446
Eddy, Nelson, 116
Edinho, 201
Edu da Gaita, 234
Edu da Panair (ver Oliveira, Eduardo Martins de)
Ega, João da, 249
Egg, Stelinha, 435
Eggert, Martha, 116
Einhorn, Maurício, 150
Eisenhower, Dwight, 181
Ellington, Duke, 154, 461
Elpídio, Fats, 106, 227, 451
Entratter, Jack, 127, 128
Erhardt, Carmen, 202
Ernani Filho, 452
Evans, Bill, 154
Evans, Herschel, 167
Evans, Leslie, 72
Eversong, Leny, 130
Fabiano, Domingo (Don Fabiano), 206
Faccini, Mario, 435
Faissal, Floriano, 86
Falcão, Aluizio, 288, 289
Faour, Rodrigo, 334, 374, 376
Faraj, Jorge, 180

Faria, 364
Faria, Fernando, 385, 406
Farney, Cyll, 307
Farney, Dick, 77, 96, 101, 118, 126, 130, 131, 132, 133, 134, 135, 136, 137, 138, 139, 140, 141, 142, 143, 144, 145, 146, 147, 148, 149, 150, 151, 152, 153, 154, 155, 185, 231, 234, 244, 271, 272, 276, 284, 286, 287, 297, 298, 304, 307, 338, 344, 364, 418, 420, 422, 423, 426, 428, 432, 435, 448, 452, 453, 462, 465
Faro, Fernando, 284, 395, 441
Farrés, Osvaldo, 192
Fasano, Rogerio, 205
Fausto, Boris, 178, 180
Febrot, Luiz Israel, 295
Feitosa, Chico, 448
Félix, María, 115, 196, 197, 198
Fernandes, Alcides, 152
Fernandes, Millôr, 42, 328
Fernández, Esther, 164, 190
Fernandez, Fernando, 193, 200
Fernández, José Loyola, 192
Ferreira Filho, 130, 134
Ferreira, Cordélia, 75
Ferreira, Djalma, 130, 241, 242, 243, 244, 245
Ferreira, Ernani Pires, 28, 170
Ferreira, Plácido, 75
Ferreira, Procópio, 262
Ferrete, J. L., 300, 435
Fietta, Hector Lagna, 202
Figueiredo, Júlio César de, 150, 152, 418
Figueiró, Luely, 284
Fina (Josefina), 260
Fischer, Clare, 314, 315, 316
Fitzgerald, Ella, 230
Flynn, Errol, 122, 276
Fon-Fon, 82, 109, 262, 424
Fonda, Henry, 122
Fonseca, Luísa, 52
Fonseca, Zezé, 86
Fonseca, Zilá, 444
Fontes, Lourival, 175, 176, 177, 178, 179, 181
Fontoura, João Neves de, 74, 184
Forbes, Jorge, 398, 408

Índice onomástico

Ford, John, 199
Formenti, Gastão, 76
Forster, Walter, 440
Fortuna, Albertinho, 284
Fourneaut, William, 114, 392
Fraccarolli, João, 119, 120, 124
França, Cassio, 159, 165
Franco, Guilherme, 308
François, Jacqueline, 231
Freeman, Bud, 136
Freidenson, Michel, 155
Freire Júnior, 48, 50, 53
Freitas, Heleno de, 42, 159, 160, 161, 164
Freitas, José Francisco de, 52
Freitas, Paula, 32
Frias, Carlos, 78
Fróes, Darcy, 159
Fróes, Oldar, 159, 164, 165
Froman, Jane, 136
Fronzi, Renata, 75, 234
Fuks, Moysés, 448
Furtado, Eusébio, 34
Gable, Clark, 276
Gafieira, 392
Gagliardi, Gilberto, 118, 218
Gagliardi, Roberto, 118
Galhardo, Carlos, 70, 76, 202, 316, 363
Gallet, Luciano, 413
Gama, Octavio de Almeida, 106
Gaó (Odmar Amaral Gurgel), 52, 109, 114
Garabédian, Jacqueline, 166
Garbo, Greta, 122
Garcez Filho, Ernesto, 159, 164, 165
Garcia, 392
Garcia, Chianca de, 66
Garcia, Irineu, 314, 454
Garcia, Isaura, 185, 222, 280, 281, 344, 393, 416
Garcia, Lauro Lisboa, 284, 400
Gardner, Ava, 204, 232
Garoto (Aníbal Augusto Sardinha), 86, 97, 98, 99, 100, 101, 142, 143, 260, 364, 393, 423, 424, 425, 426, 427, 428, 429, 430, 432
Garrincha, 382
Gasper, Elizabeth, 235

Gatica, Lucho, 186, 203, 204, 205, 206, 213, 345
Gavin, James, 144
Gaya, Lindolpho, 149, 320, 435
Genovese, Vito, 128
Gentil, Romeu, 180
Gerardi, Alcides, 278
Gershwin, George, 188, 462
Gershwin, Ira, 188
Getz, Stan, 458
Ghipsman, Romeu, 86, 199
Gil, Alfredo, 200
Gil, Gilberto, 101
Gilberto, Astrud, 344
Gilberto, João, 212, 237, 274, 283, 288, 313, 315, 330, 332, 344, 359, 379, 387, 427, 435, 453, 460, 463, 465
Gillespie, Dizzy, 228
Gilvan, 201
Gire, Joseph, 36, 85
Gnattali, Aida, 97
Gnattali, Radamés, 60, 64, 86, 87, 94, 95, 96, 97, 105, 131, 132, 142, 143, 224, 225, 256, 257, 258, 260, 276, 284, 294, 306, 311, 386, 423, 426, 427, 429, 431, 437, 450, 451, 452
Gogô (Hilton Jorge Valença), 152, 155
Gomes Filho, 75
Gomes, Bruno Ferreira, 413
Gomes, Eduardo, 124, 168, 169, 170, 171
Gomes, Toso, 377
Gonçalves, Alcides, 383, 386, 388, 389, 397
Gonçalves, Dercy, 63, 118, 418
Gonçalves, Elvira, 365
Gonçalves, Marcello, 428, 429
Gonçalves, Mary, 234, 357
Gonçalves, Nelson, 96, 101, 135, 144, 185, 213, 238, 254, 267, 271, 298, 316, 344, 359, 360, 361, 362, 363, 364, 365, 366, 367, 368, 369, 370, 371, 372, 387, 424, 436
Gonzaga, Chiquinha, 297
Gonzaga, Luiz, 70, 96, 101
Gonzaga, Zezé, 259, 416, 429, 436
Gonzalez, Eládio Perez, 316
Gonzalez, Luiz, 26

Gonzalez, Rosita, 334
Goodman, Benny, 106, 209, 210, 211
Gordon, Dexter, 458
Gordurinha, 422
Gormé, Eydie, 201
Goulart, Jorge, 70, 101, 184, 217, 218, 220, 226, 231, 264, 265, 284, 298, 300, 301, 302, 304, 306, 338, 414, 416, 421
Gouveia, Evaldo, 213, 368
Graciano, Clóvis, 226
Gracindo, Paulo, 70, 82, 88, 89, 93, 279
Granda, Bienvenido, 200, 206
Grappelli, Stéphane, 426
Grever, Maria, 198
Gross, Walter, 136
Grosso, Iberê Gomes, 86
Guedes, Fátima, 324
Guilherme, Osvaldo, 329
Guimarães, Celso, 18, 90, 91
Guimarães, Rogério, 56
Guinga, 292
Guinle, Arnaldo, 36
Guinle, Carlos, 274, 275, 276
Guinle, Família, 34
Guinle, Guilhermina, 36
Guinle, Jorginho, 122, 156, 157, 166
Guinle, Octavio, 36, 40, 124, 216, 230, 298
Guise, Francisco, 159, 164, 165
Guizar, Tito, 78
Gullo, Rita, 393
Hamilton, Roy, 230, 314
Hayes, Warren, 215
Haymes, Dick, 133, 144, 264
Haymes, Marguerite, 144
Hayworth, Rita, 297
Helena, Lucia, 92
Henry, Georges, 114, 392, 441
Herman, Woody, 210
Hernández, Rafael, 206
Heywood, Eddie, 148
Hime, Francis, 446
Hitchcock, Bill, 134
Hobsbawm, Eric, 188
Holiday, Billie, 148, 230, 297, 396
Hollaender, Friedrich, 187
Hope, Bob, 122

Hugo, 96
Hugo, Victor, 406
Iglezias, Armando, 235
Ilio, 162
Inah, 397
Índios Tabajara, 227
Inglez, Roberto, 203, 254, 355
Irigoyen, Francisco "Don Pancho", 26
Isabel, 397
Isabel, Maria, 365, 370
Ismael Neto, 334, 335, 432, 433, 435, 436, 437, 446
Isolda, 324
Jackson do Pandeiro, 70, 300, 316, 422
Jackson, Mahalia, 460
Jacob do Bandolim, 69, 272, 316, 366
Jacoto, Lilian, 388, 396, 402, 403, 404, 407, 408
Jacques, Geraldo, 435
Jamelão, 254, 284, 397, 398, 399, 400, 401, 430
Japiassu, Moacir, 212
Jararaca, 115
Jararaca e Ratinho, 70, 77, 289
Jardel Filho, 236
Jazz Band Acadêmica, 264
Jazz Band Ba-Ta-Clan, 36
Jenkins, Gordon, 286, 396
Jercolis, Jardel, 59
Joanna, 393, 405
João da Baiana, 238, 240, 289
João de Barro (ver Braguinha)
Joãozinho, 201
Jobim, Paulo, 451
Jobim, Tereza Hermanny, 451
Jobim, Tom (Antonio Carlos Jobim), 24, 57, 66, 146, 152, 153, 249, 284, 287, 306, 312, 313, 322, 330, 336, 343, 379, 410, 438, 440, 446, 447, 448, 449, 450, 451, 452, 453, 454, 455, 456, 457, 458, 460, 462, 463, 465
Jofre, Éder, 371
Joplin, Scott, 461
Jorge, Normando, 164
Jorginho, 294
Jota Júnior, 244
Joy, Julie, 436
Joyce, 324

Índice onomástico

Julinho, 382
Junco, Pedro, 192
Juraci, 397
Kahlo, Frida, 200
Kahn, Sammy, 307
Kantor, Joe, 142
Kawall, Luiz Ernesto, 469
Keller, Greta, 40, 230
Kelly, Paula, 432
Kenny, Jorge, 143, 420
Kenton, Stan, 118, 148
Kern, Jerome, 154, 188
Kerner, Ari, 180
Kéti, Zé, 323, 462
King, Ben E., 210
Kiulhtzian, Adur, 405
Koellreutter, Hans Joachim, 438, 449, 450
Kolman, Ignacio, 105
Kubitschek, Juscelino, 171
Kuntz, 214
La Luz, César Portillo de, 192
Lacerda, Benedito, 108, 131, 231, 280, 354, 362
Ladeira, César, 18, 74, 75, 76, 77, 91, 109, 134, 234, 301, 348, 359
Lafayette, Núbia, 357
Lago, Mário, 64, 251, 261, 413, 414, 418
Laine, Frankie, 230
Lamarca, Pino, 442
Lamego, Roberto, 320
Lamour, Dorothy, 116
Lane, Abbe, 200
Lane, Virginia, 63, 67, 118, 233, 318
Lara, Agustín, 79, 115, 191, 194, 197, 203, 206, 207
Lara, Dona Ivone, 324
Laranjada, Zé, 164
Lattari, Vitorio, 362
Le Corbusier, 115
Leão, Danuza, 227
Leão, Nara, 448
Lebendiguer, Henrique, 441
Lecuona Cuban Boys, 192
Lecuona, Ernesto, 192, 193, 206
Lee, Peggy, 144
Lee, Rita, 324
Legey, Milton, 320
Leitão, Arnaldo Câmara, 274

Leme, Dom Sebastião, 162
Leme, Reinaldo Dias, 91
Lemos, Fafá, 98, 99, 100, 118, 220, 234, 253, 338, 393, 423, 426, 427, 428, 432, 444
Lenharo, Alcir, 302, 414, 416
Lentini, Carlos, 430
Léo Peteca, 159, 160
Leone, Anilza, 234
Leonidoff, Leon, 369
Leslie, Earl, 36
Lester, Jimmy, 130
Libardi, Fernando, 222
Lichter, Charles, 136, 418
Lima, Ellen de, 282
Lima, Helena de, 231, 234, 245
Lima, Hugo, 274
Lima, José Caetano de, 235, 238
Lima, Marina, 324
Lima, Paulo Andrade, 159
Lima, Waldomiro Castilho de, 104
Lincoln, Ed, 243
Lins, Ivan, 440
Lira Neto, 169, 184, 331, 332
Lisboa, Ilma, 164
Lobo, Edu, 446
Lobo, Fernando, 24, 60, 82, 125, 159, 165, 216, 217, 224, 234, 248, 249, 264, 266, 268, 270, 300, 318, 446
Lobo, Haroldo, 381
Lobo, Henrique, 368
Logullo, Eduardo, 226
London, Julie, 148, 210
Lopes, Antonio Fernandes, 261
Lopes, Nei, 174
Lopes, Saint-Clair, 70, 88, 90, 91
Lopez, Trini, 210
Lucia, Vera, 436, 444
Luís, Washington, 104
Luiza, Maria, 370
Luna, Roberto, 338
Lunceford, Jimmie, 461
Lyra, Carlos, 210, 330, 332, 448, 461, 462
Macalé, Jards, 400, 430
Macedo Neto, 338, 340
Macedo, Fausto, 368
Macedo, Raul, 159

Macedo, Renato, 77
Macedo, Ricardo, 368
Machado, Carlos, 114, 116, 117, 130, 134, 165, 218, 219, 227, 232, 233, 234, 235, 236, 237, 238, 270, 369
Machado, Edmar, 72
Machado, Gisela, 234, 236
Machado, Marcello de Barros Tomé, 103
Machado, Regina, 144, 370
Madame Satã, 258
Madi, Tito, 185, 440, 441, 442, 443, 444, 445, 446, 447, 449
Magalhães, Oswaldo Diniz, 76
Magalhães, Raymundo, 159, 164, 165
Maia, Clayton, 299
Maia, Déo, 62, 113, 237
Maia, Prestes, 14
Mandel, Johnny, 154
Mangabeira, Otávio, 181
Marçal, Humberto, 368
Marcel, Marina, 238
Marcilio, José, 185
Marconi, Guglielmo, 78
Maria, Angela, 8, 96, 101, 185, 213, 226, 236, 277, 285, 298, 317, 318, 319, 320, 321, 322, 323, 324, 344, 345, 357, 379, 416, 456, 457, 469
Maria, Antonio, 24, 125, 224, 227, 249, 251, 264, 265, 266, 267, 268, 269, 270, 300, 302, 334, 335, 435, 446, 454, 455, 458
Maria, Neusa, 285, 301, 436
Mariano, César Camargo, 57, 149
Mariano, Olegário, 422
Mariazinha, 397
Marinho, Hélio, 218
Marinho, Irmãs, 235
Marion, 301
Maris, Stella, 436
Marisa Gata Mansa, 338, 340, 342, 343, 416
Marks, Herbert, 207
Marlene, 65, 70, 101, 118, 133, 231, 282, 298, 436
Marques, Paulo, 318
Martinez, Angelita, 234
Martínez, Chucho, 115
Martinez Filho, Fernando, 185

Martins, Aldemir, 226
Martins, Áurea, 416
Martins, Felisberto, 381
Martins, Gilberto, 86, 88
Martins, Herivelto, 112, 213, 250, 251, 346, 347, 348, 349, 350, 351, 352, 353, 354, 356, 358, 359, 360, 361, 391, 406
Martins, Lacy, 356
Martins, Neide, 129
Martins, Nelly, 284
Martins, Oswaldo, 352
Martins, Roberto, 363, 364
Martins, Ubiratan, 349
Marx, Burle, 122
Massey, Ilona, 116
Mastin, Will, 128
Mastrangelo, Felicio, 73, 74
Matarazzo, André, 325, 326, 327
Matarazzo, Ermelino, 159, 164
Matarazzo, Maysa (ver Maysa)
Mathis, Johnny, 458
Matos, Cláudia, 178
Matos, Maria Izilda, 385, 406
Mattos, Rui, 324
Mattoso, Francisco, 417, 421
Maurílio, 106
Mauro, José, 82, 86
Máximo, João, 258, 259, 262, 356, 381
Mayer, Rodolfo, 18, 86, 262
Maysa, 270, 284, 324, 325, 326, 327, 328, 329, 330, 331, 332, 333, 334, 340, 344, 345, 406, 447, 456
Mazurega, Sula, 357
McCann, Bryan, 94, 95
Medaglia, Júlio, 450
Medeiros, Elton, 292, 294, 460
Medeiros, Lindaura, 259, 260
Meira, 272, 294
Mello, Jorge, 98, 423, 428
Mello, Luiz, 308
Melodia, Luiz, 406
Mendes, Gilberto, 450
Mendes, Luiz Fernando, 325
Mendes, Sérgio, 148
Méndez, Ricardo López, 198
Mendonça, Newton, 249, 447, 452, 453
Menéndez, Nilo, 194

Índice onomástico

Menescal, Roberto, 330, 332, 440, 441, 448

Menezes, Carolina Cardoso de, 316, 364, 423, 427, 428

Menezes, José, 86, 96, 97, 225, 306, 424, 427, 428, 434, 442, 444

Menezes, Paulinho, 320

Mercedes, 397

Mercer, Johnny, 264, 347

Mercer, Mabel, 148

Mergulhão, Luiz, 377

Mesquita, Custódio, 64, 67, 76, 185, 413, 414, 415, 416, 417, 422

Mesquitinha, 58, 234

Mezzaroma, Paulo, 393

Midnighters, The, 106, 231

Migliori, Gabriel, 316

Milani, Osmar, 114, 392

Milfont, Gilberto, 138, 284

Milionários do Ritmo, 130, 242, 243

Milito, Hélcio, 332

Millarch, Aramis, 294, 328, 334

Miller, Glenn, 188, 208, 209, 432

Miller, Sidney, 446

Mills Brothers, The, 115

Miltinho, 244, 245, 246, 247, 309, 310, 312

Miranda, Aurora, 76, 253, 316

Miranda, Carmen, 40, 56, 57, 76, 112, 113, 114, 128, 197, 290, 297, 328, 423

Miranda, Milton, 150, 310

Miranda, Roberta, 324

Miranda, Tavares de, 392

Mistinguett, 36, 40, 58, 115, 117, 187, 232

Miúcha, 359, 416

Modern Jazz Quartet, 458

Modernaires, The, 432

Mojica, José, 79, 115, 195

Molina, Sérgio, 212, 460, 461, 462

Monk, Thelonious, 154

Montalban, Ricardo, 190

Montand, Yves, 230

Montaner, Rita, 193, 195

Montarroyos, Marcio, 150

Monte, Heraldo do, 152, 312, 313, 342, 344

Monte, Paulo, 133, 134

Monteiro, Ary, 318

Monteiro, Ciro, 76, 316, 363, 381, 382, 401

Monteiro, Doris, 185, 231, 246, 282, 284, 286, 298, 299, 304, 305, 306, 307, 308, 309, 310, 336, 344, 419, 420, 448, 453

Monteverdi, Claudio, 9

Montez, Nanci, 365

Montiel, Sarita, 142

Moraes, Vinicius de, 249, 313, 314, 330, 336, 348, 410, 426, 453, 454, 455, 457, 458

Morais, Artur (Ré Menor), 359

Morais, Viscondessa de, 162

Moreira Ferreira, Carlos Eduardo, 155

Moreira, Adelino, 364, 366, 367, 368, 369, 406

Moreira, Airto, 308

Moreira, Carlos Roberto de Aguiar, 159

Moreira, Eduardo (Moreirinha), 328

Moreira, Moraes, 359

Moreira, Sonia Virginia, 88

Morel, Diana, 234

Moreno, Ted, 284

Morje, Wesley, 128, 129

Morton, Jelly Roll, 461

Moura, Jonas, 369

Moura, Mauricy, 452

Moura, Paulo, 150, 317, 405, 406, 450

Mozart, Wolfgang Amadeus, 226

Mur, Blanche, 238

Muraro, Heriberto, 76

Murce, Renato, 70, 82, 89, 90, 304

Nagib, Júlio, 440

Namorados da Lua, 273, 432

Napolitano, Marcos, 180, 182, 189, 322, 323

Nascimento, Armando, 64

Nascimento, Milton, 432

Nássara, Antonio, 381

Nasser, David, 185, 255, 348, 352, 358, 360, 414

Nassif, Luís, 58, 217

Navarro, Chucho, 200

Nazareth, Ernesto, 412, 413

Negreiros, Jayme (Israel Jayme Trifler), 450
Negreiros, José de Almada, 411
Nelson Cavaquinho, 304, 354
Nelson, Bob, 70, 101
Nelson, Rudolph, 187
Nestrovski, Arthur, 180
Nêumanne, José, 246
Neves, Ezequiel, 379
Ney, Nora, 96, 101, 152, 185, 231, 266, 267, 284, 286, 297, 298, 299, 300, 302, 303, 304, 306, 338, 340, 345, 347, 414, 430, 432, 443, 448, 452, 469
Nicholas Brothers, 115
Nicolaiewski, Nico, 450
Niemeyer, Carlinhos, 159, 165
Niemeyer, Oscar, 410
Nogrady, Guy de, 40
Nogueira, 56
Nogueira, Celio, 86
Nogueira, Paulinho, 427
Noite Ilustrada, 61, 246
Nonô, 381
Norberto, Natalício, 359
Norway, Harry, 134
Nunes, Bené, 451
Nunes, Cícero, 280, 281
Nunes, Clara, 344
Nunes, Mário, 54
Nunes, Max, 89
O'Day, Anita, 210
Oliva, Hernán, 426
Oliva, José Victor, 308
Oliveira, Adones de, 202
Oliveira, Aloysio de, 113, 333, 447, 448, 456
Oliveira, Arthur de, 369
Oliveira, Carlos Eduardo de, 164, 165
Oliveira, Dalva de, 76, 77, 101, 122, 185, 203, 213, 254, 255, 261, 282, 296, 297, 316, 320, 345, 348, 349, 350, 351, 352, 353, 354, 356, 357, 364, 416
Oliveira, Eduardo Martins de, 159
Oliveira, Isis de, 87, 88
Oliveira, Mariozinho de, 158, 159, 160, 166, 167, 190, 218

Oliveira, Zeferino de, 163
Oliver, Sy, 461
Oréfiche, Armando, 192
Oricchio, Luiz Zanin, 344
Ornstein, Oscar, 230
Orovio, Helio, 192
Orquesta Sinfónica de La Habana, 192
Orquestra All Stars, 324
Orquestra Brasileira, 95, 132
Orquestra Columbia, 114
Orquestra de José Maria, 138
Orquestra de Vero, 452
Orquestra Marajoara, 82
Orquestra Pan American, 105
Orquestra Tabajara, 82, 83, 84, 397, 399, 400, 401
Orquestra Típica Brasileira, 173
Orquestra Victor Brasileira, 199
Oscarito, 63
Otelo, Grande, 22, 62, 112, 113, 118, 122, 165, 233, 236, 237, 250, 262, 316, 323
Pacheco, Diogo, 450
Padilha, Celmar, 159
Paes, Luiz Arruda, 277
Pagã, Elvira, 166
Paiva, Roberto, 96, 456
Paiva, Salvyano Cavalcanti de, 47, 50, 56, 59
Paiva, Vicente, 115, 351, 352
Pamplona, Fernando, 231
Panicali, Lyrio, 86, 266, 382, 432, 437, 452
Paquito, 180
Paranhos do Rio Branco, José Mário, 154
Parísio, Salomé, 369
Parker, Charlie, 166, 210
Parker, Sol, 154
Pascal, Blaise, 104
Pass, Joe, 344
Passos, Enzo de Almeida, 368
Passos, Pereira, 32, 34, 35
Patachou, 218
Patané, Eduardo, 130
Paul, Maury, 229
Paula Machado, Família, 34
Paula, Elano de, 310

Índice onomástico

Paulinho da Viola, 383, 384, 405, 430, 460
Pautasso, Mario, 442
Pavarotti, Luciano, 458
Pedroca, 434
Peer, Ralph, 201
Peixe, Guerra, 82
Peixoto, Araken, 376
Peixoto, Carlos, 159, 164
Peixoto, Cauby, 101, 185, 324, 344, 372, 373, 374, 375, 376, 377, 378, 379, 380, 427
Peixoto, Ernani Amaral, 107
Peixoto, Luís, 48, 49, 50, 54, 56, 57, 59, 66, 67, 174, 421
Peixoto, Moacyr, 376
Pelé, 19
Peña, Ralph, 314, 316
Peracchi, Leo, 86, 99, 100, 432, 447
Perdigão, João, 111, 112
Perdigão, Paulo, 86, 89, 90
Pereira, Arley, 294
Pereira, Chico, 460
Pereira, Marcus, 290, 291, 293
Pérez, Rafael Gastón, 186, 204
Pernambuco (Aires da Costa Pessoa), 270
Pernambuco, João, 412
Perrone, Luciano, 86, 90, 96, 97, 225, 434
Pes, Paulo, 393
Pessoa, Celso Frota, 450, 451
Pessoa, Epitácio, 36
Peterpan, 282, 283, 288, 306, 350
Pettezzoni, Sérgio, 159
Piaf, Edith, 230, 231, 355
Pied Pipers, The, 432
Piedade, J., 351, 352
Pignatari, Baby, 159, 162
Pimenta, Julinho, 391
Pinto Filho, 61
Pinto, Álvaro, 66
Pinto, Edgar Roquette, 73
Pinto, Manoel, 66
Pinto, Marino, 350, 351, 352, 353, 354, 446
Pinto, Walter, 46, 66, 67, 170, 238, 352, 418
Pithon, Geraldo, 390

Pittman, Booker, 105, 107, 114, 218
Pituca Girls, 67
Pixinguinha, 36, 56, 173, 238, 240, 241, 289
Platão, 166
Platters, The, 443
Podell, Jules, 127, 128
Pongetti, Henrique, 326, 327
Pons, María Antonieta, 145
Ponte Preta, Stanislaw (ver Porto, Sérgio)
Porter, Cole, 18, 188, 204, 207, 462
Portinari, Candido, 81
Porto, Flavio, 453
Porto, Marques, 49, 50
Porto, Sérgio, 24, 42, 159, 160, 164, 166, 234, 249, 274, 290, 446, 454
Possi, Zizi, 393
Powell, Baden, 246, 284, 288, 426, 428
Power, Tyrone, 106
Prado, Perez, 210
Prado, Ruth Almeida, 166
Prancha, Neném, 42
Prata, Alaor, 32
Prats, Jaime, 193
Pratt, Al, 107
Premice, Josephine, 218
Prestes, Luiz Carlos, 181, 182
Proser, Monte, 127, 128
Puglielli, Raphael, 326, 328
Quartera (Jorge Quartarone), 432, 433, 437, 438, 439, 440
Quarteto Novo, 101, 344
Quatro Ases e um Coringa, 96, 351, 432
Queiroz Filho, Pessoa de, 300
Queiroz, Nilo, 288
Quincas, 214
Quitandinha Serenaders, 236
Rabagliati, Alberto, 192
Rabello, Raphael, 426, 428
Raimundo, Pedro, 101
Rainger, Ralph, 154
Ram, Buck, 443
Ramirez, Carlos, 200
Rangel, Lúcio, 24, 60, 224, 248, 249, 454
Rangel, Orlando, 181
Rapuano, Pascoal Caetano, 159
Rasimi, Madame, 36
Raskin, David, 264

Ray Ventura et ses Collégiens, 114
Rayol, Agnaldo, 273, 343
Real, Dirceu Côrte, 325
Real, Roberto Côrte, 146, 273, 325, 374
Redondo, Jaime, 118
Regina, Elis, 57, 101, 273, 277, 316, 320, 344
Regina, Vera, 235
Reis, Bidu, 304, 347
Reis, Dilermando, 69, 86
Reis, Luiz, 312
Reis, Mario, 40, 59, 76, 133, 174, 258, 264, 372, 381
Reis, Norival, 284
Rella, Rita, 237
Rey, Ruy, 96, 105, 231
Rhodes, Yolanda, 259
Ribamar, José, 441, 442, 443, 446
Ribeiro Filho, 70
Ribeiro, Alberto, 66, 129, 131, 132, 138, 264, 418, 419
Ribeiro, Geraldo, 428
Ribeiro, Maria Therezinha Janine, 354
Ribeiro, Octavio, 293
Ribeiro, Pery, 349, 350, 351, 355, 356, 420, 421
Ribeiro, Renato Janine, 354
Ribeiro, Zilco, 238, 239, 240
Ricardo Júnior, 308
Ricardo, Sérgio, 19
Rich, Buddy, 148
Riddle, Nelson, 396
Rigoni, Luiz, 28
Rimsky-Korsakov, Nikolai, 451
Ríos, Elvira, 78, 115, 196, 197, 199, 207, 297
Risadinha, 284
Ro Ro, Angela, 213, 324
Roberti, Roberto, 180
Roberto, Paulo, 92
Robin, Leo, 154
Robinson, Clark, 128
Robinson, Sugar Ray, 246
Robledo, Lito, 114, 308, 392
Rocha, José Caribé da, 105, 154, 231, 298, 306
Rocha, Marta, 110
Rocha, Waldir, 320

Rockettes, The, 369
Rodrigues Filho, Lupicínio, 387, 397
Rodrigues, Amália, 233
Rodrigues, Cerenita, 397
Rodrigues, Jair, 101
Rodrigues, Linda, 368
Rodrigues, Lupicínio, 213, 220, 251, 259, 264, 347, 350, 380, 381, 382, 383, 384, 385, 386, 387, 388, 389, 390, 391, 392, 393, 394, 395, 396, 397, 398, 399, 400, 401, 402, 403, 404, 405, 406, 407, 408, 409
Rodrigues, Zaíra, 254
Roig, Gonzalo, 192
Roland, Nuno, 96, 105, 231, 264
Rolla, Joaquim, 110, 111, 112, 115, 116, 118, 121, 122, 123, 124, 125
Rondelli, Rose, 234
Rooney, Mickey, 112
Roosevelt, Franklin Delano, 113
Rosa Negra, 58
Rosa, Ceci, 424, 428
Rosa, Hélio, 424
Rosa, Noel, 58, 59, 60, 67, 76, 82, 99, 100, 164, 224, 225, 226, 236, 256, 257, 258, 259, 260, 261, 262, 263, 264, 284, 297, 314, 345, 356, 364, 381, 406, 417, 422, 424
Rosa, Walter, 118
Rossi, Mario, 352, 363
Roy, Miriam, 442
Rúbia, Mara, 63
Rui, Evaldo, 185, 416, 430, 454
Ruiz, Gabriel, 198
Russinho do Pandeiro, 113
Russinho, 164
Russo do Pandeiro, 118, 237, 369
Russo, Othon, 318
Sabá (Sebastião Oliveira da Paz), 149, 150, 151, 155
Sabatier, Paulette, 227
Sabino, Fernando, 24, 249
Sablon, Jean, 24, 108, 112, 230, 233, 276
Sacha (Sacha Rubin), 22, 215, 218, 220, 227, 228, 229
Sacramento, Paulino, 48
Saladini, Mario, 157, 158, 159, 161, 164, 165

Saldanha, João, 42
Salles, Yara, 87, 88, 93
Salvador, Henri, 108, 114, 120, 166
Sampaio, Maria, 55
Sampaio, Silveira, 22, 234, 239
Sanchez, José Pepe, 190
Santana, Juarez, 380
Santarrita, Marcos, 223
Santiago, Emílio, 420
Santiago, Oswaldo, 421
Santinha, Dona (Carmela Dutra), 125, 183
Santoro, Dante, 132
Santos, Agostinho dos, 273, 338, 343, 442, 443, 456, 458
Santos, Edgard, 450
Santos, Gerdal dos, 374
Santos, Joaquim Ferreira dos, 267
Santos, Moacir, 86, 450
Santos, Nelson Pereira dos, 322
Santos, Paulo, 146
Santos, Rubens, 404, 405, 406
Santos, Silvio, 223, 370
Santos, Turíbio, 428
Santos, Walter, 152
Sanz, José, 24, 454
Sarmento, Moraes, 368
Saroldi, Luiz Carlos, 88
Saroyan, William, 142
Savio, Isaías, 76
Scarambone, Francisco, 451
Scatena, José, 326
Schiller, Glória Neder, 215
Schiller, Waldemar, 215
Seixas, Américo, 321
Sergi, Antonio, 200
Sérgio, Nilo, 98
Serroni, J. C., 406
Severiano, Jairo, 7, 10, 43, 47, 114, 135, 180, 185, 190, 210, 244, 251, 264, 268, 278, 302, 314, 347, 350, 413, 414, 420, 425, 460, 464
Severino Filho, 341, 432, 433, 437, 438, 439, 440, 450
Shaw, Artie, 208, 209
Sherwood, Dolores, 156
Short, Bobby, 456
Shubert, Lee, 113, 114

Silva Filho, 63
Silva, Abel, 69, 206, 212, 213
Silva, Hermínia, 253
Silva, Homero, 70
Silva, Hortensia, 437
Silva, Ismael, 174, 238
Silva, Ivan Paulo da (ver Carioca)
Silva, Moacyr, 106, 218
Silva, Moreira da, 76, 382
Silva, Orlando, 60, 63, 64, 70, 94, 101, 132, 144, 184, 202, 270, 273, 282, 314, 316, 362, 363, 364, 366, 382, 413, 424
Silva, Osni, 254
Silva, Romeu, 105, 107, 108
Silva, Umberto, 377
Silva, Walter (Pica-Pau), 326, 368
Silvana, 357
Silveira, Helena, 392
Silvino Neto, 70, 324
Simões, Ronoel, 424, 426
Simonal, Wilson, 101, 427
Simone, Nina, 355, 396
Simonetti Trio, 393
Simonetti, Enrico, 142, 149, 270, 329, 393
Simons, Moisés, 207
Simonsen, Luiz, 148
Sinatra, Frank, 133, 149, 154, 210, 232, 273, 307, 347, 380, 396, 456, 458
Sinhô, 50, 52, 461
Skylarks, The, 134
Smith, Bessie, 167
Smith, Jimmy, 344
Soares, Claudete, 150
Soares, Dirceu, 343
Soares, Elza, 273, 310, 446
Soares, Ilka, 164, 234
Sócrates, 166
Soledade, Paulo, 159, 162, 164, 165, 166, 235, 236, 300, 318, 354, 452
Som 3, 149
Soriano, Waldick, 213
Souto, Eduardo, 48, 52
Souto, Valter, 425
Souza, Ciro de, 174
Souza, Tárik de, 222, 310, 439
Souza, Tereza, 152

Soveral, Hélio de, 81
Spoliansky, Mischa, 187
Stafford, Jo, 188, 432
Stall, Bella, 379
Stewart, Elaine, 232
Still, William Grant, 208
Stokowski, Leopold, 289
Strauss, Johann, 357
Stuckart, Max Von, 216, 217, 226, 228, 231, 298
Suarez, Laura, 40
Sued, Alberto, 159, 165
Sued, Ibrahim, 26, 159, 228, 232
Sumac, Yma, 115, 122, 230
Suzamar, 357
Szpilman, Moisés, 165
Tabajara, Índios, 227
Tamar, Norma, 229, 234
Tapajós, Paulo, 82, 86, 98, 424
Tatit, Luiz, 384
Tavares, Heckel, 52
Tavares, Napoleão, 76
Távora, Jayme, 177
Tchaikovsky, Piotr Ilitch, 320
Teffé, Nair de, 22
Teixeira, Humberto, 249
Teixeira, Oldemar, 436
Teixeira, Patrício, 76, 165
Telles, Lygia Fagundes, 392
Telles, Sylvia, 270, 274, 338, 447, 448, 449, 455, 456
Terán, Tomás, 450
Tesourinha, 382
Thormes, Jacinto de, 216, 228, 232, 318
Tinhorão, José Ramos, 48, 52, 228, 411, 412, 423, 464
Tirado, Don Alfonso Ortiz, 115, 200
Titulares do Ritmo, 277
Tjader, Cal, 315, 316
Toddy, 162
Toledo, Roberto Pompeu de, 411, 412
Toledo, Rosana, 442
Toledo, Zean de, 155
Toller, Paula, 370
Toninho (Toninho Pinheiro), 149, 150, 151, 155
Torelly, Lurdes, 360

Tormé, Mel, 286
Torquato Neto, 446
Torres, Fernando, 200
Totó, 130
Toulouse-Lautrec, Henri de, 237
Trenet, Charles, 233
Tres Ases, Los, 201
Tres Diamantes, Los, 201
Trigêmeos Vocalistas, 70, 432
Trio de Ouro, 112, 118, 220, 234, 348, 349, 352, 358, 359, 361, 391
Trio Irakitan, 96, 201
Trio Los Panchos, 115, 200, 201, 213
Trio Los Peregrinos, 186, 204
Trio Nagô, 227
Trio Surdina, 98, 99, 100, 101, 397, 423, 426, 427, 441
Trombonista Cego, 241
Trompowsky, Gilberto, 228
Tropical Brazilian Band, 202
Trovadores Urbanos, 10, 246
Tuma, Nicolau, 77
Tupinambá, Marcelo, 52
Turner, Lana, 122
Vadico (Oswaldo Gogliano), 60, 67, 257, 262
Valdés, Miguelito, 193
Valença, Alceu, 210
Valença, Suetônio Soares, 61
Valente, Assis, 422, 465
Valle, Marcos, 344
Vallee, Rudy, 127
Valzinho (Norival Carlos Teixeira), 97, 424, 429, 430, 431, 432
Van Heusen, Jimmy, 116, 154
Vannucci, Augusto César, 324
Vargas, Alzira, 107, 184
Vargas, Benjamim, 19
Vargas, Darcy, 116
Vargas, Getúlio, 19, 28, 43, 74, 84, 121, 122, 124, 168, 169, 170, 171, 172, 173, 175, 176, 177, 178, 179, 181, 183, 184, 185, 221, 317
Vargas, Pedro, 20, 78, 112, 115, 198, 199, 233
Vargas, Protásio, 184
Vasconcellos, Theóphilo de, 169
Vasconcelos, José, 142, 143, 428

Índice onomástico

Vassalo, Luiz, 92
Vasseur, Augusto, 48
Vaughan, Sarah, 167, 310, 314, 456
Vázquez, Ernesto, 192
Veiga, Alfredo Mayrink, 72
Veiga, Antenor Mayrink, 72, 73
Veiga, Edith, 357
Veiga, Jorge, 101
Velázquez, Consuelo, 194, 198, 201, 203
Veloso, Caetano, 101, 268, 354, 379, 387, 402, 440
Ventura, Ray, 114, 122
Vermelho, Alcir Pires, 66, 264, 265
Verônica, Carmem, 234
Vianna, Herbert, 370
Vianna, Oduvaldo, 75
Vianna, Shú, 146
Vidal, Pedro, 96, 97, 142, 225, 434
Vidal, Roberto, 368
Vieira, Jonas, 359
Vieira, Manuel, 63
Vieira, Sérgio, 369
Vilarinho, Artur, 180
Vilela, Célia, 235
Villa-Lobos, Heitor, 289, 412, 450
Villaret, João, 236
Vinhas, Luiz Carlos, 332
Vocalistas Tropicais, 432
Vogeler, Henrique, 47, 48, 50, 52, 67

Volúsia, Eros, 40
Wagner, 214
Wagner, Alexandre, 32
Wainer, Samuel, 184
Waldir (Waldir Viviani), 432, 433, 434, 435, 437
Waleska, 446
Waller, Fats, 207
Wanderley, Walter, 281, 312, 342, 344, 416
Warren, Gloria, 120
Washington, Dinah, 167, 198
Wederkind, Nelson, 320
Weller, Anthony, 458
Welles, Orson, 88, 112, 221
Weston, Paul, 374
Whiteman, Paul, 187
Wiener, Erwin, 227
Williams, Esther, 20
Williams, Tony, 443
Wooding, Sam, 187
Youmans, Vincent, 434
Young, Lester, 166, 167
Zaccarias, 105, 106, 231
Zé Bicão (José Antonio Alves), 308
Zé Bodega, 83, 310
Zé da Zilda, 289
Zé, Tom, 450
Zica, Dona, 291, 292, 293
Zimbo Trio, 316

Bibliografia e fontes consultadas

LIVROS

ALMEIDA, Renato. *História da música brasileira*. Rio de Janeiro: F. Briguiet & Comp., 1942.

ALMIRANTE. *No tempo de Noel Rosa*. Rio de Janeiro: Francisco Alves, 1977.

ANDRADE, Mário de. *Dicionário musical brasileiro*. São Paulo: Edusp, 1989.

ANTONIO, João. *Ô, Copacabana!* São Paulo: Cosac Naify, 2001.

AUGUSTO, Sérgio. *Botafogo entre o céu e o inferno*. Rio de Janeiro: Ediouro, 2004.

AUTRAN DOURADO, Henrique. *Dicionário de termos e expressões da música*. São Paulo: Editora 34, 2004.

BARBOSA, Valdinha; DEVOS, Anne Marie. *Radamés Gnattali: o eterno experimentador*. Rio de Janeiro: Funarte, 1985.

BARBOZA, Marilia T.; ALENCAR, Vera de. *Caymmi: som imagem magia*. Rio de Janeiro: Sargaço, 1985.

BARROSO, Marco Aurélio. *A revolta do boêmio*. Rio de Janeiro: edição do autor, 2001.

BLANCO, Billy. *Tirando de letra e música*. Rio de Janeiro: Record, 1996.

BOECHAT, Ricardo. *Copacabana Palace: um hotel e sua história*. Rio de Janeiro: Editora Adriana Ambak, 1998.

BONFIL, Rodrigo Bazán. *Y si vivo cien años... Antología del bolero en Mexico*. Cidade do México: Fondo de Cultura Económica, 2001.

BORELLI, Helvio. *Noites paulistanas*. São Paulo: Arte & Ciência Editora, 2005.

BORGES, Beatriz. *Samba-canção: fratura e paixão*. Rio de Janeiro: Codecri, 1982.

BOSCO, Francisco. *Dorival Caymmi*. São Paulo: Publifolha, 2006.

BOTELHO, Cândida de Arruda. *Bate papo com Sabá*. São Paulo: Árvores da Terra Editora, 1998.

BOTEZELLI, J. C.; PEREIRA, Arley. *A música popular brasileira por seus autores e intérpretes*. São Paulo: Edições Sesc, 2000.

CABRAL, Sérgio. *Antonio Carlos Jobim: uma biografia*. Rio de Janeiro: Lumiar, 1997.

_____. *As escolas de samba*. Rio de Janeiro: Fontana, 1974.

_____. *Grande Otelo: uma biografia*. São Paulo: Editora 34, 2007.

_____. *MPB na era do rádio*. São Paulo: Lazuli, 2011.

_____. *No tempo de Almirante*. Rio de Janeiro: Francisco Alves, 1990.

_____. *No tempo de Ari Barroso*. Rio de Janeiro: Lumiar, 1993.

_____. *Pixinguinha, vida e obra*. Rio de Janeiro: Funarte, 1978.

CALDAS, Klecius. *Pelas esquinas do Rio*. Rio de Janeiro: Civilização Brasileira, 1994.

CALDEIRA, Jorge. *A construção do samba*. São Paulo: Mameluco, 2007.

CÂMARA, Leide. *A bossa nova de Hianto de Almeida*. Natal: Sesc-RN, 2010.

CAMPOS, Augusto de. *O balanço da bossa*. São Paulo: Perspectiva, 1974.

CAMPOS, Marcello. *Almanaque do Lupi*. Porto Alegre: Editora da Cidade, 2014.

CARDOSO, Sylvio Tullio. *Dicionário biográfico de música popular*. Rio de Janeiro: s/n, 1965.

CARDOSO JR., Abel. *Carmen Miranda: a cantora do Brasil*. Rio de Janeiro: edição do autor, 1978.

CASTRO, Ruy. *Carmen*. São Paulo: Companhia das Letras, 2005.

CAYMMI, Dorival. *Cancioneiro da Bahia*. Rio de Janeiro: Record, 1978.

CAYMMI, Stella. *Dorival Caymmi: o mar e o tempo*. São Paulo: Editora 34, 2001.

_____. *O que é que a baiana tem?* Rio de Janeiro: Civilização Brasileira, 2013.

CORAÚCCI, Carlos. *Orquestra Tabajara de Severino Araujo*. São Paulo: Companhia Editora Nacional, 2009.

COSTA, Haroldo. *100 anos de Carnaval no Rio de Janeiro*. São Paulo: Editora Irmãos Vitale, 2001.

DIAS, José. *Teatros do Rio do século XVIII ao século XX*. Rio de Janeiro: Funarte, 2012.

DULLES JR., John Foster. *Carlos Lacerda: a vida de um lutador*. Rio de Janeiro: Nova Fronteira, 1992.

ERMAKOFF, George. *Rio de Janeiro (1930-1960)*. Rio de Janeiro: G. Ermakoff Editora, 2010.

EWEN, David. *The complete book of classical music*. Upper Saddle River, NJ: Prentice--Hall, 1965.

FAOUR, Rodrigo. *Bastidores: Cauby Peixoto*. Rio de Janeiro: Record, 2001.

_____. *Dolores Duran*. Rio de Janeiro: Record, 2012.

_____. *Angela Maria*. Rio de Janeiro: Record, 2015.

FAUSTO, Boris. *Getúlio Vargas, o poder e o sorriso*. São Paulo: Companhia das Letras, 2006.

FEIJÓ, Léo; WAGNER, Marcus. *Rio, cultura da noite*. Rio de Janeiro: Casa da Palavra, 2014.

FERNÁNDEZ, José Loyola. *En ritmo de bolero*. Santiago de Cuba: Ediciones Unión, 1997.

GAMA, Lucia Helena. *Nos bares da vida*. São Paulo: Editora Senac, 1998.

GAVIN, James. *Is that all there is? The strange life of Peggy Lee*. Nova York: Atria Books, 2014.

GOMES, Bruno Ferreira. *Custódio Mesquita: prazer em conhecê-lo*. Rio de Janeiro: Funarte, 1986.

GUINLE, Jorge. *Um século de boa vida*. Rio de Janeiro: Globo, 1997.

Harvard Dictionary of Music. Cambridge, MA: Harvard University Press, 1956.

HENRY, Georges. *Um músico... sete vidas*. São Paulo: Letras e Letras, 1998.

HOBSBAWM, Eric. *Era dos extremos*. São Paulo: Companhia das Letras, 1994.

HOLANDA, Nestor de. *Memórias do Café Nice*. Rio de Janeiro: Conquista, 1969.

HORTA, Luiz Paulo. *Dicionário de música*. Rio de Janeiro: Zahar, 1985.

LENHARO, Alcir. *Cantores do rádio*. Campinas: Editora Unicamp, 1995.

LIBRANDI, Lulu. *Quando o carteiro chegou...: mensagem a Isaurinha Garcia*. São Paulo: MIS, 2013.

Lobo, Fernando. *À mesa do Vilariño*. São Paulo: Record, 1991.

Lopes, Nei. *Sambeabá: o samba que não se aprende na escola*. Rio de Janeiro: Casa da Palavra, 2003.

Luciana, Dalila. *Ary Barrozo... "Um turbilhão!"*. Rio de Janeiro: Freitas Bastos, 1970.

Machado, Cacá. *Tom Jobim*. São Paulo: Publifolha, 2008.

Machado, Carlos. *Memórias sem maquiagem*. São Paulo: HRM, 1978.

Machado, J. G. (org.). *Copacabana: subsídios para a sua história (1892-1992)*. Rio de Janeiro: Riotur, 1992.

Machado, Marcello de Barros Tomé. *A modernidade no Rio de Janeiro: construção de um cenário para o turismo*. Rio de Janeiro: Secretaria de Estado de Cultura, 2008.

Maria, Antonio. *Pernoite: crônicas*. Rio de Janeiro: Funarte, 1989.

Marzano, Andrea; Mello, Victor Andrade de (orgs.). *Vida divertida: histórias de lazer no Rio de Janeiro (1830-1930)*. Rio de Janeiro: Apicuri, 2010.

Matos, Claudia. *Acertei no milhar: samba e malandragem na época de Getúlio*. Rio de Janeiro: Paz e Terra, 1982.

Matos, Maria Izilda S. de; Faria, Fernando A. *Melodias e sintonia em Lupicínio Rodrigues*. Rio de Janeiro: Bertrand Brasil, 1996.

Máximo, João; Didier, Carlos. *Noel Rosa: uma biografia*. Brasília: Linha Gráfica Editora, 1990.

McCann, Bryan. *Hello, hello Brazil: popular music in the making of modern Brazil* Durham, NC: Duke University Press, 2004.

Mello, Jorge. *Gente humilde: vida e música de Garoto*. São Paulo: Edições Sesc, 2012.

Mello, Zuza Homem de. *A era dos festivais: uma parábola*. São Paulo: Editora 34, 2003.

_____. *Música nas veias*. São Paulo: Editora 34, 2007.

_____. *Eis aqui os bossa-nova*. São Paulo: Martins Fontes, 2008.

_____. *Música com Z*. São Paulo: Editora 34, 2014.

Moraes, Mario de. *Recordações de Ari Barroso*. Rio de Janeiro: Funarte, 1979.

Moraes, Ulisses Quadros de. *A modernidade em construção*. São Paulo: Annablume, 2009.

Moura, Roberto. *O melhor de Cartola: melodias e letras cifradas para guitarra, violão e teclados*. São Paulo: Editora Irmãos Vitale, 1998.

Murce, Renato. *Bastidores do rádio*. Rio de Janeiro: Imago, 1976.

Napolitano, Marcos. "Aquarela do Brasil", em Nestrovski, Arthur (org.), *Lendo canções*. São Paulo: Publifolha, 2007.

Nasser, David. *Parceiro da glória*. Rio de Janeiro: José Olympio, 1983.

Neves, Marcos Eduardo. *Nunca houve um homem como Heleno*. Rio de Janeiro: Zahar, 2012.

Newton, Isaac. *Dicionário musical*. Maceió: Tipografia Comercial, 1904.

Orovio, Helio. *300 boleros de oro*. Santiago de Cuba: Ediciones Unión, 1991.

_____. *Diccionario de la musica cubana*. Santiago de Cuba: Letras Cubanas, 1998.

Pacheco, Jacy. *Noel Rosa e sua época*. Rio de Janeiro: G. A. Penha, 1955.

Paiva, Salvyano Cavalcanti de. *Viva o rebolado!* Rio de Janeiro: Nova Fronteira, 1991.

Perdigão, João; Corradi, Euler. *O rei da roleta: a incrível vida de Joaquim Rolla*. Rio de Janeiro: Casa da Palavra, 2012.

Perdigão, Paulo. *No ar: PRK 30*. Rio de Janeiro: Casa da Palavra, 2003.

Bibliografia e fontes consultadas

PITTMAN, Ophelia. *Por você, por mim, por nós*. Rio de Janeiro: Record, 1984.

PODELL-RABBER, Mickey; PIGNONE, Charles. *The Copa*. Nova York: Harper Collins, 2007.

RIBEIRO, Pery; DUARTE, Ana. *Minhas duas estrelas*. Rio de Janeiro: Globo, 2009.

RISÉRIO, Antonio. *Caymmi: uma utopia de lugar*. São Paulo: Perspectiva, 1993.

RUIZ, Roberto. *Araci Cortes: linda flor*. Rio de Janeiro: Funarte, 1984.

SALVADOR, Roberto. *A era do radioteatro*. Rio de Janeiro: Gramma, 2010.

SANDRONI, Carlos. *Feitiço decente*. Rio de Janeiro: Zahar, 2001.

SANTOS, Alcino; BARBALHO, Gracio; SEVERIANO, Jairo; NIREZ, M. A. de Azevedo. *Discografia brasileira 78 rpm*. Rio de Janeiro: Funarte, 1982.

SANTOS, Joaquim Ferreira dos. *Um homem chamado Maria*. Rio de Janeiro: Objetiva, 2005.

SAROLDI, Luiz Carlos; MOREIRA, Sonia Virginia. *Rádio Nacional: o Brasil em sintonia*. Rio de Janeiro: Funarte, 1984.

SEVERIANO, Jairo; MELLO, Zuza Homem de. *A canção no tempo, vol. 1*. São Paulo: Editora 34, 1997.

SEVERIANO, Jairo; MELLO, Zuza Homem de. *A canção no tempo, vol. 2*. São Paulo: Editora 34, 1998.

SEVERIANO, Jairo. *Getúlio Vargas e a música popular*. Rio de Janeiro: FGV, 1983.

_____. *Uma história da música popular brasileira*. São Paulo: Editora 34, 2008.

_____. *Yes, nós temos Braguinha*. Rio de Janeiro: Funarte, 1987.

SHAW, Artie. *The trouble with Cinderella*. Boston, MA: Da Capo Pess, 1979.

SKIDMORE, Thomas. *Brasil: de Getúlio a Castelo*. Rio de Janeiro: Paz e Terra, 1982.

TATIT, Luiz. *O cancionista: composições de canções no Brasil*. São Paulo: Edusp, 1995.

TINHORÃO, José Ramos. *História social da música popular brasileira*. São Paulo: Editora 34, 1990.

_____. *Música popular: teatro e cinema*. Petrópolis: Vozes, 1972.

_____. *Música popular: um tema em debate*. São Paulo: Editora 34, 1997.

_____. *Pequena história da música popular segundo seus gêneros*. São Paulo: Editora 34, 2013.

TOLEDO, Roberto Pompeu de. *A capital da vertigem*. Rio de Janeiro: Objetiva, 2015.

TOTA, Antonio Pedro. *O imperialismo sedutor*. São Paulo: Companhia das Letras, 2000.

VALADÃO, Jece. *Memórias de um cafajeste*. São Paulo: Geração Editorial, 1996.

VAMPRÉ, Octavio Augusto. *Raízes e evolução do rádio e da televisão*. Porto Alegre: Feplam/RBS, 1979.

VIANNA, Hermano. *O mistério do samba*. Rio de Janeiro: Zahar, 1995.

VIEIRA, Jonas; NORBERTO, Natalício. *Herivelto Martins: uma escola de samba*. Rio de Janeiro: Ensaio Editora, 1992.

VIEIRA, Luís Fernando; ENIO, Lysias. *Luiz Peixoto: pelo buraco da fechadura*. Rio de Janeiro: Vieira & Lent, 2002.

VILLA, Marco Antonio. *Jango: um perfil*. Rio de Janeiro: Globo, 2014.

WERNECK, Humberto. *Santo sujo: a vida de Jayme Ovalle*. São Paulo: Cosac Naify, 2008.

WIER, Albert E. *The Macmillan Encyclopedia of Music and Musicians*. Londres: Macmillan, 1938.

ALVARENGA, Telma. "Saudades do tempo da fartura: como vivem os Guinle", *Jornal do Brasil*, 15/9/2001.

ARAGÃO, Diana. "Linda Batista no Circo Voador", *Jornal do Brasil*, 2/4/1984.

AUGUSTO, Sérgio. "A Dolores Duran que só poucos puderam ouvir". *O Estado de S. Paulo*, 18/4/2009.

CAMPOS, Augusto de. "O criador da dor de cotovelo". *Nova História da Música Popular Brasileira — Lupicínio Rodrigues*, São Paulo, Editora Abril, 1970.

CARVALHO, Hermínio Bello de. "Dame Aracy d'Almeida, arquiduquesa do Encantado", *Folha de Londrina*, 6/7/1988.

FERRETE, J. L. Encarte do LP *Dick Farney & Lúcio Alves*, Discos Continental, 1975.

_____. Encarte do LP *Os Cariocas*, Discos Continental, 1975.

_____. Contracapa do LP *Elvira Ríos e seus primeiros sucessos*, Chantecler, 1975.

Folha de S. Paulo (redação e sucursal do Rio). "Morre Linda Batista, por 11 anos 'rainha do rádio'", *Folha de S. Paulo*, 19/4/1988.

GUERREIRO, Alexandra. "O chão de pedras pretas e brancas nasceu há 172 anos", *Público*, Lisboa, 5/3/2014.

JUBRAN, Omar. Livreto da caixa de CDs *Noel pela primeira vez*, Velas, 2000.

JUNIOR, Antonio. *Elvira Pagã: minha garota favorita*, 2003, <http://www.blocosonline. com.br/literatura/prosa/cron/cb/2003/030923.htm>.

LOPES, Maria Aparecida. *Foi assim: contribuição para um estudo histórico do samba-canção (1946-1957)*. Dissertação de mestrado, Universidade Federal da Bahia, 2011.

MACIEL, Felipe. "A, e, i, o... Urca!", *Carioquice*, nº 8, jan.-fev.-mar. 2006.

_____. "Copacabana, princesinha do bar", *Carioquice*, nº 7, out.-nov.-dez. 2005.

MÁXIMO, João. Encarte da caixa *Lucho Gatica e convidados*, Reader's Digest, 2001.

MELLO, Zuza Homem de. "Noel Rosa", *Valor Econômico*, fevereiro 2010.

MIRANDA, Cesar. "Paulo Soledade", *O Globo*.

NEVES, Natalia Hunstock. *Cassinos brasileiros e sua relação com o turismo: do glamour das roletas à clandestinidade*. TCC, UFF, 2009.

OLIVEIRA, Adones. "O bolero sem o seu maior intérprete", *O Estado de S. Paulo*, 16/12/1978.

PAIANO, Enor. *O berimbau e o som universal: lutas culturais e indústria fonográfica nos anos 60*. Dissertação de mestrado, ECA-USP, 1994.

RANGEL, Maria Lucia. "Catete 317", *Jornal do Brasil*, 21/2/1981.

REVIVENDO, CD *Antonio Carlos Jobim, meus primeiros passos e compassos*, 1999.

SANTARRITA, Marcos. "A encantada do Encantado", *Jornal do Brasil*, 21/6/1988.

SILVA, J. Paulo da. "Longe da música, dos fãs de tudo", *Jornal do Brasil*, 9/7/1985.

SOUZA, Tárik de. "Estrela populista", *Jornal do Brasil*, 19/4/1988.

WELLER, Anthony. Encarte do CD de Luís Bonfá *Solo in Rio 1959*, Smithsonian Folkways Recordings, 2005 (tradução de Eduardo Muszkat).

SITES, BLOGS E OUTROS VEÍCULOS DA INTERNET

A História dos Cassinos no Brasil
Almanaque Cultural Brasileiro
ANDRADE, Djalma de. "Bola Sete", no Acervo Digital do Violão Brasileiro
ARAUJO, Rejane. CPDOC da Fundação Getúlio Vargas
Banco de Conteúdos Culturais
Biblioteca Nacional
Blog GGN
Cantoras do Brasil
CARUSO JR., Rubens. Memória de Poços de Caldas
Cesar Ladeira (site)
Clique Music
CORREA LEITE, Silas. Elvira Pagã
COTRIM, Marcio. O Cafajeste
Dicionário Cravo Albin da Música Popular Brasileira
Dr. Zem (site)
FERREIRA, Jorge. Entrevista na UNIVESP em janeiro de 2012
Fundação Joaquim Nabuco (discografia 78 rpm)
GUIMARÃES, Valeria. "Algumas reflexões sobre a proibição dos jogos de azar no Brasil"
    no blog História(s) do Sport
Hemeroteca Digital Brasileira
Histórias do Antigo Parque Balneário
IGREJAS, Yvone. "Mario Saladini" em Gente em Foco
Instituto Antonio Carlos Jobim
Instituto Moreira Salles
Jacarei (blog)
Letras (blog)
Luiz Nassif (portal)
MACHADO FILHO, Samuel. Comentários no YouTube
MEGALE, Nilza Botelho. Memórias históricas de Poços de Caldas
MELLO, Jorge de. "Trio Surdina desvendando o mistério" no site Sovaco de Cobra
MILLARCH, Aramis. Acervo Aramis Millarch
MOURA, Rui. "O Clube dos Cafajestes" no blog Mundo Botafogo
NASTRI, Pedro. "Nick Bar e a boemia paulista"
Ney Duclós (site)
PAULA, Gerdal José de. Textos na internet
PESSOA, Simão. Carlinhos Niemeyer
RODRÍGUEZ, Dionisio. "Agustín Lara, el Schubert jaroho" no site Babab
SABONE, Marico. Heleno de Freitas
SALVADOR, Roberto. A era do radioteatro (blog)
SIQUEIRA, Carla. Rádio Mayrink Veiga
THOMPSON, Daniella. Musica Brasiliensis (site)
Velhos Amigos (site)

REVISTAS E JORNAIS

A Voz do Rádio
Carioca
Correio da Manhã
Diário Carioca
Diário da Noite (RJ)
Folha da Manhã
Folha de S. Paulo
Jornal do Brasil
Manchete
Noite Ilustrada
O Cruzeiro
O Estado de S. Paulo
O Globo
O Radical
Pranóve
Radiolândia
Revista da Música Popular
Revista do Rádio
Última Hora (RJ)

Bibliografia e fontes consultadas

Créditos das imagens

Acervo Cinemateca Brasileira/SAv/MinC, pp. 145, 221, 267, 307

Acervo da Fundação Biblioteca Nacional - Brasil, pp. 6, 35, 37a, 37b, 45, 261, versos da capa

Augusto Malta/Coleção Gilberto Ferrez/Acervo Instituto Moreira Salles, p. 53

Carlos Moskovics/Acervo Instituto Moreira Salles, pp. 43, 124, 250

Coleção Antônio Sergio Ribeiro, pp. 99, 383, 389, 395, 425

Coleção José Ramos Tinhorão/Acervo Instituto Moreira Salles, p. 79

Coleção Paulo Malta Campos, pp. 49a, 49b, 131

Coleção Zuza Homem de Mello, pp. 8, 33, 46, 51, 55, 59, 85, 113, 119, 139, 141, 143, 151, 164, 165, 186, 193, 195, 197, 199, 201, 203, 207, 211, 219, 225, 255, 257, 263, 265, 281, 283, 291, 293, 296, 313, 323, 331, 337, 341, 349, 363, 373, 377, 385, 403, 405, 419, 427, 429, 431, 445, 449, 469a, 469b

Fundação Getúlio Vargas - CPDOC, pp. 166, 177

Fundo *Última Hora*, Arquivo Público do Estado de São Paulo, pp. 41, 75, 83, 87, 97, 110, 117, 126, 137, 147, 223, 233, 235, 237, 240, 241, 245, 253, 269, 271, 275, 279, 285, 289, 301, 305, 309, 311, 315, 335, 339, 346, 353, 357, 361, 365, 367, 371, 417, 421, 433, 437, 439, 443, 451, 459

Getty Images/Bettmann, p. 209

Getty Images/Earl Leaf/Michael Ochs Archives, p. 214

Getty Images/Genevieve Naylor/Corbis, p. 21, capa

Getty Images/Hart Preston/The LIFE Picture Collection, pp. 27, 107, 111

Getty Images/Metronome, p. 135

Hans Gunter Flieg/Acervo Instituto Moreira Salles, p. 12

Instituto Antonio Carlos Jobim e Herdeiros de Billy Blanco, p. 287

Instituto Antonio Carlos Jobim e Editora Fermata, p. 463

Instituto Antonio Carlos Jobim e Herdeiros de Dolores Duran, p. 343

Instituto Antonio Carlos Jobim e VM Editora, p. 457

José Medeiros/Acervo Instituto Moreira Salles, pp. 19, 23, 39, 63, 65, 156, 183, 410

Library of Congress Prints and Photographs Division, Washington D.C./American National Red Cross, p. 30

Library of Congress Prints and Photographs Division, Washington D.C./Archive of Hispanic Culture Collection, p. 15

Library of Congress Prints and Photographs Division, Washington D.C./George Grantham Bain Collection, p. 189

Marcel Gautherot/Acervo Instituto Moreira Salles, p. 399

Reprodução *Manchete* (Coleção Antônio Sergio Ribeiro), p. 375

Reprodução *O Cruzeiro* (Coleção Antônio Sergio Ribeiro), pp. 163, 179, 229, 247, 329, 415, 455

Reprodução *Pranóve* (Coleção Antônio Sergio Ribeiro), p. 68

Reprodução *Radiolândia* (Coleção Antônio Sergio Ribeiro), pp. 100, 205, 299, 303, 319, 321

Reprodução *Revista da Música Popular* (Coleção Zuza Homem de Mello), pp. 217, 239, 246

Reprodução *Revista do Rádio* (Coleção Antônio Sergio Ribeiro), pp. 173, 391

Reprodução, pp. 25, 71, 91, 93, 95, 102, 109, 123, 129, 171, 191, 243, 327

Salomão Scliar/Coleção Carlos Moskovics/Acervo Instituto Moreira Salles, p. 161

Todos os esforços foram feitos para se localizar a origem e a autoria das fotos presentes neste volume. Sendo informados, os editores se comprometem a complementar os créditos das imagens nas próximas edições do livro.

Créditos das imagens

Sobre o autor

Zuza Homem de Mello nasceu em São Paulo, em 1933. Atuando como baixista profissional na cidade, em 1955 abandona o curso de engenharia para dedicar-se à música. No ano seguinte, inicia-se no jornalismo, assinando uma coluna de jazz semanal para a *Folha da Noite*. Entre 1957 e 1958, morando nos EUA, frequenta a School of Jazz, em Tanglewood, quando teve aulas com Ray Brown, estuda musicologia na Juilliard School of Music de Nova York e literatura inglesa na New York University, além de ter estagiado na Atlantic Records.

De volta ao Brasil, em 1959, Zuza ingressa na TV Record, onde permanece por cerca de dez anos trabalhando como engenheiro de som de programas musicais e dos festivais de música brasileira e atuando como *booker* na contratação das atrações internacionais da emissora.

Entre 1977 e 1988 concentra suas atividades no rádio e na imprensa: produz e apresenta o premiado *Programa do Zuza*, faz críticas de música popular para *O Estado de S. Paulo*, escreve para diversas revistas e coordena a *Enciclopédia da Música Brasileira*. Em 2017 produz e apresenta o *Playlist do Zuza* pela Rádio USP, retransmitido pela Rádio MEC e disponível na Rádio Batuta do Instituto Moreira Salles.

Desde 1958 realiza palestras e cursos sobre música popular brasileira e jazz no Brasil e no exterior, tendo sido também jurado dos mais importantes festivais de música em nosso país.

Como produtor e diretor artístico, Zuza dirige nos anos 70 a série de shows *O Fino da Música*, no Anhembi, São Paulo. Nos anos 80, dirige o Festival de Verão do Guarujá e produz a *tournée* de Milton Nascimento ao Japão (1988); nos anos 90, assume a direção-geral das três edições do Festival Carrefour, e dirige, para o Sesc, vários shows, como *Lupicínio às Pampas*, o premiado *Raros e Inéditos*, a série *Ouvindo Estrelas* (por dois anos) e os dez espetáculos comemorativos dos 50 anos da entidade.

De 1981 a 1986, é presidente da Associação dos Pesquisadores da Música Popular Brasileira.

Na televisão, apresenta a série *Jazz Brasil* na TV Cultura, e na área fonográfica produz discos de Jacob do Bandolim, Orlando Silva, Severino Araújo, Fafá Lemos & Carolina Cardoso de Meneses e Elis Regina, entre outros. Entre 2001 e 2004 é diretor musical do Baretto, em 2005 produz as vinhetas da Band News FM e, no ano seguinte, da TV Band News. De 2006 a 2008 é curador da série de música popular brasileira no Café Filosófico da CPFL em Campinas, da série *Telefônica Open Jazz* e do projeto *Itaúbrasil — 50 anos da Bossa Nova*. Ainda para a CPFL, idealiza, dirige e apresenta em 2011 a série *O Amor na Canção Brasileira*, em que traz à luz os letristas e suas canções, e em 2012 idealiza e dirige musicalmente o espetáculo *100 Anos de Luz e Som*, para comemoração do centenário da empresa.

Como jornalista convidado participa dos mais representativos festivais de jazz do mundo. Integra no Brasil a equipe do Festival de Jazz de São Paulo (1978 e 1980), é curador do Free Jazz Festival desde sua primeira edição, em 1985, do seu sucessor, Tim Festival (2006 a 2009), e do novo sucessor, BMW Jazz Festival, em suas quatro edições (2011, 2012, 2013 e 2014).

Nos últimos anos, ministra regularmente cursos e profere palestras na Casa do Saber a cada semestre, alternando como conteúdo o jazz e a música popular brasileira.

Na Secretaria de Estado da Cultura de São Paulo integra a Comissão do Prêmio Governador do Estado para a Cultura (2011, 2013, 2014 e 2015) e atua como membro da Câmara Setorial de Música, que compõe o Conselho Estadual de Cultura (2013 e 2014). Desde sua inauguração até 2011, participa do Conselho do Auditório Ibirapuera em São Paulo. No Instituto Itaú Cultural atua como consultor e também como idealizador e apresentador do programa mensal de rádio *Mergulho no Escuro*.

Escreve colaborações especiais para *O Estado de S. Paulo*, para a *Folha de S. Paulo*, para o Caderno Eu & Fim de Semana do *Valor Econômico* e para os principais órgãos de imprensa do país.

É autor dos livros *Música popular brasileira cantada e contada...* (Melhoramentos, 1976, reformulado e relançado pela WMF Martins Fontes em 2008 com o título *Eis aqui os bossa-nova*), *A canção no tempo*, dois volumes em coautoria com Jairo Severiano (Editora 34, 1997-98), *João Gilberto* (Publifolha, 2001), *A Era dos Festivais* (Editora 34, 2003), *Música nas veias* (Editora 34, 2007) e *Música com Z* (Editora 34, 2014, que recebeu o Prêmio APCA na categoria Ensaio/Crítica/Reportagem).

ESTE LIVRO FOI COMPOSTO EM SABON,
CLARENDON E CHAPARRAL, PELA BRA-
CHER & MALTA, COM CTP E IMPRESSÃO
DA EDIÇÕES LOYOLA EM PAPEL ALTA AL-
VURA 90 G/M² DA CIA. SUZANO DE PA-
PEL E CELULOSE PARA A EDITORA 34 E
EDIÇÕES SESC, EM JANEIRO DE 2018.